GOUVERNEMENT
DE LA
DÉFENSE NATIONALE

DU 31 OCTOBRE 1870 AU 28 JANVIER 1871

L'auteur et l'éditeur déclarent se réserver les droits de traduction et de reproduction.

Ce volume a été déposé au ministère de l'intérieur (section de la librairie) en mars 1872.

PARIS. TYPOGRAPHIE DE HENRI PLON, 8, RUE GARANCIÈRE

GOUVERNEMENT
DE LA
DÉFENSE NATIONALE

DU 31 OCTOBRE 1870 AU 28 JANVIER 1871

BATAILLE DE CHAMPIGNY. — BATAILLE DU BOURGET.
CONFÉRENCE DE LONDRES. — BATAILLE DE BUZENVAL.
INSURRECTION DU 22 JANVIER 1871. — ARMISTICE.

PAR

M. JULES FAVRE

DE L'ACADÉMIE FRANÇAISE

DEUXIÈME PARTIE

PARIS

HENRI PLON, IMPRIMEUR-ÉDITEUR

RUE GARANCIÈRE, 10

1872

Tous droits réservés.

SIMPLE RÉCIT

D'UN MEMBRE

DU

GOUVERNEMENT DE LA DÉFENSE NATIONALE

CHAPITRE PREMIER.

SUITES DE LA JOURNÉE DU 31 OCTOBRE. — ÉLECTIONS DE PARIS.
RUPTURE DES PROPOSITIONS D'ARMISTICE.

En racontant nos premiers désastres, les vains efforts du Gouvernement du 4 septembre pour arrêter une lutte engagée malgré lui, l'enchaînement fatal de faits qui l'obligèrent à retenir le pouvoir, j'ai accompli une tâche cruelle : celle que m'impose la suite de mon dessein est de beaucoup plus douloureuse encore. J'ai, en effet, à parcourir la route sanglante au terme de laquelle ma noble patrie est tombée d'épuisement, sous les coups d'un ennemi puissant qu'elle avait eu la folie de provoquer sans se rendre compte de sa force. Elle a voulu résister héroïquement. Jusqu'au dernier jour elle a repoussé les inexorables nécessités de la défaite. Elle a mis son honneur à souffrir, à se sacrifier, pour retarder autant que possible l'heure suprême où la fortune devait exécuter une sentence depuis longtemps prononcée. J'admets qu'au point de vue de la froide raison on puisse blâmer sa passion. Ce qui est impossible, c'est d'en nier la sincérité et la grandeur : et pour ne parler que de Paris, tous ceux qui l'ont vu pendant le siége savent combien y a été unanime le sentiment d'une défense même désespérée. Tous croyaient vaincre, aucun ne consentait à céder; et du plus humble jusqu'au plus élevé, tous écartaient de leur pensée, comme une insulte imméritée, l'éventualité d'une soumission. J'ai à dire comment ces généreuses illusions ont reçu du sort le plus amer démenti, et comment elles ont persévéré cependant, malgré les événements terribles qui devaient les faire évanouir. L'histoire présente peu d'exemples d'un contraste plus tragique entre la résolution patriotique d'une nation et sa réelle impuissance. Ceux qui non-seulement en ont été les témoins, mais auxquels est échue la redoutable mission de gouverner au milieu de la tempête, ont le devoir de s'offrir sans déguisement au jugement de leurs concitoyens, de ne dissimuler ni leurs intentions ni leurs actes, et de permettre ainsi à leur pays de tirer des faits accomplis les sévères enseignements qu'ils renferment.

D'ailleurs le simple exposé de ces événements qui nous brisent le cœur n'est pas seulement un hommage rendu à la vérité, il est un titre d'honneur national, un élément d'espoir et de régénération. Ces trois derniers mois pendant lesquels Paris s'est roidi contre le destin, ont montré tout ce qu'il y avait en lui de fierté civique et d'obstination dévouée. Les excès et les crimes d'une époque postérieure ne diminuent en rien ces mérites qui lui resteront. Je crois que, tout en détestant d'abominables égarements, on peut les expliquer sans que la défense de Paris en reçoive la moindre souillure. Nul ne les aurait crus possibles au moment de nos plus grandes angoisses, et l'on se demande encore avec épouvante par quel concours de causes fatales ils ont pu se produire.

Peut-être quelques-unes de ces causes apparaîtront-elles dans le récit que je vais achever. Car, en même temps que la constance inébranlable de la population assiégée, il mettra en lumière le calcul implacable d'un ennemi qui, pour mieux nous contraindre à lui abandonner deux provinces, nous a systématiquement refusé la possibilité de consulter la France ; qui, en plein dix-neuvième siècle, a proclamé la loi souveraine de l'intérêt et de la force au mépris de celle de la justice et du droit, et qui, enfin, a eu si bien conscience de l'excès de ses prétentions, qu'il a repoussé l'arbitrage de l'Europe et brisé le pacte de solidarité qui jusque-là reliait les nations civilisées.

Cette politique inflexible a porté ses fruits : elle a suscité des haines violentes, elle a fait naître des instincts de vengeance et d'extermination; loin d'abattre, elle a enflammé les courages. Elle n'a pas permis à la raison d'éclairer et d'adoucir la passion ; aussi allons-nous voir ce phénomène singulier, pour quiconque s'arrête à la superficie des choses, d'une recrudescence croissante d'exaltation guerrière à mesure que les ressources diminuent et que les difficultés de la défense augmentent. Quand cette défense est devenue impossible, Paris s'y cramponne avec une sorte de délire. Il ferme volontairement les yeux à l'évidence; mutilé par le fer et le feu, prêt à périr d'inanition, il dénonce avec colère ceux qui essayent de l'arracher à la mort; tant est impétueuse la révolte de son patriotisme, qui ne veut pas accepter l'humiliation de la défaite.

Tels sont les événements que j'ai à retracer. Je crois indispensable d'en faire connaître ce que j'en sais, ne fût-ce que pour rectifier des erreurs trop facilement accréditées et rendre à chacun sa part de responsabilité. Peu d'hommes ont traversé des épreuves plus terribles que celles qui ont été réservées aux membres du Gouvernement de la défense nationale pendant ces quatre-vingt-dix jours. En présence du deuil de la patrie, ils n'ont pas le droit de dire ce qu'ils ont souffert. Ils auraient voulu souffrir mille fois plus et réussir! Ils ont succombé. Ils se soumettent sans murmure à l'arrêt de leurs concitoyens, et c'est afin d'en préparer les éléments que, surmontant les émotions qu'éveillent en moi ces pénibles souvenirs, je reprends ma narration où je l'ai laissée, à l'aube du jour succédant à la triste nuit du 31 octobre.

§

Le 1er novembre, à sept heures et demie du matin, le Gouvernement se réunissait aux affaires étrangères. Il avait à prendre des mesures énergiques et promptes; l'insurrection n'était encore qu'à demi vaincue. Vigoureusement comprimée à l'Hôtel de ville par l'élan de la garde nationale, elle s'était réfugiée dans quelques mairies d'où il était important de la déloger. Nous apprîmes avec un pénible étonnement que les prisonniers faits par les nôtres avaient été relâchés. On parlait déjà d'un compromis qui les avait protégés, de promesses qu'ils s'étaient crus en devoir d'invoquer. Mais loin d'être désarmés par cet acte inattendu de clémence, les chefs en profitaient pour continuer leur criminelle résistance. Pendant toute la nuit, les télégrammes les plus inquiétants m'étaient parvenus. Les commandants des secteurs ne nous dissimulaient pas l'imminence du danger. Le gouverneur leur envoya l'ordre de faire réoccuper par la force les municipalités rebelles. A six heures et demie, j'appris qu'à la faveur des ténèbres de la nuit, on avait fait placarder dans presque tous ces quartiers une affiche appelant les électeurs au scrutin, qui devait s'ouvrir le jour même, à midi, pour la nomination de la Commune de Paris. Cette affiche séditieuse portait les noms de MM. Dorian et Schœlcher ; elle était contresignée : Étienne Arago. Une main coupable avait disposé de ces signatures, dont le crédit était connu. On se flattait ainsi de devancer le Gouvernement, ou plutôt de le renverser en lui opposant celui des agitateurs. Il n'y avait pas une minute à perdre. Des agents furent chargés d'arracher les placards. Une proclamation annonça la remise des élections au surlendemain. Un peu plus tard nous expliquions que ces élections devaient avoir d'abord pour objet la confirmation ou le retrait des pouvoirs du Gouvernement ; celles des maires devaient venir ensuite, elles étaient fixées au samedi suivant, 6 novembre. Ces résolutions amenèrent sur plusieurs points de Paris de violentes explosions de colère. Un grand nombre de maires se rendirent à l'Hôtel de ville, déclarant leur ferme intention de passer outre, et d'ouvrir le scrutin à midi. Les citoyens les plus honorables nous faisaient savoir que la guerre civile allait s'engager ; ils nous suppliaient de céder. Nous ne pouvions pas faiblir : les maires récalcitrants furent avertis que s'ils persistaient ils seraient enlevés et livrés aux tribunaux militaires. Ils envoyèrent leurs démissions, que nous acceptâmes, en les remplaçant par des commissions provisoires. Cette fermeté produisit un salutaire effet. A midi, la garde nationale chassait les insurgés de la mairie de Saint-Sulpice. Successivement elle occupait les divers points où les factieux s'étaient retranchés. Au onzième arrondissement s'était installée une commission exécutive, composée entre autres de Vésinier, Vallès, Oudet, Gaillard père, et présidée par Poirier. Elle ne trouva rien de mieux que de sommer le commandant du 2ᵉ secteur de lui délivrer quinze mille cartouches. Le commandant répondit que, si au bout d'une heure la mairie n'était pas évacuée, il la prendrait à coups de fusil. La commission attendit l'apparition de la force armée et se retira devant elle. Les insurgés qui s'étaient emparés de l'église de Ménilmontant paraissaient plus menaçants. C'était là que s'étaient retirés Flourens et Millière avec leurs bandes, et pour reconnaître la mansuétude de ceux qui leur avaient fait grâce de la vie, ils avaient proclamé la Commune, ordonné la fermeture des églises et l'interdiction de toute cérémonie religieuse. Il leur avait sans doute paru piquant de décréter ce despotisme irréligieux dans le temple profané qu'ils choisissaient pour leur quartier général. Le 2 au matin, ils y avaient rassemblé plusieurs bataillons qu'ils essayèrent de diriger sur l'Hôtel de ville, mais qui se dispersèrent devant l'attitude de la garde nationale, campée sur les boulevards. Le gouverneur fit le lendemain à la pointe du jour cerner l'église, et les factieux prirent la fuite.

Ce fut au milieu de cette crise que, tout en délibérant sur les incidents qui se succédaient de minute en minute, et en expédiant des ordres, le Gouvernement eut à examiner la question des poursuites à commencer contre les auteurs de l'attentat auquel il venait d'échapper. Le préfet de police, le procureur général, le procureur de la République avaient été mandés pour donner leur avis. Il semble au premier abord que nulle hésitation ne fût possible. Le crime était flagrant, il avait mis la cité à deux doigts de l'abîme duquel seraient sorties l'anarchie et la guerre civile. Les coupables étaient connus et se glorifiaient de leur acte. Le respect de la loi, l'intérêt de la défense ordonnaient de les frapper.

C'est ce que demandèrent avec énergie quelques membres du Gouvernement, qui se plaignirent de l'indulgence qu'avaient rencontrée des hommes dignes des plus grandes sévérités. Il leur semblait incompréhensible qu'on les eût rendus à la liberté, quand pendant toute une nuit ils avaient fait subir à leurs concitoyens, à ceux dont le matin même ils reconnaissaient l'autorité, le supplice d'une illégale captivité accompagnée de menaces de mort. Leur assurer le bénéfice de l'impunité n'était pas seulement la négation de toute justice, c'était surtout une abdication, une véritable insulte à la garde nationale, dont on pouvait lasser le zèle par une impardonnable faiblesse au profit des séditieux, qui l'auraient reçue à coups de fusil si elle n'avait pas montré autant de vigueur que de courage. Comment réclamer d'elle un nouveau sacrifice, si une seconde insurrection éclatait? Ne serait-elle pas en droit de déserter la cause d'un gouvernement pris de défaillance au moment où le devoir lui commandait de sévir?

Ces raisons étaient sans réplique, et cependant elles furent vivement combattues. On fit valoir contre elles la fatalité des événements qui semblaient avoir entraîné une partie considérable de la population parisienne. En un seul jour elle avait appris l'armistice, qu'elle avait pris pour une capitulation, la perte du Bourget et la reddition de Metz. Excitée par les souffrances et les inquiétudes, elle s'était laissée aller à un mouvement de défiance et de colère dont quelques ambitieux avaient tiré parti pour tenter un audacieux coup de main. On ne pouvait méconnaître que pendant presque toute la journée leur violence n'avait provoqué aucune résistance efficace. Ils avaient eu ainsi pour complices involontaires tous ceux, et ils étaient en grand nombre, que la douleur patriotique avait un instant égarés. Ne fallait-il pas tenir compte de ce trouble moral, trop naturel dans des conjonctures si extraordinaires? Était-il juste, était-il surtout politique de sévir comme en temps normal? Ne devait-on pas craindre de susciter de nouvelles prises d'armes? Puisque, par un bonheur inespéré, on avait évité l'effusion du sang, ne fallait-il pas amnistier ces heures de folie et donner à l'opinion la seule satisfaction qu'elle réclamât, celle d'une action plus vigoureuse contre l'ennemi, au-devant duquel on pouvait faire marcher les turbulents qui accusaient la mollesse du gouvernement?

A cette argumentation s'en joignait une autre d'un ordre tout différent, et qui a donné lieu à de graves controverses. Ceux qui soutenaient qu'il n'y avait pas de poursuites à exercer invoquaient une sorte de transaction convenue avec les insurgés, et à laquelle on ne pouvait se soustraire sans manquer à la parole donnée. Cette transaction n'était pas l'œuvre des membres du Gouvernement qui étaient restés enfermés à l'Hôtel de ville aux mains de la sédition. Elle leur avait été proposée. Ils l'avaient nettement repoussée. Elle aurait été arrêtée entre plusieurs chefs insurgés, un membre du Gouvernement et quelques hauts fonctionnaires qui, dans le désir louable de sauver la vie de leurs collègues menacés, et principalement d'empêcher une collision sanglante dont il était impossible de prévoir l'issue, auraient promis de ne faire aucune arrestation si l'Hôtel de ville était évacué et remis à la garde nationale. C'était là le pacte qu'avait confirmé une exécution volontaire et sur lequel il était impossible de revenir.

En réalité, les choses ne s'étaient point ainsi passées; et en admettant même que l'action des lois pût être paralysée par une telle convention, si elle eût existé, il était impossible d'en découvrir la moindre trace dans les pourparlers qui s'étaient engagés sur la place de l'Hôtel-de-Ville, entre M. Jules Ferry, M. Delescluze et M. Dorian. M. Jules Ferry, qui dans cette crise avait montré autant de décision que d'intrépidité, était à la tête des colonnes rangées en bataille et prêtes à donner l'assaut. Il était environ dix heures du soir; l'obscurité était profonde, le gaz ayant été éteint. Au moment où la troupe s'ébranlait, des coups de fusil partirent de l'Hôtel de ville : heureusement ils n'atteignirent personne. Il n'y fut pas répondu. La sommation d'ouvrir les portes étant restée sans résultat, la grille extérieure fut forcée et la grande porte attaquée à coups de crosse et de barres de fer. Ce fut alors que nous fûmes couchés en joue dans l'embrasure de croisée où nous étions emprisonnés. Bientôt Delescluze et quelques commandants rebelles parurent et parlementèrent; ils offrirent de livrer la place, demandant pour leurs hommes la vie et la liberté sauves. Ils voulaient que le palais demeurât vide. Cette condition fut rejetée. On leur laissa une demi-heure pour se retirer. Ils demandèrent en outre que nul d'entre eux ne fût poursuivi. M. Jules Ferry se refusa absolument à leur donner une pareille assurance, dont il savait au surplus la complète inanité. La demi-heure écoulée, l'insurrection tenait encore. Elle ne fut vaincue que quatre heures après, et sans l'introduction des mobiles de l'Indre par le souterrain de la caserne, il aurait fallu, pour la réduire, un combat de vive force. Les conditions posées n'avaient donc point été exécutées : le Gouvernement restait maître de son action, et d'ailleurs aucun de ses représentants n'avait renoncé au devoir de saisir la justice[1]. Ceux qui le croyaient obéissaient à un scrupule exagéré : leur loyauté les faisait tomber dans une erreur funeste que le Gouvernement ne pouvait partager. Après une nouvelle délibération, qui dura fort avant dans la nuit, il ordonna une instruction judiciaire et l'arrestation des principaux coupables.

Ce vote amena la retraite du préfet de police M. Edmond Adam, qui avait énergiquement défendu l'opinion de la minorité. Pendant son court passage dans les fonctions difficiles qu'il abandonnait, il s'était fait remarquer par sa droiture et sa fermeté. Ces qualités précieuses, qui lui avaient conquis l'estime du Gouvernement, le déterminèrent peut-être à ne pas lui continuer son concours au moment où il devenait nécessaire de sévir contre des hommes parmi lesquels il pouvait craindre de rencontrer d'anciens camarades. Plus jeune que lui, n'ayant pas vécu dans le même milieu, M. Cresson, qui lui succéda, devait être plus à l'aise. Il nous rendit un service signalé

---

[1] Voir aux Pièces justificatives la lettre écrite par M. Jules Ferry le 2 novembre aux journaux qui avaient parlé de capitulation entre l'insurrection et lui.

en acceptant à cette heure critique un poste que beaucoup à sa place auraient refusé : il ne lui offrait d'autre perspective que celles d'incessantes fatigues et de périls menaçants. Ce fut précisément cette considération qui le décida. Il saisit avec empressement l'occasion de servir son pays, alors que la mauvaise fortune semblait l'accabler. Ardent, généreux, dévoué, il était attiré par la lutte et voulait partager le sort de ceux qui risquaient chaque jour leur vie pour l'œuvre de la défense nationale. Il a dirigé la préfecture de police pendant plus de quatre mois, traversant les crises les plus redoutables ; je l'ai toujours trouvé vigilant, résolu, désintéressé. Il s'est épuisé en courageux efforts pour maintenir l'ordre et faire respecter les lois ; il n'a reculé devant aucun devoir, devant aucun danger.

Le conseil appela le général Clément Thomas, qui était déjà à la tête d'un secteur, au commandement en second de la garde nationale. Dans une lettre pleine de modestie, de tact et de patriotisme, le général Tamisier déclara qu'il s'effaçait devant son frère d'armes. « Il occupera, écrivait-il, avec plus d'autorité, de » vigueur et de science militaire, la position que j'ai tra- » versée avant lui[1]. » Le Gouvernement ne voyait qu'avec peine s'éloigner un officier qui avait donné tant de preuves de dévouement, mais il comprenait avec lui qu'il était d'une extrême importance de remettre le commandement de la garde nationale à un chef ferme et populaire. Le général Clément Thomas était un patriote éprouvé, un soldat chevaleresque. Hélas ! nul de nous ne pouvait soupçonner, quand il répondait à notre appel

---

[1] Voir aux Pièces justificatives.

avec une effusion à la fois si simple et si noble, qu'en lui conférant la dignité civique qu'il méritait à tant de titres nous lui ouvrions la carrière du martyre.

Notre collègue, M. de Rochefort, n'avait pas paru dans la journée du 31. Le lendemain matin, il assistait à la délibération qui eut lieu aux affaires étrangères, puis il cessa de venir à nos séances, et quelques jours après il envoyait sa démission. Jusque-là, son attitude avait été parfaitement convenable, il témoignait au général Trochu une extrême déférence et une confiance respectueuse. Quelques-uns des membres du Gouvernement ne pouvaient se flatter de lui inspirer les mêmes sentiments, mais tous l'ont constamment rencontré courtois et conciliant, et ce n'était pas pour eux un médiocre sujet d'étonnement de le voir dans nos relations journalières si peu semblable à l'homme politique que ses pamphlets avaient entouré d'un si fâcheux éclat.

§

L'insurrection était vaincue, mais le calme n'était pas rentré dans les esprits. L'idée de l'armistice les agitait encore profondément, elle blessait les susceptibilités et faisait naître la crainte d'une faiblesse. Dans un ordre du jour à la garde nationale, en date du 1er novembre [1], le général Trochu, après avoir remercié la milice citoyenne du courage avec lequel elle venait de faire justice d'une entreprise aussi criminelle qu'insensée, crut devoir expliquer à quelles inspirations était due la pensée de l'armistice :

[1] Voir aux Pièces justificatives.

« Cette proposition, disait-il, inopinément présentée
» par les puissances neutres, a été interprétée, contre
» toute vérité et toute justice, comme le prélude d'une
» capitulation, quand elle était un hommage rendu à
» l'attitude de la population de Paris et à la ténacité de
» sa défense. Cette proposition était honorable pour
» nous. Le Gouvernement lui-même en posait les condi-
» tions dans des termes qui lui semblaient fermes et
» dignes : il stipulait une durée de vingt-cinq jours au
» moins; le ravitaillement de Paris pendant toute cette
» période; le droit de voter pour les élections de l'As-
» semblée nationale ouvert à tous les citoyens des dé-
» partements.

» Il y avait loin de là aux conditions de l'armistice
» que l'ennemi nous avait précédemment faites : qua-
» rante-huit heures de durée effective et quelques rap-
» ports très-restreints avec la province pour la prépara-
» tion des élections; point de ravitaillement; le gage
» d'une place forte; l'interdiction aux citoyens de l'Al-
» sace et de la Lorraine de participer au vote pour la
» représentation nationale. »

En même temps, le Gouvernement, s'adressant à la population tout entière, lui demandait de se prononcer par un vote solennel sur la continuation des pouvoirs qu'il avait reçus d'elle le 4 septembre.

» Il se doit à lui-même, disait-il[1], après le coup de
» main qui a failli réussir, de demander à ses concitoyens
» si oui ou non il conserve leur confiance. Dans la situa-
» tion où nous sommes, la force du Gouvernement est
» une force morale; l'acclamation du 4 septembre ne
» suffit plus, il faut le suffrage universel.

[1] Voir aux Pièces justificatives.

» Si le suffrage universel prononce contre le Gouver-
» nement actuel, dans les vingt-quatre heures la popu-
» lation sera mise à même de le remplacer. S'il décide
» au contraire que le pouvoir restera dans les mêmes
» mains, les hommes qui le tiennent aujourd'hui le con-
» serveront avec cette consécration nouvelle. Mais pour
» que personne ne se trompe sur le sens du scrutin qui
» va s'ouvrir, ils déclarent à l'avance que la journée du
» 31 octobre doit être la dernière journée de tout le
» siége; qu'ils n'accepteront désormais le pouvoir que
» pour l'exercer dans sa plénitude et même dans sa
» rigueur; qu'ils ne souffriront plus qu'aucun obstacle
» leur vienne du dedans. Fidèles observateurs des lois
» pour leur propre compte, ils contraindront tout le
» monde à se tenir dans la stricte légalité, afin que tous
» les efforts se réunissent sur ce qui doit être désormais
» notre unique pensée : l'expulsion de l'ennemi hors de
» notre territoire.

» Que le Gouvernement passe son temps à parlemen-
» ter et à se défendre quand il est temps d'agir sans
» relâche contre l'ennemi; que la garde nationale et
» l'armée se morfondent de froid et de fatigue dans les
» rues tandis qu'elles devraient être aux remparts, c'est
» un crime contre la nation et contre le sens commun.
» Il ne se reproduira plus. Le moment des efforts
» suprêmes approche rapidement. Paris désormais n'est
» plus une ville, c'est une armée. La France qui marche
» à son aide a besoin avant tout de nous savoir unis.
» Nous le serons : tel est le sens que le Gouvernement
» donne à l'élection du 3 novembre; il veut être main-
» tenu dans ces conditions ou tomber. »

Conformément à ce ferme langage, le Gouvernement

décrétait que tout bataillon de garde nationale qui se réunirait en armes en dehors des exercices militaires serait immédiatement dissous. Neuf chefs de bataillon qui avaient pris part à l'insurrection étaient frappés de révocation, en attendant les poursuites qui devaient être dirigées contre eux et dont l'exécution était ajournée après les élections.

Les opérations du vote s'accomplirent dans le calme le plus profond. La majorité en faveur du Gouvernement fut énorme : 557,996 contre 62,638. Le soir même du 3 novembre, à onze heures, par une froide mais splendide température, le maire de Paris, M. Étienne Arago, annonça le résultat connu, qui fut accueilli par de longues acclamations. Les bataillons de la garde nationale qui étaient réunis sur la place de l'Hôtel-de-Ville voulurent défiler devant le gouvernement, qui siégeait au Louvre, à l'hôtel du gouverneur.

Quatre mille hommes se massèrent dans la cour en face du perron où le général Trochu se tenait debout, entouré de ses collègues et recevant les félicitations de chaque bataillon. Ce spectacle émouvant et grandiose dura de minuit à une heure et demie du matin. Dominant les cris d'enthousiasme qui s'échappaient de cette foule armée, le général lui adressa cette courte allocution :

« Citoyens,

» Vous nous avez donné la plus imposante consécra-
» tion que jamais pouvoir ait reçue, protestant ainsi
» solennellement contre les douloureuses violences d'une
» journée néfaste. Nous ne voulions pas triompher. Vos
» acclamations nous forcent à sortir de la modestie dans
» laquelle nous souhaitons nous enfermer toujours. Au

» nom du Gouvernement de la défense, je vous remer-
» cie. Citoyens, je veux résumer nos communes impres-
» sions dans le cri de : *Vive la République!* La Républi-
» que seule peut nous sauver, et j'ajoute que, si nous la
» perdions, nous serions perdus avec elle. »

Ces nobles paroles étaient sincères, elles étaient justes aussi. Celui qui les prononçait leur donnait, par son caractère et sa situation, leur signification véritable. Homme d'ordre et de devoir, il appelait de ses vœux la République fondée sur le respect des lois et sur la liberté. Quant à celle qui n'a de République que le nom, et qui n'est qu'une violente tyrannie de la minorité, il l'avait combattue et domptée. Il était prêt à lui résister encore, convaincu qu'elle détruisait à la fois l'honneur et la sécurité de la France. C'était l'union de tous par l'intelligente initiative de chacun, c'était la nation se possédant, se défendant, se gouvernant elle-même qu'il adjurait, en écartant à la fois et la folie des partis et la coupable ambition des prétendants. Là était la vérité, là elle est encore, et si le pays était assez malheureux pour la méconnaître, il s'exposerait aux plus périlleuses aventures.

Ce fut la même pensée que nous entendîmes faire prévaloir dans les élections municipales. Je voulais à cet égard dissiper toutes les incertitudes, et ne pas laisser croire un instant que nous avions pu céder à la pression des partisans de la Commune. Je fis afficher, le 3 novembre, une proclamation aux habitants de Paris, dans laquelle je disais :

« L'élection des maires et adjoints des vingt arron-
» dissements ne ressemble en rien à celle de la Com-
» mune. Elle en est la négation.

» Le Gouvernement persiste à se prononcer contre la
» constitution de la Commune, qui ne peut que créer des
» conflits et des rivalités de pouvoirs.

» Quelques-uns de MM. les maires ayant donné leur
» démission, il fallait pourvoir à leur remplacement.

» Le Gouvernement a cru sage de donner aux magis-
» trats municipaux la consécration de l'élection popu-
» laire.

» Les maires et adjoints conservent leur caractère
» d'agents du pouvoir exécutif qui leur est attribué par
» la loi.

» C'est aux citoyens qu'il appartient de choisir les
» meilleurs administrateurs, les plus dévoués aux inté-
» rêts de la cité et de la défense. »

Cette proclamation posait nettement la limite des pouvoirs municipaux, elle ne permettait pas d'accuser le Gouvernement de complaisance envers la Commune. Aussi fut-elle accueillie avec colère par les meneurs du mouvement avorté. Plusieurs maires s'offensèrent de la qualification d'agents du pouvoir exécutif. Je leur écrivis pour leur expliquer que je ne portais atteinte à aucun de leurs droits; ils s'apaisèrent, et la journée, qui d'après de nombreux rapports s'annonçait menaçante, s'acheva dans le calme le plus parfait.

Ce fut avec les mêmes dispositions que la population vota pour les maires et adjoints. Les abstentions, qui augmentaient à chaque scrutin, firent passer un certain nombre de candidats hostiles. Somme toute, et quelque embarras que pût lui présager dans un avenir prochain cet élément qu'il aurait voulu voir éliminé par l'élection, le Gouvernement put se féliciter du concours de la ville de Paris. Ce concours lui donnait une force devenue indispensable, mais par là même il lui imposait de grands et rigoureux devoirs.

Pour les remplir dignement, il fallait conserver l'ascendant moral sans lequel rien n'est possible à ceux qui, dans les troubles civils, veulent respecter la vie et la liberté de leurs semblables. Et pour conserver cet ascendant, il était nécessaire de ne jamais perdre de vue les fiertés inquiètes de l'honneur national. Le Gouvernement désirait la paix avec autant d'ardeur que le plus pacifique des citoyens, mais il sentait qu'elle n'était possible qu'à d'honorables conditions. Il en était de même d'un armistice. Un intérêt puissant le conseillait, et cependant il ne pouvait être accepté, si l'ennemi s'en faisait une arme contre nous en nous affaiblissant. Nous étions placés dans la position délicate et cruelle de gens qui n'ont le droit ni d'exiger, ni de céder. Exiger était empêcher toute négociation, céder était trahir; car en cédant, nous doutions de Paris et du pays, qui croyaient en eux, et n'avaient pas encore épuisé leurs ressources.

Dans cette perplexité, nous ne pouvions que nous attacher aux règles admises en pareilles matières chez les peuples civilisés, et qui forment les éléments incontestés de leur code international. Or, de tous temps, les trèves ont été en usage entre deux armées belligérantes. Elles sont de nécessité et de justice, toutes les fois qu'un arrangement est jugé praticable. Elles reposent sur cette idée simple : que la cessation des hostilités ne doit profiter ni à l'un ni à l'autre des adversaires, et que si, par malheur, ils ne parviennent pas à s'entendre, ils sont l'un et l'autre, à l'expiration du terme fixé, rétablis dans la situation où ils étaient, quand la trêve a commencé. C'est ainsi que l'équité commande, et que d'ordinaire les conventions d'armistice stipulent l'interdiction de faire venir, de l'extérieur des lignes, des armements nouveaux ou des troupes fraîches. Par la même raison, une place investie est ravitaillée pour un nombre de jours proportionné à celui de la trêve. S'il en était autrement, l'armistice serait pour l'assiégeant l'attaque la plus sûre et la plus commode. Il lui permettrait de réduire l'assiégé sans risques ni périls. Il serait pour l'assiégé une iniquité et un leurre. Le ravitaillement est donc, à la guerre, une règle de droit commun. Le refuser est un acte excessif; subir ce refus, c'est avouer un état désespéré.

Nous devions donc demander le ravitaillement dans les termes usités : ce n'était point une exigence téméraire ou blessante; c'était l'application d'une règle consacrée par la justice et par l'usage. Il ne pouvait tomber sous le sens d'aucun diplomate que nous ne le réclamassions pas.

Une seconde difficulté se présentait à nous : sa solution était indiquée par les principes du droit commun. L'armistice était conclu dans le but d'élire et de convoquer une Assemblée, chargée de trancher la question de paix ou de guerre. Or, malgré la prétention de la Prusse de ne point s'être expliquée sur les conditions qu'elle voulait nous imposer, nous savions qu'elle demanderait une et peut-être deux de nos provinces. Il fallait donc que l'Assemblée se prononçât sur la cession du territoire. Or, par qui pouvait être accompli cet acte suprême de souveraineté, si ce n'est par le souverain lui-même? Et d'après les principes du droit public moderne, quel est le souverain, si ce n'est la nation tout entière représentée par ses mandataires librement élus?

Il était donc d'absolue nécessité que tous les citoyens français, sans en excepter un seul, fussent appelés au scrutin, conformément à la loi du pays, l'Alsacien aussi bien que le Provençal, dont le sol n'était pas occupé, aussi bien que l'habitant de l'Ile-de-France, que l'ennemi avait envahie mais ne prétendait pas conserver. Abandonner le droit d'élection du premier, c'était accepter à l'avance la conquête, par conséquent trahir notre mandat. Ici encore l'équité et le bon sens devaient être notre règle. L'armistice n'étant qu'un moyen et non une solution ne pouvait rien préjuger. Tout étant réservé, les citoyens de tous les départements libres, occupés ou menacés d'annexion, étaient placés sur le même pied, tous devaient au même titre concourir à l'élection de l'Assemblée nationale.

C'est dans ces termes qu'avaient été rédigées les instructions délivrées à M. Thiers après nous en être concertés avec lui. Il ne se dissimulait pas que la difficulté relative au vote des Alsaciens et des Lorrains ne fût sérieuse, il n'avait point songé qu'il pût en être soulevé une à l'occasion du ravitaillement, et le soin minutieux avec lequel il arrêta de sa main les calculs s'appliquant à chaque détail de cette opération compliquée, prouve clairement qu'il s'attendait à des objections sur les quantités de vivres à introduire dans la place, qu'il n'en prévoyait aucune sur ce principe lui-même. Dans sa pensée, la Prusse pouvait repousser l'armistice, auquel le conseil militaire s'était toujours montré fort opposé; mais l'armistice admis, les choses devaient marcher assez vite, sauf en ce qui touchait le vote des provinces menacées. Nous avions longuement examiné les différents partis qui pouvaient être proposés, et désireux les uns et les autres d'arriver à une transaction, nous avions adopté par hypothèse tous les expédients qui pouvaient la faciliter en sauvegardant le droit de nos chers compatriotes.

Aussi étions-nous pleins d'espoir, et connaissant la lenteur prussienne, nous ne nous étonnions pas outre mesure des trois jours écoulés sans nouvelles depuis le départ de notre négociateur, lorsque le jeudi soir, 3 novembre, nous fûmes avisés de la présence à Sèvres de notre honorable collègue M. Cochery, qui était venu d'Orléans avec M. Thiers, et l'avait accompagné à Versailles.

§

M. Cochery nous était dépêché pour s'enquérir de l'état de Paris et en instruire M. Thiers. Avant même d'avoir franchi les avant-postes, il put de Sèvres faire savoir que l'attaque violente dirigée contre le Gouvernement de la défense nationale n'avait servi qu'à lui donner une nouvelle force, en lui permettant d'obtenir la consécration d'un vote populaire à peu près unanime. Ayant ainsi rassuré M. Thiers, M. Cochery vint nous apprendre dans quelles circonstances s'effectuait son voyage. Arrivé à Versailles le 31 octobre au soir, M. Thiers s'était dès le lendemain matin, 1er novembre, abouché avec M. le comte de Bismarck, et la négociation avait été immédiatement entamée. Elle semblait marcher heureusement; le mercredi soir on était d'accord sur tous les points, même sur le principe du ravitaillement : les quantités et l'exécution seules étaient en discussion, et M. Thiers pouvait légitimement croire qu'il touchait au but si ardemment désiré, lorsque le jeudi matin, 3 novembre, M. de Bismarck, en l'abordant, lui demanda s'il avait des nouvelles de Paris. Sur sa réponse négative, le chancelier lui annonça que des rapports reçus par lui à l'instant lui apprenaient la chute du Gouvernement de la défense nationale et son remplacement par la Commune, à la tête de laquelle se trouvaient Flourens et Blanqui. M. Thiers ne voulut point admettre l'exactitude de ces informations. Ne demandant toutefois qu'à être renseigné, il proposa l'envoi de M. Cochery, chargé de vérifier l'état de Paris, de le lui faire connaître, et d'attendre sa propre venue, qui, selon toute probabilité, devait avoir lieu le lendemain.

Nous fûmes en effet avertis dans la nuit qu'il serait au pont de Sèvres le lendemain vendredi à neuf heures du matin. Ne croyant pas prudent d'entrer de sa personne à Paris, il priait M. Trochu et moi de venir conférer avec lui. Mais la surexcitation des esprits était telle que le gouverneur craignit de compromettre son autorité par une semblable démarche. Il conféra au général Ducrot la mission de le représenter. Ce fut donc avec ce dernier que le vendredi matin, dans une anxiété bien naturelle, je pris la route du pont de Sèvres, où ce grave incident allait se dénouer.

Un peu avant neuf heures, M. Thiers, escorté de plusieurs officiers prussiens, parut sur la rive opposée à la nôtre. Je le vis, non sans émotion, monter dans la frêle et dangereuse embarcation qui faisait le service des parlementaires. Le froid était très-vif, et j'admirais une fois de plus le zèle patriotique qui lui faisait oublier son âge et braver des fatigues devant lesquelles de plus jeunes auraient reculé. Je le reçus avec d'autant plus de joie que j'avais craint de ne pas le revoir. Nous ne pouvions délibérer en plein air. Une maison de campagne en ruine, située à gauche de la route, nous fut indiquée par le chef du poste; nous nous y rendîmes.

Assis sur un escabeau, dans une pièce glacée, ouverte à tous les vents, M. Thiers nous exposa le résultat de sa mission. Il l'a lui-même résumée dans un rapport détaillé daté de Tours et adressé aux représentants des puissances neutres, et je ne sache pas qu'aucune partie de sa conversation puisse aujourd'hui être considérée comme confidentielle. Il nous dit qu'après deux jours de pourparlers il avait le meilleur espoir. Les points principaux paraissaient concédés, et l'on ne pouvait croire que les détails devinssent une cause de rupture. Mais le jeudi matin ces bonnes dispositions étaient changées. Il attribuait ce brusque revirement à deux causes : la journée du 31 octobre et la proclamation dans laquelle le ministre de la guerre, M. Gambetta, dénonçait à la France ce qu'il appelait la trahison de M. Bazaine. M. de Bismarck avait affirmé que le Roi s'était montré fort irrité à la lecture de ce document, qui, selon lui, calomniait le seul officier qui avait fait vaillamment son devoir. Quant à l'émeute de l'Hôtel de ville, bien que réprimée elle ébranlait l'autorité morale du Gouvernement et permettait aux commandants prussiens de réclamer de nouvelles garanties. M. Thiers insistant pour connaître la nature de ces garanties, le chancelier avait de nouveau indiqué la remise d'un ou de plusieurs forts dominant Paris. Cette condition ayant été absolument repoussée, M. de Bismarck avait nettement refusé le ravitaillement. Conduite à ce terme, la négociation devait être suspendue; et notre ambassadeur autorisé à en conférer avec nous; ce qui avait été reconnu et accordé sans difficulté.

M. Thiers ne nous dissimula point ses impressions personnelles. Très-opposé à la continuation de la guerre, il croyait que la situation de la France lui imposait la nécessité d'un compromis. Il reconnaissait que l'acceptation d'un armistice sans ravitaillement était difficile, mais il aurait désiré des élections et la convocation d'une Assemblée, même sans armistice. M. de Bismarck l'avait chargé de nous dire qu'il s'y prêterait en nous donnant de certaines facilités de circulation. Il nous engagea vivement à défendre cette combinaison dans le sein du Gouvernement; il nous répéta plusieurs fois qu'elle était conforme au vœu des départements, et que les armées qu'on nous disait marcher à notre secours n'avaient ni la solidité, ni l'instruction, ni le commandement nécessaires à une résistance efficace. La convocation d'une Assemblée conduisait à la paix, dont il était imprudent de retarder la conclusion. Il ne pouvait rien savoir des conditions de l'Allemagne, aucun pourparler n'ayant été échangé sur ce point; mais certainement nous ne pouvions échapper ni à une large cession de territoire, ni à une grosse indemnité. Plus on retarderait, plus les exigences augmenteraient; elles pouvaient être poussées jusqu'à la dernière limite de l'exagération.

Notre entretien dura près de deux heures. Nous n'avions pas le droit de donner une réponse définitive; nous devions prendre les ordres du Gouvernement. Nous promîmes à M. Thiers de les lui transmettre le lendemain par l'intermédiaire de M. Cochery. Et nous le reconduisîmes à son petit batelet, où je le quittai profondément affligé de la perte de mes espérances.

Je ne pouvais en effet me faire d'illusion ; mon rêve de convocation d'Assemblée était évanoui. Nul, dans l'état des esprits de la ville de Paris, n'aurait pu songer à faire accepter un armistice sans ravitaillement ou des élections sans armistice. Avec la première de ces conditions, la défense était désertée ; avec la seconde, les élections étaient impossibles. Et malgré mon violent désir d'arrêter la guerre, je ne pouvais conseiller l'adoption d'un parti qui, dans ma conviction profonde, devait amener une collision à Paris, c'est-à-dire la désunion de la défense au moment même où l'intérêt national aussi bien que l'honneur nous faisaient un devoir de ne former qu'un faisceau pour résister à un implacable ennemi. Tel fut l'avis du Gouvernement formulé dans la note qu'il me chargea de rédiger pour M. Thiers et de lui faire parvenir par M. Cochery, qui retourna à Versailles le jour même : je transcris ce document en entier :

« Le Gouvernement de la défense nationale a délibéré
» sur les communications qui lui ont été faites aujour-
» d'hui par M. Thiers, envoyé extraordinaire près les
» cabinets de Londres, Saint-Pétersbourg, Vienne et
» Florence.

» Ces communications étaient relatives à la proposi-
» tion d'armistice faite à la France et à la Prusse par les
» cinq grandes puissances neutres, l'Angleterre, la
» Russie, l'Autriche, l'Italie et la Turquie, ayant pour
» objet la convocation d'une Assemblée nationale.

» Saisi de cette proposition, le Gouvernement avait
» chargé M. Thiers de se rendre au quartier général du
» commandant en chef de l'armée assiégeante et d'en

» conférer avec le ministre des affaires étrangères de
» Prusse.

» Le Gouvernement acceptait le principe de l'armistice
» et demandait comme conséquence naturelle :

» Que la dûrée fut fixée à un minimum de vingt-cinq
» jours ;

» 2° Que le ravitaillement fût proportionnel à cette
» durée ;

» 3° Que les élections se fissent librement dans tous
» les départements, même ceux occupés.

» Le chancelier de la Confédération de l'Allemagne
» du Nord a accepté la durée d'un minimum de vingt-
» cinq jours.

» L'élection dans tous les départements, même ceux
» occupés, en demandant pour l'Alsace et la Lorraine
» une désignation de mandataires qui n'amenât pas
» l'agitation électorale.

» Il a repoussé d'une manière absolue le ravitaille-
» ment ; il a ajouté qu'il ne s'opposerait pas à l'élection
» et à la réunion d'une Assemblée, sans armistice, et
» qu'il accorderait dans ce cas quelque liberté de com-
» munication entre le Gouvernement de Paris et la délé-
» gation de Tours.

» Le Gouvernement de la défense nationale a consi-
» déré ces déterminations comme le rejet pur et simple
» de la proposition des cinq grandes puissances neutres.

» Un armistice d'un mois, sans ravitaillement, est un
» moyen déguisé de réduire Paris sans coup férir.

» Le Gouvernement de la défense nationale tient donc
» la négociation pour rompue par une exigence de la
» Prusse également contraire à la justice et au droit des
» gens.

» Il témoigne à M. Thiers sa vive reconnaissance
» pour le dévouement qu'il a montré au pays en bravant
» depuis six semaines tant de fatigues et de périls pour
» arriver à la conclusion d'une paix honorable que le
» Gouvernement a toujours appelée de tous ses vœux.

» M. Thiers fera connaître au chancelier de la Confé-
» dération de l'Allemagne du Nord qu'il est toujours
» prêt, au nom de son Gouvernement, à accepter les
» combinaisons qui pourront arrêter une guerre désas-
» treuse pour les deux nations et dont la prolongation
» coûtera aux deux belligérants de nombreux et cruels
» sacrifices humains.

» Il fera remarquer que le Gouvernement de la défense
» nationale a toujours réclamé la possibilité de consulter
» la France par la convocation d'une Assemblée, et de
» déposer entre les mains des membres de cette Assem-
» blée le pouvoir qu'il tient de la nécessité et aujour-
» d'hui du vote des habitants et des défenseurs de Paris.

» Mais pour que cette convocation soit possible, un
» armistice sérieux est indispensable, et pour être sé-
» rieux, il doit présenter les conditions de sécurité
» qu'assure le droit des gens.

» Celui qui serait consenti sans ravitaillement ferait
» perdre à Paris un mois de vivres. Au bout de ce mois,
» l'armistice pourrait être rompu et les hostilités recom-
» menceraient dans des conditions inégales.

» M. Thiers déclarera en conséquence au chancelier
» de la Confédération de l'Allemagne du Nord qu'à raison
» du refus fait par la Prusse du ravitaillement propor-
» tionnel à la durée, il considère l'armistice proposé par
» les cinq puissances comme rejeté par la Prusse. Il
» quittera le quartier général du commandant en chef

» de l'armée assiégeante. Il se rendra à Tours, où il
» voudra bien rester à la disposition du Gouvernement
» de la défense nationale. Là il communiquera aux re-
» présentants des cinq grandes puissances le résultat
» de sa mission et leur fera connaître comment la Prusse
» a repoussé leur proposition.

» Il pourra leur adresser une note collective destinée
» à éclairer leurs gouvernements sur les dispositions de
» la Prusse et leur permettre de juger les desseins ulté-
» rieurs que sa politique révèle suffisamment.

» *Le ministre des affaires étrangères,*

» Jules Favre.

» Paris, le 6 novembre 1870. »

Le même jour, l'*Officiel* publiait la note suivante :

« Les grandes puissances neutres, l'Angleterre, la
» Russie, l'Autriche, l'Italie, l'Espagne et la Turquie
» avaient pris l'initiative d'une proposition d'armistice
» à l'effet de faire élire une Assemblée nationale.

» Le Gouvernement de la défense nationale avait posé
» ses conditions, qui étaient le ravitaillement de Paris et
» le vote pour l'Assemblée nationale par toutes les po-
» pulations françaises.

» La Prusse a expressément repoussé la condition du
» ravitaillement. Elle n'a d'ailleurs admis qu'avec des
» réserves le vote de l'Alsace et de la Lorraine.

» Le Gouvernement de la défense nationale a décidé
» à l'unanimité que l'armistice ainsi compris devait être
» repoussé. »

Je n'eus pas de peine à établir dans une circulaire du lendemain 7 novembre [1] que la responsabilité de cette rupture pesait exclusivement sur la Prusse, dont nous ne pouvions accepter les exorbitantes prétentions. Cette vérité ressort avec la dernière évidence du rapport que M. Thiers, rentré à Tours, adressa, à la date du 9 novembre, aux représentants des grandes puissances. Je le considère comme trop décisif pour le renvoyer aux pièces justificatives, et je le mets ici sous les yeux du lecteur :

« Monsieur l'ambassadeur,

» Je crois devoir aux quatre grandes puissances [2] qui
» ont fait ou appuyé la proposition d'un armistice entre la
» France et la Prusse, un compte succinct mais fidèle de
» la négociation grave et délicate dont j'avais consenti à
» me charger. Muni des sauf-conduits que S. M. l'Empe-
» reur de Russie et le cabinet britannique avaient bien
» voulu demander pour moi à S. M. le Roi de Prusse,
» j'ai quitté Tours le 28 octobre, et après avoir franchi
» la ligne qui séparait les deux armées, je me suis rendu
» à Orléans. Sans perdre de temps, j'ai pris la route de
» Versailles, accompagné d'un officier bavarois que M. le
» général baron de Tann avait eu l'obligeance de m'ad-
» joindre pour lever les difficultés que je pourrais ren-
» contrer sur ma route. Pendant ce difficile trajet, j'ai
» pu me convaincre par mes propres yeux, et malheu-

---

[1] Voir aux Pièces justificatives.
[2] Une communication semblable a été faite à la Turquie et à l'Espagne, qui s'étaient jointes depuis aux autres grandes puissances.

» reusement dans une province française, de tout ce que
» la guerre avait d'horrible. Obligé, faute de chevaux,
» de m'arrêter trois ou quatre heures de la nuit à Arpa-
» jon, je suis arrivé à Versailles le dimanche matin 30.
» Je n'y suis resté que quelques instants, étant bien con-
» venu d'avance avec M. le comte de Bismarck que mes
» entretiens avec lui ne commenceraient qu'après avoir
» complété à Paris les pouvoirs, nécessairement incom-
» plets, que j'avais reçus de la Délégation de Tours.
» Accompagné des officiers parlementaires qui devaient
» me faciliter le passage des avant-postes, j'ai franchi la
» Seine au-dessous du pont de Sèvres actuellement coupé,
» et je suis descendu à l'hôtel des Affaires étrangères,
» pour rendre plus faciles et plus promptes mes commu-
» nications avec les membres du Gouvernement. La nuit
» s'est passée en délibérations, et après une résolution
» adoptée à l'unanimité, j'ai reçu les pouvoirs néces-
» saires pour négocier et conclure l'armistice dont les
» puissances neutres avaient conçu l'idée et pris l'initia-
» tive.

» Toujours soucieux de ne pas perdre un temps dont
» chaque minute était marquée par l'effusion du sang
» humain, j'ai repassé les avant-postes le lundi soir
» 31 octobre, et le lendemain 1er novembre, à midi, j'étais
» en conférence avec M. le chancelier de la Confédéra-
» tion du Nord.

» L'objet de ma mission était parfaitement connu de
» M. le comte de Bismarck, qui avait reçu comme la
» France la proposition des puissances neutres. Après
» quelques réserves sur l'immixtion des neutres dans
» cette négociation, réserves que j'ai dû écouter sans
» les admettre, l'objet de notre mission a été parfaite-

» ment précisé et établi entre M. le comte de Bismarck
» et moi. Il s'agissait de conclure un armistice qui fit
» cesser l'effusion du sang entre deux des nations les
» plus civilisées du globe, et permît à la France de con-
» stituer, par des élections librement faites, un gouver-
» nement régulier avec lequel on pût traiter valablement.
» Cet objet était d'autant mieux indiqué que plusieurs
» fois la diplomatie prussienne avait prétendu que, dans
» la situation des choses en France, elle ne savait à qui
» s'adresser pour entamer des négociations.

» A cette occasion, M. le comte de Bismarck m'a fait
» remarquer, sans du reste y insister, qu'il y avait en ce
» moment à Cassel, et cherchant à se reformer, les restes
» d'un gouvernement qui jusqu'ici était le seul reconnu
» par l'Europe ; mais qu'il faisait cette observation uni-
» quement pour préciser la situation diplomatique, et
» nullement pour se mêler, à quelque degré que ce fût,
» du gouvernement intérieur de la France. J'ai répondu
» sur-le-champ à M. le comte de Bismarck que nous
» l'entendions bien ainsi ; que du reste le gouvernement
» qui venait de précipiter la France dans l'abîme d'une
» guerre follement résolue, ineptement conduite, avait
» pour toujours terminé à Sedan sa funeste existence,
» et serait pour la nation française un souvenir de honte
» et de douleur.

» Sans contester ce que je disais, M. le comte de Bis-
» marck a de nouveau protesté contre toute idée d'ingé-
» rence dans nos affaires intérieures, et a bien voulu
» ajouter que ma présence au quartier général prussien,
» et l'accueil que j'y recevais, étaient la preuve de la sin-
» cérité de cette déclaration, puisque, sans tenir compte
» de ce qui se passait à Cassel, le chancelier de la Confé-

» dération du Nord s'empressait de traiter avec l'envoyé
» extraordinaire de la République française...

» Ces observations préliminaires franchies, nous avons
» fait un premier examen sommaire des questions que
» soulevait la proposition des puissances neutres :

» 1° Principe de l'armistice, ayant pour but essentiel
» d'arrêter l'effusion du sang, et de fournir à la France
» le moyen de constituer un gouvernement reposant sur
» le vœu *exprimé* de la nation.

» 2° Durée de cet armistice, motivée par les délais
» qu'entraîne la formation d'une Assemblée souveraine.

» 3° Liberté des élections, pleinement assurée dans
» les provinces actuellement occupées par les troupes
» prussiennes.

» 4° Conduite des armées belligérantes pendant l'in-
» terruption des hostilités.

» 5° Enfin ravitaillement des places assiégées, et spé-
» cialement de Paris, pendant la durée de l'armistice.

» Sur ces cinq questions, et particulièrement sur le
» principe même de l'armistice, M. de Bismarck ne m'a
» pas semblé avoir d'objections insurmontables, et j'ai
» pu croire, à la suite de cette première conférence, qui
» n'avait pas duré moins de quatre heures, que nous
» pourrions nous entendre sur tous les points, et con-
» clure une convention qui serait le premier acte
» d'une pacification ardemment désirée dans les deux
» mondes.

» Les conférences se sont succédé, et le plus souvent
» deux fois par jour, car j'étais impatient d'atteindre un
» résultat qui devait faire cesser le bruit du canon que
» nous entendions constamment, et dont chaque éclat

» me faisait craindre de nouveaux ravages, de nouvelles
» immolations de victimes humaines.

» Voici quelles ont été pendant ces conférences les
» objections et les solutions sur les divers points ci-des-
» sus énumérés.

» Quant au principe et à l'objet de l'armistice, M. de
» Bismarck m'a affirmé qu'il désirait, autant que les
» puissances neutres, la fin des hostilités, ou du moins
» leur suspension, et qu'il souhaitait la constitution en
» France d'un pouvoir avec lequel il pût contracter des
» engagements à la fois valables et durables. Il y avait
» donc accord complet sur cet objet essentiel, et toute
» discussion devenait superflue.

» Quant à la durée de l'armistice, j'ai demandé à
» M. le chancelier de la Confédération du Nord de vingt-
» cinq à trente jours, et vingt-cinq au moins. Il fallait,
» lui ai-je dit, douze jours pour que les électeurs pussent
» se concerter et arrêter leurs choix, un jour pour voter,
» quatre ou cinq jours pour que les candidats élus eus-
» sent le temps, dans l'état des chemins, de se réunir en
» un lieu déterminé, et de huit à dix jours enfin pour
» une vérification sommaire des pouvoirs et la constitu-
» tion de la future Assemblée nationale. M. le comte de
» Bismarck n'a point contesté ces calculs, et s'est borné
» à me dire que moins grande serait la durée, moins
» grandes aussi seraient les difficultés que pourrait pré-
» senter la conclusion de l'armistice proposé. Mais il a
» paru s'arrêter avec moi à une durée de vingt-cinq
» jours.

» Venait ensuite la grave question des élections.
» M. de Bismarck a bien voulu m'affirmer qu'elles se-

» raient, dans les pays occupés par l'armée prussienne,
» aussi libres qu'elles avaient jamais pu l'être en France.
» Je l'ai remercié de cette assurance, dont je me serais
» contenté si M. le comte de Bismarck, qui n'avait d'a-
» bord demandé aucune exception pour cette liberté
» d'élections, n'avait cependant fait quelques réserves à
» l'égard de certaines parties du territoire français, voi-
» sines de nos frontières, et allemandes, disait-il, d'ori-
» gine et de langage. J'ai répondu à l'instant même que
» l'armistice, si on voulait le conclure promptement,
» ainsi que c'était le désir général, devait ne préjuger
» aucune des questions qui pouvaient être agitées à l'oc-
» casion d'un traité de paix définitif; que, pour ma part,
» je me refusais en ce moment à en aborder aucune, et
» qu'en agissant ainsi j'obéissais à mes instructions et à
» mes sentiments personnels. M. le comte de Bismarck
» m'a répondu qu'il était d'avis, lui aussi, de ne toucher
» à aucune de ces questions, et il m'a proposé de ne
» rien insérer à ce sujet dans le libellé de l'armistice,
» qu'ainsi rien ne serait préjugé à cet égard; que s'il
» n'admettait pas l'agitation électorale dans les provinces
» dont il s'agissait, il ne refuserait pas qu'elles fussent
» représentées dans la future Assemblée nationale par
» des notables, dont nous arrêterions la désignation sans
» qu'il s'en mêlât, et qui jouiraient d'une liberté com-
» plète d'opinion comme tous les autres représentants
» de la France.

» Cette question, la plus grave de toutes, étant ainsi
» en voie de solution, nous nous sommes occupés de la
» conduite des armées pendant la suspension des hosti-
» lités. M. de Bismarck avait dû en référer aux généraux
» prussiens, réunis et présidés par S. M. le Roi; et,

» tout examiné, voici ce qui nous a paru équitable de
» part et d'autre, et le plus conforme aux usages adoptés
» dans tous les cas semblables.

» Les armées belligérantes seraient tenues de s'arrêter
» là même où elles se trouveraient le jour de la signa-
» ture de l'armistice; une ligne reliant tous les points
» où elles se seraient arrêtées, formerait la ligne de dé-
» marcation qu'elles ne devraient pas franchir, mais
» en dedans de laquelle elles pourraient se mouvoir, sans
» toutefois se livrer à aucun acte d'hostilité.

» Nous étions, pour ainsi dire, d'accord sur les di-
» vers points de cette difficile négociation, lorsque s'est
» présentée la dernière question, celle du ravitaillement
» des places assiégées, et spécialement de Paris. M. le
» comte de Bismarck n'avait sur ce sujet élevé aucune
» objection fondamentale, et n'avait semblé contester
» que l'importance des quantités demandées, ainsi que
» la difficulté de les réunir et de les introduire dans Paris,
» (ce qui, du reste, ne regardait que nous seuls); et,
» quant aux quantités elles-mêmes, je lui avais formelle-
» ment déclaré qu'elles seraient un objet de discussion
» amiable, et même de concessions importantes de notre
» part. Cette fois encore, le chancelier de la Confédéra-
» tion du Nord avait voulu en référer aux autorités mi-
» litaires, auxquelles plusieurs avaient déjà été soumises,
» et nous sommes convenus de remettre au lendemain,
» jeudi 3 novembre, la solution définitive de cette ques-
» tion.

» Le jeudi 3, M. de Bismarck, que je trouvai soucieux
» et préoccupé, me demanda si j'avais des nouvelles de
» Paris, à quoi je dus répondre que depuis lundi soir,
» jour de ma sortie, je n'en avais aucune. M. de Bis-

3.

» marck était dans le même cas. Il me fit lire alors des
» rapports d'avant-postes qui parlaient d'une révolution
» à Paris, et de la proclamation d'un nouveau gouverne-
» ment. Ce Paris, d'où les moindres nouvelles partaient
» jadis avec la promptitude de l'électricité pour se ré-
» pandre en quelques minutes dans le monde entier,
» avait pu être en ce moment le théâtre d'une révolution,
» sans que trois jours après on n'en sût rien à ses portes !
» Profondément contristé de ce phénomène historique,
» j'affirmai à M. le comte de Bismarck que si le désor-
» dre avait pu triompher un moment dans Paris, l'éner-
» gique amour de l'ordre chez la population parisienne,
» égal à son patriotisme, rétablirait bientôt l'ordre trou-
» blé. Cependant je n'avais plus de pouvoirs si les nou-
» velles répandues étaient fondées. Je dus donc suspen-
» dre cette négociation jusqu'à de nouvelles informations.
» Ayant obtenu de M. de Bismarck les moyens de com-
» muniquer avec Paris, je pus, dans cette même journée
» du jeudi, savoir ce qui s'était passé le lundi, et m'as-
» surer que je ne m'étais point trompé en affirmant que
» le triomphe du désordre n'avait pu être que de quel-
» ques heures.

» Je me rendis dans la même soirée chez M. le comte
» de Bismarck, et nous reprîmes et continuâmes pendant
» une partie de la nuit la négociation interrompue le
» matin. La question du ravitaillement de la capitale fut
» vivement débattue entre nous, toujours restant bien
» affirmé de ma part que mes demandes, sous le rap-
» port des quantités, pourraient être modifiées après une
» discussion détaillée. Bientôt je pus m'apercevoir que
» ce n'était pas une question de détail mais de fond qui
» venait de s'élever. Je fis valoir auprès de M. de Bis-

» marck le grand principe des armistices, qui veut que
» chaque belligérant se trouve à la fin d'une suspension
» d'hostilités dans l'état où il était au commencement ;
» que de ce principe, fondé sur la justice et la raison,
» avait découlé l'usage de ravitailler les places assiégées,
» et de remplacer chaque jour les vivres consommés dans
» la journée ; — car, sans cette précaution, dis-je à
» M. de Bismarck, un armistice suffirait pour prendre
» les plus fortes places du monde.

» Il n'y avait rien à répliquer, je le crois du moins, à
» cette énonciation de principes et d'usages incontestés,
» incontestables.

» M. le chancelier de la Confédération du Nord, s'ex-
» primant alors non en son nom, mais au nom des au-
» torités militaires, me déclara que l'armistice était
» absolument contraire aux intérêts prussiens ; que nous
» donner un mois de répit, c'était procurer à nos armées
» le temps de s'organiser ; qu'introduire dans Paris des
» quantités de vivres difficiles à déterminer, c'était lui
» donner le moyen de prolonger indéfiniment sa résis-
» tance ; que l'on ne pouvait, par conséquent, nous
» accorder des avantages pareils sans des ÉQUIVALENTS
» MILITAIRES (expression de M. de Bismarck lui-même).
» Je me hâtai de répondre que sans doute l'armistice
» pouvait avoir pour nous certains avantages matériels,
» mais que le cabinet prussien avait dû le prévoir d'a-
» vance en admettant le principe de l'armistice ; que
» d'ailleurs, apaiser les passions nationales, préparer et
» rapprocher ainsi la paix, accorder surtout au vœu for-
» mel de l'Europe une déférence convenable, étaient
» pour la Prusse des avantages politiques qui valaient
» bien les avantages matériels qu'elle pouvait nous con-

» céder. Je demandai alors quels étaient les *équivalents*
» *militaires* qu'on réclamait de nous; car M. le comte
» de Bismarck mettait un soin extrême à ne pas les
» désigner.

» Il me les énonça enfin, toujours avec une certaine
» réserve. — C'était, me disait-il, une position militaire
» autour de Paris. » — Et comme j'insistais : « Un fort,
» ajouta-t-il, peut-être plus d'un. » — J'arrêtai sur-le-
» champ M. le chancelier de la Confédération du Nord :
» — C'est Paris, lui dis-je, que vous nous demandez;
» car nous refuser le ravitaillement pendant l'armistice,
» c'est nous retirer un mois de notre résistance; exiger
» de nous un ou plusieurs forts, c'est nous demander
» nos murailles. C'est, en un mot, nous demander Paris,
» en vous donnant les moyens de l'affamer ou de le
» bombarder. Or, en traitant avec nous d'un armistice,
» vous n'avez jamais pu supposer que la condition en
» serait de vous livrer Paris lui-même, Paris, notre prin-
» cipale force, notre grande espérance, et pour vous la
» grande difficulté que vous n'avez pu vaincre après cin-
» quante jours de siége. »

» Arrivés à ce point, nous ne pouvions plus faire un
» pas; je le fis remarquer à M. de Bismarck, et il me fut
» facile de reconnaître que l'esprit militaire l'emportait
» en ce moment, dans les résolutions de la Prusse, sur
» l'esprit politique, qui conseillait la paix et tout ce qui
» pouvait y conduire.

» Je demandai alors à M. de Bismarck la faculté de
» me rendre de nouveau aux avant-postes pour m'entre-
» tenir de cette situation avec M. Jules Favre, à quoi il
» se prêta avec une courtoisie que j'ai toujours rencon-
» trée dans tout ce qui concernait les relations person-

» nelles. En me quittant, M. le comte de Bismarck me
» chargea de déclarer au Gouvernement français que si
» on voulait faire les élections sans armistice, il leur lais-
» serait une liberté entière dans tous les pays occupés
» par les armées prussiennes, et y ajouterait des facilités
» de communication entre Paris et Tours pour tout ce
» qui concernerait l'objet des élections.

» Je recueillis cette déclaration, et je me rendis le len-
» demain, 5 novembre, aux avant-postes français. Je
» les franchis pour m'aboucher avec M. Jules Favre,
» dans une maison abandonnée. Je lui fis un exposé
» complet de la situation tout entière sous les rapports
» politique et militaire, en lui laissant jusqu'au lende-
» main pour m'adresser la réponse officielle du Gouver-
» nement, avec tous les moyens pour me la faire parve-
» nir à Versailles. En effet, je la reçus le lendemain
» dimanche, 6 novembre. Elle m'invitait à rompre la
» négociation sur la demande repoussée du ravitaille-
» ment, à quitter immédiatement le quartier général
» prussien pour me rendre à Tours, et y rester, si j'y
» consentais, à la disposition du Gouvernement, en cas
» que mon intervention pût encore être utile à des négo-
» ciations ultérieures.

» Je communiquai cette résolution à M. de Bismarck,
» lui répétant que nous ne pouvions lui livrer ni la sub-
» sistance ni les défenses de Paris, et que je regrettais
» amèrement de n'avoir pu conclure un acte qui aurait
» été un acheminement vers la paix.

» Tel est l'exposé fidèle de cette négociation, que j'a-
» dresse aux quatre puissances neutres qui avaient eu la
» bonne inspiration de désirer, de vouloir, de proposer
» une suspension d'armes, laquelle aurait rapproché

» le moment où l'Europe entière pourra respirer, re-
» prendre les travaux de la civilisation, et ne plus
» dormir d'un sommeil agité, avec la crainte de voir
» à chaque instant surgir quelque accident redoutable
» qui propage sur le continent tout entier l'incendie de
» la guerre.

» C'est maintenant aux puissances neutres à juger
» s'il a été tenu assez de compte de leurs conseils, et ce
» n'est pas à nous, j'en suis certain, qu'elles pourront
» reprocher de n'avoir pas fait de ces conseils le cas qu'ils
» méritaient. Nous les faisons juges, du reste, de la con-
» duite des deux puissances belligérantes, et je les re-
» mercie, pour ma part, au double titre d'homme et de
» Français, de l'appui qu'elles m'ont prêté dans les ef-
» forts que j'ai tentés pour rendre à ma patrie les bien-
» faits de la paix, de cette paix qu'elle a perdue non par
» sa faute, mais par celle d'un gouvernement dont l'exis-
» tence est la seule faute de la France; car c'en est une
» bien grande, bien irréparable, de s'être donné un tel
» gouvernement, et de lui avoir sans contrôle abandonné
» toutes ses destinées.

» Agréez, etc.

» A. THIERS. »

» Tours, le 9 novembre 1870. »

§

A la lecture de ce rapport, empreint au plus haut degré d'un sincère patriotisme, il est difficile de se défendre d'un sentiment amer, et d'écarter de son esprit le regret involontaire qu'y fait naître la perte des chances inconnues enfermées dans le projet d'armistice. Que serait-il advenu s'il avait été mis à exécution? L'Assemblée nationale aurait-elle accepté la cession de territoire sur laquelle la Prusse était déjà résolue à se montrer intraitable? Aurait-elle donné à la résistance une force plus redoutable et une meilleure direction? Nul ne saurait le dire. Il n'est pas même permis d'affirmer avec quelque vraisemblance que les cabinets européens nous eussent prêté un appui plus efficace, ainsi que quelques-uns paraissaient le promettre. En effet, deux points sont aujourd'hui irrécusables : le premier, qu'aucune des puissances ne voulait s'engager dans une médiation armée; le second, que la Prusse, sûre de la Russie, était absolument décidée à ne pas souffrir d'intervention diplomatique. Nous n'eussions donc rien gagné au dehors. Mais nous aurions pu à l'intérieur obtenir une résistance plus énergique en lui donnant pour base le concours des représentants de la France, et cette seule pensée suffit à rendre légitime et profond le chagrin d'avoir échoué dans cette négociation.

Auquel des deux belligérants est-il juste d'imputer ce résultat? L'histoire le dira. Je n'ai pas le droit de préjuger son arrêt, et cependant quand je me reporte à l'heure terrible où le Gouvernement de la défense nationale fut appelé à prendre une décision ; quand j'interroge chacun des faits sur lesquels s'est formée son opinion, il me parait impossible qu'on puisse avec quelque équité lui reprocher d'avoir maintenu, comme il a cru devoir le faire, la condition de ravitaillement, saisie par la Prusse comme un prétexte de rupture, et cela, non-seulement parce que l'abandon de cette condition aurait entraîné le soulèvement de la population de Paris, mais par une raison plus élevée tirée de la nature même des devoirs imposés au Gouvernement qui avait la mission d'inspirer et de diriger la défense ; la compromettre eût été de sa part un acte de trahison. Or, en sacrifiant un mois de vivres, il eût fait plus que la compromettre, il l'aurait tuée. On dit, il est vrai, que Paris a tenu encore soixante-quinze jours après le six novembre, et que ce laps de temps laissait aux élections et aux délibérations de l'Assemblée toutes les facilités nécessaires. Mais on ne prend pas garde que, quelque diligence qu'on y eût apportée, on n'aurait pu marcher plus vite qu'on ne l'a fait après le 28 janvier. Or, il a fallu deux mois et quatre jours pour arriver à la ratification des préliminaires, ce qui aurait conduit au 8 janvier, c'est-à-dire à une époque où les vivres étaient épuisés, puisque chaque habitant était rationné à trois cents grammes d'un pain inférieur à celui que mangent les animaux ; puisque tous les matins la commission des subsistances était aux expédients pour trouver les six cents chevaux dont l'abatage ne fournissait pas par tête trente grammes d'une viande détestable. L'Assemblée aurait-elle délibéré librement en présence de cette détresse, à dix ou douze jours du terme où Paris, vaincu par la faim, devait fatalement capituler ? Et d'ailleurs comment comprendre pendant ces deux mois la résistance à l'effort quotidien de l'assiégeant doublement intéressé à nous accabler de ses coups les plus meurtriers? Comment supposer que le ressort moral qui soutenait les Parisiens aussi bien que les armées du dehors n'aurait pas été affaibli, si ce n'est tout à fait brisé, alors que l'ardeur de l'ennemi aurait reçu une nouvelle incitation? Plus on y réfléchit, plus on cherche à se rendre compte des effets certains de l'armistice sans ravitaillement, plus on se fortifie dans cette conviction, qui a été la nôtre, qu'il nous livrait garrottés à la toute-puissance du vainqueur, qu'il nous condamnait à une capitulation inévitable, en y ajoutant le remords d'avoir cédé quand il était encore possible de tenter la fortune, peut-être de la ramener.

Quant à la Prusse, elle pouvait, si on la considérait comme un belligérant ordinaire, repousser toute proposition de trêve, ou, ce qui est la même chose, la subordonner à des conditions excessives : elle usait en ceci du bénéfice de la victoire. Mais la situation exceptionnelle que nous avaient faite les événements ne lui permettait point d'agir ainsi. Provoquée par le Gouvernement de l'Empereur, elle l'avait vaincu et renversé. Elle était donc en face d'une nation privée de chef régulier, recouvrant sa souveraineté, mais ne pouvant l'exercer que par des mandataires élus. Faciliter l'élection et la réunion de ces mandataires, seuls capables de traiter avec elle, était pour la Prusse une obligation que lui imposaient impérieusement les règles les moins contestables du droit des gens.

Car, à moins de soutenir qu'en plein dix-neuvième siècle, au milieu d'une civilisation où les lumières de la religion, de la philosophie et de la science ont pénétré, le commandant d'une armée victorieuse peut tout, qu'il dépend de son caprice d'écraser et de dépouiller le vaincu, qu'il est le maître de sacrifier sans utilité des milliers d'existences, il faut bien concéder que, lorsqu'après plusieurs batailles il a anéanti son ennemi, et qu'il marche sur une capitale où deux millions et demi d'habitants sont enfermés, il n'a pas le droit de les détruire par le fer, le feu et la faim, sans leur permettre préalablement de se consulter, et de faire sortir de leur sein une autorité normale avec laquelle un traité pourra être conclu.

Or, c'était leur en interdire la faculté que de la soumettre à des conditions inacceptables, et c'est précisément ce qu'a fait la Prusse le 19 septembre, à Ferrières, le 3 novembre, à Versailles; elle n'a laissé à la ville de Paris d'autre alternative que de continuer la guerre ou de se livrer. Entre ces deux partis, le choix ne pouvait être douteux, et je ne crois pas que, même aujourd'hui, il se rencontre un homme de bonne foi osant faire un crime au Gouvernement de la défense nationale de n'avoir pas préféré le dernier.

Il est cependant utile de remarquer que, dans la négociation suivie avec M. Thiers, le plénipotentiaire prussien paraît avoir, à la dernière heure, modifié le sentiment que tout d'abord il n'avait pas craint de laisser deviner. Il faut même ajouter que l'objection sur laquelle il s'est montré subitement intraitable était la moins prévue. Dans notre conférence du 30 octobre, M. Thiers nous communiquant ses impressions personnelles, ne semblait pas éprouver d'inquiétude sur la question du ravitaillement. Différentes conversations qu'il avait eues avec des personnages se disant fort au courant des dispositions de M. de Bismarck, l'autorisaient à supposer que si le principe était admis, sa conséquence normale ne serait pas contestée. Il n'avait d'appréhensions véritables que sur le point beaucoup plus délicat de la représentation de l'Alsace et de la Lorraine. Aussi dit-il dans son rapport que ce défilé heureusement franchi, le mercredi soir, il se considérait comme sûr du succès. M. de Bismarck avait même, en discutant les détails du ravitaillement, passé condamnation sur le principe.

Comment le jeudi matin tout fut-il changé? Il est permis de croire, et le chancelier l'a clairement fait entendre, que ce revirement fut amené par la journée du 31 octobre, dont la nouvelle venait d'être apportée à Versailles. Tous ceux qui ont traité avec les Prussiens savent à quel point ils sont ombrageux et attentifs à saisir toutes les occasions d'aggraver la position de leurs adversaires. Il n'est donc pas impossible que le conseil militaire, présidé par le Roi, qui s'était toujours montré défavorable à la pensée d'un armistice, ne se soit servi de cette circonstance pour exiger des garanties, destinées en réalité à entraîner la reddition de Paris. Mais, à mon sens, il est encore plus probable que le dénoûment était préparé à l'avance, et que les pourparlers qui l'avaient précédé n'étaient qu'une satisfaction courtoise donnée à la Russie, dont il était difficile d'écarter, par un refus, la bienveillante médiation. Il ne m'appartient pas d'aller au delà, et de rechercher, par l'étude des conjectures légitimes que me fournirait le caractère des personnes engagées dans ce débat, à quelle influence particulière a été due la rupture; il me suffit d'avoir établi qu'elle a été, de la part du cabinet prussien, un acte réfléchi et calculé, sur les résultats duquel il avait pris son parti.

Il persévérait ainsi dans la politique haineuse et violente que l'enivrement de la victoire lui inspirait, en dépit d'avis plus modérés qui n'avaient pu réussir à en arrêter l'emportement.

Mais si la résolution de la Prusse s'explique par son dessein prémédité de ne tenir compte que de son intérêt, il est moins facile de comprendre le silence des puissances neutres en présence d'un fait qui renversait leur combinaison et mettait brusquement fin à leur intervention. Après avoir consenti à sortir de leur réserve, elles se condamnaient à un rôle plus qu'effacé, en se dispensant d'exprimer leur opinion sur l'incident inattendu qui les y faisait rentrer. Je connaissais leur extrême prudence; je ne supposais pas qu'elle atteignît ce degré d'abnégation. Elles me semblaient contraintes, ne fût-ce que par le souci de leur dignité, à se prononcer entre notre ennemi et nous. Elles devaient rendre l'un des deux responsables de l'échec d'une proposition qui était la leur, et qu'il eût été si intéressant de voir accueillie pour le bonheur et le repos de l'Europe. C'est dans ce but que mes instructions à M. Thiers l'invitaient à s'adresser directement et publiquement aux représentants de ces puissances, pour leur faire connaître notre conduite et provoquer leur jugement. C'était une dérogation aux usages, qui font de ces communications la prérogative exclusive du département des affaires étrangères. Cette dérogation était plus que justifiée par notre position exceptionnelle, et surtout par l'autorité et le caractère de notre illustre envoyé extraordinaire. Le rapport que j'ai cité plus haut fut une mise en demeure éloquente et ferme, demandant aux cabinets européens de décider sur qui devait peser la responsabilité de la continuation de la guerre. Malgré cette interpellation, ils crurent convenable de se taire; ils reculèrent devant l'effort que nécessitait l'expression d'un avis dans un sens ou dans l'autre, craignant probablement de trop s'engager s'ils blâmaient la Prusse, et de s'aliéner l'opinion publique s'ils l'appuyaient.

Cette attitude nous permettait encore de conserver quelque espérance de reprendre la négociation et de la mener à bonne fin. Je n'ai jamais perdu de vue l'exécution de ce plan, qui, seul, pouvait à mon sens sauver la France, en lui donnant un gouvernement libre, faisant tête à l'ennemi pour le combattre ou pour traiter avec lui. C'est pourquoi je désirais avec ardeur une action énergique, et je ne cessais de poursuivre de mes impatiences les lenteurs de l'autorité militaire, convaincu que si l'on ne parvenait pas à chasser l'armée assiégeante, on pouvait au moins obtenir sur elle un avantage après lequel un arrangement honorable aurait plus de chance de succès. Les nombreuses dépêches que j'expédiai, soit à M. le comte de Chaudordy, soit à M. Gambetta, développent constamment ces idées. « Vous aurez su, écri-
» vais-je au premier, le 8 novembre 1870, le résultat
» de la mission de M. Thiers ; il a échoué, malgré ses
» efforts et son habileté. Deux raisons me paraissent
» surtout expliquer cet insuccès, qui m'a causé une bien
» vive peine. D'abord l'inaction où nous tiennent nos
» généraux, puis l'agitation croissante de la population
» de Paris, qui s'en prend à son Gouvernement des
» angoisses dans lesquelles elle est condamnée à vivre... »

Puis, après avoir raconté la journée du 31 octobre, l'arrestation des principaux coupables et les revirements de l'opinion publique qui nous reprochait cette rigueur, quand la veille elle nous accusait de faiblesse, je poursuivais ainsi, en ce qui concernait notre action diplomatique :

« Les puissances ne se sont pas à l'avance expliquées
» sur les conditions de ravitaillement, mais cette condi-
» tion est de droit. Il faut même dire que l'empereur de
» Russie a écrit à son oncle que cet armistice *devait être*
» *dans les termes de la justice et de l'humanité.* La justice
» ne consiste pas à mettre tout l'avantage d'un côté,
» tous les désavantages de l'autre ; l'humanité ne com-
» mande pas de faire mourir une grande population de
» faim. C'est ce qui sera certainement fort bien senti, et
» c'est par là que l'honneur des puissances est engagé.
» Aussi ai-je prié M. Thiers d'insister avec force sur ces
» considérations. Infatigable dans son dévouement, il
» m'a proposé d'aller à Londres. S'il y avait quelque
» chose de difficile à y conclure, il n'y faudrait pas man-
» quer. Mais si rien de saillant ne se présente, il sera
» mieux à Tours en communication avec les puissances
» et leurs représentants. Il ne doit pas regarder la ques-
» tion comme vidée. La proposition d'armistice tient
» toujours. Les puissances neutres ou l'une d'elles peu-
» vent la reprendre, et je n'ai pas besoin de vous dire
» que nous le désirons vivement. Je crois même que si
» nous pouvons obtenir un succès militaire, nous trai-
» terons. Il faut donc se tenir prêts. Vous entretiendrez
» les bonnes dispositions des puissances ; vous les exci-
» terez à agir. Vous connaissez parfaitement les graves
» raisons qui doivent les déterminer. . . . .

» Je termine comme j'ai commencé. Je ne sais si ce
» que je vous écris vous parviendra. Je sais moins encore
» ce que nous serons quand vous le lirez. Si vous le rece-

» vez, tâchez de vous en inspirer pour nous ramener les
» grandes puissances. »

Le même jour, M. de Chaudordy m'écrivait : « Les
» négociations pour l'armistice, que je pensais être près
» d'aboutir, ont échoué. Nous venons de l'apprendre.
» Ma première et très-vive impression est le chagrin de
» nous voir obligés de renoncer au bonheur de commu-
» niquer très-facilement avec vous, et même, comme
» je l'espérais, d'un rapprochement plus complet. Je le
» regrette vivement. . . . .
» M. Thiers n'est pas encore de retour de Versailles.
» Aucun des chefs de missions, grandes ou petites, pré-
» sents à Tours, n'a reçu de renseignements sur l'ar-
» mistice. Je me suis empressé d'écrire à tous nos agents
» en me servant d'une dépêche télégraphique extraite
» de l'*Officiel*, venu en ballon, et tombé en province,
» pour expliquer la situation... Je continue à demander
» aux grandes puissances une déclaration portant que,
» dans leur sentiment, il ne doit pas y avoir lieu à des
» cessions de territoire..... »

La dépêche du 10 n'était pas moins explicite :

« M. Thiers écrit un *memorandum* à communiquer
» aux représentants des grandes puissances. Toute la
» presse est dans notre sens. Le *Times* lui-même, dans
» le numéro qui nous arrive aujourd'hui, donne un
» grand article dans lequel, après avoir discuté timide-
» ment les conditions de l'armistice, sans blâmer toute-
» fois M. de Bismarck à cet égard, il en arrive à deman-
» der une démarche des neutres, sur l'initiative de l'An-
» gleterre. Il explique que, dans l'intérêt de la paix, il
» faut écarter toute cession territoriale, et se contenter
» d'un démantèlement. Il conclut par un appel chaleu-

» reux à l'Angleterre. Les ambassadeurs, ici, agissent
» très-activement..... J'espère que les puissances feront
» une démarche sérieuse auprès du gouvernement prus-
» sien, afin d'obtenir un armistice avec ravitaillement.....
» Je me maintiens dans cette situation, prise par vous,
» c'est-à-dire armistice avec ravitaillement, élections
» libres dans toute la France. »

C'est là, en effet, ce que je répétais dans toutes mes dépêches. J'écrivais le 15 novembre : « M. Thiers a
» mission de protester contre un procédé dont les gou-
» vernements neutres doivent être blessés. Je pense que
» pour le faire il aura trouvé des ressources décisives.
» L'intérêt de ces gouvernements est si évident, qu'il
» n'a pas besoin d'être démontré. S'ils se laissent humi-
» lier par M. de Bismarck, ils abdiquent..... Quelques-
» uns, du reste, ne cachent pas le déplaisir que leur cau-
» serait une mutilation de notre territoire. L'un d'eux
» a été jusqu'à dire qu'il n'apposerait jamais sa signa-
» ture à un traité qui la consacrerait. Il faut profiter de
» ces bonnes dispositions pour arriver à un armistice
» dans les conditions que nous avons posées ; le reste
» viendra de soi..... Une Assemblée nous est nécessaire ;
» elle l'est encore plus à la Prusse. Que la Prusse nous
» donne donc le moyen de la réunir : armistice avec ravi-
» taillement. La durée de vingt-cinq jours est-elle trop
» longue? Nous la croyons indispensable à l'opération
» du ravitaillement. Veut-on vingt jours, quinze même?
» Au-dessous, rien n'est possible. Réunissons donc cette
» Assemblée ; que le but de vos efforts soit de convertir
» les puissances à cette idée. Mais tâchez qu'elles
» appuient leur dire sur un bout d'épée. M. de Bis-
» marck ne connaît que l'*ultima ratio regum*. Nous lui

» en avons forgé de charmantes, je serais enchanté de lui
» en montrer l'énergie, mais j'aimerais mieux encore
» qu'il eût la sagesse d'éviter une nouvelle effusion de
» sang. »

Le 19 novembre, je réitère ces instances : « Nous
» avons examiné scrupuleusement le système de la con-
» vocation d'une Assemblée sans armistice, avec la vo-
» lonté bien naturelle de l'adopter s'il était praticable.
» Les membres du Gouvernement n'ont qu'un désir :
» déposer au plus tôt l'horrible fardeau qu'ils portent
» depuis le 4 septembre et qui devient de plus en plus
» pesant. Mais ils ont cru unanimement que cette con-
» vocation d'Assemblée était incompatible avec la dé-
» fense, qu'elle conduirait forcément à une paix funeste,
» devenant elle-même le signal de déchirements inté-
» rieurs. Ayez-nous un armistice, et nous convoquerons
» de suite l'Assemblée. Faites mieux encore : obtenez des
» puissances des préliminaires garantissant l'intégrité
» du territoire, et nous pourrons arriver à la paix. Je me
» résume : nous ne pouvons que persister dans notre
» acceptation de la proposition d'armistice dans le but
» défini de la réunion d'une Assemblée; mais l'armistice
» avec ravitaillement ou préliminaires avec garantie d'in-
» tégrité; au besoin, congrès européen, à l'arbitrage du-
» quel je serais, pour ma part, prêt à me soumettre pour
» toutes les questions qui laisseraient notre territoire
» intact. »

§

M. de Bismarck comprit qu'après une rupture si peu
prévue, il devait une explication aux puissances et à

l'opinion publique. Il fallait rejeter tous les torts sur la France; il l'entreprit dans une circulaire insérée au *Journal officiel* qu'il publiait à Versailles, et dont un émissaire nous apporta un exemplaire le 21 novembre. J'y répondis le soir même, et quelle que soit l'étendue de ces deux documents, je crois utile de les placer ici sous les yeux du lecteur comme le meilleur résumé de ce débat :

« Versailles, le 8 novembre 1870.

» Il est à votre connaissance que M. Thiers avait ex-
» primé le désir de pouvoir se rendre, pour négocier, au
» quartier général, après qu'il se serait mis en commu-
» nication avec les différents membres du Gouvernement
» de la défense nationale à Tours et à Paris. Sur l'ordre
» de Sa Majesté le Roi, je me suis déclaré prêt à avoir
» cet entretien, et M. Thiers a obtenu de se rendre d'a-
» bord le 30 du mois dernier à Paris, d'où il est revenu
» le 31 au quartier général.

» Le fait qu'un homme d'État de l'importance de
» M. Thiers, et ayant son expérience des affaires, eût
» accepté les pleins pouvoirs du Gouvernement parisien,
» me faisait espérer que des propositions nous seraient
» faites, dont l'acceptation nous fût possible et aidât au
» rétablissement de la paix. J'accueillis M. Thiers avec
» les égards et la déférence auxquels sa personnalité
» éminente, abstraction faite de nos relations, lui don-
» nait pleinement droit de prétendre.

» M. Thiers déclara que la France, suivant le désir
» des puissances neutres, était prête à conclure un ar-
» mistice.

» Sa Majesté le Roi, en présence de cette déclaration,
» avait à considérer qu'un armistice entraîne nécessaire-

» ment pour l'Allemagne tous les désavantages qui résul-
» tent d'une prolongation de la campagne pour une ar-
» mée dont l'entretien repose sur des centres de res-
» sources fort éloignés. En outre, avec l'armistice, nous
» prenions l'obligation de faire rester stationnaires dans
» les positions qu'elles auraient eues au jour de la signa-
» ture, les masses de troupes allemandes rendues dispo-
» nibles par la capitulation de Metz, et de renoncer ainsi
» à occuper de nouvelles portions du territoire ennemi,
» dont nous pouvons actuellement nous rendre maîtres
» sans coup férir, ou du moins en n'ayant à vaincre
» qu'une résistance peu sérieuse. Les armées allemandes
» n'ont pas à attendre dans les prochaines semaines
» un accroissement essentiel de leurs forces. Au con-
» traire, la France, grâce à l'armistice, se serait assuré
» la possibilité de développer ses propres ressources,
» de compléter l'organisation de ses troupes déjà en for-
» mation, et, si les hostilités devaient recommencer à
» l'expiration de l'armistice, de nous opposer des corps
» de troupes capables de résistance, qui aujourd'hui
» encore n'existent pas.

» Malgré ces considérations, le désir de faire le pre-
» mier pas vers la paix prévalut chez Sa Majesté le Roi,
» et je fus autorisé à aller immédiatement au-devant de
» ce que souhaitait M. Thiers, en consentant à un armis-
» tice de vingt-cinq jours et même, comme il le désira
» plus tard, de vingt-huit jours sur le pied du *statu quo*
» militaire pur et simple. Je lui proposai qu'une ligne de
» démarcation à tracer arrêtât la situation des troupes
» allemandes et françaises telle que, de part et d'autre,
» elle serait au moment de la signature ; que durant
» quatre semaines, les hostilités restassent suspendues ;

» que pendant ce temps fût élue et constituée une Assem-
» blée nationale. Pour les Français, de cette suspension
» d'armes il ne devait résulter militairement, pendant
» la durée de l'armistice, que l'obligation de renoncer à
» de faibles sorties toujours inutiles, et à un gaspillage
» inutile et incompréhensible de munitions par le tir des
» forts.

» Relativement aux élections en Alsace, je pus dé-
» clarer que nous n'insisterions sur aucune stipulation
» qui dût, avant la conclusion de la paix, mettre en
» question que les départements allemands fissent partie
» de la France, et que nous ne demanderions pas compte
» à un de leurs habitants de ce qu'il eût figuré comme
» représentant de ses compatriotes dans une Assemblée
» nationale française.

» Je fus fort étonné lorsque le négociateur français
» rejeta ces propositions, qui étaient toutes à l'avantage
» de la France, et déclara ne pouvoir accepter d'armis-
» tice que si l'on y comprenait la faculté pour Paris de
» s'approvisionner sur une grande échelle. Je lui répon-
» dis que cette faculté contiendrait une concession mili-
» taire excédant à tel point le *statu quo* et toute exigence
» raisonnable, que je devais lui demander s'il était en si-
» tuation de m'offrir un équivalent, et lequel? M. Thiers
» me répondit qu'il n'avait pas pouvoir de faire aucune
» proposition militaire, et qu'il devait poser la condition
» du ravitaillement de Paris sans pouvoir offrir en com-
» pensation autre chose que le bon vouloir du Gouver-
» nement parisien pour mettre à même la nation fran-
» çaise d'élire une représentation d'où vraisemblable-
» ment sortirait une autorité avec laquelle il serait pos-
» sible de négocier la paix.

» Dans cette situation, j'eus à soumettre au Roi et à
» ses conseillers militaires le résultat de nos négocia-
» tions.

» Sa Majesté le Roi fut justement surpris de de-
» mandes militaires si excessives et déçu dans ce qu'il avait
» attendu des négociations de M. Thiers. L'incroyable
» exigence d'après laquelle nous aurions dû renoncer
» aux fruits de tous les efforts faits depuis deux mois, à
» tous les avantages acquis par nous, et remettre les
» choses au point où elles étaient lorsque nous commen-
» çâmes à investir Paris, ne pouvait fournir qu'une nou-
» velle preuve qu'à Paris on cherchait des prétextes pour
» refuser à la France des élections, mais non pas une
» occasion de les faire sans empêchement.

» D'après le désir que j'exprimai d'essayer encore de
» s'entendre sur d'autres bases, M. Thiers eut, le 5 de
» ce mois, aux avant-postes, un entretien avec les mem-
» bres du Gouvernement, pour leur proposer, ou un court
» armistice sur la base du *statu quo,* ou la simple convo-
» cation des électeurs sans armistice conclu par une con-
» vention, — auquel cas je pouvais promettre que nous
» accorderions toute liberté et toute facilité compatibles
» avec la sûreté militaire.

» M. Thiers n'a point donné de détails sur son dernier
» entretien avec MM. Favre et Trochu, il n'a pu que me
» communiquer, comme résultat de cette conférence,
» l'instruction qu'il avait reçue de rompre les négocia-
» tions et de quitter Versailles, puisqu'un armistice sans
» ravitaillement ne pouvait être obtenu.

» Il est reparti pour Tours le 7 au matin.

» Le cours des négociations n'a fait que me con-
» vaincre d'une chose, c'est que les membres du Gou-

» vernement actuel en France, dès leur avénement au
» pouvoir, n'ont pas voulu sérieusement que l'opinion du
» peuple français pût s'exprimer par la libre élection d'une
» représentation nationale; — qu'ils avaient tout aussi
» peu l'intention d'arriver à conclure un armistice, et
» qu'ils n'ont posé une condition dont l'inadmissibilité
» ne pouvait être mise en doute par eux, que pour ne
» pas répondre par un refus aux puissances neutres dont
» ils espèrent l'appui.

» De Bismarck. »

Voici la circulaire insérée à l'*Officiel* du 22, et par laquelle je répondais à l'argumentation de la Prusse :

« Paris, 21 novembre 1870.

» Monsieur,

« Vous avez eu certainement connaissance de la cir-
» culaire par laquelle M. le comte de Bismarck explique
» le refus opposé par la Prusse aux conditions de ravi-
» taillement proportionnel que comportait naturellement
» la proposition d'armistice émanée des puissances neu-
» tres. Ce document rend une rectification d'autant plus
» nécessaire, que, par une préoccupation d'ailleurs très-
» conforme à toute sa politique antérieure, le représen-
» tant de la Prusse y a négligé des faits importants dont
» l'omission ne pourrait manquer d'induire l'opinion
» publique en erreur. En lisant son travail, on doit
» croire que M. Thiers a demandé au nom du Gouver-
» nement de la défense nationale l'ouverture d'une négo-
» ciation, et que la Prusse l'a acceptée par un sentiment
» d'égard pour le caractère personnel de notre envoyé
» et par le désir d'arriver, s'il était possible, à une con-

» ciliation. Le chancelier de la Confédération du Nord
» paraît oublier, et il est indispensable de rappeler, que
» la proposition d'armistice sur laquelle M. Thiers est
» venu conférer appartient aux puissances neutres, et
» que l'une d'elles a bien voulu faire auprès de la Prusse
» la démarche qui a donné à notre négociateur l'occa-
» sion d'entrer en pourparlers. Ce bon office n'était
» point un fait isolé : dès le 20 octobre lord Granville
» adressait à lord Loftus une dépêche communiquée au
» cabinet de Berlin et dans laquelle il exposait avec une
» grande autorité les raisons d'intérêt européen qui
» devaient amener la cessation de la guerre.

» Parlant de la continuation du siége et de l'éventua-
» lité de la prise de Paris, le chef du Foreign-Office di-
» sait : « Il n'est pas déraisonnable de mettre dans la
» balance les avantages et les désavantages qui accom-
» pagneront un tel fait, et ces désavantages touchent
» tellement aux sentiments de l'humanité, que le Gou-
» vernement de la Reine se croit obligé de les signaler au
» Roi et à ses ministres. Le souvenir amer des trois der-
» niers mois peut être un jour effacé par le temps et par
» le sentiment de la bravoure de l'ennemi sur les champs
» de bataille. Mais il y a des degrés dans l'amertume,
» et la probabilité d'une guerre nouvelle et irréconci-
» liable sera considérablement augmentée si toute une
» génération de Français a devant les yeux le spectacle
» de la destruction d'une capitale, accompagnée de la
» mort de personnes sans armes, de la destruction de
» trésors d'art et de science, de souvenirs historiques
» d'un prix inestimable, impossibles à remplacer. Une
» telle catastrophe sera terrible pour la France et dan-
» gereuse pour la paix de l'Europe; en même temps elle

» ne sera, comme le Gouvernement de la Reine le croit, à
» personne plus pénible qu'à l'Allemagne et à ses princes.
» Le Gouvernement français a décliné les négociations
» de paix depuis l'entrevue de M. de Bismarck et de
» M. Jules Favre. Mais le Gouvernement de la Reine a
» pris sur lui d'insister auprès du Gouvernement provi-
» soire pour qu'il consente à un armistice qui pourrait
» aboutir à la convocation d'une Assemblée constituante
» et au rétablissement de la paix. Le Gouvernement de
» la Reine n'a pas omis de faire sentir à Paris la néces-
» sité de faire toutes les concessions compatibles dans la
» situation actuelle avec l'honneur de la France. Le Gou-
» vernement de la Reine ne se croit pas autorisé à l'af-
» firmer, mais il ne peut pas croire que les représenta-
» tions faites par lui resteront sans effet. Pendant cette
» guerre, deux causes morales ont, à un degré incalcu-
» lable, servi l'immense puissance matérielle des Alle-
» mands ; ils ont combattu pour repousser l'invasion
» étrangère et affirmer le droit d'une grande nation à se
» constituer de la manière la plus propre à développer
» ses aptitudes. La gloire de leurs efforts sera rehaussée,
» si l'histoire peut dire que le Roi a épuisé tous les moyens
» pour rétablir la paix et que ses conditions de paix
» étaient justes, modérées, en harmonie avec la poli-
» tique et les sentiments de notre époque. »

» Au moment où le ministre anglais tenait ce langage
» à Berlin, son ambassadeur insistait à Tours sur les
» mêmes considérations, sans jamais mettre en doute
» que l'armistice ne dût être nécessairement accompagné
» de ravitaillement. Il m'est permis d'ajouter que sur ce
» point, qui a été le seul objet du débat, l'opinion du
» chancelier de la Confédération du Nord ne pouvait être

» différente, puisqu'il avait eu connaissance de la mis-
» sion officieuse du général Burnside, auquel il avait
» parlé d'un armistice sans ravitaillement que le Gouver-
» nement de la défense nationale n'avait pu accepter.

» C'était donc dans les termes du droit commun,
» c'est-à-dire avec un ravitaillement proportionnel à la
» durée, que l'Angleterre conseillait l'armistice. C'est
» aussi dans ces termes qu'il fut compris par les autres
» puissances et directement proposé à la Prusse par une
» correspondance et des télégrammes auxquels elle
» adhéra. Dans sa conférence avec les membres du Gou-
» vernement, le 10 octobre, M. Thiers n'admettait pas
» que cette condition pût être contestée en principe.
» Seulement il avait l'ordre, auquel il s'est certainement
» conformé, de n'être point trop rigoureux dans son
» application. Aussi est-ce par erreur que le chancelier
» de la Confédération du Nord affirme qu'il aurait dé-
» claré : « ne pouvoir accepter d'armistice que si l'on
» comprenait pour Paris la faculté de s'approvisionner
» sur une grande échelle. » Cette assertion est inexacte.

» Les chiffres d'une consommation journalière et mo-
» dérée avaient été minutieusement arrêtés par le ministre
» du commerce, et seuls ils servaient de base à notre
» réclamation strictement limitée au nombre de jours de
» l'armistice. En cela nous étions d'accord avec l'usage
» et l'équité, avec les intentions des puissances neutres,
» et, nous le croyons, avec le consentement de la Prusse
» elle-même. Peut-être n'eût-elle pas songé à le retirer
» sans la reddition de Metz et sans la funeste journée du
» 31 octobre, accueillie par elle avec une satisfaction
» mal dissimulée.

» Le chancelier de la Confédération du Nord insiste

» sur les inconvénients auxquels l'armistice exposait
» l'armée assiégeante, mais il ne tient pas compte de
» ceux bien autrement graves du non-ravitaillement pour
» la ville assiégée. Ces inconvénients sont tels, qu'ils
» rendraient dérisoire la convocation d'une Assemblée,
» réduite forcément à l'impuissance à l'heure de ses
» délibérations et condamnée par la plus dure des néces-
» sités à subir la loi du vainqueur. L'armistice sans ravi-
» taillement, pour faire statuer au bout d'un mois sur la
» paix ou sur la guerre, n'était donc ni équitable ni
» sérieux, il n'était pour nous qu'une déception et un
» péril.

» J'en dis autant de la convocation d'une Assemblée
» sans armistice. S'il avait cru une pareille combinaison
» compatible avec la défense, le Gouvernement l'aurait
» adoptée avec joie. La Prusse peut lui reprocher « de
» n'avoir pas voulu que l'opinion du peuple français
» pût s'exprimer librement par l'élection d'une repré-
» sentation nationale. » Le besoin de diviser et d'affai-
» blir la résistance du pays explique suffisamment cette
» accusation. Mais quel est l'homme de bonne foi qui
» pourra l'admettre? Qui ne sent l'immense intérêt qu'ont
» les membres du Gouvernement à écarter la terrible
» responsabilité que les événements et le vote de Paris
» font peser sur leur tête? Ils ont constamment cherché,
» avec le désir ardent de réussir, les moyens les plus
» efficaces d'amener la convocation d'une Assemblée, qui
» était et qui est encore leur vœu le plus cher. C'est
» dans ce but que j'abordai M. le comte de Bismarck à
» Ferrières. Je laisse à la conscience publique le soin
» de juger de quel côté ont été les obstacles, et si le
» Gouvernement mérite d'être dénoncé au blâme de

» l'Europe pour n'avoir pas voulu placer les députés de
» la France sous le canon d'un fort livré à l'armée prus-
» sienne. Une convocation sans armistice nous aurait, il
» est vrai, épargné cette humiliation, mais elle nous en
» aurait encore réservé de cruelles. Les élections auraient
» été livrées au caprice de l'ennemi, aux hasards de la
» guerre, à des impossibilités matérielles énervant notre
» action militaire et ruinant à l'avance l'autorité morale
» des mandataires du pays. Et cependant nous sentions
» si énergiquement le besoin de nous effacer devant les
» représentants réguliers de la France, que nous eus-
» sions bravé ces difficultés inextricables, si en descen-
» dant au fond de nos consciences, nous n'y avions
» trouvé impérieux, inflexible, supérieur à tout intérêt
» personnel, ce grand et suprême devoir de l'honneur à
» sauvegarder et de la défense à maintenir intacte.

» Nous avons maudit et condamné cette guerre ; quand
» des désastres inouïs dans l'histoire ont mis en pous-
» sière ses criminels instigateurs, nous avons invoqué
» pour la faire cesser les lois de l'humanité, les droits
» des peuples, la nécessité d'assurer le repos de l'Eu-
» rope, et nous avons offert d'y concourir par de justes
» sacrifices. On a voulu nous imposer ceux que nous ne
» pouvions accepter, et la Prusse a continué la lutte,
» non pour défendre son territoire, mais pour conquérir
» le nôtre. Elle a porté dans plusieurs de nos départe-
» ments le ravage et la mort. Depuis plus de deux mois,
» elle investit notre capitale qu'elle menace de bombar-
» dement et de famine, et c'est pour couronner ce sys-
» tème scientifique de violence qu'elle nous convie à
» réunir une Assemblée, élue en partie dans ses camps

» et appelée à discuter paisiblement quand gronde le
» canon de la bataille.

» Le Gouvernement n'a pas cru une telle combinaison
» réalisable. Elle le condamnait à discontinuer la dé-
» fense, et discontinuer la défense sans armistice régu-
» lier, c'était y renoncer. Or, quel est le citoyen fran-
» çais qui ne s'indigne à cette idée? Le pays tout entier
» proteste contre elle. On lui demande de voter, il fait
» mieux, il s'arme. Nos soldats victorieux effacent par
» leur généreux sang les hontes de l'Empire. Paris, dont
» la Prusse devait en quelques jours forcer l'enceinte,
» résiste depuis plus de deux mois et demeure plus que
» jamais résolu. Ses chefs militaires, que la trahison de
» Sedan avait laissés sans ressources, ont dû improviser
» une armée et son matériel, former la garde mobile,
» organiser la garde nationale. Leurs travaux ne seront
» pas stériles, et dans cette crise suprême que nous
» avons essayé de conjurer par tous les moyens compa-
» tibles avec l'honneur, nous avons la certitude que cha-
» cun fera son devoir.

» Le Gouvernement n'a donc pas, comme l'en accuse
» le chancelier de la Confédération du Nord, cherché
» l'appui de l'Europe en se prêtant à une négociation
» qu'il avait, en réalité, le dessein de rompre. Il repousse
» hautement une pareille imputation. Il a accepté avec
» reconnaissance l'intervention des puissances neutres,
» et s'est loyalement efforcé de la faire réussir dans les
» termes que l'une d'elles avait indiqués, en rappelant
» dans son télégramme « les sentiments de justice et
» d'humanité auxquels la Prusse devait se conformer.
» A cette heure suprême, il s'en remettait volontiers au
» jugement de ceux dont la voix n'a pas été écoutée. Ce

» n'est pas d'eux que lui viendrait un conseil de défail-
» lance.

» Après lui avoir donné leur appui moral, ils estime-
» ront qu'il continue à le mériter en défendant énergi-
» quement le principe qu'ils ont posé. Il est prêt à
» convoquer une Assemblée si un armistice avec ravi-
» taillement le lui permet. Mais il faut qu'il soit bien
» entendu qu'en le refusant, la Prusse, malgré toutes ses
» déclarations contraires, veut augmenter nos embarras
» en nous empêchant de consulter la France. C'est donc
» à elle seule que doit être renvoyée la responsabilité
» d'une rupture, démontrant une fois de plus qu'elle est
» déterminée à tout braver pour faire triompher sa poli-
» tique de conquête violente et de domination euro-
» péenne. »

§

Si dans ce grave conflit les puissances neutres esti-
mèrent qu'il était sage de s'abstenir, nous pouvons néanmoins affirmer qu'en se refusant à blâmer la conduite de
la Prusse, elles furent loin de l'approuver. Les publica-
tions diplomatiques du cabinet anglais nous fournissent
sur ce point des indications précieuses. Notre devoir est
de les relever avec d'autant plus de soin, qu'elles prouvent que notre cause a pour elle la justice et le droit :
deux forces imprescriptibles qu'on peut dominer, qu'on
ne détruit pas. Il est donc pour nous d'un haut intérêt
de recueillir les indices d'un appui moral que l'Europe
n'a pu tout à fait nous dissimuler. C'est dans les extraits

du Livre bleu que je les trouve, en dehors même de la dépêche si remarquable adressée, le 20 octobre, par lord Granville à lord Loftus, et que j'ai citée dans ma circulaire.

Le Livre bleu démontre que si le cabinet anglais nous a reproché d'avoir employé une formule trop absolue pour prévenir le démembrement de notre territoire, il n'a jamais caché son éloignement pour une politique de conquête. Seulement il n'a pas voulu entrer en discussion sur ce sujet. Il s'est borné à nous faciliter les moyens d'obtenir un armistice.

(Livre bleu, n° 269, p. 201.) « M. Tissot a fait une
» nouvelle démarche auprès de lord Granville d'après
» les instructions du comte de Chaudordy, qui exprime
» l'opinion que si l'Angleterre déclarait que la Prusse
» agirait contre la justice et contre l'intérêt de l'Europe
» en demandant à la France des cessions territoriales,
» les autres puissances, et en particulier la Russie,
» n'hésiteraient pas à s'associer à cette déclaration. La
» paix en serait beaucoup avancée, et l'Angleterre aurait
» rendu un grand service à l'humanité. Lord Granville
» a répondu à ces ouvertures en rappelant ses raisons
» pour repousser des suggestions analogues déjà présen-
» tées par le Gouvernement français. Il a d'ailleurs chargé
» lord Lyons de déclarer que dans l'opinion de l'Angle-
» terre le maintien du programme : ni un pouce du ter-
» ritoire, ni une pierre des forteresses, était un obstacle
» à la paix; enfin, en agissant pour la conclusion d'un
» armistice, il a, sur la demande même de M. Thiers et
» du comte de Chaudordy, exclu toute discussion rela-
» tive aux conditions de la paix, et ne pourrait aujour-
» d'hui changer de langage. »

Tel était, en effet, le point de vue où nous entendions nous placer vis-à-vis de la Prusse : l'armistice comme moyen d'obtenir la convocation de l'Assemblée, et la remise entre les mains de cette Assemblée de la négociation qui devait conduire à la paix ou fortifier la résistance. Toutefois cette méthode logique et sage ne pouvait détourner l'attention des hommes d'État du but final à atteindre, et, comme je crois l'avoir démontré, le parti pris de la Prusse de nous arracher nos provinces, le nôtre non moins formel de les conserver à tout prix, semblait un obstacle invincible à un rapprochement. Il s'était fait sur cette question une opinion moyenne favorable à l'intégrité de notre territoire, et proposant à titre de transaction le démantèlement de nos forteresses. Cette opinion avait en Angleterre des partisans nombreux et autorisés. C'est à elle que lord Granville faisait allusion en se plaignant du caractère trop absolu de notre programme. En cela il se trompait, il a pu s'en convaincre un peu plus tard : la Prusse n'aurait pas accepté ce tempérament, et sur ce point encore c'était son inflexibilité et non la nôtre qui rendait la paix impossible.

Ne me faisant pas illusion sur les véritables dispositions de notre ennemi, je devais, tout en m'enfermant vis-à-vis de lui dans le cercle de l'armistice, ne négliger aucune pression sur les puissances neutres pour arriver à une résolution commune protégeant notre intégrité territoriale. Je le devais d'autant plus, que je connaissais leur pensée, laquelle était unanime. Je ne parle pas de l'Autriche, de l'Italie, de l'Espagne et de la Turquie : elles n'en ont jamais fait mystère, mais de l'Angleterre et de la Russie, desquelles cependant il n'y avait rien à espérer. Eh bien ! aujourd'hui il est avéré que si ces deux nations avaient été consultées, elles auraient émis le vœu d'une entente collective opposée à tout dessein de conquête ; cette entente aurait certainement arrêté la Prusse et préparé une paix honorable. Ce dénoûment, qui eût été pour la France et pour l'Europe un inestimable bienfait, a été empêché par les affections domestiques des deux souverains qui étaient maîtres de la situation. Le fléau de la guerre a continué, plus de cent mille hommes ont été immolés, des ruines immenses ont été amoncelées, parce que des liens de parenté unissaient le czar et la reine d'Angleterre au roi de Prusse. C'est à cet accident dynastique qu'ont été sacrifiés tant et de si grands intérêts ; c'est à lui que sont dues les souffrances du présent, les alarmes de l'avenir, les luttes trop certaines qu'enfanteront encore les malheurs et les passions de plusieurs générations égarées par l'esprit d'ambition et de vengeance.

Quel enseignement! mais en même temps quelle angoisse pour ceux qui apercevaient clairement ces résultats funestes! Leur prévision ne me laissait aucun repos, et j'ai fait tout ce qui était en moi pour les conjurer. Au commencement de novembre je ne désespérais pas tout à fait, et je ne cessais de recommander à nos agents de travailler à obtenir la déclaration qui nous aurait sauvés. Sachant fort bien que les quatre puissances qui nous offraient cordialement leur concours n'agiraient pas efficacement sans les deux autres, je ne négligeais aucun moyen de les pousser à une démonstration ; c'est encore le Livre Bleu qui en justifie :

(N° 272, p. 203. 5 novembre 1870.) Lord Granville à lord Lyons : « Le ministre d'Italie lui a fait savoir que » la France avait demandé à son Gouvernement de décla-

» rer que des cessions territoriales seraient contraires à
» l'intérêt de l'Europe. Telle avait toujours été l'opinion
» de M. Visconti Venosta ; mais le cabinet de Florence
» craignait que la nouvelle suggestion française ne nuisît
» à la proposition d'armistice présentée par l'Angleterre
» et qui lui paraissait le meilleur acheminement vers la
» paix. Lord Granville a fait connaître son point de vue
» tel qu'il l'avait déjà exposé à M. Tissot. »

Le même jour, cependant, le ministre anglais voulait bien reconnaître que nous cherchions loyalement à seconder ses desseins. (N° 273, p. 204. 5 novembre.) Lord Granville à lord Lyons : « Lord Granville témoigne
» sa satisfaction du langage judicieux et modéré du minis-
» tre des affaires étrangères de France sur la question
» d'armistice et sur celle de la libre élection de l'Assem-
» blée. »

Le cabinet russe de son côté appuyait vivement la proposition d'armistice. Mais, quand on le pressait d'aller plus loin, il se retranchait derrière l'action personnelle de l'Empereur, et refusait, même à l'Angleterre, toute action collective.

(N° 275, p. 206. 21 octobre.) Sir A. Buchanan à lord Granville : « Le prince Gortschakoff a chargé son repré-
» sentant à Tours de se joindre aux démarches de lord
» Lyons auprès du Gouvernement français pour arriver à
» la conclusion d'un armistice ; il a combattu les argu-
» ments contraires à l'armistice, énoncés dans une
» dépêche de M. Gambetta qui venait de lui être com-
» muniquée par M. de Gabriac. Quant à appuyer les
» démarches de l'Angleterre auprès de la Prusse, le
» prince Gortschakoff a dit qu'il ne pouvait faire plus

5.

» qu'il n'avait déjà fait de ce côté, mais qu'il en référe-
» rait à l'empereur Alexandre. »

Et le 8 novembre lord Granville répond à sir A. Buchanan (n° 280, p. 208) : « M. de Gabriac a télégraphié
» à Tours que l'empereur Alexandre avait écrit au roi
» de Prusse et à la reine de Wurtemberg *pour dissuader*
» *l'Allemagne de demander des cessions territoriales;* il est
» à craindre que si le résultat de ces démarches n'a pas
» été révélé au Gouvernement français, celui-ci ne se
» fasse des illusions sur l'appui qu'il peut attendre de la
» Russie. »

J'avais donc raison de dire que tous les hommes d'État, et je crois pouvoir ajouter tous les souverains, ont été unanimes à se séparer de la Prusse en ce qui touche le démembrement de la France. Ils ont nettement deviné les conséquences fatales de cette politique violente, et lorsque l'empereur de Russie cherchait à en détourner son oncle, pour lequel il a toujours professé des sentiments de respect bien naturels, on devine facilement qu'il ne se décidait à cette intervention toute intime que dans l'intérêt de son parent et de l'Allemagne. Il ne demeurait pas non plus indifférent à celui de ses propres États, à celui de l'Europe entière. Il les voyait tous compromis dans un avenir prochain, et cependant il s'est incliné devant la volonté absolue qu'il n'a pu ramener. La déférence filiale du neveu a été plus puissante que la sage prévision du monarque. C'est le point faible où s'est brisé le dernier lien auquel était rattachée la fortune de la France et peut-être de la Russie elle-même.

Les mêmes considérations ont arrêté les puissances au moment où elles ont eu à se prononcer sur la rupture de l'armistice. Elles n'avaient qu'à vouloir, et la Prusse acceptait le ravitaillement. Elles ont mieux aimé s'en tenir à des fins de non-recevoir ; elles n'ont ni approuvé ni désapprouvé. Très-désireuses d'en finir, elles auraient souhaité que nous subissions les conditions de la Prusse, alors qu'elles-mêmes les déclaraient excessives, et pour échapper à une apparence de partialité, elles s'en tiraient par un blâme infligé aux deux adversaires, mais en s'abstenant prudemment de dire sur quoi il portait :

(N° 282, p. 109. 11 novembre.) Lord Granville à lord Lyons : « M. Tissot lui a dit que le Gouvernement » français s'en tenait à la position qu'il avait prise, en » conséquence des conseils de l'Angleterre relativement » à l'armistice, c'est-à-dire qu'il voulait un armistice » avec le ravitaillement de Paris et des élections libres. » Lord Granville déclare s'être borné à conseiller un » armistice, sans entrer dans la discussion des conditions » qui devaient être débattues entre les deux parties. Il » est d'avis que le Gouvernement français ferait bien de » procéder aux élections, même si l'armistice n'était » pas conclu. »

(N° 285, p. 210. 9 novembre.) Lord Lyons à lord Granville : « Il rapporte une conversation avec le comte » de Chaudordy sur les négociations entre M. Thiers et » le comte de Bismarck, relatives à l'armistice. Le refus » de laisser ravitailler Paris a rompu toute négociation. » Le Gouvernement français est d'avis que des élections » sont impossibles sans armistice, et l'armistice impos- » sible sans le ravitaillement de Paris. »

Le cabinet anglais est interpellé par les deux belligérants. Après la France, c'est la Prusse qui prétend justifier sa conduite.

(N° 286, p. 214. 12 novembre.) Lord Granville à lord Lyons : « Le comte de Bernstorff est venu lui don-
» ner connaissance du projet d'armistice *proposé par*
» *M. Thiers;* lord Granville, en déclinant sa compé-
» tence à en juger, a déclaré que, suivant son impres-
» sion, *les demandes avaient été excessives des deux*
» *parts.* »

(N° 287, p. 214,) *Ibid., ibid.* : « Le comte de Bis-
» marck est toujours disposé à permettre des élections
» sans armistice; mais si le Gouvernement français est
» sincère, *il serait mieux qu'il s'adressât directement à*
» *Versailles.* Lord Granville a répondu en blâmant la
» susceptibilité de la Prusse à cet égard. »

Dans les quelques lignes de ces extraits, on retrouve la politique persévérante de la Prusse attribuant à la France la proposition d'armistice et repoussant systématiquement l'ingérence de l'Europe. De notre côté, nous ne nous sommes pas lassés d'invoquer l'esprit de justice de celle-ci. Malheureusement, après la tentative de l'armistice, nous n'avons pu obtenir d'elle aucun concours décisif. Elle s'est bornée à de timides représentations, auxquelles la Prusse n'a pas fait l'honneur d'une discussion.

(N° 291, p. 224.) Lord Granville à lord Lyons, 17 novembre : « M. Tissot est venu lui demander de
» renouveler ses efforts pour un armistice qui serait
» indispensable pour que les élections se fissent, et qui
» ne pourrait se conclure que si l'on consentait au ravi-
» taillement de Paris. Lord Granville a répondu que la
» convocation d'une Assemblée serait fort utile au point
» de vue international, le seul auquel il lui fût permis
» de se placer; mais qu'il ne pouvait donner son opinion
» sur les conditions de l'armistice; *qu'il jugeait toutefois*

» *que les deux parties avaient été extrêmes dans leurs*
» *demandes.* »

Et comme lord Granville faisait connaître à M. Tissot que la Prusse n'entendait s'aboucher qu'avec la France, celui-ci répondait avec raison : « que le Gouvernement
» français considère comme inutile l'envoi d'un pléni-
» potentiaire à Versailles, tant que la Prusse n'admet
» pas le principe du ravitaillement; c'est aux puissances
» neutres à préparer les voies en ce sens, et la présence
» de M. Odo Russell à Versailles pourrait y servir. »
(N° 292, p. 225.)

Lord Lyons faisait la même communication à son Gouvernement le 4 décembre :

(N° 303, p. 239.) « Le comte de Chaudordy, au reçu
» d'une lettre de M. Jules Favre, du 29 novembre,
» demande que le Gouvernement anglais profite de la
» présence de M. Odo Russell à Versailles pour s'efforcer
» d'obtenir un armistice sur la base du ravitaillement
» proportionnel de Paris. »

Le lendemain, en effet, 5 décembre, lord Granville s'adresse à sir Odo Russell :

(N° 302, p. 238.) « Il a fait connaître au comte de
» Bernstorff les dispositions du Gouvernement français
» relativement à la question d'armistice, en ajoutant
» que si l'on reprenait les négociations à ce sujet, il y
» aurait peut-être moyen de commencer à négocier éga-
» lement sur des conditions de paix, et que M. Jules
» Favre, tout en ne signant pas lui-même ces condi-
» tions, consentirait peut-être à les préparer. Lord Gran-
» ville a déclaré au surplus au comte de Bernstorff qu'il
» n'était pas en état de s'expliquer au sujet de ces con-
» ditions. »

Notre insistance auprès de l'Autriche n'était pas moins vive, bien que nous connussions fort bien sa position forcément dépendante. Le comte de Beust n'y était pas resté indifférent, et c'était aussi vers l'Angleterre qu'il tournait ses regards. Il lui exprimait ses regrets de la réserve extrême dans laquelle les neutres étaient enfermés, et il s'étonnait que le cabinet britannique affectât de répéter que notre programme d'intégrité de territoire fût un obstacle à la paix. C'est à ces ouvertures que lord Granville répondait par deux dépêches à lord Blomfield, en date du 29 novembre :

(N° 294, p. 226.) « Lord Granville expose les rai-
» sons qui empêchent l'Angleterre de reprendre l'initia-
» tive dans la question d'armistice; la Prusse désire que
» la France s'adresse directement à Versailles. »

(N° 295, p. 226.) « Le Gouvernement anglais n'a
» jamais dit que la persistance du Gouvernement fran-
» çais à maintenir l'intégrité territoriale fût un sérieux
» obstacle à la paix, mais seulement que le maintien de
» la formule : pas un pouce de terre, pas une pierre des
» forteresses, était un obstacle à la paix. »

Ici se retrouve encore l'allusion au démantèlement dont j'ai parlé plus haut. Et c'est encore le Livre Bleu qui me fournit, quelques pages plus bas, la preuve de l'erreur de lord Granville. La Prusse était parfaitement déterminée à ne rien accepter en dehors d'une cession de territoire; forcée de répondre au cabinet anglais, elle le déclarait nettement par la dépêche suivante :

(N° 315, p. 246.) Lord Granville à lord Lyons. 19 décembre : « Le comte de Bismarck a fait savoir
» qu'il lui était impossible d'accéder à aucune des trois
» propositions du Gouvernement français transmises par

» lord Lyons, à savoir : un armistice avec ravitaille-
» ment pour l'élection d'une Assemblée, *ou la conclusion*
» *de la paix sans cession de territoire*, ou la réunion d'un
» congrès européen pour discuter les questions pen-
» dantes entre la France et la Prusse. »

Et quelques jours après, 27 décembre, M. Odo Russell écrivait de Versailles (n° 323, p. 250) : « La posi-
» tion de la Prusse est si forte, qu'elle n'acceptera plus
» *qu'une reddition inconditionnelle.* »

§

J'ai peut-être à m'excuser près de mes lecteurs de la longueur de ces citations. Fidèle à la pensée qui m'inspire ce travail, j'ai voulu mettre sous leurs yeux ce qu'il m'a été possible de savoir de l'opinion des hommes d'État, sans l'atténuer en rien lorsqu'elle nous est défavorable. Aussi je ne doute pas que ces documents ne fournissent des armes à ceux qui se sont donné la mission d'attaquer tous les actes du Gouvernement de la défense nationale. Ils ne manqueront pas de dire que nous avons commis une grande faute en n'acceptant pas un armistice sans ravitaillement, où des élections sans armistice ; que dans tous les cas les conditions absolues de notre programme ont découragé les neutres et servi de prétexte à la Prusse pour repousser toute ouverture de paix.

Les hommes de bonne foi nous jugeront : quand ils voudront bien se reporter aux difficultés terribles de notre situation, ils comprendront les perplexités de nos consciences et la puissance irrésistible du devoir par lequel nous nous sommes crus enchaînés. Nul d'entre nous n'a voulu prendre une résolution incompatible avec la défense ; or, sur ce point, tous les généraux ont été unanimes. Je ne dis pas que dès l'origine quelques-uns d'eux n'aient estimé qu'il serait sage de traiter ; mais ceux-là même qui exprimaient cet avis s'accordaient à reconnaître qu'en subissant les conditions imposées par la Prusse soit à l'armistice, soit aux élections, il fallait renoncer à toute résistance efficace. M. Thiers lui-même le pressentait, lorsque, réfutant les objections de M. de Bismarck qui lui opposait les avantages que la France retirerait de l'armistice, il lui disait que la Prusse en trouverait d'équivalents, peut-être de supérieurs, dans une solution qui aurait « calmé le sentiment national et préparé ainsi la paix ».

Calmer le sentiment national, c'était briser le ressort qui poussait nos soldats au combat. Les laisser sous les armes, exposés aux coups de l'ennemi, tandis que les électeurs auraient été appelés à nommer une Assemblée, c'était les livrer à des défaites certaines et nous conduire à une paix honteuse. Tel était le résultat infaillible de l'élection sans armistice, même en admettant qu'elle fût possible au travers des horreurs de la guerre. Et quant aux inconvénients certains d'un armistice dans les termes ordinaires, ils n'avaient d'autre correctif que le ravitaillement de Paris, mesure essentielle de défense, qui aurait indiqué notre ferme intention de n'abandonner aucune de nos chances de résistance ultérieure.

Cette opinion était celle de tous les juges compétents. De son côté, notre collègue, M. Gambetta, la défendait avec énergie dans chacune de ses dépêches ; après nous avoir, par celle du 31 octobre, conseillé un ensemble

de résolutions dirigées contre les partisans du régime déchu, il ajoutait : « Observez que l'effet de ces me-
» sures sera de soutenir le courage des citoyens, que
» l'exemple de Paris électrise tous les jours davantage,
» et que les derniers événements n'ont fait qu'exalter.
» De tout ceci vous pouvez induire que l'esprit de paix et
» les propositions d'armistice ont singulièrement perdu
» du terrain, et si M. Thiers était encore parmi nous,
» il pourrait s'assurer par lui-même que nous touchons
» à la guerre du désespoir. »

Dans celle du 4 novembre, il condamnait notre trop grande tendance à un armistice et le parti que nous avions pris de nous soumettre à l'élection de Paris : « Les
» événements et les conséquences politiques qui en
» découlent, nous écrivait-il, m'obligent à vous rappeler
» mes dépêches antérieures, notamment celle du 24 octo-
» bre, dans laquelle je vous exposais non-seulement mes
» vues sur l'état des esprits en province, mais aussi mes
» résolutions, tant à propos de l'armistice que des élec-
» tions générales. »

» Vous avez reçu ce programme comme ayant pour
» but de constituer une Assemblée, vous savez que je n'ai
» appuyé la proposition d'armistice que rigoureusement
» et exclusivement limité au point de vue militaire. Je per-
» siste plus que jamais à considérer les élections générales
» comme funestes à la République, si vous n'admettez pas
» le correctif essentiel de l'inéligibilité portant sur toutes
» les catégories de personnes visées par ma dépêche. Je
» continue à vous dire que je me refuse à les accepter et
» à y faire procéder. En conséquence, veuillez recevoir
» ma démission de ministre, pour le cas où l'armistice
» serait accepté et où les élections générales auraient lieu.

» Vous pouvez, dès à présent, disposer de mon porte-
» feuille : je n'entraverai pas votre action, je me retirerai,
» purement et simplement. »

Je cite cette dépêche et celles qui vont suivre pour faire connaitre les difficultés intérieures qu'aurait suscitées l'acceptation d'un armistice sans ravitaillement ou des élections sans armistice. En réalité, elle ne put influer sur nos délibérations, ne nous étant parvenue que le 16 décembre, quand la situation était absolument changée. Mais pendant toute la durée du siége, les vues et les informations de M. Gambetta restèrent les mêmes. Il crut sincèrement au succès de ses efforts et considéra toujours les essais de négociation comme une cause certaine d'affaiblissement. Il recueillait cependant et nous transmettait l'expression d'opinions contraires, en nous les signalant comme celles d'une minorité sans consistance sérieuse. Autour de la délégation, en effet, se pressaient de nombreux conseillers qui cherchaient à démontrer la nécessité d'un armistice sans ravitaillement, permettant de procéder aux élections. M. Gambetta se refusait absolument à écouter leurs suggestions :

« Sauf de rares exceptions, m'écrivait-il le 16 novem-
» bre, on ne parle plus d'élections ni d'armistice. Le
» refus de ravitailler Paris a été unanimement blâmé et
» attribué à M. de Bismarck; on n'a voulu voir dans ce
» refus qu'un stratagème pour affamer Paris et donner
» aux troupes dégagées par l'abominable trahison de
» Bazaine le temps d'arriver et de faire échec à notre
» armée de la Loire..... Vous ne perdrez pas de vue que
» la question de l'armistice est restée ouverte et que la mis-
» sion à Versailles de M. Odo Russell, dont je vous définis-
» sais les termes dans ma dernière dépêche, peut donner

» à cette question, d'un instant à l'autre, un intérêt
» prédominant ; car l'envoyé anglais doit insister auprès
» de la Prusse sur l'armistice avec ravitaillement et s'as-
» surer des dispositions de cette puissance.

» Je n'ai nullement changé d'opinion au sujet d'un
» armistice purement militaire ; comme le premier jour,
» s'il est rigoureusement limité et maintenu aux ques-
» tions militaires, je le trouve avantageux, fût-il même
» réduit à une durée de quinze jours. Ainsi compris, il
» constituerait un traité profitable qui laisserait respirer
» Paris, dont on pourrait renouveler l'approvisionne-
» ment, en même temps que nous-mêmes nous saurions
» utiliser cette trêve pour renforcer nos armées. En un
» mot, ce serait un temps de préparatifs pour les suprê-
» mes efforts de la guerre.

» Je n'ignore pas que les élections sont impliquées
» dans l'armistice, puisque l'armistice n'est demandé
» que pour les faire. Mais ces élections mêmes ne pour-
» raient créer une force véritable au point de vue inté-
» rieur et extérieur, qu'à la condition d'être vraiment et
» solidement républicaines, auquel cas elles seraient
» souhaitables. Les conditions nécessaires pour former
» une Assemblée nationale composée de républicains et
» en position de jouer le grand rôle que commandent les
» événements, sont toujours à mes yeux celles que je vous
» ai indiquées, fondées sur l'inéligibilité momentanée de
» certaines catégories de personnes comprises tout natu-
» rellement, et par une loi de justice inattaquable, dans
» la déchéance même du régime impérial. Si vous adop-
» tez promptement un aussi juste et sage parti, je vous
» promets qu'en dix jours vous aurez une Assemblée sur
» laquelle vous pourrez vous appuyer avec confiance, et

» dont la France verrait certainement sortir son salut.

» En dehors de cette solution, les élections seront
» funestes, elles ne seront d'aucun secours pour termi-
» ner la guerre d'une façon honorable et qu'il nous soit
» possible d'accepter. Elles perdent la République et
» compromettent pour un long avenir les plus glorieux
» et les plus importants intérêts de la France.

» Je vous adjure de vous décider, après avoir écarté
» les réclamations d'une infime minorité; vous pouvez
» par ce moyen, et non par un autre, créer un gou-
» vernement incontesté, imposant, parce qu'il sera
» acclamé et obéi par le pays, un gouvernement formé
» pour traiter de la paix ou de la guerre.

» Vous tenez donc dans vos mains l'avenir des insti-
» tutions républicaines et les principes de la démocratie
» moderne en Europe. Un simple décret, signé de vous,
» peut assurer le triomphe de nos idées en même temps
» que le salut de la France.

» Ordonnez des élections générales avec la clause
» d'inéligibilité que je réclame, quand vous aurez obtenu
» le ravitaillement, et, je vous le jure, tout est sauvé.
» Ne distinguez plus entre la République et la France.
» C'est désormais une seule et même puissance dont
» l'Europe reconnait l'indivisibilité, sur laquelle les
» puissances comptent, et qu'il est de notre honneur de
» républicains et d'hommes d'État de ne laisser ni
» amoindrir ni entamer. »

Quand il s'exprimait ainsi, M. Gambetta obéissait
certainement à une ardente conviction et à un patriotisme sincère. Il croyait fermement que le pays se lève-
rait, que des armées s'organiseraient, et qu'en janvier
cinq cent mille combattants accableraient un ennemi

que chaque jour de notre résistance affaiblissait. Mais pour cela il fallait sans cesse agiter les âmes, y exciter l'enthousiasme et l'espérance, et s'abstenir, comme d'un acte criminel, de toute mesure capable d'y jeter la division. Tel est le sens des réflexions qui terminent sa dépêche du 26 octobre, reçue par nous le 15 décembre seulement. Il nous y donnait des détails circonstanciés sur les opérations militaires, sur la situation morale et politique de la France, situation bonne à ses yeux et démentant les funestes présages des pessimistes, aussi bien que les calomnies intéressées des agitateurs. Après avoir passé en revue les localités que nous avions lieu de croire les plus troublées par des désordres intérieurs, il terminait ainsi :

« Le reste du pays est d'ailleurs, malgré les cruelles
» souffrances de l'invasion et les brigandages de l'en-
» nemi, de jour en jour plus affermi dans l'idée de
» guerre à outrance ; il n'est véritablement plus question
» d'élections. Je ne crois pas qu'il ait jamais existé de
» mouvement plus superficiel que celui à la tête duquel
» se trouvent MM..... et la coterie des journaux et des
» candidats de leur opinion. On ne s'entretient jamais
» d'élections, on n'en parle pas, on n'en n'écrit pas, on
» ne saisit jamais la tentative ni d'une réunion, ni même
» d'une liste électorale. Et cela, non pas que le pays ni
» nous-mêmes ne comprenions les avantages qu'il y au-
» rait à régulariser le pouvoir et à posséder une véri-
» table Assemblée nationale. Nous sommes tous d'accord,
» il éclate aux yeux de tous, même des plus simples,
» que certaines conditions essentielles à la bonne et
» loyale création d'un pareil pouvoir font défaut, que la
» nécessité de la guerre, l'urgence du combat excluent

» toute autre affaire, et je partage pleinement l'avis de
» l'éminent général Trochu, quand il affirme que la
» convocation d'une Assemblée entraverait la défense au
» point de la dissoudre. Si vous pouvez tenter une vigou-
» reuse trouée et nous donner la main, je crois que les
» Prussiens, demandant eux aussi une Assemblée, renon-
» ceront à poursuivre la lutte.

» Jugez alors dans quelles circonstances infiniment
» plus favorables nous installerons la première Assemblée
» de la République.

» Toutefois, je m'explique fort bien le sentiment qui
» vous pousse à réclamer des élections, à cause du poids
» croissant des pouvoirs et de la responsabilité. Mais
» c'est cette obstination même et cette ténacité à ne pas
» abandonner le gouvernail dans la tempête qui sera
» notre justification devant l'histoire, et pour le pays, le
» jour où il pourra mesurer l'étendue de notre dévoue-
» ment, le sujet d'une profonde et inaltérable recon-
» naissance.

» En un mot, pour faire une Assemblée, il est trop
» tôt ou trop tard, surtout si, comme c'est notre devoir,
» nous voulons que l'Assemblée nationale soit digne à
» la fois de la France et de la République. Vous con-
» naissez d'ailleurs les conditions d'inéligibilité particu-
» lière qu'il faudrait préalablement décréter et établir,
» pour assurer d'une manière définitive l'établissement
» de la République et terminer la révolution sans vio-
» lence. Je n'ai pu me rendre aux raisons que vous
» m'avez fait valoir dans votre lettre du 3 novembre, et
» je crois vous en avoir présenté de supérieures et de
» mieux fondées dans les dépêches que je vous ai adres-
» sées. J'insiste, parce que c'est pour moi une question

» de salut ou de ruine pour nos chères idées, dont vous
» avez été toujours le représentant si consciencieux.
» Aussi je ne désespère pas de vous voir accueillir les
» propositions sur lesquelles je prends la liberté de
» m'appesantir dans chacune de mes communications.
» Ce ne sont point des sentiments de vengeance qui me
» les ont dictés, c'est l'intelligence claire et précise des
» nécessités de la politique, autant que des intérêts du
» parti auquel j'ai l'honneur d'appartenir et auquel je
» dois faire faire un pas sérieux dans cette voie. Nous ne
» pouvons que marcher ensemble, appuyés l'un à l'autre
» pour fonder enfin ce système de paix et de liberté
» sous la loi que notre pays attend depuis quatre-vingts
» ans. En ce qui touche l'armistice proprement dit, je
» ne reviendrai pas sur l'expression de mes sentiments
» personnels. J'ai lu votre dépêche du 10 novembre,
» dans laquelle vous précisez si nettement votre déter-
» mination : pas d'armistice sans ravitaillement. Or,
» M. de Bismarck persiste à vous refuser le ravitaille-
» ment. L'Europe, qui en est choquée, continuera à ne
» point agir, malgré ses banales et platoniques réserves...
» La question extérieure ne s'étant pas sensiblement mo-
» difiée, je n'ai rien à ajouter aux observations qu'elle
» avait provoquées dans ma dernière dépêche. Je trouve
» vos conseils et votre direction tout à fait sages, je m'y
» associe complétement. Je n'ai qu'un regret, c'est que
» je crains bien que la torpeur générale de l'Europe ne
» soit pas secouée et que la grosse question soulevée à
» la faveur de nos désastres n'aboutisse qu'à un échange
» de documents diplomatiques [1].

[1] L'auteur de la dépêche fait ici allusion aux revendications de la Russie sur la mer Noire.

» En terminant cette longue dépêche, je veux vous
» rappeler combien j'ai été ému et fortifié par vos bonnes
» paroles, et je vous prie de vouloir bien, en me conti-
» nuant cette sympathie qui me soutient et m'anime,
» me donner votre avis sur les diverses questions de poli-
» tique intérieure dont je vous ai entretenu depuis un
» mois, notamment sur les changements nécessaires
» commandés par les circonstances, et nos intérêts dans
» les trois grands services publics : les finances, l'in-
» struction publique et la diplomatie. Moi aussi, je vou-
» drais savoir et voir ce que vous faites au moment où je
» termine ma dépêche. »

La forme aussi bien que le fond de ces documents démontre, sans qu'il soit nécessaire d'y insister, notre mutuel désir de conserver l'unité de vues indispensable à la bonne direction de la défense. Elle ne pouvait être troublée que par la question d'inéligibilité de certaines catégories de citoyens, sur laquelle ni l'un ni l'autre nous n'avions pu changer d'opinion. L'impossibilité où nous fûmes alors de faire procéder aux élections étouffa cette difficulté, qui devait renaître plus tard. Et quant à cette impossibilité, le gouvernement partagea complétement l'avis de M. Gambetta. Mes dépêches sont sur ce point la confirmation des siennes :

« Le général, lui écrivais-je le 15 novembre, s'occupe
» avec activité de ses derniers préparatifs. Il va enfin
» agir..... Je crains que nous ne puissions battre et
» chasser l'ennemi. Mais nous pouvons accomplir une
» entreprise qui, matériellement, lui soit nuisible, et,
» moralement, le contraigne à faire une paix honorable.
» Les journaux ont ouvert une campagne très-vive pour
» la convocation d'une Assemblée, même sans armistice.

» J'aurais beaucoup désiré cette convocation. Elle aurait
» relié la province à Paris et nous aurait puissamment
» servi pour la résistance ou pour la paix. J'ai eu peur
» cependant qu'on ne la prît exclusivement comme un
» instrument de paix mis dans la main de la Prusse, et
» malgré tous les désavantages qui résultent de notre
» isolement, du caractère précaire de notre pouvoir,
» il vaut mieux tenir et combattre. »

Il était naturel qu'enfermés dans Paris, privés de toute communication régulière, ne recevant que des nouvelles forcément incomplètes, ne pouvant nous faire une idée exacte de la situation et du mouvement de la province, nous n'eussions pas les mêmes espoirs que M. Gambetta. Aussi, comme le prouve la correspondance échangée entre M. de Chaudordy et moi, nous n'abandonnions pas le terrain des négociations avec l'Europe, nous nous y sommes maintenus jusqu'au dernier jour. Je n'avais point oublié ce que m'avaient répété à diverses reprises les représentants des grandes puissances avant de quitter Paris au moment de l'investissement : « Tenez quinze jours, et les cabinets interviendront. » Nous tenions depuis deux mois. Le courage et l'abnégation de Paris étaient pour le monde entier un objet d'admiration. Nous étions en droit de croire que la diplomatie élèverait la voix en sa faveur, au moins en ce qui touchait la rupture d'armistice provoquée par les conditions inacceptables de la Prusse.

« Nous nous préparons à l'offensive, disais-je à
» M. Gambetta, le 16 novembre ; je pense que le général
» vous aura parlé de ses opérations militaires. Je ne
» vous en dis rien par cette raison. Quant aux négocia-
» tions, elles demeurent ce que les a laissées le refus de

» ravitaillement. Ce que j'ai lu dans les journaux an-
» glais me fait croire à la continuation d'une action eu-
» ropéenne. Nous l'attendons en agissant. L'honneur ne
» nous permet pas de nous arrêter. C'est aussi le seul
» vrai moyen d'arriver à un arrangement honorable et
» pour cela à la réunion d'une Assemblée que nous ap-
» pelons de tous nos vœux, mais que nous voulons dans
» des conditions de liberté qu'excluait absolument le
» non-ravitaillement. Paris souffre. Il n'en est pas moins
» résigné et courageux. Les classes élevées donnent
» l'exemple du patriotisme et du désintéressement. Il y
» a une grande et très-naturelle tendance vers la paix,
» mais personne ne la voudrait dans des termes humi-
» liants. »

J'étais plus explicite encore dans ma dépêche du 19 novembre :

« Vous me demandez ce que nous avons décidé pour
» la convocation d'une Assemblée sans armistice.....
» Elle présenterait, il faut en convenir, d'immenses
» avantages, surtout en ce qui nous concerne. Elle nous
» permettrait de remettre à d'autres le gouvernail qu'il
» est si difficile de tenir. Aussi ai-je dans le conseil fait
» valoir très-énergiquement les arguments qui militent
» en faveur de ce système : une raison dominante me
» déterminait. Nous étions depuis vingt jours absolu-
» ment privés de nouvelles des départements. Les Prus-
» siens répandaient les bruits les plus alarmants. Je
» voyais un si énorme intérêt à vous donner la main, que
» je concluais à la convocation d'une Assemblée, prin-
» cipalement pour me mettre en communication avec
» vous : j'y voyais un moyen puissant de corroborer la
» défense. Néanmoins je subordonnais mon opinion aux

» nécessités militaires, et je déclarais ne plus insister,
» si le général estimait que la résistance n'était plus pos-
» sible avec la convocation de l'Assemblée. Le général
» a été sur ce point tout à fait affirmatif, et cette raison
» a entraîné tout le conseil..... Tenez donc pour con-
» stant : 1° que nous désirons avec ardeur la convoca-
» tion d'une Assemblée; 2° que nous la convoquerons
» aussitôt qu'il sera possible; 3° que *ce possible* sera un
» armistice avec ravitaillement. Jusque-là nous lut-
» terons. »

§

Arrivé à ce point, je crois avoir exposé avec une entière sincérité tout ce qui peut éclairer la conduite du Gouvernement de la défense nationale, en ce qui concerne la difficile et redoutable question de l'armistice proposé par les puissances. J'ai fait connaitre les raisons graves qui me permettent de supposer que la Prusse ne l'a jamais voulu, et qu'elle a essayé d'y substituer une combinaison qui nous aurait placés dans sa complète dépendance. J'ai montré que loin d'adhérer à la politique de notre ennemi, l'Europe, malgré sa réserve, l'avait désapprouvée; que jusqu'à la fin, l'Angleterre, tout en se tenant dans les limites d'une excessive prudence, n'a pas cessé de s'intéresser à notre cause. Sans doute, dans un malheur aussi grand que le nôtre, ces sympathies stériles sont de faibles consolations; il importe cependant de les relever, par esprit de justice d'abord, puis pour rendre plus évidentes les nécessités suprêmes qui nous ont empêchés de conclure une trêve que nous avions toujours désirée comme un moyen de diminuer l'étendue de nos désastres.

Mais, ce que je n'ai peut-être pas suffisamment fait ressortir, c'est que, dans le milieu où nous étions forcés d'agir, la signature d'un armistice, même avec ravitaillement, pouvait provoquer des démonstrations dangereuses, et que l'acceptation d'un armistice sans ravitaillement aurait très-probablement amené la guerre civile, peut-être la chute du Gouvernement. Et quand je place ce dernier fait au nombre des éventualités que le devoir nous commandait de prévoir et de conjurer, je m'élève, bien entendu, au-dessus de tout intérêt personnel, je n'envisage que le sort de Paris et de la France, infailliblement et sans retour compromis par une semblable révolution. Battus incessamment en brèche par un groupe de factieux, dont l'ascendant s'exerçait sur la majorité des bataillons de la garde nationale, nous étions obligés de les contenir en leur enlevant tout prétexte de sédition. Au 31 octobre, nous les avions vus tout-puissants quelques heures, parce qu'ils avaient pour point d'appui un sentiment de douleur et d'indignation patriotiques qui s'était emparé de la cité tout entière. Ce sentiment eût été non moins impétueux à la nouvelle répandue dans Paris que pendant vingt-cinq jours nous consommerions nos vivres, déjà rares, sans pouvoir rien entreprendre contre l'ennemi. L'élection d'une Assemblée dans de telles conditions, loin d'être une compensation, aurait semblé une dérision, et nous courions droit à une scission violente, après laquelle il n'y avait plus ni armistice, ni défense, mais une inévitable reddition à merci.

Le gouvernement n'a pas cru qu'il lui fût permis de

risquer une telle aventure. Né de la défaite, il avait mission de combattre pour l'honneur autant que pour le salut. Il a voulu énergiquement la résistance, sans se détourner cependant de la voie des négociations, sur laquelle il ne s'est arrêté que lorsqu'il a rencontré les fourches Caudines, au delà desquelles la Prusse avait posé son inflexible *ultimatum* de conquête. Ceux qui lui font un crime d'avoir préféré la lutte à la soumission, auraient-ils souscrit à la cession de l'Alsace et de la Lorraine quand Paris était debout et se croyait sûr de vaincre, quand les dépêches de la délégation nous annonçaient l'enthousiasme des départements prêts à voler à notre secours ? Nul parmi les plus hostiles ne l'aurait osé. Séduite par de généreuses illusions, la France n'estimait point avoir assez fait. Elle voulait épuiser sa chance. Pendant trois mois encore, elle a prodigué les efforts les plus héroïques. Ne pouvant opposer que des recrues sans officiers aux armées les plus savantes et les mieux commandées de l'Europe, elle n'a pas désespéré, elle a disputé pied à pied son sol, défendu ses villes en cendres, répandu à flots son sang et ses richesses, et ce n'est que lorsque le fer, le feu et la faim l'ont réduite à la dernière extrémité, qu'elle a abaissé son épée et subi la loi de la force. Telle est la tragique destinée que son grand cœur a acceptée sans faiblesse. Je demeure convaincu que nos descendants n'en parleront qu'avec admiration. Ils pourront critiquer les actes de ceux qui ont soutenu la patrie dans cette mémorable épreuve. Ils ne pourront les accuser de ne pas l'avoir aimée avec passion et d'avoir obéi à une autre inspiration qu'au désir ardent de la défendre et de la sauver.

CHAPITRE II.

ÉVÉNEMENTS DU MOIS DE NOVEMBRE. — BATAILLE DE CHAMPIGNY.

Après la rupture de l'armistice par la Prusse, le Gouvernement de la défense nationale, tout en laissant les négociations pendantes, devait se préparer à une action vigoureuse. Ainsi le comprenaient les cinq cent mille électeurs qui venaient de le consolider par leurs suffrages; beaucoup d'entre eux éprouvaient un chagrin réel de voir s'évanouir l'espérance d'une paix honorable, aucun n'aurait accepté les conditions exorbitantes auxquelles l'ennemi subordonnait la suspension des hostilités. Aussi dans toutes les classes de la population se manifestèrent avec la même énergie le désir d'opérations décisives et la confiance dans leur succès. L'appel aux volontaires de la garde nationale n'avait, il est vrai, donné que des résultats insuffisants, mais on l'expliquait par le vice du système d'enrôlement qui désorganisait les bataillons, et l'on demandait un décret de mobilisation conservant à chacun d'eux son unité et ses chefs. Du reste l'ardeur de tous était égale. Nos places, nos avenues, nos boulevards étaient couverts de citoyens se formant au maniement des armes et aux manœuvres militaires. Chaque jour de nouveaux corps s'organisaient, et les esprits excités par cette émulation patriotique s'ouvraient facilement aux impressions les plus favorables. Jamais Paris n'avait été plus animé, et quelles que fussent nos légitimes appréhensions, nous subissions nous-mêmes l'ascendant du noble entraînement auquel s'abandonnait la cité tout entière.

Les rares et incomplètes informations que nous recevions des départements nous les montraient soulevés par un élan enthousiaste auquel, contre toute attente, la reddition de Metz paraissait avoir communiqué une irrésistible impétuosité. En apprenant ce funeste événement, la délégation de Tours crut pouvoir en trouver l'explication dans la trahison du général en chef. Déjà, on le sait, ce bruit sinistre avait couru à Paris comme le précurseur de la fatale nouvelle. M. Gambetta nous annonçait le 31 octobre que des renseignements irrécusables dont il nous indiquait la source ne lui permettaient pas de révoquer en doute les coupables intrigues qui avaient amené la capitulation. « L'explosion de rage et de ven-
» geance, ajoutait-il, qu'a provoqué cet attentat crée vé-
» ritablement une nouvelle situation politique, tant au
» point de vue intérieur qu'au point de vue des affaires
» extérieures. Le parti de la guerre à outrance a pris dé-
» cidément le dessus et se manifeste sous un double
» aspect. D'une part, défiance et colère contre les anciens
» généraux de l'Empire, qui presque partout sont l'objet
» de démonstrations hostiles, principalement dans le
» Midi et dans l'Est. D'autre part, une immense besoin
» de concentration du pouvoir et de mesures de la der-
» nière énergie. A la suite d'un pareil crime, la popula-
» tion se croit enveloppée dans le réseau d'une vaste
» conspiration bonapartiste, et sous le coup de ces préoc-
» cupations exagérées, mais naturelles et respectables,
» elle réclame du Gouvernement une vigilance et des

» actes sévères, sans quoi elle se porterait elle-même à
» des violences sur les personnes qu'il vaut mieux avoir
» à prévenir qu'à réprimer.... Il ne faut pas se dissi-
» muler que tout l'ancien personnel bonapartiste, soit
» dans les finances, soit dans l'instruction publique, soit
» même dans les consulats, est encore debout, et que son
» maintien dans les fonctions qu'il occupait sous l'Empire
» excite partout les plus violentes et les plus légitimes
» réclamations. Il devient urgent de révoquer les plus
» compromis. La survivance des conseils généraux rem-
» plis de créatures de la candidature officielle paraît inex-
» plicable à la majorité des bons esprits. On s'explique
» difficilement que la dissolution de ces assemblées dé-
» partementales, produits de la pression administrative
» et foyers de la réaction napoléonienne, n'ait pas suivi
» la dissolution du Corps législatif. C'est évidemment là
» une des mesures qu'on ne pouvait plus retarder sous
» peine de faiblesse dans l'exercice du pouvoir. Il est
» d'ailleurs nécessaire de ramener les choses à l'unifor-
» mité. Sur beaucoup de points, il leur a été impossible
» de se réunir, et des arrêtés de dissolution auraient dû
» être prononcés dans beaucoup de localités. Au surplus,
» l'ensemble de la situation militaire et politique du pays
» exige que ce système de tolérance, qui avait été com-
» plaisamment suivi au lendemain de la chute du gou-
» vernement, fasse place à une méthode plus énergique
» de nature à déconcerter les partisans du régime déchu,
» remis de leur première alerte, et à accentuer plus net-
» tement pour la population le changement accompli par
» la révolution du 4 septembre, non-seulement au point
» de vue des principes, mais encore au point de vue du
» personnel chargé de les faire prévaloir.

» Je note en passant que les modifications que vous
» déciderez vous-mêmes à Paris, si elles sont inspirées
» par ces vues, seront certainement aussi bien accueillies
» dans les départements qu'à Paris même et qu'il résul-
» tera de cette coïncidence, en même temps qu'une nou-
» velle preuve de l'unité du pouvoir, une confirmation
» et une consécration des institutions républicaines.....
» Pour entreprendre et soutenir jusqu'au bout la guerre
» désespérée à laquelle elle est résolue, la France, tou-
» jours entraînée malheureusement vers la dictature, ré-
» clame une concentration de pouvoirs de jour en jour
» plus extrême. On va jusqu'à nous offrir des plans de
» plébiscite sur la paix, sur la guerre, sur la constitution
» d'un comité de salut public, sur la création d'une ma-
» gistrature exceptionnelle et temporaire dont le titulaire
» aurait la charge comme aussi la responsabilité de sau-
» ver le pays. Il va sans dire que je refuse de me prêter
» à rien de semblable. Mais tout cela vous peint l'état
» des esprits et nous commande une conduite exempte de
» toute défaillance, de toute demi-mesure. Je tiens à
» conserver à Paris et à vous qui pouvez constamment
» vous inspirer de ses légitimes aspirations, la suprématie
» et le commandement. . . . .

» En résumé, jamais la situation de la France ne fut
» plus grave, jamais la résolution de luttes à outrance ne
» fut plus manifeste. Toutefois, je dois vous rappeler les
» conclusions de ma dernière dépêche, et vous dire que
» les résolutions que vous prendrez à l'Hôtel de ville se-
» ront acceptées et exécutées, sauf ces réserves morales
» que j'ai pris la liberté de vous soumettre. »

Nous n'eûmes point à délibérer sur cette dépêche, qui
nous parvint dans la seconde quinzaine de décembre,

et je ne la cite que pour montrer l'état de la province et les préoccupations de la délégation de Tours, au moment où s'imposait à nous la nécessité d'une lutte énergique. M. Gambetta manifestait le désir patriotique de ne pas se séparer de nous, il sollicitait une direction et des ordres. Il est probable que si de libres communications nous avaient permis de répondre catégoriquement à ses questions, nous aurions essayé de l'arrêter sur la pente où il semblait prêt à se laisser entraîner. En reconnaissant avec lui que la République seule pouvait réunir la France dans un grand sentiment de dévouement et d'union, nous voulions éviter tout ce qui la rapetissait au niveau d'un parti. Selon nous, la tolérance qui avait présidé à son avénement faisait son honneur et sa force : y renoncer pour discuter les personnes et satisfaire de légitimes ressentiments nous paraissait une faute, et pour ne la point commettre nous nous exposions chaque jour aux attaques les plus calomnieuses. Il est vrai qu'enfermés dans nos murailles, nous n'avions point à compter avec les récriminations ardentes qui pouvaient passionner les départements qui n'étaient pas comme nous disciplinés par la présence de l'ennemi. Néanmoins je persiste à croire qu'il était plus dangereux qu'utile de chercher son point d'appui dans un groupe plutôt que dans la nation tout entière. Je ne nie pas que la composition des conseils généraux ne les rendît peu sympathiques aux institutions républicaines, mais peut-être valait-il mieux s'en servir que de s'en défier. Le devoir civique parlait si haut qu'il leur eût été difficile de refuser leur concours. Et si quelques-uns l'avaient tenté, une prudente fermeté aurait eu sans peine raison de leur résistance.

Ces réflexions s'appliquent également à la condamnation éclatante prononcée par nos collègues de Tours contre le maréchal Bazaine. J'en eus connaissance le 5 novembre dans mon entrevue au pont de Sèvres avec M. Thiers, qui me montra une copie informe de la proclamation du 1er novembre ; il la jugeait aussi injuste qu'impolitique. Il nous dit que l'état-major prussien s'en était fait un grief contre nous. Il ne m'appartient pas d'exprimer ici un avis sur une question actuellement soumise au contrôle de la justice militaire. L'arrêt que lui dictera l'étude impartiale des faits, et celui que prononcera l'histoire, arbitre souverain de l'opinion, justifieront peut-être les sévères appréciations de la délégation. Ses membres étaient mieux placés que nous pour découvrir la vérité. Chargés aussi d'une immense responsabilité, ils pouvaient difficilement se soustraire à la commotion des colères publiques. Voici comment ils les traduisirent dans un document justement mémorable, auquel l'amiral Fourichon refusa d'apposer sa signature :

« Français !

» Élevez vos âmes et vos résolutions à la hauteur des
» effroyables périls qui fondent sur la patrie ; il dépend
» encore de nous de lasser la mauvaise fortune et de
» montrer à l'univers ce qu'est un grand peuple qui
» ne veut pas périr, et dont le courage s'exalte au sein
» même des catastrophes.
» Metz a capitulé !!! Le général sur qui la France
» comptait, même après l'expédition du Mexique, vient
» d'enlever à la patrie en danger plus de cent mille
» défenseurs.

« Bazaine a trahi; il s'est fait l'agent de l'homme de
» Sedan, le complice de l'envahisseur, et au mépris de
» l'honneur de l'armée, dont il avait la garde, il a livré,
» sans même essayer un suprême effort, 120,000 com-
» battants, 20,000 blessés, ses fusils, ses canons, ses
» drapeaux, et la plus forte citadelle de France, Metz,
» vierge jusqu'à lui des souillures de l'étranger.

» Un tel crime est au-dessus même des châtiments de
» la justice; et maintenant, Français, mesurez la pro-
» fondeur de l'abîme où vous a précipités l'Empire. Vingt
» ans la France a subi ce pouvoir corrupteur, qui taris-
» sait en elle toutes les sources de la grandeur et de la
» vie.

» L'armée de la France, dépouillée de son caractère
» national, devenue, sans le savoir, un instrument de
» règne et de servitude, est engloutie, malgré l'héroïsme
» des soldats, par la trahison des chefs, dans les désas-
» tres de la patrie; en moins de deux mois, deux cent
» vingt mille hommes ont été livrés à l'ennemi, sinistre
» épilogue du coup de main militaire de décembre. Il
» est temps de nous relever, et c'est sous l'égide de la
» République que nous sommes décidés à ne laisser ca-
» pituler ni dedans ni dehors, de puiser dans l'extrémité
» même de nos malheurs le rajeunissement de notre
» moralité, de notre virilité politique et sociale.

» Oui, quelle que soit l'étendue du désastre, il ne nous
» trouve ni consternés ni hésitants; nous sommes prêts
» aux derniers sacrifices, et, en face d'ennemis que tout
» favorise, nous jurons de ne jamais nous rendre. Tant
» qu'il restera un pouce de sol sacré sous nos semelles,
» nous tiendrons ferme le glorieux drapeau de la Révo-
» lution française.

» Notre cause est celle de la justice et du droit.

» L'Europe le voit, l'Europe le sent; devant tant de
» malheurs immérités, spontanément, sans avoir reçu de
» nous ni invitation ni adhésion, elle s'est émue, elle
» s'agite. Pas d'illusions, ne nous laissons ni alanguir ni
» énerver, et prouvons par des actes que nous voulons,
» que nous pouvons tenir de nous-mêmes l'honneur,
» l'indépendance, l'intégrité, tout ce qui fait la patrie
» libre et fière. Vive la France! Vive la République une
» et indivisible!

» *Les Membres du Gouvernement,*

» CRÉMIEUX, GLAIS-BIZOIN, GAMBETTA. »

Le même jour, le ministre de l'intérieur et de la guerre adressait à l'armée un ordre du jour inspiré par les mêmes sentiments, et dont voici le texte :

« SOLDATS!

» Vous avez été trahis, non déshonorés! Depuis trois
» mois, la fortune trompe votre héroïsme. Vous savez
» aujourd'hui à quels désastres l'ineptie et la trahison
» peuvent conduire les plus vaillantes armées. Débar-
» rassés de chefs indignes de vous et de la France, êtes-
» vous prêts, sous la conduite de chefs qui méritent
» votre confiance, à laver dans le sang des envahisseurs
» l'outrage infligé au vieux nom français?

» En avant! vous ne luttez plus pour l'intérêt et les
» caprices d'un despote, vous combattez pour le salut
» même de la patrie, pour vos foyers incendiés, pour

» vos familles outragées, pour la France, notre mère à
» tous, livrée aux fureurs d'un implacable ennemi.
» Guerre sainte et nationale, mission sublime pour le
» succès de laquelle il faut, sans jamais regarder en
» arrière, nous sacrifier tous et tout entiers.

» D'indignes citoyens ont osé dire que l'armée avait
» été rendue solidaire de l'infamie de son chef. Honte à
» ces calomniateurs qui, fidèles au système des Bona-
» parte, cherchent à séparer l'armée du peuple, les sol-
» dats de la République. Non! j'ai flétri, comme je le
» devais, la trahison de Sedan et le crime de Metz, et
» je vous appelle à venger votre propre honneur qui est
» celui de la France.

» Vos frères d'armes du Rhin ont déjà protesté contre
» ce lâche attentat, et retiré avec horreur leurs mains de
» cette capitulation à jamais maudite. A vous de relever
» le drapeau de la France, qui, dans l'espace de quatorze
» siècles, n'a jamais subi une pareille flétrissure.

» Le dernier des Bonaparte et ses séides pouvaient
» seuls amonceler sur nous tant de honte en si peu de
» jours! Vous nous ramènerez la victoire; mais sachez
» la mériter par la pratique des vertus militaires, qui
» sont aussi les vertus républicaines, le respect de la
» discipline, l'austérité de la vie, le mépris de la mort.

» Ayez toujours présente l'image de la patrie en péril.
» N'oubliez jamais que faiblir devant l'ennemi à l'heure
» où nous sommes, c'est commettre un parricide et en
» mériter le châtiment; mais le temps des défaillances
» est passé, c'est fini des trahisons. Les destinées du
» pays vous sont confiées, car vous êtes la jeunesse fran-
» çaise, l'espoir armé de la patrie; vous vaincrez, et
» après avoir rendu à la France son rang dans le monde,

» vous resterez les citoyens d'une République paisible,
» libre et respectée !

» Vive la France !

» Vive la République !

> » *Le membre du Gouvernement, ministre de*
> » *l'intérieur et de la guerre,*
>
> » Léon Gambetta. »

» Tours, 1er novembre 1870.

Ces deux pièces, qui ne nous parvinrent officiellement que vers la fin de décembre, nous furent cependant connues par un exemplaire d'un journal anglais qui pénétra jusqu'à nous, malgré la surveillance de l'ennemi. Les feuilles de Paris le reproduisirent. Nous estimâmes que le *Journal officiel* devait s'en abstenir ; non que nous eussions le dessein de blâmer, même indirectement, nos collègues, mais parce qu'ignorant les faits sur lesquels s'était assis leur jugement, nous ne pensions pas avoir le droit de nous associer à la condamnation qu'ils avaient prononcée.

D'ailleurs, dans le milieu où nous agissions, nous comprenions mal qu'il fût politique de flétrir un officier français avant d'avoir la preuve du crime odieux qui lui était imputé. Je ne peux, même à l'heure actuelle, me faire une idée exacte de l'effet produit sur nos armées de province par ces violentes accusations ; je sais qu'autour de nous elles auraient été mal accueillies, et je suis assez disposé à croire qu'elles n'ont été pour rien dans les efforts héroïques tentés par les généraux et les soldats qui ont soutenu notre honneur sur la Loire, sur la Somme et dans l'Est, par tant de glorieux combats.

Si la France n'a pas désespéré, même après le désastre de Metz, c'est qu'en province comme à Paris elle ne voulait abandonner la partie qu'à la dernière extrémité; c'est que, même en dehors de l'espérance du succès qu'elle n'avait pas perdue, elle cédait à un élan généreux en offrant son sang et ses ressources à la cause sacrée de la défense de son sol. Personne n'était plus pénétré de ce noble sentiment que M. Gambetta, et ceux-là même qui l'attaquent avec le plus d'acharnement sont obligés de reconnaître qu'il savait lui prêter une force communicative irrésistible. Sa foi ardente et sincère, son imagination enflammée, sa vive et prompte intelligence, lui donnaient une puissance véritable qui a certainement beaucoup contribué à l'énergie de l'action. Quant à l'usage qu'il en a fait, je n'ai point à l'apprécier ici. En l'envoyant à Tours, nous ne l'avions point chargé de la direction militaire, confiée par nous à l'amiral Fourichon. Lorsque nous apprîmes que la délégation l'avait nommé ministre de la guerre, nous éprouvâmes autant de surprise que d'inquiétude. Mais, placés dans l'impossibilité cruelle de juger la valeur des raisons qui avaient motivé cette détermination imprévue, nous dûmes nous abstenir d'une intervention qui serait inévitablement devenue une occasion de trouble et de conflit.

§

Notre tâche à Paris était assez ardue pour que nous ne cherchassions pas à la compliquer par des difficultés dont nous ne pouvions surveiller la solution. Nous abordions, après six semaines de siége, la période des sacrifices que la cité était résolue à subir, mais dont elle ne connaissait pas encore la rigueur. Jusque-là les habitudes de la population n'avaient éprouvé d'autres transformations que celles imposées par l'investissement. Le moment était venu où, en participant plus directement à la lutte, elle allait payer sa dette de sang. Elle devait aussi se résigner aux privations de toute nature rendues particulièrement dures par l'âpreté de la saison. A vrai dire, nul ne s'en préoccupait. Chacun était prêt à souffrir et ne songeait qu'à repousser l'ennemi. Les calamités prévues nous ont accablés avec une intensité croissante : elles n'ont amené ni colère ni découragement. Ceux qui ont été les témoins de ce grand spectacle ne peuvent se le rappeler qu'avec une émotion profonde mêlée d'admiration sincère. Mais les inquiétudes, les alarmes, les douleurs morales étaient permises aux hommes qui avaient le redoutable honneur de diriger ce mouvement. Ils sentaient le fardeau des responsabilités que leur créait le double devoir de faire tout ce qui était humainement possible pour rompre les lignes prussiennes, et d'épargner à Paris la honte et le désastre d'une guerre civile. Ils ne pouvaient s'abuser sur les obstacles, les périls, je dirai presque les impossibilités qui se dressaient devant eux ; et cependant ils n'en devaient tenir compte que pour redoubler d'énergie et résister jusqu'au bout de cette lutte suprême, quelle qu'en fût d'ailleurs l'issue.

En même temps que la rupture des négociations, le *Journal officiel* annonçait la composition des trois armées formées par le département de la guerre et le gouverneur de Paris, en vue d'actives opérations militaires. La première armée comprenait la garde nationale, infanterie, artillerie, cavalerie. Elle était placée sous les

7.

ordres du général Clément Thomas. La seconde était de trois corps, commandés par les généraux Vinoy, Renault, d'Exéa. La troisième était composée de sept divisions sous les ordres du gouverneur général.

Deux jours après le 8 novembre, un décret de mobilisation instituait dans chaque bataillon de la garde nationale quatre compagnies de guerre de 100 à 125 hommes chacune. Ces compagnies devaient être fournies par les gardes nationaux valides pris par ordre dans cinq catégories ainsi classées : 1° volontaires de tout âge; 2° célibataires ou veufs sans enfants de 20 à 35 ans; 3° célibataires ou veufs sans enfants de 35 à 45 ans; 4° hommes mariés ou pères de famille de 20 à 35 ans; 5° hommes mariés ou pères de famille de 35 à 45 ans.

Les autres compagnies, composées, autant que possible, d'un effectif uniforme, comprenaient le reste du bataillon. Elles constituaient le dépôt et devaient fournir les contingents nécessaires pour combler les vides faits dans les compagnies de guerre. Ainsi était conservée l'unité de bataillon, à laquelle la garde nationale était vivement attachée. Un peu plus tard cependant il devint indispensable de grouper les compagnies de guerre par bataillons et même par régiments. Mais le Gouvernement était condamné à n'agir qu'au jour le jour, ne pouvant user que d'un pouvoir moral sur une foule armée trop souvent entraînée par de coupables excitations.

Si, en effet, l'élection du 3 novembre avait eu la valeur d'une consécration régulière, elle n'avait pu faire disparaître les éléments de trouble qui menaçaient la paix publique. Les clubs et les journaux continuaient leurs attaques quotidiennes, les conspirateurs du 31 octobre n'avaient pas renoncé à leurs entreprises. Dès le 4, douze d'entre eux, parmi lesquels Goupil, Félix Pyat, Tridon et Lefrançais, avaient été mis sous la main de la justice. Flourens, Blanqui et les autres chefs se dérobaient aux poursuites en se cachant au milieu de leurs fidèles. Du reste, par un revirement d'opinion très-familier à notre caractère mobile, beaucoup de gens nous accusaient d'une excessive sévérité. Il semblait qu'un mot d'ordre de tolérance et de mollesse eût été donné à tous ceux sur le zèle desquels nous étions en droit de compter, et cette disposition fâcheuse entravait à chaque instant le zèle courageux et dévoué du préfet de police. N'ayant lui-même dans la main que des moyens insuffisants ou suspects, il en était souvent réduit à deviner le mal sans pouvoir le conjurer. Il eût été imprudent de sa part de tendre trop des ressorts visiblement affaiblis, et le plus sage encore était de louvoyer au milieu de ces écueils jusqu'à la fin de cette formidable crise.

Aussi mettions-nous toute notre espérance dans la prompte et vigoureuse décision que nous attendions du gouverneur de Paris. C'était au nom des nécessités impérieuses de la défense qu'avait été repoussée l'idée d'une convocation de l'Assemblée sans armistice. Pour répondre victorieusement aux critiques de plusieurs feuilles publiques, qui reprenaient cette thèse avec une extrême ardeur, il fallait frapper un coup décisif; l'exaltation des esprits, la diminution croissante des subsistances, qui commençait déjà à se faire sentir, le commandaient également. On ne pouvait donc plus se borner aux opérations de détail, ou aux combats d'avant-postes dans lesquels nos troupes s'étaient pendant le cours du mois d'octobre familiarisées avec la guerre. Le général Trochu le comprenait ainsi, mais à mes suppliantes instances il opposait des objections devant lesquelles j'étais obligé de m'incliner : la formation de son armée n'était point achevée; celle des compagnies de guerre, que la mairie de Paris pressait avec la plus louable activité, exigeait quelques semaines encore; il en était de même de l'organisation de l'artillerie, qui devait jouer un rôle principal dans l'exécution de ses plans; enfin il était sage de coordonner nos mouvements avec ceux du dehors, et, par une cruelle fatalité, les tempêtes qui ne cessaient de se déchaîner sur nous arrêtaient nos pigeons et nous laissaient sans nouvelles. Je me rendais à ces raisons, tout en déplorant les lenteurs qu'elles semblaient justifier. J'apprenais aussi par de nombreux rapports qu'un esprit fatal de découragement commençait à pénétrer dans les rangs de nos soldats, exposés incessamment à une propagande de défaillance vis-à-vis de laquelle certains chefs n'étaient point assez fermes. Les orateurs de clubs, qui avaient tant de fois bruyamment déclamé en faveur de la levée en masse, accusaient chaque soir le Gouvernement de vouloir conduire les compagnies de marche à la boucherie. Ces violentes diatribes agissaient peu sur la population, mais elles autorisaient les exagérations des alarmistes et n'étaient point sans influence sur la troupe. La situation devenait donc de jour en jour plus grave; elle ne pouvait se prolonger sans discréditer l'autorité militaire et sans amener dans la cité une dangereuse fermentation.

Ce fut pour relever les courages, calmer les inquiétudes, et raffermir le sentiment public par l'espérance d'une prochaine solution, que le gouverneur de Paris rédigea son ordre du jour du 14 novembre. Il peint avec une trop grande fidélité et les sentiments de celui qui l'écrivait et la situation générale qui les provoquait, pour que je ne le mette pas en entier sous les yeux du lecteur :

« Aux citoyens de Paris.
» A la garde nationale.
» A l'armée et à la garde nationale mobile.

» Pendant que s'accomplissaient loin de nous les dou-
» loureuses destinées de notre pays, nous avons fait
» ensemble, à Paris, des efforts qui nous ont honorés
» aux yeux du monde. L'Europe a été frappée du spec-
» tacle imprévu que nous lui avons offert, de l'étroite
» union du riche et du pauvre dans le dévouement et
» le sacrifice, de notre ferme volonté dans la résis-
» tance, et enfin des immenses travaux que cette résis-
» tance a créés.
» L'ennemi, étonné d'avoir été retenu près de deux
» mois devant Paris, dont il ne jugeait pas la population
» capable de cette virile attitude, atteint bien plus que
» nous ne le croyions nous-mêmes dans des intérêts consi-
» dérables, cédait à l'entraînement général. Il semblait
» renoncer à son implacable résolution de désorganiser,
» au grand péril de l'Europe et de la civilisation, la nation
» française, qu'on ne saurait sans la plus criante injustice
» rendre responsable de cette guerre et des maux qu'elle a
» produits. Il est aujourd'hui de notoriété que la Prusse
» avait accepté les conditions du Gouvernement de la
» défense pour l'armistice proposé par les puissances
» neutres, quand la fatale journée du 31 octobre est

» venue compromettre une situation qui était honorable
» et digne, en rendant à la politique prussienne ses
» espérances et ses exigences.

» A présent que depuis de longs jours nos rapports
» avec les départements sont interrompus, l'ennemi
» cherche à affaiblir nos courages et à semer la division
» parmi nous, par des avis exclusivement originaires
» des avant-postes prussiens et des journaux allemands
» qui s'échangent sur plusieurs points de nos lignes si
» étendues.

» Vous saurez vous soustraire aux effets de cette pro-
» pagande dissolvante, qui serait la ruine des chers inté-
» rêts dont nous avons la tutelle. Vos cœurs seront
» fermes et vous resterez unis dans l'esprit qui a été
» depuis deux mois le caractère de la défense de Paris.

» Pendant que nos travaux fermaient la ville, nous
» avons conçu la pensée, dans l'incertitude où nous
» étions de l'appui que pourraient nous fournir les
» armées formées au dehors, d'en former une au dedans.
» Je n'ai pas à énumérer ici les éléments constitutifs qui
» nous manquaient pour résoudre ce nouveau problème,
» plus difficile peut-être que le premier. En quelques
» semaines nous avons réuni en groupes réguliers,
» habillé, équipé, armé, exercé autant que nous
» l'avons pu, et conduit plusieurs fois à l'ennemi,
» les masses pleines de patriotisme mais confuses et
» inexpérimentées dont nous disposions. Nous avons
» cherché, avec le concours dévoué et désintéressé du
» génie civil, de l'industrie parisienne, des chemins
» de fer, à compléter par la fabrication de canons
» modernes, dont les premiers vont nous être livrés,
» l'artillerie de bataille que le service spécial de l'armée

» formait avec la plus louable activité. La garde natio-
» nale, de son côté, après avoir plus que quintuplé son
» effectif, et bien qu'absorbée par les travaux et par la
» garde des remparts, s'organisait, s'exerçait tous les
» jours et par tous les temps sur nos places publiques,
» montrant un zèle incomparable, auquel elle devra
» d'être prochainement en mesure d'entrer en ligne avec
» ses bataillons de guerre.

» Je m'arrête, ne pouvant tout dire ; mais je doute
» qu'en aucun temps, et dans l'histoire d'aucun peuple
» envahi après la destruction de ses armées, aucune
» grande cité investie et privée de communication avec le
» reste du territoire ait opposé à un désastre en appa-
» rence irréparable de plus vigoureux efforts d'une
» résistance morale et matérielle. L'honneur ne m'en
» appartient pas, et je n'en ai énuméré la succession que
» pour éclairer ceux qui, avec une entière bonne foi, j'en
» suis sûr, croient qu'après la préparation de la défense,
» l'offensive à fond était possible avec des masses dont
» l'organisation et l'armement étaient insuffisants.

» Nous n'avons pas fait ce que nous avons voulu :
» nous avons fait ce que nous avons pu, dans une suite
» d'improvisations dont les objets avaient des propor-
» tions énormes, au milieu des impressions les plus dou-
» loureuses qui puissent affliger le patriotisme d'une
» grande nation. Eh bien! l'avenir exige encore de
» nous un plus grand effort : car le temps nous presse.
» Mais le temps presse aussi l'ennemi, et ses intérêts et
» le sentiment public de l'Allemagne, et la conscience
» publique de l'Europe le pressent encore plus. Il ne
» serait pas digne de la France et le monde ne compren-
» drait pas que la population et l'armée, après s'être si

» énergiquement préparées à tous les sacrifices ne sus-
» sent pas aller plus loin, c'est-à-dire souffrir et com-
» battre jusqu'à ce qu'elles ne puissent plus ni souf-
» frir ni combattre. Ainsi, serrons nos rangs autour de
» la République et élevons nos cœurs.

» Je vous ai dit la vérité telle que je la vois. J'ai voulu
» montrer que notre devoir était de regarder en face nos
» difficultés et nos périls, de les aborder sans trouble,
» de nous cramponner à toutes les formes de la résistance
» et de la lutte. Si nous triomphons, nous aurons bien
» mérité de la patrie en donnant un grand exemple. Si
» nous succombons, nous aurons légué à la Prusse, qui
» aura remplacé le premier Empire dans les fastes san-
» glants de la conquête et de la violence, avec une œuvre
» impossible à réaliser, un héritage de malédictions et
» de haines sous lequel elle succombera à son tour.

» *Le gouverneur de Paris,*

» Général Trochu. »

On ne peut reprocher à celui qui a tracé ces lignes d'avoir essayé de surprendre la confiance publique par des exagérations toujours faciles. Son accent sincère et triste révèle peut-être trop le doute du succès. C'est le devoir plus que l'espérance qui le soutient et le guide; à côté de la victoire dont il montre le glorieux éclat, il ne cache pas la sombre éventualité de l'échec, mais elle ne saurait refroidir le courage de ses soldats pas plus qu'elle ne trouble son cœur. L'honneur et le salut du pays commandent de suprêmes efforts. Le général est résolu à les tenter, il fait appel à Paris, à la garde natio- nale, à l'armée, et c'est en ne leur déguisant rien de la grandeur et des difficultés de l'entreprise qu'il veut leur donner la force de l'accomplir.

Un secours moral plus efficace leur était réservé. La fortune nous le devait. Nous étions depuis plus de quinze jours privés de toute nouvelle et dans une anxiété facile à comprendre. Le soir même du 14 novembre, un pigeon nous apporta le message suivant qui nous remplit d'une joie d'autant plus vive, que les premiers succès qu'il nous annonçait nous paraissaient d'un heureux augure pour les opérations ultérieures de l'armée de la Loire :

Gambetta à Trochu.

« Tours, le 11 novembre 1870.

» L'armée de la Loire sous les ordres du général
» d'Aurelle de Paladines s'est emparée hier d'Orléans
» après une lutte de deux jours. Nos pertes tant en tués
» que blessés n'atteignent pas 2,000 hommes. Celles de
» l'ennemi sont plus considérables : nous avons fait plus
» d'un millier de prisonniers et le nombre augmente par
» la poursuite. Nous nous sommes emparés de deux ca-
» nons, modèle prussien, de plus de vingt caissons de
» munitions et attelés, et d'une grande quantité de four-
» gons et voitures d'approvisionnement. La principale
» action s'est concentrée autour de Coulmiers dans la
» journée du 9. L'élan des troupes a été remarquable
» malgré les mauvais temps. »

Quatre jours après, le 18, une dépêche plus explicite datée de Tours, du 13 novembre, confirmait cette bonne nouvelle, en y ajoutant des détails précieux qui devaient avoir une influence décisive sur les résolutions à prendre par le gouverneur de Paris.

Gambetta à Jules Favre.

« Nous vous avons annoncé notre mouvement offensif
» sur Orléans, qui a été repris après deux jours de marche
» pendant lesquels deux gros combats ont été livrés à
» Bacon et à Coulmiers et où nous avons fait deux mille
» cinq cents prisonniers tout compte fait, et où nos
» troupes ont fait preuve du plus vigoureux élan. Nous
» occupons fortement les approches de la ville en avant
» de la route de Chartres et de Paris. Nous sommes cou-
» verts sur notre droite par la forêt d'Orléans occupée
» par le général des Pallières, dont les grand'gardes vont
» jusqu'à Artenay. Notre centre à Chevilly, Cercottes et
» Gidy ; notre gauche aux Ormes jusqu'aux environs de
» Saint-Péravy. Avec le concours des ouvriers et des in-
» génieurs des quatre départements limitrophes sous la
» direction du génie, on a élevé des fortifications pas-
» sagères, des redoutes en terre qui sont armées de
» pièces de 17, servies par des marins; ces retranche-
» ments nous permettent de repousser un retour offensif
» probable des Prussiens, lequel paraît devoir être for-
» midable, car ils massent entre Chartres, Toury,
» Étampes et Pithiviers, des forces énormes pour nous
» barrer le chemin de Paris. Peut-être jugerez-vous op-
» portun de les inquiéter vivement dans cette direction,
» ou mieux d'essayer du côté de la Normandie une vi-
» goureuse trouée qui vous permettra de faire sortir de
» Paris, désormais inexpugnable, deux cent mille
» hommes qui ne sont plus nécessaires à la défense et
» qui en tenant la campagne feraient contre-poids aux
» forces que le prince Frédéric-Charles amène de Metz.
» A ce sujet je vous dirai que vos trois derniers ballons

» ont été saisis par les Prussiens, ce qui nous laisse sans
» nouvelles et dans les plus vives angoisses sur votre
» état. Lancez un nouveau ballon à l'aide duquel vous
» nous ferez connaître par chiffres et d'une manière
» tout à fait précise jusqu'à quel point vous pouvez aller
» au point de vue des vivres. La connaissance de cette
» échéance fatale nous est indispensable pour agir avec
» sagesse et maturité. »

La victoire de Coulmiers, la prise d'Orléans, la forte position occupée par les nôtres en avant de cette dernière ville, modifiaient de la manière la plus heureuse la situation générale et nous imposaient l'obligation de ne plus retarder l'exécution des opérations offensives que le général Trochu avait annoncées à l'armée et à la population par son ordre du jour du 14 : seulement il ne lui était plus possible de suivre le plan qui lui avait paru préférable et qu'il avait envoyé à la délégation de Tours avec les explications les plus circonstanciées. En se portant vers le nord-est au lieu de prendre la route de l'ouest, l'armée de la Loire avait attiré l'effort de l'ennemi sur les points qui séparent Orléans de Paris. C'était donc là qu'il fallait l'atteindre et le frapper. Une diversion en Normandie ne pouvait produire aucun résultat utile. Tel fut au moins l'avis du général Trochu, qui tout en se montrant fort contrarié que la délégation eût repoussé ses projets, prit de suite son parti de chercher une autre combinaison. Il ne crut pas pouvoir agir par la voie la plus directe, celle qui mène à Étampes. Il y aurait rencontré le long de la vallée de la Seine des défenses formidables devant lesquelles il craignait de se briser au premier choc. Les obstacles lui parurent plus accessibles du côté de la Marne, et c'est sur le vaste terrain qui s'étend du Raincy à Chenevières en rencontrant trois fois les coudes de la rivière que se concentrèrent les études d'où devaient sortir les journées du 30 novembre et du 2 décembre.

Le général voulait bien me recevoir en particulier tous les jours et patiemment écouter les observations que je lui ménageais peu sur tous les incidents qui me paraissaient dignes de son attention. Le succès de Coulmiers était venu fort à point pour relever les courages, et bien que mes rapports quotidiens fussent toujours inquiétants, j'avais la ferme espérance que l'armée ferait son devoir. Mais, à supposer qu'elle pût franchir les lignes prussiennes, ne serait-elle pas accablée au delà? pourrait-elle rejoindre les corps engagés en avant d'Orléans? ceux-ci ne seraient-ils pas attaqués et forcés avant notre approche? Toutes ces questions étaient examinées par nous avec une anxiété bien naturelle, et le général recherchait soigneusement les moyens les meilleurs de les résoudre avec succès. Il avait confiance dans la vigueur de M. d'Aurelle. Il paraissait très-satisfait des dispositions qu'il avait prises après la bataille de Coulmiers. Elles étaient au surplus conformes aux instructions que lui-même avait envoyées. Il croyait donc que les Prussiens s'exposaient à un échec s'ils essayaient d'aborder le redoutable camp retranché où nos troupes les attendaient. Quant à lui, il était décidé à tenter une sortie par les hauteurs de Champigny et de Cœuilly. De ce côté la ligne d'investissement était plus faible, et le mouvement conduit avec entrain avait de grandes chances de succès. Tout d'abord il s'emparait du plateau d'Avron, où il établissait des batteries destinées à foudroyer l'ennemi en écharpe quand il se porterait de Villeneuve Saint-Georges et de Choisy au secours des corps engagés avec les nôtres. Pendant ce temps, à la gauche, l'amiral La Roncière Le Noury devait faire une forte diversion sur Épinay, le général Vinoy marcher sur Choisy par l'Hay et Thiais. Pris ainsi dans un cercle de feu, les Prussiens hésiteraient à porter leur principal effort sur un point plutôt que sur l'autre, et le gros de notre armée après avoir franchi les premiers obstacles débouchant en pleine Brie, poursuivant sa marche sans s'arrêter, gagnerait Montargis qui était à nous, et suivant les circonstances donnerait la main à l'armée de la Loire soit par Gien soit par Pithiviers.

En reproduisant ces souvenirs, je n'ai certes pas la prétention de présenter avec une fidélité technique les détails du plan que le général voulut bien me faire connaître. Ce sont mes impressions plus encore que ses idées que je rapporte; je lui étais reconnaissant de sa confiance. Tout en hasardant quelques objections, je ne me permettais ni de juger sa conception, ni de lui exprimer les inquiétudes qui m'agitaient. Il reconnaissait avec moi la nécessité de ne pas perdre une minute. Et cependant des contre-temps imprévus amenaient chaque jour des retards qui me désespéraient. J'en étais arrivé à ne plus désirer la venue d'un pigeon, tant je redoutais une mauvaise nouvelle du dehors; je surveillais avec une égale crainte les intrigues et les entreprises des partis extrêmes, qui semblaient redoubler de violence. Je pressais de mon mieux les armements et l'équipement des bataillons de guerre : et dans chacune de mes dépêches, allant au-devant des préoccupations bien naturelles de M. Gambetta au sujet de nos subsistances, je lui indiquais la limite fatale au delà de laquelle la famine ferait tomber nos armes.

Je lui écrivais le 16 novembre : « Nous avons à man-
» ger, mal, mais à manger jusqu'en janvier ; mais en
» calculant le délai nécessaire au ravitaillement, prenez
» le 15 décembre comme limite extrême de notre résis-
» tance. »

Le 23 novembre : « Nous allons agir énergiquement,
» mais la limite extrême de nos subsistances est du 15
» au 20 décembre; il faut quinze jours au moins pour
» ravitailler Paris. Il faut donc lui laisser ce délai. Pre-
» nez cette limite pour base de vos calculs. Jusqu'ici
» l'esprit est bon, malgré les attaques violentes des clubs,
» mais plus nous irons, plus les difficultés s'accroîtront. »

Le lendemain, 24 novembre : « Le général vous don-
» nera certainement ses instructions militaires, je ne
» puis usurper son domaine. Il me semble cependant
» qu'une concentration puissante de forces doit être
» opérée par vous avec le plus de rapidité possible. Nous
» touchons à la crise suprême. Quelle que soit notre
» abnégation, nous ne pourrons échapper à la nécessité
» de manger, et, comme je vous l'ai écrit, notre limite
» est au 15 décembre. A ce moment nous aurons en-
» core devant nous un stock de vingt jours environ,
» c'est-à-dire ce qui est nécessaire d'une manière abso-
» lue pour se ravitailler. Il faut d'ici là être débloqués.
» Nous allons y travailler vigoureusement. D'ici quel-
» ques jours nous agirons. Tout se prépare dans ce
» but. Notre situation intérieure est bonne, malgré la
» violence des clubs. La population souffre avec un
» réel courage. Elle est cependant inquiète, enfiévrée;
» l'anxiété des subsistances n'a pas commencé sérieuse-

» ment, mais elle est proche. Tous ces motifs nous
» dictent une détermination inévitable que votre con-
» cours aidera puissamment. J'ai foi dans le succès. »

Enfin le 26 : « En fait d'opération de guerre, je n'ai
» qu'à vous préciser et à vous répéter ce que vous a
» transmis le gouverneur. Vous connaissez son plan et
» son jour. Rien n'est changé. Les mouvements de trou-
» pes sont commencés. Quatre mille gardes nationaux
» des bataillons de guerre ont été envoyés aux avancées.
» Ils s'y sont bravement battus. La victoire d'Orléans a
» ranimé les courages. Je crois que les troupes feront
» vaillamment leur devoir. Du reste il est temps : l'ali-
» mentation devient plus difficile. La population est
» souffrante, inquiète, travaillée par des ambitieux qui
» ne cherchent qu'un moyen de satisfaire leurs méchan-
» tes passions. Les clubs continuent leurs violences; ils
» protestent contre les sorties de la garde nationale et
» annoncent hautement l'intention de renverser le Gou-
» vernement. Ces faits n'ont rien d'étonnant. Ils se pro-
» duisent souvent à la fin d'un siége, et il est vraiment
» miraculeux que dans une ville comme Paris ils n'aient
» pas plus d'intensité. En somme, je ne change rien à
» ce que je vous ai dit sur la limite extrême de notre
» effort. Nous ne la dépasserons pas, si nous pouvons
» l'atteindre. C'est donc sur elle que vos yeux doivent
» être fixés. Je vous demande toujours des nouvelles de
» la Bretagne, de l'Ouest, du Midi, du Nord. Nous ne
» savons rien. »

Telle était en effet la misère de notre situation réciproque, que, forcés de concerter nos résolutions, nous
étions à Paris et à Tours condamnés à une mutuelle
ignorance de ce que nous décidions, de ce que nous

exécutions. M. Gambetta se plaignait de notre silence dans des dépêches dont les unes se perdaient en route, les autres ne devaient nous parvenir que dans le milieu de décembre; de mon côté je ne cessais de réclamer des nouvelles, et les ballons qui portaient nos messages étaient souvent interceptés par l'ennemi. Grâce à Dieu, cependant, le 15 et le 18 nous avions appris la victoire de Coulmiers et la pointe de l'armée de la Loire en avant d'Orléans. Nous nous demandions avec une anxiété bien légitime ce qu'était devenue cette armée dans ses retranchements. M. Gambetta nous faisait pressentir une attaque prochaine et formidable. Depuis, nul indice ne nous était arrivé, et nous ne pouvions deviner ce que nos soldats rencontreraient au delà des lignes prussiennes, s'ils avaient le bonheur de les franchir.

Nous avions vainement aussi cherché à connaître les mouvements qui s'opéraient au nord. Nos émissaires avaient reçu l'ordre d'établir des communications entre nous et le général Bourbaki dont nous savions la présence à Lille. Ce ne fut que le 2 décembre, le jour même de la seconde bataille de Champigny, que le général Trochu reçut les quelques lignes suivantes, confiées à un soldat qui risqua mille fois sa vie pour les apporter jusqu'à Paris. Elles étaient ainsi conçues :

« Mes troupes sont prêtes à marcher; j'ai avec moi de
» l'artillerie et de la cavalerie. Je suivrai tes instructions.
» Pas de Prussiens entre Amiens, Beauvais, Chantilly
» et Gisors.
» BOURBAKI. »

Mais quelle que fût notre incertitude sur ce qui se passait au delà du cercle de l'investissement, nous n'en étions pas moins résolus à agir. Par une fatalité qui nous a constamment poursuivis, la température semblait conspirer contre nous. Pendant plus d'une semaine des pluies torrentielles ne discontinuèrent point. Il eût été téméraire d'aventurer nos corps d'armée sur un sol profondément détrempé. Les reconnaissances seules étaient possibles, et la garde nationale y déployait le plus brillant courage.

Le 24 novembre, le 72° bataillon de guerre, sous les ordres du commandant de Brancion, appuyé par le 4° bataillon des éclaireurs de la Seine, sous le commandement supérieur du capitaine de frégate Massion, s'emparait du village de Bondy avec un tel entrain, que l'ennemi, chassé de barricade en barricade, bientôt d'arbre en arbre sur la route de Metz et le long du canal de l'Ourcq, était forcé d'abandonner toutes ses positions. Le commandant Massion était grièvement blessé, quelques gardes nationaux tombaient sur le champ de bataille, et le 72° conquérait ainsi le droit de figurer à côté de notre armée dans les opérations qui allaient s'engager.

§

Pendant que les préparatifs indispensables s'achevaient, Paris dominait mal la fiévreuse impatience qui l'agitait. Il avait accepté avec résignation la nécessité d'un délai; mais il laissait chaque jour deviner davantage que sa prolongation n'était plus possible. Dès le commencement du mois il avait fallu rationner la viande, et la distribution faite à chaque ménage était fort insuffisante. Le 8, un décret mettait en réquisition ce qui pouvait rester de bêtes à cornes chez les particuliers, et notamment les vaches laitières destinées aux malades et aux ambulances. Le 26, on ordonnait le recensement des chevaux, des mulets et des ânes. La viande de bœuf et de mouton touchait à sa fin, bien qu'on n'en distribuât que de très-faibles quantités. La mairie centrale, dans l'administration de laquelle M. Jules Ferry avait remplacé M. Étienne Arago, rivalisait de zèle avec les mairies d'arrondissement pour régulariser la répartition des vivres, et surtout pour subvenir aux besoins des personnes nécessiteuses. La tâche était immense, et l'on peut s'étonner qu'elle ait pu être accomplie. En effet, le système des réquisitions successives auquel il avait fallu recourir, sous peine de famine, avait mis dans les mains du ministre du commerce et des maires les principales ressources de l'alimentation. Chaque jour les boulangeries et les boucheries recevaient leur approvisionnement; les mairies avaient aussi le leur destiné aux indigents. Le nombre de ces derniers allait toujours croissant, et malgré ses sacrifices et son zèle, la bienfaisance privée s'épuisait sans pouvoir les soulager. Plus de trois cent mille gardes nationaux touchaient la solde. Mais le travail devenant plus rare, les habitants des quartiers populeux multiplièrent leurs réclamations pour obtenir un subside supplémentaire. La solde de 1 franc 50 centimes ne pouvait nourrir le garde et sa famille. Le 28 novembre, un décret accorda 75 centimes en sus aux femmes des gardes nationaux. Une commission, dont les membres étaient nommés par le ministre des finances et par le ministre de l'intérieur, eut pour mission de contrôler la distribution de ces fonds. Elle ne put sans doute remédier à tous les abus; elle n'en rendit pas moins des services considérables, tant au point de vue de l'économie qu'au point de vue de la moralité.

§

Tandis que Paris souffrait et attendait du Gouvernement une résolution énergique, quel était l'état de la province? Ainsi que je l'ai dit plus haut, nous l'ignorions; mais il n'est pas sans intérêt de reproduire le tableau que M. Gambetta en traçait, à ce moment même, dans une dépêche qui ne nous parvint que beaucoup plus tard, et alors que des revers survenus dans l'intervalle ne nous permettaient plus de profiter de ses renseignements. Il m'écrivait le 26 novembre :

« Mon cher collègue, j'ai entre les mains trois dé-
» pêches portant les n°˙ 20, 21 et 23 et les dates des 15,
» 16 et 17 novembre, et la première impression qu'elles
» me causent calme mes inquiétudes et diminue la
» crainte que j'avais de voir nos dissentiments s'accen-
» tuer. Il est clair, au contraire, que nous nous rappro-
» chons. Je désire vivement que la dépêche que je vais
» écrire soit assez complète et assez persuasive pour vous
» renseigner sur tous les points et en même temps pour
» établir entre nous deux une communion parfaite de
» vues, de sentiments et de conduite. C'est d'ailleurs ce
» que j'ai tâché de réaliser depuis mon arrivée à Tours,
» par la voie des pigeons et de nombreux messagers, en
» employant tous les moyens d'informations et de com-
» munications possibles; j'ai la conscience, à ce point de

» vue, d'avoir pleinement tenu tous les engagements
» que j'avais pris.

» Sur la situation militaire, je vais tout vous redire :
» quand je suis arrivé en province, rien n'existait ni en
» fusils, ni en cartouches, ni en hommes, ni en officiers,
» ni en matériel d'artillerie, ni en cavalerie, ainsi que
» le démontrent les tableaux que j'ai eu le soin de faire
» dresser en prenant les affaires le 12 octobre à quatre
» heures du soir. En quarante-sept jours voici ce que j'ai
» fait : une armée de 150,000 hommes parfaitement
» organisée, très-bien équipée, munie d'artillerie et de
» cavalerie comme n'en n'a jamais eu une armée de
» l'Empire, sévèrement disciplinée et commandée par
» des chefs sur le caractère desquels je vais m'expliquer,
» car je les ai choisis moi-même. Le général d'Aurelle
» de Paladines, qui appartient au cadre de réserve, est
» celui-là même qu'on avait été obligé de retirer de
» Marseille et qu'on avait relégué dans un commande-
» ment divisionnaire de l'Ouest. C'est à mon passage au
» Mans, en venant de Paris, que je l'ai rencontré à la
» table du préfet, et que j'ai su apprécier ses qualités
» très-réelles de bon sens, d'honnêteté et de fermeté
» militaires. C'était au moment où les généraux de La
» Motterouge et de Polhès venaient de perdre Orléans.
» Arrivé à Tours, je révoquai La Motterouge ; de Polhès
» fut relevé également de son commandement, et je
» donnai au général d'Aurelle le commandement du
» 15e corps, qui était alors en formation pour l'armée de
» la Loire. Depuis on lui a donné successivement le
» commandement du 16e et du 17e corps, à la cohésion
» et à la discipline desquels il a fortement présidé. Après
» la victoire d'Orléans, je lui ai donné le commande-

» ment en chef de l'armée de la Loire, comprenant main-
» tenant 55,000 hommes de l'ancienne armée du géné-
» ral Cambriels sous les ordres du général Crouzat.

» M. d'Aurelle nous a rendu de grands services par
» sa prudence et son excellente tenue militaire, qui ont
» servi merveilleusement pour donner de la force et de
» la cohésion à une armée composée de jeunes troupes
» dont la plupart n'avaient jamais vu le feu. Les prin-
» cipaux auxiliaires sont : le général Borel, qui est la
» forte tête de l'armée, et qui remplit près du général
» d'Aurelle les fonctions de chef d'état-major ; le géné-
» ral Chanzy, que j'ai fait venir d'Afrique sur la recom-
» mandation du maréchal Mac-Mahon, officier dont
» l'ascendant sur les troupes, l'expérience militaire,
» l'esprit de décision sont les plus brillantes qualités ; le
» contre-amiral Jauréguiberry, à qui revient la gloire
» du combat de Coulmiers, qui est une véritable ba-
» taille, et dont il est impossible de louer assez haut la
» vigueur, la promptitude, et qui possède au plus haut
» degré l'art de commander les hommes ; le général
» Martin des Pallières, le plus brillant divisionnaire de
» l'armée, sorti de l'infanterie de marine, dont on n'a
» besoin que de modérer l'impétuosité, mais qui a su se
» créer par son autorité, son courage et son moral ad-
» mirable la plus forte et la plus compacte division de
» l'armée.

» Les armes spéciales ont à leur tête des chefs du plus
» grand mérite, tous animés du meilleur esprit, tous
» pleins d'espoir, et enfin pour diriger les services, l'in-
» tendant général Friant, dont il suffit de prononcer le
» nom. Je ne dirai jamais assez combien cette armée,
» qui à mon arrivée ici comptait à peine 18,000 hom-

» mes sans unité et sans décision, et qui est aujourd'hui
» le boulevard de la résistance nationale, fait honneur
» au pays par son patriotisme et son ardent désir de
» relever l'honneur de la France.

» Elle se trouve flanquée à droite, de Gien à Nevers,
» par le 18° corps, dont l'organisation est absolument
» terminée. Un colonel d'état-major, échappé de Metz,
» du plus grand mérite, M. Billot, assiste le comman-
» dant en chef provisoire. Bourges est gardé avec des
» forces suffisantes, par le général Mazure, et en très-
» bon état de défense. Pour le moment, notre droite est
» très-forte; nous avons remonté dans le nord du Loi-
» ret, direction de Pithiviers et de Montargis; il a suffi
» d'un brillant combat à Bellegarde pour obtenir l'éva-
» cuation de Montargis par les Prussiens. Malheureuse-
» ment notre gauche est moins solide, faute de monde,
» et à la suite d'événements militaires accomplis depuis
» six jours et dont je vais vous entretenir. Nous avons
» réoccupé Châteaudun, point extrême de l'aile gauche
» de l'armée de la Loire, occupé par une partie du
» 17° corps, sous le commandement du général de Sonis,
» qui y est encore; les 13° et 14° corps, ou armée régio-
» nale de l'Ouest, étaient chargés de couvrir le Perche.
» Mais ils avaient été disséminés sur une ligne trop éten-
» due, qui a été facilement brisée par un effort des
» Prussiens. Cette ligne allait de Courville, jusqu'à quel-
» ques kilomètres de Chartres, à Dreux, Nonancourt,
» Tesches, Pacy et Serquigny. Je vous passe les détails
» des quelques affaires à la suite desquelles l'Ouest a été
» complétement découvert; seulement, le colonel Rous-
» seau, chargé de protéger la ligne du Mans, par Nogent-
» le-Rotrou et la Ferté-Bernard, s'est bien conduit. En face

» de notre solide situation, le prince Frédéric-Charles a
» arrêté sa marche sur Lyon, évacué la Bourgogne et
» l'Auxerrois, et rebroussé chemin pour venir se retran-
» cher entre Chartres, Étampes et Nemours. On dit son
» quartier général à Chartres. Dans cette position, il a
» l'air de nous attendre, et il a renoncé à tourner notre
» droite, fortement gardée. C'est alors que le prince
» royal de Prusse et le prince Albert ont résolu un
» mouvement tournant sur notre gauche. On a dégarni
» l'armée de Paris, et trois corps d'armée s'avancent
» vers l'Ouest; l'un marchant de Mantes sur Évreux,
» l'autre de Versailles sur Dreux, le troisième de Char-
» tres sur Nogent-le-Rotrou; tous trois convergeant sur
» le Mans, pour venir par le bassin du Loir sur Vendôme
» et Blois. C'est cette manœuvre que les forces de l'Ouest,
» mal agrégées et mal commandées, n'ont pu déjouer.
» Le colonel Rousseau, qui s'est bien battu, a été forcé
» successivement d'abandonner Courville, la Louppe,
» Bretoncelle, où l'on s'est battu deux jours, Nogent-
» le-Rotrou, le Theil, et s'est mis en retraite sur Bel-
» lesmes et Mamers. . . . . Évreux a été abandonné
» sans combat : les Prussiens ont occupé un des fau-
» bourgs de la ville; mais, grâce à l'énergie des autorités
» civiles, indignées de la conduite du général, et grâce
» au courage de la garde nationale sédentaire, l'ennemi
» a été repoussé au delà de Vernon, et la vallée de l'Eure
» est encore libre complétement. Les malheureux évé-
» nements qui se sont accomplis dans les journées des 20
» et 21 novembre, grossis par l'imagination publique,
» avaient jeté une véritable panique dans l'Ouest. Je suis
» parti sur l'heure pour le Mans : j'ai trouvé la ville
» frappée de terreur et sur le point d'être évacuée. J'ai

» pris immédiatement les mesures les plus énergiques
» contre les fuyards, qui avaient été la cause de cette
» retraite. J'ai amené dans les douze heures, des dépôts
» environnants, des forces suffisantes pour couvrir le
» Mans. . . . . J'ai placé à la tête de cette armée,
» complétement réorganisée, un brillant officier de
» marine, le capitaine de vaisseau Jaurès, plein d'éner-
» gie et très-entendu comme organisateur. »

M. Gambetta raconte ensuite qu'il s'est rendu au camp de Conlie, qu'il l'a trouvé bien établi, bien fortifié, en bon état défensif, mais ne renfermant pas plus de vingt mille hommes, composés presque exclusivement de recrues bretonnes, n'ayant pas tiré un coup de fusil. Il n'a pu y prendre que cinq mille hommes pour fortifier la petite armée de trente-cinq mille hommes laissée au capitaine Jaurès, et il ajoute : « J'ai la conviction
» d'avoir sauvé le Mans, position importante, point
» d'aboutissement de cinq chemins de fer qui maintient
» nos communications avec le Nord. Mais le mouvement
» des Prussiens est grave, comme je l'ai fait savoir au
» général Trochu, par une dépêche du 23, et vous com-
» mande une diversion puissante et immédiate. »

Après avoir montré le Nord bien défendu par le général Faidherbe, « trop connu pour qu'il soit nécessaire de faire l'éloge de ses qualités militaires et civiques » ; l'Est en train d'organiser une armée, sous les ordres du général Bressolles; Lyon en état admirable, pouvant fournir une résistance aussi longue et aussi héroïque que celle de Paris, M. Gambetta poursuit ainsi : « Mon am-
» bition est au delà et je suis occupé à constituer, avec
» les contingents du Midi, à Lyon même, une armée
» capable de se jeter vigoureusement dans l'Est, d'aller

» donner la main à Belfort, pour de là prendre les
» Vosges à revers. Mais c'est une question qui demande
» au moins six grandes semaines. Les populations de
» l'Alsace et de la Lorraine sont animées du plus ardent
» patriotisme. Elles s'échappent par la Suisse et, à l'aide
» de crédits ouverts, nous les rapatrions sur Lyon, pour
» les encadrer dans cette armée encore embryonnaire.
» Le premier ban des mobilisés est à peu près levé et
» équipé partout, et je vous envoie par le même cour-
» rier un décret pour l'établissement de douze camps sur
» la surface du territoire, destinés à centraliser et à
» organiser militairement tout ce monde. Joint au décret
» sur la création des batteries d'artillerie par départe-
» ment, ce décret vous prouvera nos résolutions et notre
» manière de comprendre la guerre à outrance avec la
» certitude que nous avons, pleine et entière aujour-
» d'hui, de la continuer avec des chances, après même
» la chute de Paris, si un tel malheur pouvait venir
» s'ajouter à tous nos désastres. Tel est le tableau au
» vrai de notre état militaire. Je ne cherche pas à gros-
» sir nos ressources, car je m'abstiens de vous faire con-
» naitre quel sera, au 15 janvier, le formidable arme-
» ment de la France en canons, armes et engins de
» toute sorte. Si nous gagnons ce terme, nous serons
» réellement armés jusqu'aux dents, et en état d'assurer
» une foudroyante revanche. De toutes ces choses, je
» n'ai pu accomplir les unes et préparer les autres qu'en
» faisant appel au génie civil de la France. J'ai mis à
» contribution, en réquisition et en œuvre toutes les
» intelligences et toutes les aptitudes des hommes de
» science et d'industrie. J'ai certainement, mais je ne
» pouvais faire autrement, transformé le ministère de la

» guerre. Les ingénieurs et les savants dominent un peu
» partout, à l'intérieur comme à la guerre. Mais leur
» coopération a été merveilleusement accueillie et appré-
» ciée par les militaires. Il ne s'est produit ni froisse-
» ment ni conflit. J'ai eu la bonne fortune de trouver
» des collaborateurs à la fois novateurs et prudents. Il
» serait trop long de vous en donner la brillante liste,
» mais je ne peux cependant passer sous silence le plus
» éminent d'entre eux, mon délégué à la guerre, M. Ch.
» de Freycinet, dont le dévouement et la capacité se
» sont trouvés à la hauteur de toutes les difficultés pour
» les résoudre, comme de tous les obstacles pour les
» vaincre. Un jour viendra où la part de chacun sera
» mise en lumière, et où vous pourrez apprécier com-
» bien vous avez été mal renseignés soit par la presse
» étrangère, soit même par des personnages dont les
» paroles et les écrits n'auraient dû rencontrer près de
» vous aucune espèce de confiance. Pour éviter le retour
» de ces malentendus, je vous conjure de n'accorder
» crédit qu'aux nouvelles qui vous viennent directement
» de nous, car je suis incapable de trahir ou même d'at-
» ténuer la vérité. »

En terminant cette longue dépêche, M. Gambetta nous reprochait de n'avoir pas fidèlement rapporté son opinion sur la conduite du maréchal Bazaine. Il se félicitait d'avoir devancé le jugement de la conscience française et d'avoir poussé le cri de justice vengeresse qui avait rendu à la France la force « de puiser dans l'ex-
» trémité même de son malheur le rajeunissement de sa
» moralité et de sa virilité politique et sociale. » C'était à partir de cette salutaire commotion que l'administration du pays était devenue plus facile et que les pouvoirs

publics avaient été mieux obéis. L'ordre rétabli dans les grandes villes grâce à l'énergie des magistrats républicains, l'union dans le patriotisme et le désir de la résistance faisaient évanouir les craintes chimériques d'anarchie, de sédition ou de fédéralisme. Le pays tout entier ne s'abandonnait qu'à un sentiment, celui d'une résistance jusqu'à la dernière extrémité.

Je fais la part de l'ardeur bien naturelle, et à coup sûr fort honorable, qui au moment où il nous envoyait ces informations échauffait l'imagination de M. Gambetta ; je veux qu'il ait été trop facile à l'espoir, et qu'il ne se soit pas fait une juste idée du terrible problème qu'il avait à résoudre ; ce que nul ne peut contester, c'est que par un élan aussi rapide qu'imprévu la France s'était relevée, et qu'en moins de soixante et dix jours elle avait fait sortir plusieurs armées de son sein. Sans doute ces armées n'avaient pas la valeur de vieilles troupes aguerries et disciplinées. Tout en elles était imparfait, les cadres, l'équipement, l'instruction. Elles manquaient de ce qu'il était impossible de leur donner, et c'est précisément leur insuffisance qui fera leur grandeur dans l'histoire. Quand le temps aura refroidi nos tristes animosités, quand la patrie apaisée, maîtresse d'elle-même, ayant pu cicatriser ses plaies et reprendre son rang dans le monde, recherchera dans la poussière sanglante de cette année néfaste les souvenirs qui pourront lui permettre de se reconnaître et de se juger, elle rendra un hommage légitime et à ces foules héroïques qui n'ont eu le temps d'apprendre de l'art militaire que ce qu'il fallait pour s'immoler, et à ceux qui, devenus par la force des événements leurs inspirateurs et leurs guides, ont poursuivi avec une indomptable persistance l'œuvre patriotique de la délivrance, sachant bien qu'ils y pouvaient succomber, mais préférant la défaite à la défaillance.

Aujourd'hui, ce que nous devons conclure de ces documents, c'est que la province était animée du même esprit que Paris, et qu'en donnant le signal d'une grande et décisive action, le général Trochu n'obéissait pas seulement à la généreuse impatience d'une population assiégée, il était l'interprète de la France tout entière; c'était pour son salut, pour son honneur qu'il allait jouer la redoutable partie dont il avait préparé les coups avec la plus minutieuse sollicitude.

Cette fois, ses desseins étaient demeurés secrets, il les avait mûris lentement; pénétré de l'étendue de sa responsabilité, il s'était efforcé de ne laisser au hasard que ce qu'il n'avait pas cru possible de lui disputer. Confident de ses pensées, je le vis le 28 novembre, quelques heures avant son départ pour le quartier général, et je reçus ses adieux avec une émotion profonde. Très-disposé par caractère à douter du succès, il me parut plein de confiance, ferme, calme, animé de cette joie noble et pure que donnent le devoir accompli, le sacrifice et le dénoûment d'une situation longtemps incertaine. Je le quittai en me sentant bien malheureux de ne pouvoir partager les périls qu'il allait courir.

Avec ses derniers ordres, il avait dicté la proclamation suivante, qui fut affichée dans la nuit :

« Citoyens de Paris,
» Soldats de la garde nationale et de l'armée,
» La politique d'envahissement et de conquête entend
» achever son œuvre. Elle introduit en Europe et pré-
» tend fonder en France le droit de la force. L'Europe

» peut subir cet outrage en silence, mais la France veut
» combattre, et nos frères nous appellent au dehors pour
» la lutte suprême.

» Après tant de sang versé, le sang va couler de nou-
» veau. Que la responsabilité en retombe sur ceux dont
» la détestable ambition foule aux pieds les lois de la
» civilisation moderne et de la justice. Mettons notre
» confiance en Dieu, marchons en avant pour la patrie. »

A côté de cette pièce, les Parisiens lurent avec des transports d'enthousiasme le mémorable ordre du jour que je transcris :

« Soldats de la deuxième armée de Paris!

» Le moment est venu de rompre le cercle de fer qui
» nous enserre depuis trop longtemps et menace de nous
» étouffer dans une lente et douloureuse agonie! A vous
» est dévolu l'honneur de tenter cette grande entreprise :
» vous vous en montrerez dignes, j'en ai la certitude.

» Sans doute nos débuts seront difficiles, nous aurons
» à surmonter de sérieux obstacles, il faut les envisager
» avec résolution, sans exagération comme sans faiblesse.

» La vérité la voici : dès les premiers pas, touchant
» nos avant-postes, nous trouverons d'implacables enne-
» mis, rendus audacieux et confiants par de trop nom-
» breux succès. Il y aura donc là à faire un vigoureux
» effort, mais il n'est pas au-dessus de vos forces : pour
» préparer votre action, la prévoyance de celui qui vous
» commande en chef a accumulé plus de quatre cents
» bouches à feu dont deux tiers au moins du plus gros
» calibre. Aucun obstacle matériel ne saurait y résister,
» et pour vous élancer dans cette trouée vous serez plus

» de cent cinquante mille, tous bien armés, bien équi-
» pés, abondamment pourvus de munitions, et tous, j'en
» ai l'espoir, animés d'une ardeur irrésistible.

» Vainqueurs dans cette première période de la lutte,
» votre succès est assuré, car l'ennemi a envoyé sur les
» bords de la Loire ses plus nombreux et ses meilleurs
» soldats. Les efforts héroïques et heureux de nos frères
» les y retiennent.

» Courage donc et confiance : songez que dans cette
» lutte suprême nous combattons pour notre honneur,
» pour notre liberté, pour le salut de notre chère et mal-
» heureuse patrie, et si ce mobile n'est pas suffisant pour
» enflammer vos cœurs, pensez à vos champs dévastés,
» à vos familles ruinées, à vos sœurs, à vos femmes, à
» vos mères désolées!

» Puisse cette pensée vous faire partager la soif de
» vengeance, la sourde rage qui m'anime, et vous in-
» spirer le mépris du danger!

» Pour moi, j'y suis bien résolu, j'en fais le serment
» devant vous, devant la nation tout entière, je ne ren-
» trerai dans Paris que mort ou victorieux ; vous pourrez
» me voir tomber, vous ne me verrez pas reculer. Alors
» ne vous arrêtez pas, vengez-moi.

» En avant donc! en avant! et que Dieu nous pro-
» tége!

» Paris, 28 novembre 1870.

» *Le général en chef de la deuxième armée de Paris,*

» A. DUCROT. »

Enfin le Gouvernement publiait la proclamation suivante :

Le Gouvernement de la défense nationale à la population de Paris.

« Citoyens,

» L'effort que réclamaient l'honneur et le salut de la
» France est engagé.

» Vous l'attendiez avec une patriotique impatience
» que vos chefs militaires avaient peine à modérer. Dé-
» cidés comme vous à débusquer l'ennemi des lignes où
» il se retranche et à courir au-devant de vos frères des
» départements, ils avaient le devoir de préparer de
» puissants moyens d'attaque. Ils les ont réunis. Main-
» tenant ils combattent, nos cœurs sont avec eux : tous
» nous sommes prêts à les suivre et comme eux à verser
» notre sang pour la délivrance de la patrie

» A cette heure suprême où ils exposent noblement
» leur vie, nous leur devons le concours de notre con-
» stance et de notre vertu civique. Quelle que soit la vio-
» lence des émotions qui nous agitent, ayons le courage
» de demeurer calmes. Quiconque fomenterait le moindre
» trouble dans la cité trahirait la cause de ses défenseurs
» et servirait celle de la Prusse. De même que l'armée ne
» peut vaincre que par la discipline, nous ne pouvons
» résister que par l'union et l'ordre.

» Nous comptons sur le succès, nous ne nous laisse-
» rions abattre par aucun revers.

» Cherchons surtout notre force dans l'inébranlable
» résolution d'étouffer comme un germe de mort hon-
» teuse tout ferment de guerre civile ! »

§

Le 28 au soir, le Gouvernement était réuni au Louvre. Après l'expédition des affaires, M. le général Schmitz, chef d'état-major, nous donna lecture des instructions préparées par le général Trochu. Elles révélèrent à mes collègues le plan de la bataille que jusque là, par un sentiment de prudente discrétion, ils n'avaient pas voulu connaître. Toutes les dispositions de détail avaient été réglées avec la plus minutieuse sollicitude, et en en suivant le développement il semblait qu'elles dussent naturellement nous conduire à la victoire. Mais à la guerre les plus savantes et les plus sages prévisions sont souvent déjouées par des accidents fortuits. Entre une et deux heures du matin, un télégramme annonçait au général Schmitz qu'une crue subite de la Marne en avait rendu le passage impossible ; on ajoutait un peu plus tard que l'opération allait être transformée. C'était pour nous une fatalité cruelle. Nous perdions ainsi le bénéfice d'une surprise contre l'ennemi, qui prévenu dès le lendemain matin, pouvait appeler de nombreux renforts sur les points menacés. Y avait-il là une raison suffisante de changer complétement le plan d'attaque? Pouvait-on, comme la proposition paraît en avoir été faite au général Trochu, après avoir, par une démonstration feinte, attiré le gros de l'armée allemande sur les hauteurs de Champigny, porter les troupes par un mouvement brusque et rapide sur un point opposé, sur Versailles par exemple, qui, au dire de beaucoup de gens, n'était pas aussi bien défendu qu'on le répétait sans cesse? Ce sont là des questions que je ne puis ni ne veux examiner, me défiant de mon incompétence et craignant plus encore de provoquer d'irritantes et stériles récriminations. La situation d'un général en chef venant se heurter à un incident de force majeure que rien ne pouvait lui faire deviner est certainement l'une des plus redoutables qu'on puisse supposer. Il est facile après l'événement d'imaginer l'expédient auquel il aurait dû recourir; pour se prononcer à cet égard avec justice il faudrait pouvoir tenir compte de toutes les circonstances de détail dont il est le meilleur juge. Il aurait fallu surtout partager sa responsabilité. Faire sortir de Paris assiégé une armée de plus de cent mille hommes pour la porter sur un terrain hérissé d'obstacles de toute nature était déjà une opération laborieuse et difficile ; faire subitement rebrousser chemin à cette armée et la pousser, par les portes d'abord, à travers la ville ensuite, vers un autre champ de bataille, était une entreprise presque impossible et qui pouvait avoir au point de vue moral les plus fâcheuses conséquences. Telle fut l'opinion du général en chef, qui, malgré le désavantage évident d'un retard, persévéra dans son dessein. Malheureusement M. Vinoy ne fut pas averti à temps que l'action était remise au lendemain. Il avait au petit jour ébranlé ses colonnes, qui s'étaient jetées sur l'Hay et en avaient brillamment enlevé près d'une moitié, malgré la résistance acharnée des Prussiens, couverts par leurs retranchements et leurs barricades et protégés par une artillerie meurtrière. Le colonel Valentin de la division Maud'huy à la tête des 109e et 110e de ligne, des 2e et 4e bataillons de la garde mobile du Finistère, conduisit cet assaut avec autant de vigueur que de sang-froid. En même temps l'amiral

Pothuau, qui commandait le fort de Bicêtre, marchait intrépidement sur Choisy avec ses fusiliers marins et les 106e et 116e bataillons de guerre de la garde nationale, commandés par M. Ibos et Langlois. Leur attaque impétueuse culbutait l'ennemi, qui les laissait maîtres de la Gare aux Bœufs et de plusieurs prisonniers, parmi lesquels un officier. C'est à ce moment que le général Vinoy, recevant contre-ordre, faisait replier sa troupe, qui venait de se distinguer glorieusement. Elle avait acheté son succès par des pertes cruelles. Le chef de bataillon Cristiani de Rovaran du 110e avait été tué. Le lieutenant-colonel Mimerel du même régiment et le chef de bataillon Réols, commandant le 4e bataillon du Finistère, étaient grièvement blessés. L'ennemi devait être plus maltraité que nous. Il avait essuyé le feu de nos forts atteignant dans leur profondeur les masses qui accouraient pour nous repousser. Mais quelle que fût cette compensation, le résultat de la journée était médiocre, et d'autant plus regrettable qu'il eût été possible en combinant ce mouvement avec celui de la Marne de lui donner un caractère décisif.

Dans la nuit du 28 au 29, les ponts de bateaux, dont la crue subite de la Marne avait empêché l'établissement, étaient rapidement disposés sur la rivière, que dès le matin le général Ducrot franchissait avec toute son armée. L'artillerie qui le précédait, soutenue par les batteries de nos forts, engageait immédiatement le combat en développant un immense cercle de feu depuis Petit-Bry-sur-Marne jusqu'à Chenevières et Cueilly. Grâce aux habiles dispositions du général Frébault, ses coups heureusement dirigés jetèrent le trouble dans les rangs ennemis. Notre armée put alors s'avancer le long des pentes, malgré un feu formidable de mousqueterie. La gauche fléchit un instant, mais ramenée par ses officiers, elle se maintint avec la plus grande bravoure. Le centre et la droite n'avaient pas faibli. Vers trois heures, le général d'Exéa passait la Marne un peu au-dessous de Noisy. La journée se terminait à notre avantage. Nos soldats couchaient sur les positions qu'ils avaient conquises. L'ennemi en pleine retraite nous laissait deux canons, ses blessés et ses morts.

A l'extrême gauche de ce vaste champ de bataille, l'amiral La Roncière Le Noury accomplissait avec non moins de bonheur et d'éclat le programme qui lui avait été tracé par le général en chef. Dès l'aube, la brigade Lavoignet, à laquelle étaient adjoints les mobiles de l'Hérault et de Saône-et-Loire, soutenue par la division de cavalerie Bertin de Vaux, s'avançait dans la plaine d'Aubervilliers, enlevait le village du Drancy et continuait sa pointe jusqu'à la ferme de Groslay. L'ennemi, replié dans ses retranchements en arrière de la Morée, ne quittait pas ses positions protégées par une nombreuse artillerie. A trois heures, la brigade Henrion abordait résolument le village d'Épinay, malgré le feu nourri des canons des Prussiens, qui avaient fait de ce poste une véritable citadelle. La batterie flottante n° 4 appuyait vigoureusement l'attaque. Après un combat acharné, le 135°, deux compagnies de fusiliers marins, le 1er, le 2e et le 10e bataillon de la garde mobile de la Seine demeuraient maîtres de la place, qu'il avait fallu enlever maison par maison. Soixante-douze prisonniers, des munitions et deux pièces de canon restaient entre leurs mains. Ce fut à cet assaut que fut mortellement blessé le brave commandant Saillard, ministre plénipotentiaire, qui, au premier bruit de la guerre engagée entre la France et la Prusse, avait quitté l'Amérique, où il remplissait une mission, pour accourir à la défense de sa patrie. Il avait demandé un service périlleux. Nommé commandant d'un bataillon de garde mobile de la Seine, il s'était dévoué à son instruction avec le zèle le plus admirable. Adoré de ses soldats, respecté de ses officiers, il était le modèle des chefs de corps par sa fermeté, sa sollicitude, son amour du devoir. Le bataillon qu'il commandait eut un moment d'hésitation bien naturel pour de jeunes citadins qui n'avaient pas vu le feu. M. Saillard se précipite à leur tête au-devant des barricades. Une balle lui fracasse le bras droit, il se fait attacher son sabre à la main gauche, qui bientôt est brisée à son tour. Il ne lâche pas pied, et malgré le sang qui l'inonde, il est debout, donnant l'exemple à tous ; un troisième coup l'atteint au côté et le renverse. Soutenu par ses soldats qui l'entraînent, il ne quitte le champ de bataille qu'à regret, et une quatrième balle le blesse grièvement à l'épaule. Transporté à l'ambulance de Saint-Denis, il crut d'abord que son courage et sa vigoureuse constitution résisteraient à ce terrible assaut, mais bientôt des symptômes inflammatoires se manifestèrent. Un de ses camarades, M. Gavard, sous-directeur au ministère des affaires étrangères, le ramena à Paris, et nous eûmes l'honneur de le recevoir à l'ambulance du quai d'Orsay. Le voyage avait été cruel, il nous arriva épuisé par la souffrance ; un instant cependant il parut reprendre, les médecins espérèrent. Je réclamai pour lui la croix de commandeur, qui n'était qu'une faible récompense de son héroïque conduite ; elle ne put que décorer son cercueil. Les accidents les plus graves avaient déterminé à la main gauche des désordres tels qu'il fallut lui enlever les chairs jusqu'au coude. La source de la vie se tarit au milieu de ce supplice. L'armée et le département des affaires étrangères perdirent en lui un homme rare auquel ses inestimables qualités assuraient une haute fortune; aussi bien a-t-il trouvé la plus belle de toutes, celle d'une mort glorieuse et d'une pure renommée, qui resteront comme un hommage et un exemple dans le souvenir de ses concitoyens.

§

Sur la droite de l'action principale, le général Susbielle enlevait la position de Montmesly avec un grand entrain; mais bientôt, pressé par des forces supérieures, il se repliait sur Creteil, pendant que notre artillerie établie au plateau d'Avron continuait à tenir de ce côté l'ennemi en échec.

Chacun avait fait son devoir dans cette rude et glorieuse journée, et le général Trochu pouvait dire dans son ordre du jour avec un légitime orgueil : « Si l'on » avait dit il y a un mois qu'une armée se formerait à » Paris capable de passer une rivière difficile en face de » l'ennemi, de pousser devant elle l'armée prussienne » retranchée sur des hauteurs, personne ne l'aurait cru. »

Malheureusement ce succès nous coûtait cher, un grand nombre d'officiers étaient noblement tombés en entrainant leurs soldats; deux généraux avaient été relevés atteints mortellement : le général Renault, commandant le 2ᵉ corps, et le général Ladreyt de la Charrière. Le premier, que ses troupes avaient surnommé le

général l'Arrière-garde, était cité dans l'armée pour sa fougue impétueuse. L'âge n'avait pas refroidi sa belliqueuse ardeur. Enivré par le combat, il allait au danger comme à une fête. Un obus, qui le renversa après lui avoir brisé le bas de la jambe, ne lui fit rien perdre de son courage chevaleresque. A ceux qui l'entouraient pour le plaindre de sa blessure, « J'en suis fier, s'é-
» criait-il ; n'est-ce pas pour moi un grand honneur que
» de donner une de mes jambes à la ville de Paris? » Il fut conduit à l'hôpital Lariboissière, où il supporta l'amputation avec une admirable sérénité. Mais son organisation épuisée ne put réagir contre l'inflammation, et trois jours après il succombait au milieu de vives souffrances qu'il supporta jusqu'à la fin sans proférer une plainte.

§

Vers le soir de la journée du 30 novembre, un changement subit s'opéra dans la température. Au vent d'ouest qui le matin traînait après lui des nuages lourds et pluvieux, succéda tout à coup une bise glacée. Le thermomètre baissait à vue d'œil ; nos soldats accablés de fatigue demeurèrent exposés au froid piquant d'une véritable nuit d'hiver. Ils auraient cependant dès le lendemain recommencé la lutte, si la nécessité d'enterrer les morts et de relever les blessés n'avait imposé aux deux armées une trêve forcée. C'est ce que faisait connaître à la population de Paris l'ordre du jour suivant dicté par le général Trochu :

« 1er décembre 1870.

« La journée du 1er décembre s'est écoulée dans des
» conditions de calme que ne faisaient pas pressentir les
» événements de la veille. Nous nous sommes installés
» sur nos positions. Nous avions du reste un devoir à
» remplir. Sur le terrain conquis où ont couché nos
» troupes, il y avait encore ce matin des blessés français
» et prussiens, et les ambulances ont dû fonctionner
» pendant que nos soldats enterraient religieusement les
» morts des deux armées. Vers la fin du jour, une par-
» tie du terrain n'ayant pu être explorée à cause de la
» proximité des avant-postes, par une sorte d'accord
» tacite, il y a eu une suspension d'armes qui a duré à
» peine deux heures et qu'on a employée à terminer
» l'enlèvement des blessés.

» Leur transport s'achève dans le plus grand ordre.
» L'armée est pleine d'ardeur et de résolution. »

§

Le lendemain, 2 décembre, au point du jour, l'ennemi se jetait avec furie sur les positions occupées par l'armée du général Ducrot. Un instant déconcertés par le premier choc, nos jeunes soldats ne tardèrent pas à reprendre leur aplomb. Leur général, qui déjà la veille avait fait des prodiges de valeur, les enflamma par son exemple. Toujours au front de la troupe, bravant mille fois la mort, il entraînait les plus timides et paraissait ne s'apercevoir du péril que pour mieux s'y exposer. Bientôt la bataille s'engagea sur toute la ligne. Les Prussiens nous attaquaient avec de formidables réserves accourues pendant la journée du 1ᵉʳ décembre. Non-seulement notre armée les tint en échec, elle les fit reculer et s'empara des dernières hauteurs sur lesquelles ils s'étaient retranchés. A une heure et demie, sous une pluie de balles et de mitraille, le général Trochu parcourut toute la ligne de bataille. Il fut salué par des cris d'enthousiasme. Encore ému de cette ovation guerrière, il envoyait au Gouvernement le télégramme suivant, daté du plateau même où l'effort des combattants était concentré.

« Attaqués ce matin par des forces énormes, nous
» sommes au combat depuis plus de sept heures : au
» moment où je vous écris, l'ennemi placé sur toute la
» ligne nous cède encore une fois les hauteurs. Parcou-
» rant nos lignes de tirailleurs de Champigny jusqu'à
» Bry, j'ai recueilli l'honneur et l'indicible joie des ac-
» clamations des troupes soumises au feu le plus vio-
» lent. Nous aurons encore des retours offensifs, et cette
» seconde bataille durera, comme la première, toute
» une journée. Je ne sais quel avenir est réservé à ces
» généreux efforts des troupes de la République, mais
» je leur dois cette justice, qu'au milieu des épreuves de
» toutes sortes, elles ont bien mérité du pays. J'ajoute
» que c'est au général Ducrot que revient l'honneur de
» ces deux journées. »

Le général disait vrai : les troupes avaient été admirables, elles avaient lutté jusqu'au soir et gardé leurs positions, où elles couchèrent. Il en témoignait sa vive satisfaction dans ce second télégramme, daté du fort de Nogent, à cinq heures trente du soir.

« Je reviens à mon logis du fort à cinq heures, très-
» fatigué et très-content. Cette deuxième grande bataille

» est beaucoup plus décisive que la précédente. L'ennemi
» nous a attaqués au réveil avec des réserves et des
» troupes fraîches. Nous ne pouvions lui offrir que les
» adversaires de l'avant-veille, fatigués, avec un maté-
» riel incomplet, et glacés par des nuits d'hiver qu'ils
» ont passées sans couvertures; car pour les alléger,
» nous avions dû les laisser à Paris. Mais l'étonnante
» ardeur des troupes a suppléé à tout. Nous avons com-
» battu trois heures pour conserver nos positions, cinq
» heures pour enlever celles de l'ennemi, où nous cou-
» chons. Voilà le bilan de cette dure et belle journée.
» Beaucoup ne reverront pas leurs foyers, mais ces morts
» regrettés ont fait à la jeune République de 1870 une
» page glorieuse dans l'histoire militaire du pays. »

Nos pertes étaient en effet considérables. Le rapport officiel publié le 7 décembre les évalue à 1,008 tués et 5,024 blessés, sur lesquels 172 officiers tués et 342 blessés. Celles de l'ennemi étaient supérieures encore. Après nous avoir abandonné le champ de bataille, il ne songea qu'à enterrer ses morts. Le lendemain 3 décembre, notre armée put, sans être inquiétée par lui, se retirer en bon ordre et repasser la Marne sans précipitation sur les ponts qui avaient été dressés dans la nuit du 29 au 30.

Le général Ducrot a revendiqué avec une noble franchise la responsabilité de cette mesure. Le général Trochu aurait voulu se maintenir et combattre de nouveau. Le pouvait-il avec une armée venant de livrer deux batailles qui dans chaque journée l'avaient tenue sous les armes du lever au coucher du soleil? Ne risquait-il pas de se heurter contre des renforts prussiens qui l'auraient écrasé? Et n'était-il pas exposé en cas d'échec à être jeté dans la rivière, c'est-à-dire à subir un désastre qui l'aurait anéanti, et par-là même livré Paris au vainqueur? Ce sont là des questions que je me permets de poser, non de résoudre. Je comprends les anxiétés terribles des chefs de corps obligés de prendre une détermination dans une conjoncture si difficile. Le danger était immense, et si après une magnanime témérité, notre armée y avait succombé, il n'y aurait pas eu assez d'inexorables sévérités fulminées contre ceux qui l'auraient ainsi compromise.

Cependant la retraite derrière la Marne acquérait une gravité particulière à la suite d'une nouvelle que le Gouvernement avait reçue le matin même et qu'il s'était empressé de transmettre au général en chef. Celui-ci en prit connaissance sur le champ de bataille même. Après nous avoir dit que l'armée de la Loire n'avait rien à craindre d'un retour offensif des Prussiens, M. Gambetta nous annonçait qu'elle se mettait en marche en deux colonnes et que l'une d'elles serait du 4 au 6 dans la forêt de Fontainebleau. C'était nous adresser un appel suprême. Ce mouvement combiné avec le nôtre ne pouvait réussir que par notre concours; interrompre notre marche en avant sans une nécessité absolue, c'était prendre sur nous la responsabilité d'un échec.

Ces considérations furent examinées et débattues entre le gouverneur de Paris et le général Ducrot, et si l'avis de ce dernier prévalut, ce ne fut sans doute que parce qu'il fut bien établi qu'il était absolument impossible de pousser plus avant l'entreprise, mais il ne fut, il ne pouvait être question de l'abandonner. Le général Ducrot, dans son ordre du jour du 4 décembre, prenait l'engagement formel de la continuer :

« Soldats, disait-il, après deux journées de glorieux
» combats je vous ai fait repasser la Marne, parce que
» j'étais convaincu que de nouveaux efforts dans une
» direction où l'ennemi avait eu le temps de concentrer
» toutes ses forces et de préparer de nouveaux moyens
» d'action seraient stériles.

» En nous obstinant dans cette voie, je sacrifiais in-
» utilement des milliers de braves, et loin de servir
» l'œuvre de la délivrance, je la compromettais sérieuse-
» ment, je pouvais même vous conduire à un désastre
» irréparable.

» Mais vous l'avez compris, la lutte n'est suspendue
» que pour un instant; nous allons la reprendre avec
» résolution. Soyez donc prêts, complétez en toute hâte
» vos munitions, vos vivres, et surtout élevez vos cœurs
» à la hauteur des sacrifices qu'exige la sainte cause
» pour laquelle nous ne devons pas hésiter à donner
» notre vie. »

Le général Trochu n'était pas moins explicite dans son rapport militaire, où on lit :

« L'armée réunie en ce moment à l'abri de toute at-
» teinte, puise de nouvelles forces dans un court repos
» qu'elle était en droit d'attendre de ses chefs après de
» si rudes combats. Il y a des cadres à remplacer, et
» c'est avec la plus grande activité que l'on procède au
» remaniement de certaines parties de son organisation. »

C'était donc une simple halte. Paris ne le comprit pas autrement. Enivré d'enthousiasme à la lecture du premier ordre du jour de M. Ducrot, il avait été pendant trois mortelles journées en proie aux anxiétés les plus terribles. Il faut pour s'en faire une idée avoir ressenti le contre-coup des émotions qui agitaient cette population si impressionnable, il faut avoir vu son aspect et mesuré l'étendue de ses illusions et de ses craintes. Dans la matinée du 29, la foule répandue de bonne heure dans les rues dévorait les affiches, et dans chaque groupe éclataient des exclamations passionnées. On acclamait les quelques troupes et les bataillons de guerre qui se rendaient à leurs postes. La ville entière frémissait d'impatience, lorsque vers midi le bruit se répandit que l'armée n'avait pas passé la Marne. Nous expliquâmes cet incident; le coup n'en était pas moins porté, et l'inquiétude succéda brusquement à la confiance. Puis vinrent les nouvelles des deux batailles. Le soir du premier jour de ces sanglantes actions, il y eut quelque confusion dans le transport des blessés. Leur nombre dépassait les prévisions, et leur encombrement jeta du trouble dans les mesures prises par l'administration. Bientôt cependant l'ordre se rétablit; un appel fait au patriotisme des habitants permit à la municipalité de disposer de cinq mille lits qui lui furent offerts en vingt-quatre heures. On se reprit à l'espoir; le 2 décembre, les remparts et les hauteurs étaient couverts de spectateurs suivant avec une ardeur fébrile les détails saisissables de la lutte. L'annonce d'un second succès remplit tous les cœurs d'une indicible joie. Mais lorsque le lendemain on connut le mouvement en arrière, le chagrin, la surprise, la défiance et la colère éclatèrent de toutes parts. On se demandait avec un douloureux étonnement comment une armée victorieuse renonçait à poursuivre ses avantages; les diatribes contre le Gouvernement, interrompues pendant trois jours, recommençaient plus furibondes. On accusait hautement les généraux de mollesse et d'incapacité. Les adversaires de M. Trochu, déjà nombreux, grossissaient à vue d'œil. Ce n'était plus seulement parmi les agitateurs, c'était dans les rangs des meilleurs citoyens qu'ils se recrutaient. On ne le condamnait point encore, mais on le sommait de redoubler d'activité et d'audace. Plus on avait cru en lui, plus on en exigeait, et comme toujours, emportés par la passion, ceux qui le critiquaient ne voulaient tenir compte d'aucun des obstacles qui à chacune de ses tentatives se dressaient devant lui avec une inflexible puissance. Paris voulait avec plus d'obstination que jamais combattre et vaincre, et comme il était prêt à tous les sacrifices, il demeurait convaincu qu'avec une bonne direction il devait triompher de toutes ces difficultés.

CHAPITRE III.

ÉVÉNEMENTS DU MOIS DE DÉCEMBRE. — BATAILLE DU BOURGET.
SES CONSÉQUENCES. — PARIS BOMBARDÉ.

Quel que fût l'engagement pris par les généraux de continuer le mouvement commencé le 29 novembre, leur retraite derrière la Marne, au moment même où l'armée de la Loire marchait à eux, était un acte de la plus haute gravité et qui les aurait exposés à de redoutables accusations, si, conformément au programme tracé par M. Gambetta, nos régiments avaient pu, entre le 5 et le 6 décembre, nous attendre dans la forêt de Fontainebleau ; mais, par une fatale coïncidence, tandis qu'après une lutte héroïque nos soldats se repliaient sous la protection de nos forts, ceux du général d'Aurelle, écrasés par le nombre, étaient ramenés dans leurs retranchements; bientôt l'ennemi les y forçait : rejetés sur Orléans, il ne pouvaient conserver cette dernière position, et l'armée de la Loire coupée en deux tronçons perdait la puissance offensive qui devait lui permettre de nous porter un secours efficace.

La délégation de Tours était loin de prévoir un si funeste résultat. Pleine de confiance dans nos opérations combinées, elle voyait déjà la jonction de nos troupes sur le champ de bataille où leurs chefs s'étaient donné rendez-vous, poussant devant elles les Prussiens pris entre deux feux et condamnés enfin à lâcher leur proie. Au milieu de nos incertitudes et de nos anxiétés, nous nous abandonnions parfois à ces illusions. Cependant nous cherchions à nous défendre de tout entraînement, pour n'envoyer à nos collègues que des informations rigoureusement exactes. Je n'ai pas sous les yeux les dépêches du gouverneur. J'extrais des miennes les communications relatives aux trois journées des 29, 30 novembre et 1ᵉʳ décembre.

Jules Favre à M. Gambetta à Tours.

29 novembre 1870, au soir.

. . . .

» Conformément à l'avis qu'il vous en a donné, le
» Gouvernement avait fixé au mardi 29 sa grande sortie,
» faite dans les conditions qu'il nous a exposées. Son
» plan est hardi, savamment préparé, accompagné
» d'instructions minutieuses; il doit aboutir au perce-
» ment des lignes par une armée de cent mille hommes
» jetés sur la Loire et pouvant vous donner la main. Le
» gouverneur a commencé ses mouvements dès diman-
» che. L'effort principal est confié à M. Ducrot; il devait
» être masqué par des attaques de différents côtés,
» trompant l'ennemi et le tenant en haleine. De sa
» personne le gouverneur s'est porté hier sur un des
» points principaux où son corps d'armée devait pas-
» ser la Marne sur sept ponts. Malheureusement à
» minuit une crue subite a rendu ce passage impossible.
» Vinoy, qui devait s'avancer sur Choisy, n'a pas été pré-
» venu à temps; il a exécuté son mouvement, et quand il
» a su que le gouverneur ajournait le sien, il a été forcé

» de rétrograder en subissant des pertes assez sensibles.
» Cet événement a causé un émoi facile à comprendre,
» cependant il ne faut pas l'exagérer. Le gouverneur
» s'est emparé du plateau d'Avron, où il est solidement
» établi; il nous annonce qu'il continue son opéra-
» tion. Le danger est de rencontrer un ennemi averti et
» concentré. Aussi vous vous figurez nos inquiétudes.
» Comme le ballon ne part que demain soir, je vous dirai
» le résultat de la journée. Vous trouverez à *l'Officiel* la
» proclamation de Ducrot à ses troupes. Elle a causé
» un enthousiasme bien légitime, mais elle commande
» un succès. Si nous échouons, nous sommes double-
» ment perdus. Mais ce n'est pas l'heure de se laisser
» abattre. Paris est dans une agitation extrême; il souf-
» fre beaucoup de l'insuffisance de l'alimentation, mais
» il a soif de défense et de victoire.

30 novembre, au matin.

» L'opération a repris cette nuit, elle continue; je vous
» dirai avant la clôture de cette dépêche ce qui aura été
» fait dans la journée. » . . . .
. . . .

SUITE AU N° 27.

Gambetta à Tours.

« 30 novembre 1870, 5 heures du soir.

» L'opération du gouverneur s'est accomplie de la
» manière la plus brillante; son armée a passé la Marne
» et livré une série de combats depuis le plateau d'Avron,
» les sommets de Montmesly, Créteil, au centre, avan-
» çant de Joinville-le-Pont sur Champigny, Noisy-le-

» Grand, Villiers-sur-Marne. Partout nos troupes ont été
» admirables. Les généraux ont été émerveillés. L'en-
» nemi a fait de grandes pertes; nous espérons que les
» nôtres coucheront sur le champ de bataille. Le géné-
» ral Ducrot s'est battu comme un héros. »

M. Gambetta à Tours.

« 2 décembre 1870.

» Ce matin à sept heures nos troupes ont recommencé
» le feu. Assaillies par des décharges furieuses de l'en-
» nemi, elles ont répondu avec énergie et pendant près
» de huit heures héroïquement résisté à une formidable
» artillerie, mêlée d'obus et de mousqueterie. Toutes
» ont été admirables. Passant sous le feu devant leur
» front de bataille, le général Trochu a été acclamé :
» Ducrot a continué ses prodiges de valeur. A trois
» heures nous avions fait reculer les batteries ennemies et
» nous venions occuper les crêtes de Villiers, qu'elles nous
» avaient si vivement disputées. Cette mémorable et glo-
» rieuse action s'est concentrée dans l'espace que vous
» voyez entre Bry-sur-Marne, Noisy-le-Grand, Villiers,
» Chenevières, Champigny et Cueilly. Cueilly et Noisy
» sont encore à l'ennemi. Nous comptons l'en déloger
» demain ; la garde nationale a pris une part très-belle
» à cette brillante journée. L'ardeur de tous est inexpri-
» mable. A trois heures, nous recevions au Gouverne-
» ment votre dépêche du 30, elle nous a comblés de
» joie. Le droit enfin triomphe. Vous vous approchez,
» nous allons à vous. Nous touchons au terme des maux
» de la patrie. Vous aurez une grande part à cette œuvre
» glorieuse; c'est pour moi un vrai bonheur. En même

» temps nous recevions une dépêche de Bourbaki nous
» annonçant qu'il a des forces respectables qu'il met à
» notre disposition. Nous renaissons. Mais c'est le cas
» de redoubler de calme, de vigilance et de courage. Le
» froid est devenu très-vif et fait beaucoup souffrir nos
» troupes. Ai-je besoin de dire la joie de Paris et son
» excellente attitude? Nous voilà réhabilités devant cette
» Europe si dédaigneuse et si cruelle. . . . .
» Je ne puis vous dire si la bataille recommencera de-
» main. Nous aurons peut-être besoin d'une journée de
» repos. Nous aurons encore des combats. J'espère
» que ces combats seront des victoires. Je vous embrasse
» de cœur. »

M. Gambetta à Tours.

« 3 décembre 1870, 5 heures du soir.

» Je vous ai écrit hier soir, mon cher ami, pour vous
» annoncer la glorieuse journée qui a consacré une fois
» de plus la valeur et le patriotisme de notre armée. Elle
» n'a pas délogé complétement l'ennemi, mais elle a
» tenu héroïquement sous son feu, elle l'a fait reculer,
» elle lui a fait un mal énorme. Maintenant elle va con-
» tinuer ses opérations. Seulement je ne puis encore
» vous dire quel sera son mouvement. L'esprit de Paris
» est parfait. Les nouvelles que nous avons reçues de
» vous nous ont comblés de joie, nous voyons déjà
» poindre l'aurore du jour où nous pourrons nous don-
» ner la main. Le général Trochu et le général Ducrot
» ont été admirables de courage. Ils ont plusieurs fois
» chargé à la tête de leurs soldats, qui les ont acclamés.
» Je pensais que le ballon pourrait partir hier soir, le

» vent contraire s'y est opposé. Malheureusement il est
» à l'ouest. Au grand froid a succédé une température
» pluvieuse, et nous sommes forcés d'attendre. »

« 4 *décembre.* — Le froid est revenu cette nuit. Avec
» lui le vent nord-est. J'espère que le ballon pourra par-
» tir ce soir ou demain matin, et je le désire vivement,
» car il est de la plus haute importance que vous soyez
» prévenus de nos mouvements, comme nous attendons
» avec une bien légitime impatience des nouvelles des
» vôtres. Nos généraux ont changé leur plan. Vous savez
» que leur attaque devait commencer le 29 au matin et
» que vigoureusement poussée sur la rive gauche de la
» Marne, elle devait jeter l'armée de M. Ducrot entre
» cette rivière et la Seine, pour la diriger ensuite sur Me-
» lun, Montargis et Gien. Malheureusement, la crue
» subite de la Marne pendant la journée du 29 a entravé
» cette opération ; la Marne n'a pu être passée que dans
» la nuit du 30, et c'est ce jour qu'a commencé la ba-
» taille. Elle a été furieuse. Malgré la formidable artille-
» rie de l'ennemi, les nôtres ont enlevé les hauteurs de
» Champigny et se sont maintenus sur les flancs de
» Villiers à gauche, de Cœuilly à droite. Nos pertes ont
» été sensibles, trois à quatre mille hommes hors de
» combat. Celles de l'ennemi beaucoup plus considéra-
» bles. La journée du 1ᵉʳ décembre a été consacrée à
» relever les blessés et à enterrer les morts. Celle du 2 a
» recommencé l'action avec une nouvelle furie, cette fois
» avec moins de pertes pour nous, avec un mal affreux à
» l'ennemi. Mais Cœuilly et Villiers n'ont pas été empor-
» tés, et dans les bois qui sont au delà, les Prussiens ont
» massé des forces énormes ; ce que voyant, craignant

» un sacrifice inutile, et en cas d'échec, un mouvement
» en arrière que la Marne à dos rendait fort dangereux,
» nos généraux se sont décidés à repasser la rivière. De-
» main ou après ils agiront sur un autre point, mais ils
» ne perdent pas de vue votre dépêche. L'annonce de
» votre marche en avant a causé partout, dans la ville
» et à l'armée, un enthousiasme indescriptible. Courage
» donc et en avant! Venez à nous, nous allons à vous.
» Nos soldats luttent héroïquement contre la mort,
» contre le froid, contre la maladie. Encore un peu, je
» l'espère, à la gloire d'avoir tout donné à leur patrie, ils
» joindront celle de l'avoir sauvée. »

Hélas! ces patriotiques espérances qui gonflaient nos cœurs de joie étaient bien excusables. Nos collègues de Tours les partageaient. Comme nous, ils désiraient si violemment la délivrance, ils avaient dans la justice de notre cause une foi si profonde, qu'aucun obstacle ne leur paraissait insurmontable. En recevant mes premières dépêches et celles du gouverneur de Paris, M. Gambetta adressait à toute la France la circulaire suivante, qui montre suffisamment son enthousiasme et sa confiance :

DÉPÊCHE TÉLÉGRAPHIQUE.

Intérieur à Préfets, Sous-Préfets et Généraux commandant divisions et subdivisions.

« Tours, 1er décembre 1870, soir.

» La délégation du Gouvernement a reçu aujourd'hui
» jeudi 1er décembre la nouvelle d'une victoire rem-
» portée sous les murs de Paris pendant les journées
» des 28, 29 et 30 novembre.

» Cette nouvelle avait été apportée par le ballon le
» *Jules Favre,* descendu près Belle-Isle-en-Mer.

» A quatre heures, M. Gambetta, membre du Gouver-
» nement, s'adressant à la foule réunie dans la cour de
» la préfecture, a confirmé en ces termes la grande et
» heureuse nouvelle :

» Chers concitoyens, après soixante-douze jours d'un
» siége sans exemple dans l'histoire tout entière, consa-
» crés à préparer, à organiser les forces de la délivrance,
» Paris vient de jeter hors de ses murs, pour rompre le
» cercle de fer qui l'étreint, une nombreuse et vaillante
» armée préparée avec prudence par des chefs consom-
» més que rien n'a pu ébranler ni émouvoir dans cette
» laborieuse organisation de la victoire.

» Cette armée a su attendre l'heure propice, et l'heure
» est venue.

» Excités, encouragés par les fortifiantes nouvelles
» venues d'Orléans, les chefs du Gouvernement avaient
» résolu d'agir, et tous d'accord, nous attendions depuis
» quelques jours, avec une sainte anxiété, le résultat de
» nos efforts combinés.

» C'est le 29 novembre au matin que Paris s'est
» ébranlé; une proclamation du général Trochu a appris
» à la capitale cette résolution suprême, et avant de
» marcher au combat, il a rejeté la responsabilité du
» sang qui allait couler sur la tête de ce ministre et de
» ce roi dont la criminelle ambition foule aux pieds la
» justice et la civilisation moderne.

» L'armée de sortie est commandée par le général Du-
» crot, qui, avant de partir, a fait, à la manière antique,
» le serment solennel, devant la ville assiégée et devant
» la France anxieuse, de ne rentrer que *mort ou victorieux.*

» Je vous donne dans leur laconisme les nouvelles
» apportées par le ballon le *Jules Favre*, un nom de bon
» augure et cher à la France, tombé ce matin à Belle-
» Isle en Mer.

» Le 29 au matin, la sortie dirigée contre la ligne
» d'investissement a commencé sur la droite par Choisy,
» l'Hay et Chevilly. Dans la nuit du 29 au 30, la bataille
» a persisté sur ces divers points.

» Le général Ducrot sur sa gauche passa la Marne
» le 30 au matin ; il occupa successivement les positions
» de l'ennemi, et prononça son mouvement sur sa
» gauche, adossé à la Marne sur trois points ; il campa
» sur ce champ de bataille, après avoir pris à l'ennemi
» deux pièces de canon.

» L'affaire a été rapportée à Paris par le général Tro-
» chu. Ce rapport, où l'on fait l'éloge de tous, ne passe
» sous silence que la grande part du général Trochu à
» l'action ; ainsi a fait Turenne. Il est constant qu'il
» a rétabli le combat sur plusieurs points, entraînant
» l'infanterie par sa présence. Durant cette bataille, le
» périmètre de Paris était couvert par un feu formidable
» d'artillerie fouillant toutes les positions de la ligne d'in-
» vestissement. L'attaque de nos troupes a été soutenue
» pendant toute l'action par des canonnières lancées sur
» la Marne et sur la Seine. Le chemin de fer circulaire
» de M. Dorian, dont on ne saurait trop célébrer le
» génie militaire, a coopéré à l'action à l'aide de wagons
» blindés faisant feu sur l'ennemi.

» Cette même journée du 30, dans l'après-midi, a
» donné lieu à une pointe vigoureuse de l'amiral La Ron-
» cière, toujours dans la direction de l'Hay et Chevilly ;

» il s'est avancé sur Longjumeau et a enlevé les posi-
» tions d'Épinay au delà de Longjumeau, positions re-
» tranchées des Prussiens, qui nous ont laissé de nom-
» breux prisonniers et encore deux canons. A l'heure où
» nous lisons la dépêche de Paris, une action générale
» doit être engagée sur toute la ligne. L'attaque du
» sud, du 1er décembre, doit être dirigée par le général
» Vinoy. D'aussi considérables résultats n'ont pu être
» achetés que par de glorieuses pertes : 2,000 blessés,
» le général Renault, commandant le 2e corps, et le
» général La Charière ont été blessés. Le général Ducrot
» s'est couvert de gloire et a mérité la récompense de
» la nation. Les pertes prussiennes sont très-consi-
» dérables.

» Tous ces renseignements sont officiels, car ils sont
» adressés par le chef d'état-major, le général Schmitz.

» *Pour extrait conforme :* Léon Gambetta.

» Le génie de la France, un moment voilé, reparaît.
» Grâce aux efforts du pays tout entier, la victoire nous
» revient, et comme pour faire oublier la longue série
» de nos infortunes, elle nous favorise sur presque tous
» les points.

» En effet, notre armée de la Loire a déconcerté de-
» puis trois semaines tous les plans des Prussiens et
» repoussé toutes leurs attaques. Leur tactique a été
» impuissante sur la solidité de nos troupes, à l'aile droite
» comme à l'aile gauche.

» Étrepagny a été enlevé aux Prussiens, et Amiens
» évacué à la suite de la bataille de Paris.

» Nos troupes d'Orléans sont vigoureusement lancées

» en avant. Nos deux grandes armées marchent à la
» rencontre l'une de l'autre; dans leurs rangs, chaque
» officier, chaque soldat sait qu'il tient dans ses mains
» le sort même de la patrie.

» Cela seul les rend invincibles.

» Qui donc douterait désormais de l'issue finale de
» cette lutte gigantesque? Les Prussiens peuvent mesu-
» rer aujourd'hui la différence qui existe entre un des-
» pote qui se bat pour satisfaire ses caprices, et un peuple
» armé qui ne veut pas périr. Ce sera l'éternel honneur
» de la République d'avoir rendu à la France le sentiment
» d'elle-même, et l'ayant trouvé abaissée, désarmée,
» trahie, occupée par l'étranger, de lui avoir ramené
» l'honneur, la discipline, les armes, la victoire. L'en-
» vahisseur est maintenant sur la route où l'attend le
» fer de nos populations soulevées.

» Voilà, citoyens, ce que peut une grande nation qui
» veut garder intacte la gloire de son passé, qui ne verse
» son sang et celui de l'ennemi que pour le triomphe du
» droit et de la justice dans le monde.

» La France et l'univers n'oublieront jamais que c'est
» Paris qui, le premier, a donné cet exemple, enseigné
» cette politique, et fondé ainsi sa suprématie morale en
» restant fidèle à l'héroïque esprit de la révolution.

» Vive Paris! Vive la France! Vive la République
» une et indivisible!

» Léon Gambetta. »

Je ne sais encore par quelle inexacte indication le rédacteur de cette dépêche fut conduit à confondre Épinay-lez-Lonjumeau avec Épinay-sur-Seine, véritable théâtre du combat livré par l'amiral La Roncière. Cette erreur pouvait accroître l'ardeur des soldats qui marchaient à notre rencontre; malheureusement l'événement la rendit insignifiante. Le mouvement en avant de l'armée de la Loire avait cependant débuté par un succès. Le 2 décembre, l'amiral Jauréguiberry, à la tête du 16ᵉ corps, parvenait à tourner l'ennemi fortement établi de Guillonville à Terminiers. Sans calculer l'infériorité de ses forces, ayant devant lui au moins 20,000 hommes défendus par 50 pièces de canon, il abordait résolûment leurs lignes, et après un court engagement d'artillerie, il faisait enlever à la baïonnette les villages de Monnéville, Villepion et Faverolles. Les Prussiens, chassés successivement de ces positions, laissaient de nombreux prisonniers entre les mains des nôtres qui avaient montré autant de sang-froid que d'intrépidité.

Ce brillant combat, dont l'honneur revient à l'amiral Jauréguiberry, paraissait d'un bon augure pour les opérations subséquentes. Mais, comme nous l'avait annoncé M. Gambetta, l'ennemi, comprenant fort bien qu'il fallait à tout prix arrêter la marche du général d'Aurelle, avait accumulé des forces énormes pour lui barrer le passage. Le même jour, 2 décembre, le prince de Mecklembourg et le prince Frédéric-Charles, qui avaient fait leur jonction, se jetaient avec 100,000 hommes sur notre extrême droite, dont la tête de colonne était à Sougy entre Patay et Artenay. Malgré le courage des zouaves pontificaux, qui résistèrent héroïquement, nos soldats ne purent tenir sous le choc de ces masses profondes. Le général de Sonis et M. de Charette, grièvement blessés, restèrent entre les mains des Allemands; le jeune duc de Luynes tomba glorieusement percé de coups. Nous n'avions point été battus, mais notre marche en avant était compromise, et le général en chef dut rétrograder jusqu'à ses positions de la forêt d'Orléans.

Le surlendemain 4 décembre, les deux armées combinées venaient l'y attaquer. Elles dirigeaient contre ses lignes un feu d'artillerie si effroyable, qu'au dire des témoins les décharges des canons étaient aussi fréquentes que celles de la mousqueterie. Il fallut encore céder le terrain tout en le défendant pied à pied, et se retirer sur Orléans. Le général en chef fit même savoir à la délégation de Tours qu'il considérait comme impossible de tenir dans cette dernière ville. Il demandait à l'évacuer et à passer sur la rive gauche de la Loire.

La délégation ne put d'abord accepter une détermination qui lui semblait si funeste; elle fit observer au général « qu'il lui restait une armée de plus de » 200,000 hommes pourvue de plus de 500 bouches à » feu, retranchée dans un camp fortifié de pièces de » marine à longue portée.

» Que ces conditions exceptionnellement favorables » permettaient une résistance qu'en tout cas les devoirs » militaires les plus simples ordonnaient de tenter. » Le général n'en persista pas moins dans son plan de retraite; il répondit « qu'il était sur place et pouvait juger mieux » que personne ».

Après une délibération prise en conseil de Gouvernement à l'unanimité, la délégation de Tours fit passer le télégramme suivant au commandant en chef de l'armée de la Loire :

« L'opinion du Gouvernement consulté était de vous » voir tenir ferme à Orléans, vous servir des travaux de » défense, et ne pas vous éloigner de Paris.

» Mais puisque vous affirmez que la retraite est néces-
» saire, que vous êtes mieux à même sur les lieux de
» juger la situation, que vos troupes ne tiendraient pas,
» le Gouvernement vous laisse le soin d'exécuter les mou-
» vements de retraite sur la nécessité desquels vous
» insistez, et que vous présentez comme étant de nature
» à éviter à la défense nationale un plus grand désastre
» que celui de l'évacuation d'Orléans. En conséquence,
» je retire mes ordres de concentration active et forcée
» à Orléans et dans le périmètre de nos feux de dé-
» fense.

» Donnez des ordres d'exécution à tous vos généraux
» placés sous votre commandement en chef.

» *Signé :* Léon Gambetta, Crémieux,
Glais-Bizoin, Fourichon. »

Cette dépêche était envoyée à onze heures ; à midi le général d'Aurelle écrivait d'Orléans :

« Je change mes dispositions : je dirige sur Orléans
» le 16ᵉ et le 17ᵉ corps, j'appelle le 18ᵉ et le 20ᵉ, j'orga-
» nise la résistance. Je suis à Orléans à la place. »

Ce plan de concentration était précisément celui qui était depuis vingt-quatre heures indiqué par le ministre de la guerre.

Aussi ce dernier voulut-il se rendre de sa personne à Orléans pour s'assurer de la prompte exécution du mouvement. A une heure et demie il partait par un train spécial. A quatre heures et demie, en avant du village de la Chapelle, le train dut s'arrêter. La voie était occupée par un corps de cavaliers prussiens qui l'avaient couverte de madriers et de pièces de bois, pour entraver la marche des convois. De là on entendait la canonnade dans le lointain; on pouvait croire qu'on se battait en avant d'Orléans.

Le ministre revint à Beaugency pour prendre une voiture qui l'aurait conduit à Écouis. Mais il lui fut impossible d'obtenir aucune nouvelle. Il rétrograda jusqu'à Blois, où il reçut à neuf heures du soir la dépêche suivante qui lui était envoyée de Tours :

« Depuis midi, je n'ai reçu aucune dépêche d'Orléans,
» mais à l'instant même, en même temps que la vôtre,
» six heures trois minutes, je reçois deux dépêches d'Or-
» léans, l'une de l'inspecteur du chemin de fer annon-
» çant qu'on a tiré sur votre train à la Chapelle, l'autre
» du général d'Aurelle, ainsi conçue : « J'avais espéré
» jusqu'au dernier moment pouvoir me dispenser d'éva-
» cuer la ville d'Orléans; tous mes efforts ont été impuis-
» sants. Cette nuit la ville sera évacuée. »
» Je suis sans aucune autre nouvelle.

» *Signé :* Freycinet. »

Il ne restait plus qu'à donner sur toute la ligne des ordres pour que la retraite s'effectuât dans l'ordre le meilleur possible : ce qui fut fait.

En rentrant à Tours, à trois heures du matin, le ministre trouva la dépêche suivante :

Général des Pallières à guerre, Tours.

« Orléans, 5 décembre, minuit 10 du matin.

» Ennemi a proposé évacuation d'Orléans à onze
» heures et demie du soir, sous peine de bombardement
» de la ville. Comme nous devions la quitter cette nuit,

ÉVÉNEMENTS DU MOIS DE DÉCEMBRE. 159

» j'ai accepté au nom du général en chef. Poudre et
» munitions détruites. »

Orléans, secrétaire général à intérim.

« L'ennemi a occupé Orléans à minuit. On dit les
» Prussiens presque sans munitions. Ils n'ont presque
» point fait de prisonniers. A l'heure actuelle, les dé-
» pêches des différents chefs de corps annoncent que la
» retraite s'effectue en bon ordre, mais on est sans nou-
» velle du général d'Aurelle, qui n'a rien fait parvenir au
» gouvernement.

» Nous espérons reprendre bientôt l'offensive. Le
» moral des troupes est excellent. »

Tous ces faits furent rendus publics par une circulaire
de M. Gambetta en date du 6 décembre, affichée dans
toutes les principales communes. C'est à cette pièce que
j'ai emprunté les principaux détails de ces événements.
Le ministre de la guerre nomma une commission chargée d'examiner la conduite du général en chef, qui, de
son côté, donna sa démission et refusa plus tard un
commandement.

§

Nous ignorions ce triste enchaînement de nos malheurs lorsque notre armée venait prendre position à
Vincennes, et l'on comprend dès lors quelles émotions
nous agitaient à la pensée que notre mouvement en
arrière pouvait entraîner la défaite des soldats de la
Loire. Aussi, dans la nuit du 3 au 4, vers trois heures,

M. le ministre de la guerre, que je venais de quitter au conseil, cédant à une anxiété bien naturelle, entra chez moi avec M. Picard, me conjurant de l'accompagner à Vincennes, où il voulait obtenir du général Trochu la continuation immédiate des opérations. A sept heures, nous étions en route pour le château, où nous trouvâmes le général en chef et le général Ducrot. Ce dernier ayant dit, dans une circonstance récente et publique, qu'après les combats de Champigny il fallait s'arrêter et traiter, je ne commets aucune indiscrétion en rappelant que telle fut en effet l'opinion qu'il m'exprima. Il me répéta plusieurs fois que les troupes étaient brisées de fatigue, épuisées au moral comme au physique, incapables de soutenir une nouvelle lutte. Je n'avais pas sa compétence pour juger une question si délicate et si grave; mais je partageais absolument son avis sur la sagesse d'une résolution qui aurait pu nous conduire à un arrangement honorable. Seulement je me permis de lui faire remarquer que jusque-là nous avions fait de vains efforts pour nouer une négociation acceptable. Pouvions-nous les renouveler, lorsque derrière le rideau de fer que nous avions pris l'engagement de percer, une armée s'avançait à notre secours et peut-être combattait pour nous rejoindre? D'ailleurs, sans nous asservir à l'opinion publique, n'étions-nous pas contraints d'en tenir compte dans la mesure nécessaire au maintien de l'union dans la défense? Provoquer un déchirement, n'était-ce pas perdre la partie en nous déshonorant? Or, il ne pouvait méconnaître l'irritation générale causée à la population de Paris et à la garde nationale par la simple halte qu'imposaient d'impérieuses nécessités. Il l'avait si bien senti lui-même que, dans son ordre du jour, il avait annoncé la reprise prochaine d'une action décisive. Il serait aussi impolitique qu'imprudent de changer subitement de langage et de déclarer une plus longue résistance inutile.

Le général me répondit vivement qu'en proposant de traiter il n'entendait pas conseiller de le faire avec précipitation et légèreté. Seulement il s'affligeait et s'effrayait de nous voir conserver de dangereuses illusions. Quels que fussent le zèle des chefs militaires et la bravoure des soldats, il ne croyait pas aux armées de province. Elles ne constituaient à ses yeux que des rassemblements incapables d'arrêter un ennemi exercé, discipliné, savamment commandé. Nous luttions contre l'impossible. Et quant à l'opinion de Paris, il ne pensait pas qu'un homme de guerre dût y sacrifier ses convictions et sa responsabilité. D'ailleurs, sur ce point encore, il estimait que nous nous trompions : nous confondions les ardeurs d'une minorité bruyante avec les sentiments réels de la grande majorité qui voulait la paix.

Cette argumentation empruntait certainement une grande force au légitime prestige du valeureux capitaine qui venait de jouer sa vie sur les champs de bataille de Champigny avec une si noble témérité ; elle était cependant plus spécieuse que solide. Sans doute il lui était plus facile qu'à tout autre de conseiller une négociation et de défendre le parti de la paix. Les Prussiens voulaient aussi la paix et toutes les lettres saisies sur leurs prisonniers montraient qu'elle était ardemment désirée par l'Allemagne entière. Mais à quelles conditions ? Là commençait le dissentiment. Nul dans les rangs ennemis ne prétendait nous faire grâce de l'Alsace et de la Lorraine, et beaucoup ne bornaient pas à ces deux provinces ce qu'ils appelaient la revendication nationale. Or de notre côté, parmi les plus pacifiques, on n'aurait pas trouvé un consentement à notre mutilation. La résolution sur ce point était si forte qu'elle n'admettait pas la discussion ; on n'en rencontre pas trace dans les polémiques les plus hostiles au Gouvernement. Cette résolution est demeurée inébranlable jusqu'au dernier jour, et nos lamentables catastrophes civiles viennent surtout de la violence qui lui a été faite. Dans le numéro de la *Revue des Deux-Mondes* publié le 15 décembre, c'est-à-dire quand on connaissait la défaite de l'armée de la Loire, M. Vitet, qui peut à juste titre être cité comme un modèle de modération et de sagesse, écrivait ce qui suit :

« Le *Times* a raison : ce ne sera jamais la paix si
» notre France est mutilée. Ne sentez-vous pas jusqu'au
» fond de vous l'effrayante vérité de cette prophétie? Je
» croyais aimer mon pays quand il était prospère et res-
» pecté, mais de quel amour tout autre je me *sens* pris
» pour lui depuis qu'on le menace de cette flétrissure !
» Il est des malheurs qui s'effacent, on oublie l'affront
» d'un tribut, on oublie même des pierres renversées.
» Mais le sol qui nous est volé, comment l'oublier jamais?
» Cette France dont la figure vous est si bien connue
» pour l'avoir vue toujours depuis votre naissance et
» l'avoir reçue de vos pères, quand vous en apprendrez
» l'histoire à vos enfants et que du doigt, sur la carte,
» vous suivrez la fatale échancrure, ne leur soufflerez-
» vous pas malgré vous un esprit de vengeance et de
» haine qui ne pourra s'éteindre de dix générations ? »

Il n'est pas un de mes lecteurs qui échappe à l'émotion que j'éprouve moi-même en transcrivant ces lignes éloquentes. C'est qu'elles peignent véridiquement l'état de nos âmes, et par là même témoignent de l'impossibilité où se serait trouvé le Gouvernement de faire accepter les conditions humiliantes que le vainqueur avait le dessein de nous dicter. Nous les avons subies : nous ne les aurions pas consenties, quand il nous restait encore du pain à manger et du fer pour nous défendre.

C'est là ce que répondit le général Trochu, qu'aucune objection ne parvenait à ébranler. Calme et simple à la fois, il rappela en termes très-nets les règles du devoir, telles qu'il les comprenait. Il ne se faisait pas plus d'illusions que le général Ducrot, il n'avait pas plus que lui l'intention de céder à la pression de Paris, mais il était le commandant en chef d'une place assiégée, il ne se rendrait que lorsqu'il aurait épuisé tous les moyens de résistance. Il avait d'autant plus le droit de parler ainsi qu'il avait toujours considéré la défense de Paris comme une héroïque folie, mais comme une folie à laquelle on ne pouvait échapper sans honte. Il avait peu de confiance dans les armées de province, il était même particulièrement inquiet du mouvement en avant de celle de la Loire. Néanmoins il ne lui était pas permis de négliger la chance de salut que lui offrait cette agglomération de deux cent mille hommes commandés par des officiers tels que Bourbaki et d'Aurelle. Il devait donc tenir et il tiendrait. Il savait fort bien que ses soldats souffraient, que beaucoup semaient le découragement. Il leur avait entendu crier : Vive la paix ! Ces fâcheuses dispositions n'avaient rien d'extraordinaire de la part d'une troupe dans laquelle il n'y avait pas un régiment homogène et qui était en grande partie composée de jeunes mobiles privés de toute éducation militaire. Il fallait aussi tenir compte des fatigues, des privations exceptionnelles endurées par ces pauvres gens exposés à des misères de toute sorte et qu'une température implacable achevait de démoraliser. Il leur avait souvent parlé avec dureté, bien que son cœur saignât ; il avait la conviction que ramenés à l'ennemi, ils feraient leur devoir. Seulement il leur fallait quelques jours de repos, il n'était pas moins nécessaire de refaire les cadres, de remplacer cinq cent quatorze officiers tombés glorieusement, de reconstituer le commandement, de remettre le matériel en état, de préparer de nouveaux moyens d'attaque. C'était là le devoir qu'il allait remplir : il ne quitterait pas Vincennes avant d'y avoir pourvu, et quoique décidé à ne rien sacrifier d'essentiel à nos impatiences, il espérait ne pas nous faire trop attendre le jour où, sur un terrain qu'il allait choisir, il livrerait de nouveau bataille à l'ennemi.

Il n'y avait pas de réplique à ces sages et patriotiques paroles. Quelles que fussent nos inquiétudes et notre désir de hâter l'action, nous étions forcés de nous en remettre à la prudence de ceux qui avaient la charge de la diriger. Nous ne cachâmes point au général que toute temporisation qui ne serait pas rigoureusement commandée par la réorganisation de la troupe pouvait être fatale; nous le suppliâmes de pousser son travail avec toute la célérité possible, et nous regagnâmes Paris, sur lequel il ne fallait pas fermer l'œil un instant, tant y étaient vives les passions qui ne cessaient d'y fermenter.

§

On ne s'y était pas tout d'abord exactement rendu compte de l'étendue de nos pertes. Elles étaient grandes et douloureuses. Le brave colonel de Grancey, commandant les mobiles de la Côte-d'Or, avait été le 2 décembre au matin surpris dans son sommeil par la brusque et violente attaque des Prussiens. Se jeter hors de la maison où il reposait, se précipiter à la tête de sa troupe qui hésitait, fut pour lui l'affaire d'une seconde. Ses officiers essayaient de le retenir : Non, leur répondit-il, je dois l'exemple à mes camarades. Et bravant intrépidement la mort, il trouva celle d'un héros. Elle fut moins prompte et moins humaine pour le vaillant Franchetti, frappé par un obus qui lui enleva une partie de la hanche. Emmené à Paris dans un état affreux, il expira après cinq jours d'atroces souffrances. Avec ces braves furent aussi grièvement atteints les généraux Paturel et Boissonnet, le colonel Vignerol, le commandant' Villiers, MM. Lerminier Saint-André et Legonidec de Kerhalie, commandant du bataillon des mobiles de l'Ille-et-Vilaine, et beaucoup d'autres valeureux officiers que j'ai le regret de ne pouvoir nommer ici. La patrie conservera fidèlement leur mémoire.

Heureusement que parmi les blessés un grand nombre ne l'étaient que légèrement. Tous trouvèrent de la part de la population les soins les plus empressés. L'administration militaire n'avait qu'à s'en défendre, les ambulances privées se disputaient les malades et quelquefois faisaient perdre leur trace. Le clergé se distinguait aussi par son zèle et sa charité. On voyait des prêtres mêlés aux infirmiers civils aller chercher nos soldats sous les balles ennemies. Jusqu'à la fin du siége, les frères de la Doctrine chrétienne se mirent comme brancardiers à la disposition de l'intendance. Plusieurs payèrent ce dévouement de leur vie. L'archevêque de Paris convertit les

principales églises en ambulances. Il y eut dans toute la
cité une noble émulation d'humanité et de patriotisme.
S'oublier soi-même, se consacrer à la défense, au service
des indigents, au soulagement des blessés, était devenu
une obligation à laquelle on aurait rougi de se soustraire.
Les femmes déployèrent tout ce que le ciel a mis en elles
de généreuses tendresses. Les plus délicates, les plus
craintives affrontaient les émotions, les veilles, les fatigues; elles encourageaient, consolaient, fortifiaient les
malheureuses victimes confiées à leurs soins. Elles seules
ont le secret des attentions délicates qui adoucissent les
maux les plus intolérables ; une lecture, une fleur, un
mets préféré, et surtout une bonne parole ou un sou-
rire, achevaient ce que la science et l'habileté des médecins avaient commencé. Que de guérisons ont été dues
à ces inestimables secours, qui en relevant l'âme abattue
permettaient à l'organisme de reprendre sa vigueur!

C'est ainsi que toutes les classes se confondaient dans
une mutuelle et sainte abnégation. Ce sera pour la
ville de Paris un éternel honneur d'avoir compris la nécessité de ces nobles vertus et de les avoir pratiquées. Elle
a racheté par là les actes coupables d'une minorité égarée
qu'il faut bien, pour être véridique, mettre en regard de
ceux que je viens de raconter.

Parmi les bataillons de la garde nationale qui réclamaient bruyamment une participation plus active aux
opérations de guerre, se distinguait celui des tirailleurs
de Belleville, commandé par Flourens, et qui avait été
l'objet de faveurs particulières. L'un des premiers équipé
et pourvu de fusils à tir rapide, autorisé à se former en
un corps spécial, il avait la prétention d'être une troupe
d'élite, et probablement il voulait la justifier par ses ex-

ploits. Le général Clément Thomas l'envoya le 25 novembre occuper un poste d'honneur en avant de Créteil, à cent et quelques mètres des lignes ennemies. Il relevait une compagnie d'infanterie de ligne qui s'était tenue dans l'ordre le plus parfait. Le 28 au soir, l'adjudant de service, parcourant la tranchée, constata que les hommes y déchargeaient leurs armes sans nécessité. Il leur ordonna de demeurer calmes. Mais à peine s'était-il éloigné, la fusillade recommença avec une extrême vivacité et les deux compagnies de garde s'enfuirent à toutes jambes. L'adjudant eut la plus grande peine à les ramener. Remplacés le lendemain et cantonnés sous le fort de Charenton, les tirailleurs refusèrent de retourner à la tranchée et plusieurs d'entre eux rentrèrent à Paris. Deux jours après, Flourens vint au milieu d'eux. Il avait repris ses insignes de commandant, malgré l'arrêté de révocation qui l'avait frappé. Les officiers refusèrent de le reconnaître. Un instant on put craindre un engagement entre sa troupe et les bataillons de la Chapelle. Le général Clément Thomas adressa au Gouvernement un rapport détaillé sur ces faits, et par un décret du 6 décembre, le bataillon de Belleville fut dissous pour actes d'indiscipline. Flourens fut arrêté et traduit devant un conseil de guerre, ainsi que soixante et un tirailleurs qui avaient abandonné leur poste devant l'ennemi.

Cette juste sévérité provoqua des explosions de colère dans les clubs et dans les colonnes de certains journaux. Le général Clément Thomas y fut attaqué avec la dernière véhémence. On ne pouvait lui pardonner de s'être montré ferme vis-à-vis de la garde d'honneur du désordre. A partir de ce moment il fut voué aux vengeances populaires, et lorsque trois mois plus tard il tombait sous les balles des assassins de la rue des Rosiers, son sacrifice héroïque n'était que la lâche représaille des fuyards qu'il avait flétris en faisant courageusement son devoir.

Le même jour, le général Noël, commandant du Mont-Valérien, nous signalait des actes de pillage commis par des gardes mobiles qui, au nombre de trois cents environ, s'étaient abattus sur Rueil et sur Nanterre. Conformément à sa demande, une cour martiale fut établie au fort et condamna les coupables qu'on avait pu saisir. C'est ainsi que le Gouvernement s'efforçait de rendre à la défense le ressort puissant de la discipline et du respect des lois. La tâche était difficile au milieu de l'effervescence des passions et de la multiplicité des actes irréguliers qu'amenait la violence de la situation. Jusqu'à la dernière heure le Gouvernement a fait tout ce qui était en lui pour la remplir.

§

J'ai expliqué comment, après la bataille de Champigny, nous ne pouvions songer à négocier, dans l'ignorance où nous étions du sort de l'armée de la Loire. Notre incertitude sur ce point ne devait pas être longue. Elle était cruelle; plus cruelle encore fut la révélation qui la dissipa. Le 5 décembre au soir, un parlementaire prussien se présenta à nos avant-postes, porteur d'une dépêche à l'adresse de M. le général Trochu. Nous la lui envoyâmes immédiatement à Vincennes, où il était resté avec son armée. Il nous fit savoir que cette dépêche était du comte de Moltke, et qu'il viendrait le lendemain, à la première heure, nous la communiquer. Nous étions réunis avant huit heures; il se fit peu attendre, et nous lut la lettre suivante :

« Versailles, ce 5 décembre 1870.

» Il pourrait être utile d'informer Votre Excellence
» que l'armée de la Loire a été défaite près d'Orléans,
» et que cette ville a été réoccupée par les troupes alle-
» mandes.

» Si toutefois Votre Excellence juge à propos de s'en
» convaincre par un de ses officiers, je ne manquerai
» pas de le munir d'un sauf-conduit pour aller et venir.

» Agréez, mon général, l'expression de la haute con-
» sidération avec laquelle j'ai l'honneur d'être votre très-
» humble et très-obéissant serviteur.

» *Le chef d'état-major,*

» Comte DE MOLTKE. »

Il est inutile de peindre la douleur que nous causa la lecture de cette pièce. Quelques-uns de nos collègues exprimèrent des doutes sur l'exactitude de la nouvelle qu'elle renfermait. Mais comment supposer sérieusement un piége dans une ouverture faite par un personnage du rang, de l'autorité, du caractère de M. de Moltke? La majorité ne voulut point l'admettre. La nouvelle était donc vraie, et l'on nous offrait de la vérifier.

Cette particularité me frappa vivement; je crus y voir une invitation détournée à entrer en négociation. Or, en présence de ce grave incident, les démarches qui me semblaient impossibles l'avant-veille me paraissaient devenir une nécessité, peut-être un moyen de salut. La vérification proposée n'était, en réalité, qu'un moyen d'entrer en relation. Elle nous permettait de savoir ce qui se passait au dehors, de connaître exactement la pensée de nos amis, et de revenir à la combinaison d'un court armistice avec ravitaillement, pour la convocation d'une Assemblée. Les glorieuses journées de Champigny étaient pour notre honneur une satisfaction suffisante; de son côté, victorieuse à Orléans, la Prusse pouvait se montrer moins insensible au vœu général de l'Allemagne de terminer la guerre. Nous avions à mettre dans la balance la chance de succès que nous donnait une armée dont on avait contesté l'existence et qui venait de faire ses preuves. Nous nous présentions donc dans des conditions favorables, et je considérais comme une bien grande témérité de repousser une pareille occasion d'entrer en arrangement, ou tout au moins de communiquer avec les départements. Je soutins cette opinion avec une énergie extrême, et malgré l'adhésion qu'elle reçut de M. Picard, elle fut repoussée. Le conseil tenait la lettre de M. de Moltke pour une sorte de bravade. Il fut décidé que la réponse aurait la même allure. Elle fut en effet sa parfaite paraphrase. En voici le texte :

« Paris, ce 6 décembre 1870.

» Votre Excellence a pensé qu'il pourrait être utile de
» m'informer que l'armée de la Loire a été défaite près
» d'Orléans et que cette ville est réoccupée par les
» troupes allemandes.

» J'ai l'honneur de vous accuser réception de cette
» communication, que je ne crois pas devoir faire véri-
» fier par les moyens que Votre Excellence m'indique.

» Agréez, mon général, l'expression de la haute con-

» sidération avec laquelle j'ai l'honneur d'être votre
» très-humble et très-obéissant serviteur.

» *Le gouverneur de Paris,*

» Général Trochu. »

En publiant ces deux pièces, le Gouvernement les faisait suivre de ces quelques lignes, qui portaient la signature de tous ses membres :

« Cette nouvelle qui nous vient par l'ennemi, en la
» supposant exacte, ne nous ôte pas le droit de compter
» sur le grand mouvement de la France accourant à
» notre secours. Elle ne change rien à nos résolutions ni
» à nos devoirs.

» Un seul mot les résume : combattre ! Vive la France !
» vive la République ! »

Le *Journal officiel* ajoutait :

« Les lettres qu'on vient de lire ont été connues de la
» population de Paris vers six heures du soir. Si M. de
» Moltke s'était proposé de terrifier les Parisiens, il a
» complétement manqué son coup. Pour s'en convaincre,
» il n'aurait eu qu'à prêter l'oreille à tout ce qui se disait
» ce soir dans les groupes, sur les boulevards et sur les
» places publiques.

» Les Parisiens, outre qu'ils n'ont qu'une foi médiocre
» dans les assertions de M. de Moltke, paraissent très-
» décidément convaincus qu'une défaite de l'armée de la
» Loire ne serait en aucune façon la fin de la défense
» nationale. Orléans, ville ouverte, pourrait avoir été
» repris sans que pour cela l'armée de la Loire fût

» détruite. Cette armée elle-même aurait pu beaucoup
» souffrir, sans que pour cela il fallût désespérer de la
» France. Paris a commencé à se défendre lorsque les
» départements paraissaient complétement endormis.
» Paris, en dépit de toutes les mauvaises nouvelles,
» n'abandonnera pas son attitude de résistance, mainte-
» nant qu'il sait que la province est devenue le théâtre
» d'un énergique mouvement et que ce mouvement,
» malgré des échecs et des désastres, ne s'arrêtera qu'a-
» près l'expulsion de l'étranger. Pas plus à Paris que
» dans les départements, on ne se fait d'illusions sur les
» difficultés de notre situation militaire. Nous pouvons
» éprouver des revers, tout le monde en convient;
» mais nous ne cesserons de combattre qu'après avoir
» conquis une paix honorable et durable. »

Cette impression fut aussi celle de la province. M. Gambetta nous l'écrivait le 11 décembre : « La France en-
» tière applaudit à l'héroïque réponse que vous avez
» faite au piége de M. de Moltke. »

Aussi, loin d'abattre les courages, nos échecs semblaient les surexciter. Dans un des clubs de Paris, un orateur annonçait avec tristesse que l'armée de la Loire venait d'être coupée en deux. « Tant mieux! s'écrie un
» assistant, nous aurons maintenant deux armées de la
» Loire! » Et ces paroles sont couvertes d'acclamations. On repoussait les mauvaises nouvelles comme apocryphes. On les attribuait aux ruses de l'ennemi. Du reste, on n'avait pas toujours tort; les avant-postes prussiens se donnaient évidemment la mission de répandre des bruits sinistres. Quelquefois même les états-majors ne dédaignaient pas de recourir, pour nous tromper, à des manœuvres assez peu dignes de militaires qui se res-

pectent. Ainsi le 9 décembre, deux pigeons arrivaient, l'un à cinq heures, l'autre à sept heures et demie du soir. On se figure notre émotion et celle de Paris : nous n'avions rien reçu depuis le 2, et dans l'intervalle, M. de Moltke nous avait avisés de la prise d'Orléans dans la forme que l'on connaît. Nous allions enfin savoir la vérité. Les deux pigeons portaient chacun une dépêche; la première, datée de Rouen, était ainsi conçue :

Gouverneur, Paris.

« Rouen occupé par les Prussiens, qui marchent sur
» Cherbourg.
» Population rurale les acclame. Délibérez. Orléans
» repris par ces diables. Bourges et Tours menacés.
» Armée de la Loire complétement défaite. Résistance
» n'offre plus aucune chance de salut.

» *Signé :* A. LAVERTUJON. »

La simple lecture de cet étrange document suffisait à démontrer sa fausseté. Le nom apposé au bas complétait la preuve. M. Lavertujon, secrétaire du Gouvernement, n'avait pas quitté Paris. Il n'avait donc pas signé cette dépêche, dont l'origine allemande se trahissait par le seul aspect extérieur. La seconde laissait encore mieux voir la fraude : elle était datée de Tours, 8 décembre :

Rédacteur Figaro, *Paris.*

« Quels désastres! Orléans repris. Prussiens deux
» lieues de Tours et Bourges. Gambetta parti Bordeaux.
» Rouen s'est donné. Cherbourg menacé. Armée Loire

» n'est plus. Fuyards, pillards. Population rurale partie
» connivence Prussiens. Tout le monde en a assez.
» Champs dévastés, brigandage florissant. Manque de
» chevaux, de bétail. Partout la faim, le deuil, plus
» d'espérance. Faites bien que les Parisiens sachent que
» Paris n'est pas la France. Peuple veut dire son mot. »

Une signature illisible accompagnait cette élucubration; elle ressemblait à : « Comte de Pujol ou de Puget. »

Il ne nous fut pas difficile de découvrir le stratagème.

Les deux pigeons qui étaient revenus à leur colombier porteurs de ces mystifications étaient partis de Paris le 12 novembre avec le ballon le *Daguerre*, et comme lui, ils étaient tombés à Ferrières entre les mains des Prussiens. Des marques distinctives ne permettaient pas le doute sur leur identité. Les Prussiens avaient trouvé fort ingénieux de les lâcher munis de fausses dépêches, pour jeter l'alarme au milieu de nous. Ils ne réussirent qu'à nous causer une déception pénible et à rendre plus cruelle l'anxiété à laquelle nous étions condamnés par l'absence de toute communication avec la délégation de Tours.

Cette mortelle attente se prolongea jusqu'au 15 décembre. Ce jour-là nous reçûmes deux dépêches, l'une du 5, l'autre du 11, qui malheureusement confirmaient, en les expliquant, les nouvelles transmises par M. de Moltke. En voici le texte :

PREMIÈRE DÉPÊCHE.

Gambetta au général Trochu.

« Tours, 5 décembre 1870.

» Vos dépêches nous sont parvenues. Elles ont pro-
» voqué l'admiration pour la grandeur des efforts de
» l'armée et des citoyens. Nous nous associons à vos
» vues et nous les servirons.

» Orléans a été évacué devant les masses de l'armée
» de Frédéric-Charles. Nous avons dû reprendre sur
» notre gauche, avec le 16e, le 17e, le 21e et la moitié du
» 19e corps en formation, les positions par nous occu-
» pées avant la reprise d'Orléans. Le général Chanzy
» commandant toutes ces forces réunies.

» Le 15e corps, commandant des Pallières, est prêt à
» se porter à droite ou à gauche, selon les exigences de
» l'action.

» Bourbaki commande le 18e et le 20e corps, auxquels
» on envoie incessamment des renforts pour couvrir
» Bourges et Nevers. Nous sommes donc exactement
» dans les vues de votre dépêche du jeudi 20 novembre.
» A la suite de l'évacuation d'Amiens, l'ennemi a marché
» sur Rouen qu'il menace d'occuper aujourd'hui ou de-
» main. Le général Sicard couvre le Havre. Le général
» Faidherbe, qui a remplacé Bourbaki dans le nord, est
» en action.

» Les Prussiens ont levé le siége de Montmédy et de
» Mézières, ils sont vigoureusement tenus en échec par
» Garibaldi entre Autun et Dijon. »

DEUXIÈME DÉPÊCHE.

Gambetta à Trochu et Jules Favre.

« Tours, le 11 décembre 1870.

» Je vous écris tous les jours, mais le temps est si con-
» traire! Nous sommes également sans nouvelles de
» vous depuis le 6. Ici les choses sont moins graves que
» ne le répandent les Prussiens à vos avant-postes. Après
» la déplorable évacuation d'Orléans, l'armée de la
» Loire a été divisée en deux parties, l'une sous le com-
» mandement de Chanzy, l'autre de Bourbaki. Le pre-
» mier tient avec un courage et une ténacité indomp-
» tables contre l'armée de Mecklembourg et du prince
» Frédéric-Charles, depuis six jours, sans perdre un
» pouce de terrain entre Josnes et Beaugency. Les Prus-
» siens tentent un mouvement tournant par la Sologne.
» Bourbaki s'est mis en retraite sur Bourges et Nevers.
» Le Gouvernement s'est transporté à Bordeaux, pour ne
» pas gêner les mouvements stratégiques des armées.
» Au nord, Faidherbe fait une pointe vers vous dans la
» direction de l'Oise, et Manteuffel a rebroussé chemin
» de Honfleur vers Paris, ce qui nous fait supposer que
» vous tentez un second effort. Nous tenons ferme. L'ar-
» mée, malgré sa retraite, est intacte et n'a besoin que de
» quelques jours de repos. Les mobilisés sont prêts et
» entrent en ligne sur plusieurs points. Bressolles à Lyon
» se dispose à se jeter avec 30,000 hommes dans l'Est,
» appuyé sur les forces de Garibaldi et les garnisons de
» Besançon et de Langres. Je suis à Tours et je me rends
» dans une heure à Bourges pour voir Bourbaki. »

§

Les informations contenues dans ces dépêches atténuaient sans doute la gravité de celles que M. de Moltke nous avait envoyées. L'armée de la Loire était coupée, mais intacte. Les corps placés sous le commandement de M. Chanzy résistaient opiniâtrément aux attaques de l'ennemi, M. Faidherbe agissait au Nord, M. Bourbaki se préparait à Bourges à reprendre l'offensive. Rien n'était donc désespéré, et cependant nous ne pouvions nous dissimuler que chaque jour écoulé diminuait nos forces et nos chances de salut. Les souffrances de la population devenaient cruelles, et la rigueur persistante du froid y ajoutait une désolante aggravation. On avait dû requérir les houilles pour alimenter les usines où se fabriquait le matériel de guerre, et celles où s'opérait la mouture des blés. Il avait fallu prendre une mesure identique à l'égard des bois blancs destinés à la boulangerie. Nous avions la crainte de voir la fabrication du pain compromise faute de combustible. Les chantiers se vidaient rapidement. Bientôt on allait manquer absolument de bois et se trouver forcé d'abattre les arbres de nos promenades et de nos parcs. Dès le 11 décembre une panique fit en quelques heures enlever tous les pains des boulangeries. Les consommateurs qui se présentèrent après midi ne purent être servis. Vers le soir l'agitation était menaçante. Le gouvernement fit publier un avis annonçant qu'il n'y avait pas lieu de s'inquiéter et que le pain ne serait pas rationné. Nous espérions alors pouvoir échapper officiellement à cet expédient, auquel du reste nous n'eûmes recours que dans la dernière semaine du siége. Mais déjà, grâce à l'intelligent concours des municipalités, le rationnement volontaire commençait. On avait dû l'établir pour la viande et les autres comestibles mis par le ministre du commerce à la disposition du public ; on donnait 30 grammes de cheval par tête, et quelquefois on les remplaçait par de la viande ou du poisson salés, ou même par des légumes secs. Le 16 décembre, réquisition était faite des chevaux, ânes et mulets, dont le recensement devait être opéré. L'abatage de ces animaux était défendu. Ces distributions se faisaient dans des boutiques et par les soins des préposés de l'administration, et malgré le zèle de ceux qui en étaient chargés elles condamnaient les habitants à de longues et pénibles heures d'attente; dans la rue, par la pluie, la neige et le froid. Rien n'était plus triste à voir que ces files de femmes et d'enfants, la plupart à peine vétus, pâles, grelottant, se serrant les uns contre les autres et se soumettant sans murmure à ce supplice pour recevoir leur maigre ration. Rentrés au logis, ces malheureux avaient à peine ce qui était nécessaire pour cuire leurs aliments. Ils se réunissaient par groupes, pour s'entr'aider et se consoler. Souvent au milieu de ces dures épreuves une parole d'espoir ou de gaieté faisait oublier les privations. Dieu seul peut savoir à quelles tortures stoïquement supportées ont été livrées des milliers de créatures qui acceptaient leurs sacrifices avec une admirable simplicité. Nul avant l'investissement de Paris n'aurait pu croire que cette grande cité, composée d'éléments si divers, travaillée par des passions si désordonnées, quotidiennement en proie à des besoins si cuisants, fût capable d'une telle abnégation. Elle ne le supposait pas elle-même. Elle s'est trouvée, comme à l'improviste, transformée par une idée sainte et sublime : la défense de la patrie. Je ne dis pas que tous en aient subi le magique ascendant, mais aucun n'a osé laisser soupçonner qu'il voulait s'y soustraire. Aucun n'a reculé devant la perspective d'une mort violente ou d'une lente agonie ; et ce siége sans précédent a offert cet exemple, unique dans l'histoire, d'une population de plus de deux millions d'âmes accablée par tous les maux à la fois et n'ayant eu des colères et des révoltes que contre ceux qui voulaient lui épargner de suprêmes et inutiles catastrophes.

Mais plus ce spectacle était touchant, plus il révélait nettement la ligne du devoir aux hommes entre les mains desquels le hasard des événements avait placé l'autorité. Il leur ordonnait de tenter les derniers efforts contre l'ennemi, à la condition de protéger Paris contre lui-même, et s'il avait le malheur d'être vaincu, de le couvrir dans sa défaite.

Ces cruelles et nécessaires préoccupations ne cessaient pas une minute de m'agiter. Depuis les batailles de Champigny, le général Trochu n'avait pas quitté Vincennes. Très-absorbé par la réorganisation de son armée, il nous abandonnait le fardeau de l'administration intérieure, et nous étions plus à même que lui d'étudier le développement graduel des redoutables symptômes qui accusaient de plus en plus l'excitation des esprits. Nous comprenions fort bien que la temporisation était fatale. Elle était la meule sur laquelle s'usaient à la fois les corps et les âmes, livrés à l'ardeur croissante d'une exaltation maladive. Il fallait donc agir à tout prix et promptement. Chaque retard créait un péril et détruisait une ressource. Je le répétais au général, que j'allais voir souvent et qui me recevait toujours avec la même bonté. Il m'opposait des nécessités techniques dont il était le meilleur juge : le remplacement des officiers, le remaniement des corps, la reconstitution du matériel et de l'équipement, et surtout l'affermissement moral de la troupe qui ne pouvait se faire en vingt-quatre heures. Très-convaincu d'ailleurs qu'une action nouvelle était indispensable, le général ne pensait pas comme moi que les atermoiements nous fussent désavantageux. Il les croyait funestes aux Prussiens. Si nous pouvions durer, disait-il, nous les vaincrions. Aussi attachait-il une importance capitale à la question des subsistances; il y revenait sans cesse et cherchait avec la plus vive sollicitude tous les moyens, tous les artifices à l'aide desquels notre alimentation pourrait être prolongée. Il était de la plus haute importance, on le comprend sans peine, de déterminer exactement ce qui nous restait de vivres. Notre bien cher ami M. Magnin, ministre du commerce, qui s'est acquitté de sa rude tâche avec un infatigable dévouement et n'en n'a recueilli que de l'ingratitude, nous avait constamment dit qu'il pouvait nous conduire jusqu'au 1er janvier, mais qu'au delà il ne se chargeait plus de nous fournir ni blé ni farine. Ce fut alors qu'on eut l'idée de recourir à des mélanges de grain. L'administration de la guerre, qui plusieurs fois vint à notre secours et nous sauva des plus graves embarras, avait en magasin des quantités considérables de riz et d'avoine. Des essais nombreux furent faits et prouvèrent que la farine de riz pouvait dans une notable proportion (20 pour 100 environ) entrer dans la fabrication du pain, celle d'avoine dans une proportion beaucoup moindre.

On diminua, bientôt on supprima tout à fait les distributions de riz, non sans imposer aux habitants une pénible privation. Quant à l'avoine, elle devenait moins nécessaire à mesure qu'on abattait les chevaux. Le service civil consommait six cents de ces animaux par jour, la guerre un peu plus de cent. En moins de six semaines nous atteignions la limite extrême de ce qui pouvait être sacrifié, et nous exposions la ville à manquer de transports pour beaucoup de besoins impérieux. Enfin, de l'avis de tous les hommes compétents, le ravitaillement de pain exigeait un délai de quinze jours au moins, à raison des difficultés de toute nature que présentaient les voies ferrées et les chemins ordinaires dont la destruction avait été opérée soit par les nôtres, soit par l'ennemi, dans un rayon d'une vaste étendue.

Telle était notre situation vers le milieu de décembre : elle explique pourquoi, par mes précédentes dépêches à M. Gambetta, j'avais fixé au 15 de ce mois le terme fatal de notre résistance. Je m'étais en effet promis à moi-même de ne point nous laisser acculer par la famine. L'idée d'y condamner la population de Paris m'épouvantait, je la repoussais comme un crime et j'étais parfaitement résolu à n'en point accepter la responsabilité. Il fallait donc s'arrêter quinze jours avant celui où il nous serait impossible de donner du pain ; mais arrivés à cette extrémité fatale, que devions-nous faire ? Plusieurs fois déjà j'avais appelé l'attention de mes collègues sur ce douloureux sujet, estimant qu'il était de notre devoir d'être prêts à toutes les éventualités. Je n'avais pu, malgré mon insistance, obtenir une solution. On écartait le débat comme prématuré, on se réservait le bénéfice de l'imprévu, et d'ailleurs on protestait avec horreur contre la possibilité d'une capitulation. La majorité semblait préférer et regarder comme à la fois glorieux et praticable une sorte de coup de désespoir patriotique, une irruption de l'armée et de la population vers les lignes ennemies que quelques-uns au moins parviendraient à franchir. C'était la sortie en masse, dévouement grandiose, qui séduisait les imaginations ardentes, mais dont l'exécution était absolument chimérique sous le feu d'assiégeants solidement retranchés et munis d'une artillerie dont la portée dépassait cinq mille mètres. Comment admettre qu'une foule confuse, ou même notre milice nationale, chez laquelle la bravoure ne pouvait suppléer à l'expérience, accomplirait cette gigantesque entreprise, quand à chaque tentative partielle nos soldats y avaient échoué? Enfin, même en supposant le succès, quel serait le sort de ceux qui franchiraient les lignes, et des habitants de Paris qui n'auraient pu suivre les colonnes expéditionnaires? Les premiers échapperaient difficilement à la mort ou à la captivité, les seconds seraient laissés à la merci du vainqueur. Nous ne pouvions consentir à un pareil abandon, sans manquer à tous nos devoirs, sans nous rendre coupables d'une révoltante inhumanité. Le commandant d'une ville assiégée n'a pas le droit de se désintéresser du traitement auquel peut être exposée la population civile; à bien plus forte raison les chefs élus par leurs concitoyens pour diriger la défense ont-ils l'obligation étroite de sauvegarder la cité jusqu'aux derniers actes de la lutte. Se retirer ou s'abstenir serait de leur part une criminelle défaillance, et plus l'acte par lequel sont réglées les conditions de la défaite les voue fatalement aux ressentiments et aux calomnies de la foule, moins il leur est permis d'en décliner le péril et la douleur.

L'application de ces principes incontestables soulevait cependant une difficulté que je ne méconnaissais point : nous n'étions pas seulement préposés au gouvernement de Paris, nous avions celui de la France. Ces pouvoirs exceptionnels n'avaient d'autre raison d'être et d'autre justification que la nécessité et notre ferme volonté de n'usurper en rien les droits de la nation, seule compétente pour traiter définitivement de la paix. La majorité de mes collègues en concluait que, choisis pour le combat, nous resterions sans mandat le jour où la continuation de ce combat ne serait plus possible; que dès lors il ne nous était pas permis de déposer les armes, encore moins de capituler : si cet affreux malheur devenait inévitable, la charge en revenait au commandant de la place ou à l'autorité municipale. Le Gouvernement de la défense nationale ne pouvait l'accepter sans se suicider et, ce qui était plus grave, sans compromettre les intérêts du pays tout entier.

Je me serais volontiers rangé à cet avis, dont l'adoption nous aurait soulagés d'un immense fardeau. Il s'appuyait sur une logique correcte, et j'avais moi-même souvent pensé que si Paris était forcé de se rendre, des commissaires spéciaux devraient être nommés par la population pour débattre les conditions du traité; seulement je ne voulais pas admettre que si cette combinaison échouait nous fussions affranchis de tout devoir ultérieur. Mais les événements humains se plient rarement aux règles de la théorie; dans les crises suprêmes c'est la passion qui les précipite. Or, Paris tout entier obéissait avec un aveugle entraînement à celle de la résistance; il avait horreur de tout acte qui paraissait l'affaiblir, à bien plus forte raison de celui qui consacrerait son impuissance. Il fallait donc prévoir le cas où nul ne consentirait à nous remplacer, même à nous venir en aide, et c'était pour cette extrémité terrible que j'essayais vainement de faire arrêter une résolution. Le général Trochu et M. Picard voulaient bien me soutenir. Nous n'arrivâmes cependant à aucun résultat. Quant à moi, j'avais au fond de mon cœur pris mon parti et je le laissais pressentir à M. Gambetta dans une dépêche datée du 16 décembre, qui fera comprendre et mes anxiétés et mes desseins :

M. Gambetta à Tours.

« Nous avons, mon bien cher ami, passé de cruelles
» journées depuis le 2 décembre; entièrement privés de
» vos nouvelles, recueillant les récits les plus alarmants,
» instruits par la lettre de M. de Moltke, par des bruits
» d'avant-postes, par les grossières railleries de pigeons
» apocryphes, instruits, dis-je, des échecs de l'armée de
» la Loire, nous étions disposés à prêter créance aux arti-
» cles désespérants des journaux allemands, lorsque hier
» nous sont arrivés trois pigeons qui, entre autres dépê-
» ches, nous ont apporté les vôtres des 26 novembre, 4
» et 11 décembre. Je ne puis aujourd'hui vous y répondre
» avec détail. J'ai dû écrire longuement à M. de Chau-
» dordy, et vous savez comment se passent nos journées.
» Je ne veux pas cependant que le ballon de ce soir
» parte sans un mot de moi qui vous répète ce que je
» vous ai déjà dit : qu'il faut me beaucoup pardonner
» parce que, quoi qu'il arrive, je n'ai jamais contre vous
» l'ombre d'une mauvaise pensée. Mais quand je suis

» sans nouvelles, ou lorsque je n'en reçois que d'incom-
» plètes, je vous accuse de nous oublier, et l'inquiétude
» qui s'empare de moi, la pensée de nos malheurs, la
» crainte que cette absence de communications ne les
» aggrave me fait vous écrire ce qui vous a peiné et ce
» que je suis le premier à regretter. Je rends justice à
» votre dévouement, à votre zèle, à votre infatigable acti-
» vité ; je reconnais que, seul entre nous, vous pouviez
» supporter le fardeau qui pèse sur vous ; je constate
» les résultats que vous avez obtenus. Si nous n'avons
» pas été d'accord sur toutes les questions, c'est que nous
» n'avons pu les discuter ensemble, pas même les exa-
» miner dans une correspondance régulière ; en réalité,
» comme vous le dites fort bien, nous ne différons sur
» aucun point important. Vous revenez sur les élections ;
» j'aurais désiré qu'elles pussent se faire, et je crois
» qu'une Assemblée eût accru la force de la résistance.
» Maintenant il est bien tard, et comme les élections et
» la convocation de l'Assemblée nécessitent un armistice
» préalable, il me paraît absolument impossible d'y comp-
» ter. Si tout à coup la Prusse changeait d'avis, devrions-
» nous frapper d'inéligibilité les anciens candidats offi-
» ciels? Vous avez raison de le dire : je commence à être
» ébranlé. Acculés comme nous le sommes, sans moyens
» efficaces d'éclairer nos concitoyens, subissant encore
» la pression de l'ancienne administration demeurée
» tout entière debout, nous aurions peut-être le devoir,
» pour prononcer sur la paix ou sur la guerre, d'écarter
» ceux dont la servile docilité nous a plongés dans l'a-
» bîme de maux où nous sommes. Ce serait une grande
» déviation des principes. La nécessité pourrait la jus-
» tifier, mais rien ne m'indique quant à présent l'oppor-

» tunité d'une telle discussion. La Prusse a sa résolution
» fixe, elle attend notre dernier grain de blé; retranchée
» derrière les mille remparts qu'elle a dressés autour de
» nous, elle se contente de nous refouler. Nous allons
» essayer de nouveau de la forcer. Les généraux espèrent;
» leur action sera énergique; fortement ébranlée par les
» affaires des 30 novembre et 2 décembre, l'armée s'est
» remise. Elle est trop bien commandée pour ne pas
» faire son devoir. Si nous sommes victorieux, les choses
» iront seules; si nous sommes vaincus, je demanderai
» une Assemblée et un congrès, à la condition que Paris
» ne sera pas souillé par le Prussien. Si, comme je le
» pense, l'état-major le refuse, nous rentrerons derrière
» nos murailles, et nous continuerons à nous battre jus-
» qu'à ce que l'épuisement fasse tomber nos armes. La
» population de Paris, dont le courage et la fermeté
» paraissent croître avec les souffrances, accepte ce pro-
» gramme; elle s'indignerait contre celui qui lui en
» proposerait un autre. La difficulté véritable serait de
» lui faire accepter une capitulation en cas de manque
» absolu de vivres. Vous comprenez que nous ne pou-
» vons la mener tout à fait jusque-là; il lui faut au
» moins dix à douze jours pour se ravitailler. Quand
» cette heure sonnera il y aura un gros orage, Dieu
» veuille que la valeur de nos armées le détourne de
» notre tête; mais si nous sommes condamnés par le
» sort à le subir, nous irons jusqu'au bout. Je ne signerai
» jamais des conditions de paix autres que celles que
» j'ai posées, mais je n'abandonnerai pas Paris à lui-même.
» Ou bien il nommera des commissaires chargés de con-
» venir avec l'ennemi de tout ce qui touche à la garan-
» tie des personnes et des propriétés, ou il nous char-

» gera de cette mission ; dans le premier cas je ne
» me séparerai pas de mes concitoyens, dans le second
» je ne leur refuserai pas mon concours. Je diffère en
» ceci avec quelques-uns de mes collègues, qui disent :
» Nous ferons une sortie en masse, et Paris trouvera tou-
» jours quelqu'un pour traiter. Je ne partage pas cet avis.
» Je comprends à la fin du siége un acte désespéré, et s'il
» m'est donné de m'y associer, j'en serai heureux ; mais
» à une condition : que cette noble et chère cité ne reste
» pas sans protection officielle, sans autorité responsable.
» Grévy nous a souvent dit en nous montrant les bour-
» geois de Calais : Voilà votre avenir. Je l'accepte comme
» un suprême refuge, et je ne me plaindrai pas s'il m'est
» donné d'être humilié, de souffrir et de mourir pour ra-
» cheter Paris ou diminuer son épreuve. Je suivrai donc
» sa volonté. Hors en un point : un traité au nom de la
» France. Je n'en ai ni la volonté ni le pouvoir. Pour mon
» humble part, je conduirai la résistance jusqu'à la limite
» de la famine. Arrivé là, je m'arrêterai. J'appellerai mon
» pays à la résistance, je l'adjurerai de venger Paris qui
» succombe ; si je puis soutenir cette illustre chancelante,
» je ne reculerai pas devant la crainte de perdre le peu de
» popularité que j'ai acquise, et à laquelle je ne tiens que
» pour y puiser le droit de faire ce que je crois le bien.
» Pardonnez-moi, mon cher ami, ces tristes images, nous
» pouvons encore les écarter. Je pense que nous avons
» devant nous près de trois semaines, nous tâcherons de
» les bien utiliser. De votre côté ne négligez rien. Écrivez
» à M. Faidherbe d'agir promptement, je connais sa vi-
» gueur et son mérite. S'il vient à nous, nous pourrions
» bien nous rencontrer la semaine prochaine. Nos braves
» troupes marcheront avec intrépidité. Tâchons de vivre

» aussi unis que le comportent les terribles circonstances
» qui nous séparent, nous y puiserons notre vraie force.
» Ne nous cachons jamais rien. En ce qui me concerne,
» je ne suis coupable que de trop dire. Je ne dirai cepen-
» dant jamais assez combien je vous suis attaché, combien
» je vous suis reconnaissant de vos vaillants efforts pour
» le salut de notre malheureuse patrie. Le général doit
» vous écrire et préciser ce que je ne fais qu'indiquer. »

§

Le lendemain 17 décembre, nous recevions une dépêche, datée de Bourges du 14, qui était de nature à relever nos espérances :

Gambetta à Jules Favre et Trochu.

« Depuis quatre jours je suis à Bourges, occupé avec
» Bourbaki à réorganiser les trois corps, 15e, 18e et 20e,
» de l'armée de la Loire, que les marches forcées sous
» les pluies affreuses qui ont suivi l'évacuation d'Orléans
» avaient mis en fort mauvais état.

» Ce travail demande encore quatre ou cinq jours pour
» être complet.

» Les positions occupées par Bourbaki couvrent à la
» fois Nevers et Bourges.

» L'autre partie de l'armée de la Loire, après l'éva-
» cuation d'Orléans, s'est repliée sur Beaugency et Mar-
» chenoir, positions dans lesquelles elle a soutenu tous
» les efforts de Frédéric-Charles, grâce à l'indomptable
» énergie du général Chanzy, qui paraît être le véritable
» homme de guerre révélé par les derniers événements.

» Cette armée, composée des 16e, 17e et 21e corps, et

» appuyée selon les prescriptions du général Trochu de
» toutes les forces de l'Ouest, a exécuté une admirable
» retraite et causé aux Prussiens les pertes les plus con-
» sidérables ; Chanzy s'est dérobé à un grand mouve-
» ment tournant de Frédéric-Charles sur la rive gauche
» de la Loire. Frédéric-Charles a vainement essayé de
» passer la Loire à Blois et à Amboise et menace Tours.
» Chanzy est aujourd'hui en parfaite sécurité dans le
» Perche, prêt à reprendre l'offensive sur Chartres quand
» il aura fait reposer ses troupes, qui n'ont cessé de se
» battre admirablement contre des forces supérieures
» depuis le 30 novembre jusqu'au 12 décembre.

» Vous voyez que l'armée de la Loire est loin d'être
» anéantie, selon les mensonges prussiens ; elle est sépa-
» rée en deux armées d'égale force, l'une, dans l'Est,
» sur les lignes de communication de l'ennemi pour les
» couper, l'autre, dans l'Ouest, pour marcher sur Paris.

» Faidherbe, dans le Nord, aurait repris la Fère avec
» beaucoup de munitions, artillerie, approvisionne-
» ments. Mais nous sommes fort inquiets sur votre sort.
» Voilà plus de huit jours que nous n'avons aucunes nou-
» velles de vous, ni par vous, ni par les Prussiens, ni
» par l'étranger. Le câble avec l'Angleterre est inter-
» rompu. Que se passe-t-il ? Tirez-nous de nos angoisses
» en profitant pour nous envoyer un ballon du vent sud-
» ouest qui le portera en Belgique.

» Le mouvement de retraite des Prussiens s'est accen-
» tué, ils paraissent las de la guerre. Si nous pouvons
» durer, et nous le pouvons si nous le voulons énergi-
» quement, nous triompherons d'eux. Ils ont déjà
» éprouvé des pertes énormes suivant deux rapports cer-
» tains qui m'ont été faits. Ils se ravitaillent difficile-

» ment. Mais il faut se résigner aux suprêmes sacrifices,
» ne pas se lamenter et lutter jusqu'à la mort.

» A l'intérieur, l'ordre le plus admirable règne par-
» tout. Le Gouvernement de la défense nationale est
» aimé, respecté, surtout obéi parce qu'il est le Gouver-
» nement de la défense nationale. Le jour où il cesserait
» de l'être, les choses changeraient. Les adversaires de
» la République le sentent admirablement. Ils parlent
» sans cesse de la paix, de l'impuissance de nos efforts,
» de la stérilité de la lutte. Beaucoup de noms sont mêlés
» à toutes ces intrigues. Triste et nouvel exemple de la
» jalousie des partis, qui sentent que si la France est
» délivrée par la République, la République est à jamais
» fondée. »

Ces nouvelles arrivaient à point pour calmer les impatiences de la population et relever le moral fort ébranlé de l'armée. Depuis la bataille de Champigny, le général Trochu avait réorganisé ses cadres, réparé autant que possible son matériel, et surtout augmenté son artillerie. Renonçant cette fois à percer les lignes ennemies, il avait conçu le plan d'une bataille en plaine, dans laquelle nous pourrions attirer les Prussiens à découvert et les contraindre à une rencontre que, jusque-là, ils avaient évitée en s'abritant derrière leurs retranchements. Le vaste espace qui s'étend du pied du Mont-Valérien jusqu'à la forêt de Bondy avait paru un terrain très-favorable pour une grande opération de ce genre. L'effort principal devait être au centre, en avant de Saint-Denis. Le Bourget se présentait comme la première étape. Maîtres de ce point, appuyés sur Drancy et Bobigny, nous nous portions sur les ouvrages établis au delà de la Morée : si nous avions le bonheur de nous en emparer, nous forcions l'obstacle le plus redoutable et nous coupions l'ennemi dans une de ses meilleures positions. Pendant ce temps, notre droite devait marcher rapidement dans la direction de Chelles et de Gournay. Ces villages atteints et occupés, les communications avec Villeneuve-Saint-Georges et Corbeil se trouvaient interceptées, tandis qu'à gauche une sérieuse diversion tiendrait les Prussiens en échec de Montretout à la Malmaison, en passant par les hauteurs de Buzenval. Comme on le voit, c'était encore sur le même échiquier que la partie allait s'engager, seulement les dispositions du combat étaient différentes. On espérait qu'après une action décisive d'artillerie, nos régiments d'infanterie pourraient enfin aborder les régiments ennemis, les écraser, et au besoin les amener sous les feux de nos forts.

Le général Trochu voulut faire concourir à cette entreprise les régiments de garde nationale de guerre, que l'état-major et la ville avaient équipés et formés avec la plus louable activité. La remise des armes à tir rapide par les gardes attachés aux bataillons sédentaires s'était effectuée sans la moindre difficulté. Près de 40,000 hommes étaient disponibles et ne demandaient qu'à marcher. En rendant hommage à leur patriotique dévouement, le général redoutait leur inexpérience. Il était heureux, en les employant, de donner satisfaction à la généreuse ardeur de Paris, il n'était pas sans inquiétude sur le résultat de l'épreuve à laquelle les condamnait leur propre courage. Du reste, en m'exposant son plan avec sa cordialité ordinaire, calme et résolu comme toujours, il cachait mal un profond sentiment de tristesse. J'en étais pénétré plus que lui. Nous sentions l'un et l'autre que nous touchions aux derniers efforts, et nous nous faisions peu d'illusions sur leurs résultats. Le devoir militaire, le patriotisme de Paris nous ordonnaient de les tenter; les membres du Gouvernement avaient été unanimes à les réclamer et à presser les généraux. Une victoire sous les murs de Paris nous paraissait devoir décupler les forces des armées qui venaient à notre secours. J'espérais qu'elle m'aurait permis d'obtenir des conditions acceptables de négociation en mettant en ligne de compte et notre succès et l'enthousiasme des départements. Nous avions donc un intérêt puissant à frapper un grand coup. M. Trochu le pensait comme nous, il y était préparé. Indiquée d'abord pour le 18 décembre, la bataille fut définitivement fixée au mercredi 21.

Dans son numéro du 20, le *Journal officiel* insérait un article destiné à faire justice des défiances malveillantes de certains organes de la presse qui nous accusaient de ne pas publier les dépêches de province [1]. En même temps il affirmait une fois de plus la persistance du Gouvernement dans ses résolutions de résistance :

« Nous ne dissimulons, dit ce document, ni la gra-
» vité ni les périls de notre position, mais nous disons
» qu'elle est simple et qu'elle nous impose l'obligation
» de tenir et de combattre. Depuis trois mois, Paris ac-
» cepte les plus dures souffrances, et sa constance gran-
» dit avec l'épreuve. Il sait qu'il peut souffrir davantage,
» et repousse avec horreur l'idée d'une capitulation que
» la crainte de cette aggravation lui arracherait. Le Gou-
» vernement n'a d'autre mérite que de s'associer à ce
» sentiment et de se faire l'exécuteur de cette volonté.

---

[1] Voir aux Pièces justificatives.

» Il est résolu à y mettre toute son énergie, et il ne de-
» mande d'autre récompense que de n'être point indi-
» gne du dévouement civique de ceux qui lui ont donné
» leur confiance. Il combattra avec eux, et, il en a le
» ferme espoir, avec eux et par eux il vaincra. L'ennemi
» qu'il s'agit de repousser est puissant; mais, quelle que
» soit sa force, elle est moins grande que celle de la na-
» tion française; et quand Paris, quand le Gouvernement
» de la défense nationale annoncent leur inébranlable
» dessein de combattre et de vaincre, ils peuvent affir-
» mer sans craindre de se tromper qu'ils ont pour eux
» la France tout entière, et qu'avec la garde nationale,
» la garde mobile et l'armée, ils réussiront dans leur
» sainte entreprise. »

La sortie des troupes et leur disposition sur le terrain avaient commencé dès le 19 et s'étaient accomplies avec une parfaite régularité. Pendant la nuit du 20 et le 21 à la première heure, elles prenaient leur place de combat des bords de la Marne en avant du plateau d'Avron, jusqu'à Saint-Denis. Sur la droite, les généraux de Malroy et Blaise, sous le commandement en chef du général Vinoy, occupaient heureusement Neuilly-sur-Marne, Ville-Évrard et la Maison-Blanche, éteignant le feu de l'artillerie ennemie par une vigoureuse canonnade qui faisait le plus grand honneur à nos soldats et à leur commandant, le général Favé. Ce brave officier tombait grièvement blessé en dirigeant l'attaque. Arrivé à ce point, vers deux heures, le général Vinoy devait s'arrêter, pour ne pas séparer complétement son action de celle du centre, ralentie par des obstacles imprévus. Les ordres du général en chef avaient été cependant ponctuellement exécutés. Dès l'aube, l'amiral La Roncière Le Noury lançait le bataillon de marins et le 138°, sous l'énergique direction du capitaine de frégate Lamothe-Tenot. Impétueusement attaquée, la partie nord du Bourget était brillamment enlevée, malgré le feu meurtrier des Prussiens. Pendant ce temps, le général Lavoignet abordait la partie sud, mais il y rencontrait un ensemble d'ouvrages fortifiés devant lesquels, malgré sa bravoure, sa troupe était forcée de plier. Privée de ce secours, celle de M. Lamothe-Tenot résistait héroïquement pendant près de trois heures à une grêle de projectiles de toute espèce. Elle avait pénétré jusqu'au delà de l'église, elle s'y maintenait en face des maisons crénelées et des soupiraux de caves qui vomissaient la mort de tous côtés. Continuer la lutte dans de telles conditions, c'était sacrifier inutilement ces intrépides soldats. Un trop grand nombre déjà avait péri : il fallut les arracher au combat ; ils se retirèrent en bon ordre en ramenant une centaine de prisonniers. Le général Ducrot fit alors avancer son artillerie, et engageant une action très-violente contre les batteries du Pont-Iblon et de Blancmesnil, il fit reculer l'ennemi et vint le soir occuper Drancy et la ferme de Groslay, où il se fortifia.

Du côté du Mont-Valérien, le général Noël faisait vers sept heures du matin une forte démonstration à gauche sur Montretout, au centre sur Buzenval et Longboyau, en même temps que sur sa droite le chef de bataillon Faure, commandant du génie du fort, s'emparait de l'île du Chiard. Malheureusement, au moment où il l'abordait, il était grièvement blessé, et près de lui, le capitaine Hans, commandant des francs-tireurs de Paris, était tué roide.

§

Nous avions espéré une bataille décisive. Nous n'eûmes qu'une escarmouche. Le vaste périmètre qui lui servit de théâtre, le nombre considérable de combattants rassemblés pour y prendre part, ne mirent que mieux en relief la triste disproportion de l'effort et du résultat. Aussi l'émotion de Paris fut profonde, et les accusations déjà peu ménagées au général Trochu redoublèrent de violence. Par une fatalité cruelle, comme au 30 novembre, la température, brumeuse pendant la matinée du 21 décembre, s'était subitement abaissée jusqu'à 8 degrés au-dessous de zéro. Le lendemain, le froid atteignait 14 degrés, et l'âpreté d'un vent violent le rendait intolérable. Nos malheureux soldats avaient été saisis brusquement par ce redoutable ennemi sur lequel ils ne comptaient pas, et qui devait faire dans leurs rangs plus de ravages que le feu des Prussiens. Quelques-uns d'eux cependant avaient été à la Ville-Évrard victimes de leur imprévoyance. En prenant possession des vastes bâtiments de l'établissement, ils avaient négligé de fouiller les caves. Des traînards allemands qui s'y étaient cachés en sortirent pendant la nuit, provoquant par là une action confuse dans laquelle le général Blaise fut mortellement frappé à bout portant. Cette misérable échauffourée nous coûtait un brave et modeste officier général dont les vertus militaires exerçaient un véritable ascendant sur ses troupes.

Le général Trochu, qui s'était retiré au fort d'Aubervilliers, comprit fort bien les dangers auxquels nous exposait l'échec qu'il venait de subir : afin de le conjurer, il faisait publier la note suivante dans l'*Officiel* du 23, sous la date du 22 :

« La journée d'hier n'est que le commencement d'une
» série d'opérations. Elle n'a pas eu, elle ne pouvait
» guère avoir de résultats définitifs. Mais elle peut servir à
» établir deux points importants : l'excellente tenue de
» nos bataillons de marche engagés pour la première
» fois, qui se sont montrés dignes de leurs camarades de
» l'armée et de la mobile, et la supériorité de notre nou-
» velle artillerie, qui a complétement éteint les feux de
» l'ennemi.

» Si nous n'avions pas été contrariés par l'état de l'at-
» mosphère, il n'est pas douteux que le village du Bour-
» get serait resté entre nos mains ; à l'heure où nous
» écrivons, le général gouverneur de Paris a réuni les
» chefs de corps pour se concerter avec eux sur les opé-
» rations ultérieures. »

De leur côté, les membres du Gouvernement délibéraient sur le parti à prendre dans une si grave conjoncture. A plusieurs reprises déjà, de sévères critiques avaient été dirigées contre les mesures du gouverneur. Ces observations m'avaient ébranlé sans me convaincre. Cette fois j'appuyai vivement la demande d'un conseil de guerre appelé à se prononcer sur la situation. Avant de s'arrêter à cette résolution, il fut décidé que deux de nous se rendraient auprès de M. Trochu pour connaître son opinion et ses projets. M. Jules Simon et moi nous montâmes en voiture à quatre heures et demie. La nuit tombait quand nous franchîmes l'enceinte. Je n'oublierai jamais le spectacle navrant qui s'offrit à nos regards.

La grande rue et la route qui conduisent au fort d'Aubervilliers étaient couvertes de troupes débandées cherchant un abri contre un vent du nord impétueux qui fouettait sur elles des nuages de grésil glacé. Ces pauvres gens arrachaient les pièces de bois qu'ils trouvaient sur leur chemin ; quelques-uns en portaient de tout enflammées sur leurs épaules. Ils grelottaient sous les couvertures qui les enveloppaient. C'était à fendre le cœur. Voilà Moscou aux portes de Paris, me dit M. Simon d'un ton brisé ; qui de nous pouvait prévoir que nous serions les témoins d'une si lugubre scène ? Le fort d'Aubervilliers était entouré de bivouacs où les hommes se couchaient sur la terre gelée, sans pouvoir se défendre contre les rafales qui balayaient la plaine. Hélas ! l'invasion de cette température maudite avait été si prompte qu'il était impossible de s'en garantir. Nous trouvâmes cependant le général calme et ferme. Il nous expliqua comment l'attaque du Bourget avait échoué. Ce contre-temps avait paralysé l'action générale. On ne pouvait s'avancer en laissant derrière soi une forteresse ennemie. Il fallait donc s'en emparer. Des cheminements étaient ordonnés. Poussés rapidement, ils nous conduiraient jusqu'au pied des retranchements qu'il s'agissait d'enlever. Ce serait alors un jeu pour nos soldats. Ce n'était donc qu'un retard de quelques jours. Le général nous demanda de faire prendre patience à la population, et nous promit une nouvelle affaire plus vigoureuse. Nous hasardâmes quelques objections sur l'état de l'armée, si cruellement éprouvée par la rigueur du froid. Il nous fut répondu que c'était là un des mille incidents inséparables des hasards de la guerre. Nous nous retirâmes profondément attristés.

Revenus auprès de nos collègues, nous n'eûmes pas de peine à leur faire partager notre sentiment sur la nécessité de réunir un conseil militaire. Nous en avions besoin pour décharger notre responsabilité. Peut-être devions-nous aller plus loin encore. A tort ou à raison, les plaintes les plus vives se faisaient partout entendre contre la direction du gouverneur de Paris. On lui reprochait de n'avoir pas su se servir des ressources qu'il avait dans les mains, et d'avoir compromis la défense par une tactique malheureuse qui consistait à engager ses troupes et à les retirer, sans jamais occuper un des points attaqués. La popularité immense dont il avait joui au commencement et pendant les trois premiers mois du siége avait fait place à une hostilité qui grandissait chaque jour. Ce n'était pas seulement dans le sein de la population civile, c'était aussi dans les rangs de l'armée qu'elle se manifestait. Le langage d'un grand nombre d'officiers la laissait deviner. On respectait ses qualités éminentes, on lui refusait celles qui pouvaient conduire son armée à la victoire.

Je l'avais longtemps défendu. Confident de ses pensées, témoin de son infatigable dévouement, subissant l'ascendant de ses vertus, je voulais le croire aussi habile capitaine qu'il était généreux citoyen; mais la journée du Bourget me paraissait fournir à ses adversaires des armes si puissantes, que ma conscience ne me permettait pas de le laisser désormais sans guide et sans contrôle décider souverainement des opérations qui pouvaient encore être tentées. Le conseil se rangea à l'avis de M. Picard, il ordonna la convocation d'un conseil de guerre, et me chargea de prier le général de venir en conférer avec nous.

Cette résolution était d'autant plus indispensable, que la violence du froid redoublait et rendait impossible le travail de cheminement commencé. Dans la nuit du 23 au 24, les cas de congélation se multiplièrent; on ne pouvait plus songer à retenir nos soldats au bivouac; le gouverneur les fit rentrer dans leurs cantonnements, en prévenant la population que ces précautions ne changeaient rien aux projets dont il l'avait entretenue. Le rapport militaire du 25 décembre disait :

« Les troupes ont cruellement souffert pendant la der-
» nière nuit : de nombreux cas de congélation se sont
» produits.

» Le travail des tranchées a dû être arrêté par suite
» de la dureté du sol, qui est gelé jusqu'à 50 centimètres
» de profondeur.

» Dans cette situation, devenue grave pour la santé de
» l'armée et qui pourrait l'atteindre dans son moral, le
» gouverneur de Paris a décidé que tous les corps qui
» ne seraient pas nécessaires à la garde des positions
» occupées seraient cantonnés de manière à être abri-
» tés; ils s'y remettront des pénibles épreuves qu'ils
» viennent de subir et seront prêts à agir selon les évé-
» nements. »

Le *Journal officiel*, qui publiait ce document, ajoutait :

« Les mesures qu'on vient de prendre pour sauve-
» garder la santé de nos troupes ont été nécessitées par
» une température tellement exceptionnelle, qu'il fau-
» drait remonter à une époque très-éloignée pour en
» retrouver un autre exemple.

» Elles n'impliquent à aucun degré l'abandon des
» opérations commencées. Le gouvernement, le géné-
» ral, l'armée, le peuple, persévèrent plus que jamais

» dans la résolution de continuer la défense, au prix de
» tous les sacrifices, jusqu'à la victoire définitive. »

Tel était en effet le sentiment unanime de Paris. On y comptait toujours sur l'aide de la province. Vint-elle à manquer, on était résolu à ne céder qu'à la dernière extrémité. Privés de toutes nouvelles du dehors, nous tenions M. Gambetta aussi exactement que possible au courant de notre situation. Pour la mieux faire connaître à mes lecteurs, je prends la liberté de mettre ici sous leurs yeux quelques extraits de mes dépêches, comme l'expression fidèle de mes impressions du moment.

Après avoir le 21 et le 22 envoyé le récit de ces journées, j'écrivais le 23 décembre :

M. Gambetta, à Bordeaux.

« Je vous envoie aujourd'hui un duplicata de ma dé-
» pêche d'avant-hier 21. Rien ne s'est fait depuis. Après
» avoir échoué dans son attaque sur le Bourget par un
» incident tout à fait imprévu, le général se prépare de
» nouveau à agir. Il est vivement contrarié par le froid
» intense qui est revenu et qui fait cruellement souffrir
» ses troupes. Ce froid empêche également les pigeons
» de nous arriver. Nos dernières nouvelles de vous sont
» du 14, dix mortels jours pendant lesquels ont dû se pas-
» ser des événements graves que nous sommes condam-
» nés à ignorer. Néanmoins, et malgré ses cruelles souf-
» frances, la population continue à être animée d'un
» merveilleux esprit de résistance. Elle manque de com-
» bustible, se nourrit fort mal, s'impose des privations
» de toute nature, et cependant elle ne faiblit pas. L'ar-
» mée est beaucoup moins ferme. Elle brave plus direc-

» tement la mort; elle est exposée à plus de misères.
» Les généraux s'accordent à la représenter comme lasse
» et mécontente. Il faut toute leur énergie pour la con-
» server dans la main. Enfin nous sommes en face de la
» redoutable question des vivres et sans cesse côtoyant
» un abîme. Nous avons songé trop tard à faire moudre
» le blé, et le défaut de proportion entre la mouture et
» la consommation quotidienne constitue un grave dan-
» ger. Magnin et Ferry espèrent toutefois le surmonter.
» Ils vont mêler le riz et l'avoine au froment, ce qui
» nous donnera huit jours de plus. Il ne faut pas néan-
» moins se payer d'illusions, et, en supposant que nous
» n'ayons aucun accroc, nous ne pouvons aller plus loin
» que le 10 janvier. Si donc un effort est possible de
» votre part, faites-le de suite. Nous ne savons pas quel
» rôle joue Bourbaki. De la position dans laquelle l'a laissé
» votre dernière dépêche, il peut se porter sur l'Est ou sur
» le Nord. Je voudrais qu'il marchât rapidement à nous,
» soit par Auxerre, qu'il gagnerait en traversant le Mor-
» van, soit par Montargis, en reprenant l'offensive de ce
» côté. Mais cela dépend tout à fait de ce qu'il a devant
» lui. Nous ne savons pas davantage ce que fait M. Chanzy.
» Les journaux allemands n'en disent rien, ce qui ne
» nous paraît pas d'un trop mauvais augure. Il en est
» de même de M. Faidherbe. La position est cruelle.
» Nous avons malheureusement de grandes chances de
» succomber dans cette lutte terrible; si nous sommes
» vaincus et pris, notre dernière parole à la France
» sera le conseil de résister. Je vous envoie toutes mes
» amitiés.

» Jules Favre. »

M. Gambetta, à Bordeaux.

28 décembre 1870.

» Nous sommes toujours sans nouvelles, mon cher ami,
» et fort inquiets de ce qui se passe de l'autre côté de
» la muraille de fer et de feu qui nous étouffe. Nous
» avons à lutter contre le fléau d'une température excep-
» tionnellement rigoureuse qui entrave les opérations
» militaires et aggrave outre mesure les souffrances de
» l'armée. Après la journée du 21, le gouverneur a voulu
» faire des cheminements pour arriver au Bourget; le 23,
» le froid a commencé à sévir avec une violence inouïe.
» Le thermomètre est descendu à treize degrés, et le
» vent violent augmentait dans une proportion déplo-
» rable l'excès de cette température; plusieurs cas de
» congélation ont atteint la troupe. Le 25, il a fallu la
» cantonner.

» Paris, malgré son enthousiasme et sa confiance,
» comprend mal ces retards; nous nous en affligeons, et
» nous pressons le général Trochu, qui nous répond que
» son armée est fort ébranlée par tant de causes réunies
» de douloureuses épreuves. Avant-hier, cependant, sur
» nos instances, il avait consenti à réunir un conseil de
» guerre. Mais voici qu'hier matin l'ennemi a ouvert un
» feu très-vif contre les forts de Rosny, de Noisy, de
» Nogent, et contre le plateau d'Avron. Le général Vinoy
» s'y est maintenu. Nous avons eu huit hommes tués,
» cinquante blessés. Aujourd'hui le bombardement a con-
» tinué, mais faiblement. Vous comprenez que cet inci-
» dent a empêché la réunion du conseil. Cependant de
» tous côtés on crie qu'il faut agir. L'exaltation de Paris

» augmente avec sa souffrance, et il s'exaspère d'autant
» plus qu'il pressent que le moment n'est pas loin où la
» résistance deviendra impossible. Or, il veut qu'elle *soit
» possible*, et il est résolu dans ce but à se porter aux
» dernières extrémités. Dans cet état violent, nul ne peut
» prévoir quelle sera la solution.

» Les clubs s'agitent, prêchent la guerre civile et l'as-
» sassinat. Des bandes dévastent les chantiers et les clô-
» tures, pillent les jardins pour en scier les arbres. Nous
» avons ordonné des répressions sévères; la garde na-
» tionale a beaucoup de peine à dominer ce mouvement.
» Nous avons cependant, par un parlementaire prussien,
» appris officiellement que l'armée du Nord avait été
» battue le 23 et le 24. Quelle était cette armée? quelle
» a été l'étendue de son échec? Nous l'ignorons. Nous
» ne savons pas davantage ce qu'est devenu M. Chanzy.
» Comment opère Bourbaki? Les Allemands disent qu'ils
» sont détruits. Nous avons la ferme espérance qu'il n'en
» est rien. Le bruit s'est répandu hier que Chanzy avait
» deux fois battu le prince Frédéric-Charles; que Bour-
» baki s'avançait sur Châlons; nous n'en pouvons rien
» croire, et ce ciel inflexible empêche le voyage de nos
» messagers. Si vous pouviez nous faire parvenir quel-
» que chose, vous nous soulageriez beaucoup.

» Si Bourbaki ne vient pas à nous, il pourrait couper
» la ligne de l'ennemi en se portant rapidement vers
» l'Est. Il ruinerait sa base d'opérations, et pendant que
» nous lui ferions brûler ses munitions, il l'empêcherait
» d'en recevoir. Je vous dis ces choses bien au hasard,
» comme un pauvre prisonnier qui parle de la lumière
» quand il est dans les ténèbres. Je ne puis vous affirmer
» qu'une chose, c'est que si les gens de la Commune

» n'amènent pas une sédition, nous tiendrons trois se-
» maines encore. D'ici là vous devez nous arriver d'un
» côté ou de l'autre.

» Mille amitiés.

» JULES FAVRE.

» Nous sommes dans la neige jusqu'au cou-de-pied et
» le froid est toujours très-intense. »

M. Gambetta, à Bordeaux.

Le 30 décembre.

« Je vous écris, mon cher ami, parce que je me suis
» fait une loi de ne pas laisser partir un ballon sans
» vous donner de nos nouvelles. Elles n'ont pas changé
» depuis mon dernier message du 28 courant. Nous avons
» dû abandonner le plateau d'Avron, labouré par les obus
» de 24 des mortiers Krupp. Le déplacement de notre
» artillerie s'est heureusement fait, et les pertes ont été
» légères. L'ennemi a continué hier un feu violent sur
» le fort de Rosny, qui a souffert passablement. Aujour-
» d'hui son action s'est un peu ralentie. Tout nous fait
» croire qu'il prépare une attaque sérieuse et que son in-
» tention est de s'emparer d'un de nos forts. Ces événe-
» ments ont vivement impressionné la population de Pa-
» ris. Elle demande à grands cris une action énergique,
» et ne ménage pas au Gouvernement des accusations de
» mollesse. C'est là une situation grave, car la résolution
» de Paris augmente avec le péril et les souffrances, et
» un peu partout on trouve que nous ne correspondons
» pas suffisamment à ce sentiment exalté. J'espère que
» nos généraux pourront le raviver dans leur armée. Ils
» sont sûrs de le trouver ardent, dévoué dans la garde

» nationale. Le froid continue à sévir avec une grande
» rigueur, et le manque de chauffage s'ajoute doulou-
» reusement à toutes les épreuves. La situation est bien
» difficile. Nous ne nous laissons point cependant abat-
» tre, et nous réagissons avec autant d'énergie que pos-
» sible.

» JULES FAVRE.

» Toujours aucune nouvelle de vous, c'est un bien
» affreux supplice. »

§

Les graves incidents rapportés dans ces dépêches ne changeaient rien aux dispositions du Gouvernement ni à celles de Paris. Ils n'en étaient pas moins des symptômes significatifs d'une solution prochaine, et leur révélation sollicitait au plus haut degré le secours immédiat des armées de province, si ce secours était réellement possible. Épuisés par les souffrances et les privations, nos soldats se défendaient mal contre le découragement. La garde nationale n'y échappait que par un excès contraire, et sa fiévreuse exaltation ne pouvait être considérée par les hommes de guerre comme une force véritable. Le général Trochu, qui se rendit à notre appel le 24 au matin, nous exposa scrupuleusement tous ces faits. Il fut dans cette circonstance ce qu'il avait toujours été, cordial, calme, désintéressé. Il nous déclara que si son commandement était un embarras pour la défense, il était prêt à le résigner. La majorité du conseil protesta contre une telle proposi-

tion; quelques-uns de nos collègues allèrent même jusqu'à lui répondre que sa retraite entraînerait la leur. Il ne pouvait insister. Il accepta la convocation d'un conseil de guerre, sans nous dissimuler qu'une telle mesure avait à ses yeux l'inconvénient d'affaiblir l'autorité du commandement en chef. Mais il suffisait qu'elle lui fût demandée pour qu'il ne la discutât pas. Il voulait seulement lui donner un caractère essentiellement officiel, en réunissant tous les chefs de corps. Nous serions ainsi à même d'entendre des avis divers et de prendre ensuite une résolution éclairée. La convocation fut fixée au 27. La veille, l'amiral La Roncière nous fit savoir qu'un parlementaire venait de lui apporter une lettre du général prussien commandant à Margency, qui, sous prétexte de lui demander des renseignements sur un prisonnier blessé, lui annonçait que le 23 et le 24 l'armée du Nord avait été battue par le général Manteuffel. Nous regardâmes cette communication comme une manœuvre dont nous devions nous défier. En publiant le message de l'officier allemand, le *Journal officiel* disait : « On n'in-
» dique point s'il s'agit de l'armée de l'amiral Moullac,
» ou de celle du général Faidherbe. Cet événement tel
» qu'il nous est rapporté ne laisse pas supposer un échec
» important, encore moins la destruction de l'une de
» nos armées. La population de Paris est à l'épreuve de
» ces tentatives d'intimidation. Elle sait que la France
» est debout, et que chaque jour qui s'écoule augmente
» le nombre de nos défenseurs au dehors. Cela lui suffit
» pour supporter courageusement les épreuves dont la
» délivrance est l'issue infaillible. »

Nous avons su depuis que nos soupçons étaient fondés. Le général Faidherbe avait en effet été attaqué le 24 au nord-est d'Amiens, par M. Manteuffel. Après un vif engagement d'artillerie, nos troupes s'étaient bravement jetées sur l'ennemi, l'avaient chassé de ses positions, et avaient brillamment enlevé à la baïonnette Pont-Noyelle et tous les villages environnants. C'est là le fait que le général Faidherbe rétablissait, en protestant contre le compte rendu par lequel le général prussien s'attribuait la victoire :

« L'armée française, disait-il, n'a laissé aux mains de
» l'ennemi que quelques marins qui se sont laissé sur-
» prendre dans le village de Daours. Elle a conservé ses
» positions et vainement attendu l'ennemi jusqu'au len-
» demain deux heures après midi. »

L'inquiétude nous était cependant permise ; des informations venues de Bordeaux pouvaient seules les calmer, et ces informations nous les attendions en vain. La rigueur inflexible du froid les arrêtait. Comme on le verra un peu plus bas, dans la dépêche de M. Gambetta, nos collègues se désolaient comme nous de leur impuissance à communiquer avec nous ; ils essayaient sans succès de lancer les pigeons. Engourdis et rebutés, ces oiseaux se perdaient ou revenaient au colombier.

Ce fut sous l'empire de ces pénibles impressions que nous nous réunîmes le 27 au matin. Nous savions déjà par des télégrammes de la nuit que les chefs de corps ne pouvaient quitter leurs postes. Le bombardement des forts était commencé. Ceux de Rosny, de Noisy et de Nogent reçurent les premiers feux. Le plateau d'Avron en fut couvert. Malgré le courage et le sang-froid de la petite garnison qui l'occupait, cette dernière position entièrement privée d'abris blindés était intenable, exposée qu'elle était au tir convergent de huit batteries de gros calibre. Après l'avoir visitée en personne, le gouverneur décida qu'elle devait être évacuée. Cette opération s'accomplit dans le plus grand ordre et sans qu'une seule des grosses pièces qu'il fallait transporter fût abandonnée.

Mais, comme on pouvait s'y attendre, ce mouvement en arrière excita dans la population le mécontentement le plus vif. Ce ne fut pas seulement dans les clubs que retentirent de violentes accusations contre la direction militaire, elles trouvèrent un redoutable écho dans toutes les classes. On reprochait au Gouvernement ses défaillances et ses hésitations, on le représentait comme travaillé par des dissensions intestines. C'est à ces incriminations que le général Trochu répondait par la proclamation suivante, adressée à l'armée le 30 décembre :

« Citoyens et soldats,

» De grands efforts se font pour rompre le faisceau des
» sentiments d'union et de confiance réciproque auxquels
» nous devons de voir Paris, après plus de cent jours de
» siége, debout et résistant. L'ennemi, désespérant de
» livrer Paris à l'Allemagne pour la Noël, comme il l'a
» solennellement annoncé, ajoute le bombardement de
» nos avancées et de nos forts aux procédés si divers d'in-
» timidation par lesquels il a cherché à énerver la défense.
» On exploite devant l'opinion publique les mécomptes
» dont un hiver extraordinaire, des fatigues et des souf-
» frances infinies ont été la cause pour nous. Enfin, on
» dit que les membres du Gouvernement sont divisés dans
» leurs vues sur les grands intérêts dont la direction leur
» est confiée.

» L'armée a subi de grandes épreuves en effet, et elle

» avait besoin d'un court repos, que l'ennemi lui dispute
» par le bombardement le plus violent qu'aucune troupe
» ait jamais éprouvé. Elle se prépare à l'action avec le
» concours de la garde nationale de Paris, et, tous en-
» semble, nous ferons notre devoir.

» Enfin, je déclare ici qu'aucun dissentiment ne s'est
» produit dans les conseils du Gouvernement, et que
» nous sommes tous étroitement unis, en face des an-
» goisses et des périls du pays, dans la pensée et dans
» l'espoir de sa délivrance.

§

Le lendemain soir, 31 décembre, les généraux convoqués par le gouverneur de Paris se réunissaient sous sa présidence, pour délibérer en présence des membres du Gouvernement. La séance fut ouverte par un exposé fort étendu, dans lequel le général Trochu précisa l'état de la question, rappelant ce qui avait été fait, recherchant ce qui restait à faire, demandant à chacune des personnes présentes d'exprimer son avis sur la conduite à tenir dans les circonstances suprêmes où nous étions placés. Il y avait à choisir entre deux systèmes d'opérations militaires : l'un, purement défensif, consistait à attendre l'ennemi dans la zone des forts, en repoussant les attaques de vive force que déjà il avait commencées, et qui probablement seraient bientôt suivies d'entreprises plus directes contre la cité elle-même. L'autre, défensif et offensif à la fois, comportait des actions extérieures qui auraient l'avantage d'inquiéter l'assiégeant, de lui infliger des pertes et de le contraindre, en maintenant un nombreux effectif autour de notre enceinte, de diminuer celui qu'il opposait aux armées marchant à notre secours. Sans doute, dans les siéges ordinaires, ces systèmes se lient et se soutiennent, mais le caractère exceptionnel de celui que subissait Paris, les travaux et les fatigues d'une garnison qui chaque jour s'usait sans se renouveler, la nécessité de concilier les éléments politiques et les éléments militaires, créaient au commandement une situation particulièrement difficile, dans laquelle il était sage de s'attacher à une règle définie pour n'en plus dévier. On avait encore à examiner le parti à tirer du concours de la garde nationale, dont nul ne contestait l'ardeur et le dévouement. Fallait-il l'associer à l'œuvre de la guerre au dehors? Était-il mieux de lui réserver la défense intérieure de la cité? Tels étaient les principaux points à débattre et sur lesquels le Gouvernement avait désiré connaître le sentiment des chefs de l'armée, dont la compétence reposait sur la double base de l'autorité et de la responsabilité.

La délibération fut grave et calme, malgré la vivacité du langage de quelques-uns des membres du conseil. L'un des premiers qui prit la parole opina en termes éloquents et convaincus pour une action aussi restreinte que possible. Il est bien rare, dit-il, qu'une troupe assiégée puisse forcer la ligne d'investissement et délivrer la place. Ce résultat ne peut être dû qu'à l'assistance d'une armée de secours dont l'effort se combine avec celui de la garnison. Nous n'avions rien à espérer de semblable. Bien que privés de renseignements certains, nous pouvions, par les simples données du bon sens, prévoir que les armées improvisées dans les départements, quelle que fût leur bravoure, ne viendraient point à bout des forces prussiennes. En tenant depuis le mois de septembre, nous avions réalisé une sorte de prodige; aller plus loin était une témérité véritable; rêver le succès, une illusion que démentaient à l'avance l'état physique et moral des troupes, tout aussi bien que la nature des obstacles qu'il s'agissait de surmonter.

Un général de brigade, qui avait de bonnes raisons pour être initié à la pensée intime du gouverneur, réfuta cette thèse dans une allocution concise et ferme, empreinte d'une ardeur guerrière qui impressionna vivement le conseil. Il essaya de démontrer qu'il était encore possible de lutter et de vaincre. Il alla jusqu'à indiquer un plan qui, selon lui, avait de grandes chances de succès si l'exécution en était à la fois impétueuse et précise. Et pourquoi ne pas l'espérer telle? Nous touchions au dénoûment d'un des drames les plus étonnants de l'histoire. Paris était devenu, par sa résistance, un objet d'admiration pour l'Europe entière. Son honneur lui ordonnait de bien finir. L'instinct de la population le devinait. L'armée, qui avait déjà fait de si héroïques sacrifices, accomplirait son devoir jusqu'au bout. Ce ne serait point en vain qu'on se fierait à son patriotisme.

Les opinions individuelles se produisirent successivement. Elles différèrent par les détails : quelques-unes, mais en minorité, furent favorables à l'action purement défensive. Toutefois, après les explications de ceux qui soutenaient l'opinion contraire, et surtout après avoir entendu le résumé du gouverneur, qui se prononça énergiquement pour un système offensif, le conseil déclara à l'unanimité que l'honneur militaire, l'intérêt de la cité, le devoir de la défense, exigeaient un nouvel effort. Il accepta la mission que lui donna le Gouvernement, de le préparer avec le commandant en chef, et de déterminer avec lui, dans le plus bref délai possible, toutes les conditions d'exécution d'une entreprise que le fatal et prochain épuisement de nos vivres nous ordonnait de précipiter.

Avant de se séparer, le conseil approuva la rédaction de la note suivante, qui fut le lendemain, 1ᵉʳ janvier 1871, publiée dans le *Journal officiel :*

« Au moment où l'ennemi menace Paris d'un bom-
» bardement, le Gouvernement, résolu à lui opposer la
» plus énergique résistance, a réuni en conseil de guerre,
» sous la présidence du gouverneur, les généraux com-
» mandant les trois armées, les amiraux commandant
» les forts, les généraux des armes de l'artillerie et du
» génie. Le conseil a été unanime dans l'adoption des
» mesures qui associent la garde nationale, la garde
» mobile et l'armée à la défense la plus active.

» Ces mesures exigent le concours de la population
» tout entière. Le Gouvernement sait qu'il peut compter
» sur son courage et sur sa volonté inflexible de com-
» battre jusqu'à la délivrance. Il rappelle à tous les
» citoyens que dans les moments décisifs que nous allons
» traverser, l'ordre est plus nécessaire que jamais. Il a le
» devoir de le maintenir avec énergie; on peut compter
» qu'il n'y faillira pas. »

§

Le but que se proposait le Gouvernement se trouvait atteint, au moins dans sa partie essentielle. Associés aux desseins du gouverneur de Paris, ses éminents auxiliaires concouraient plus efficacement à l'unité des opérations militaires ; ils devaient ainsi rendre plus prompte et plus sûre l'action décisive que la population et la garde nationale appelaient de tous leurs vœux, que moi-même j'attendais le cœur plein d'angoisse, sachant que, si elle échouait, un douloureux devoir m'était imposé, car j'avais sans cesse devant les yeux le spectre de la famine prêt à saisir sa proie à jour fixe, et j'étais résolu, quoiqu'il dût m'en coûter, à lui barrer le passage.

Or nous avions dépassé la limite que le ministre du commerce nous avait assignée comme la dernière. Nous la reculions par une combinaison qui imposait aux habitants de Paris un pain détestable et souvent insalubre. De plus, nous en étions arrivés à moudre la veille les grains dont la farine se consommait le lendemain. Au moindre accident de nos moulins, et bientôt ils allaient être exposés à ceux du bombardement, la ville pouvait s'éveiller sans pain. Deux fois par jour, nous nous faisions rendre compte de l'état des subsistances, et en constatant leur décroissance progressive, nous sentions la vie se retirer de nous. Il fallait cependant garder ce secret. Nul ne le trahit. Et Paris, toujours disposé à la confiance, croyait avoir pour longtemps encore des ressources suffisantes. Des états fournis par l'administration, il résultait que le 24 ou le 25 il n'y aurait plus dans nos magasins ni grains ni farines. En calculant le délai de ravitaillement, il fallait s'arrêter au plus tard le 15. C'était dans ces deux semaines que devaient se placer nos opérations. Et le froid continuait avec une rigueur implacable, et avec le froid nos pigeons ne voyageaient pas. Nous étions donc condamnés à ignorer ce qui se passait au dehors. Peut-être nos armées étaient-elles victorieuses, peut-être serions-nous réduits à nous rendre la veille même du jour de notre délivrance !

Nous rendre ! C'est-à-dire livrer la capitale de la France ! enlever à la défense son premier, son plus solide boulevard ! permettre à l'ennemi de le retourner contre les départements, si, par un miracle de patriotisme, ils tenaient encore après notre chute ! C'était une idée horrible contre laquelle tout notre être se révoltait. Aussi étions-nous déterminés à n'accepter ce désastre que lorsque le devoir impérieux de disputer à la plus horrible des morts une population qui avait suivi notre foi, se dresserait devant nous pour nous dire : Une minute de plus, et deux millions de créatures humaines vont périr par votre faute !

Nous avions encore deux semaines ; d'un jour à l'autre nous pouvions recevoir des nouvelles. Nos généraux préparaient une entreprise sérieuse à laquelle toute la garde nationale de guerre participerait. Le bombardement violent dirigé sur nos forts n'ébranlait pas le courage de nos soldats. Chaque nuit les Prussiens essayaient des attaques de vive force sur nos avancées, et chacun de leurs assauts était repoussé par nos grand'gardes, qui les recevaient sur leurs baïonnettes. La situation pouvait être désespérée d'un moment à l'autre, elle ne l'était point encore, et l'incertitude qui nous torturait était cependant un élément de notre force.

Enfin le 8 janvier, bravant la rigueur de la température, un pigeon nous arriva chargé de dépêches microscopiques. Il fallut toute la nuit et une grande partie de la journée du lendemain pour en opérer la traduction, dont je suivais chaque ligne avec une anxiété facile à comprendre. La première, datée de Lyon du 21 décembre, était adressée par M. Gambetta à M. Trochu. Elle était ainsi conçue :

« J'ai reçu le 22 décembre au matin, par M. d'Al-
» méida, votre dépêche écrite le 16 décembre. L'ap-
» préciation que vous avez faite de l'armée de la Loire
» et des éléments qui la composent est parfaitement juste
» et trouve dans les faits qui s'accomplissent tous les
» jours une nouvelle confirmation. Les Prussiens, sans
» avoir éprouvé rien qui ressemble à une défaite, parais-
» sent cependant démoralisés : ils commencent à éprou-
» ver une grande lassitude, et on leur tue beaucoup de
» monde de tous les côtés. Sur tous les points du cercle
» qu'ils occupent, ils rencontrent de vigoureuses résis-
» tances. Belfort est approvisionné pour huit mois;
» toute la ligne de Montbéliard à Dôle est bien gardée
» par les forces de Besançon; celle de Dôle à Autun par
» les forces de Garibaldi et du général Bressolles; il en est
» de même du Morvan et du Nivernais jusqu'à Bourges.

» D'un autre côté, l'armée de Bourbaki est dans une
» excellente situation. Elle effectue dans ce moment une
» manœuvre dont on attend les meilleurs résultats.

» Chanzy, grâce à son admirable ténacité, a fait
» lâcher prise aux Prussiens, et depuis le 16 il s'occupe
» à refaire ses troupes fatiguées par tant et de si hono-
» rables combats. Aussitôt remises, ce qui ne demande
» que quelques jours, rééquipées et munitionnées,
» vous pouvez être assuré que Chanzy reprendra l'of-
» fensive.

» Le Havre est tout à fait dégagé. Les Prussiens ont
» même abandonné Rouen après l'avoir pillé et dirigé

» leur butin sur Amiens, direction que paraissent avoir
» prise les forces de Manteuffel pour barrer le passage
» aux troupes de Faidherbe. Nous augmentons tous les
» jours notre effectif.

» A mesure que les forces s'accroissent, les gardes na-
» tionaux mobilisés qui ont déjà vu le feu s'en tirent à
» merveille, et en peu de temps ce seront d'excellents
» soldats. Le pays est comme nous résolu à la lutte à ou-
» trance. Il sent tous les jours davantage que les Prus-
» siens s'épuisent par leur occupation même, et qu'en
» résistant jusqu'au bout, la France sortira plus grande
» et plus glorieuse de cette guerre maudite. »

M. Gambetta nous transmettait en même temps une dépêche du général Faidherbe, datée d'Avesne-Bapaume, 3 janvier, ainsi conçue :

« Aujourd'hui, 3 janvier, bataille sous Bapaume, de
» huit heures du matin à six heures du soir. Nous avons
» chassé les Prussiens de toutes les positions et de tous
» les villages; ils ont fait des pertes énormes et nous des
» pertes sérieuses. »

Enfin une dépêche sans date de l'agence Havas, non moins utile à rapporter ici, pour donner une juste idée de l'impression produite sur la ville de Paris et sur le Gouvernement par ces communications :

« Les nouvelles de la guerre sont bonnes. Faidherbe
» a remporté une victoire à Pont-Noyelle. Son armée
» augmente chaque jour en nombre et en solidité.
» Chanzy, changeant sa base d'opérations, a effectué
» un mouvement sur le Mans, tenant continuellement
» tête à l'ennemi, lui faisant subir pendant huit jours
» des pertes considérables.

» L'armée de Bourbaki est dans une excellente situa-
» tion. Ses mouvements sont ignorés.

» Les Prussiens se montrent inquiets du mouvement
» des deux armées qui sont sur leurs flancs, et n'osent
» pas avancer dans le centre; ils ont évacué Nogent-le-
» Rotrou, remontant dans la direction de Paris.

» A Nuits, il y a eu un brillant combat livré par
» 25,000 Allemands contre 10,000 Français. Nous
» avons perdu 1,200 hommes environ. Les Prussiens en
» ont perdu 7,000, dont le prince Guillaume de Bade.

» Les correspondants du *Times* à Versailles et dans
» les autres quartiers généraux prussiens, constatent eux-
» mêmes combien la situation est changée au désavan-
» tage des Allemands. Chaque jour les forces françaises
» augmentent, celles des Allemands diminuent. Ils ont
» perdu 300,000 hommes depuis leur entrée en France.
» Il existe en Allemagne 100,000 veuves et 200,000 or-
» phelins. Actuellement l'effectif des Allemands en
» France est évalué à 600,000 hommes, dont 100,000
» malades. Le landsturm a été appelé dans quelques
» provinces allemandes; la dernière levée a suscité de la
» résistance.

» Le siége de Belfort a donné lieu à plusieurs sorties
» qui ont causé à l'armée allemande de grandes
» pertes.

» Dans les provinces occupées, les Allemands conti-
» nuent leur pillage organisé et en transportent les pro-
» duits en Allemagne. La presse étrangère, constatant
» ces faits, blâme sévèrement les procédés prussiens. Le
» *Times*, en faisant l'historique de la campagne de Rus-
» sie en 1812, invite le roi de Prusse à méditer cet
» exemple.

» Les nouvelles de l'Alsace, de la Franche-Comté et
» de la Lorraine signalent une grande excitation de la
» population contre les Allemands; beaucoup d'habi-
» tants sont arrivés à Lyon et sur d'autres points pour
» participer à la défense nationale.

» Les dissentiments entre les soldats et officiers prus-
» siens et les troupes du Sud s'accentuent chaque jour.
» Ces dissentiments, si l'ennemi éprouvait une défaite
» sérieuse, se traduiraient promptement en lutte armée.

» Gambetta, en quittant Bourges, a séjourné huit
» jours à Lyon. Il est arrivé le 28 à Bordeaux.

» Une grande revue de la garde nationale a eu lieu à
» Bordeaux le 26.

» La population et la garde nationale ont fait éclater
» un grand enthousiasme et poussé des cris unanimes
» de : Vive la République! Des discours ont été pro-
» noncés par Crémieux et Glais-Bizoin.

» Un décret a dissous les conseils généraux. Des com-
» missions départementales seront instituées.

» La démission du général Loverdo a été acceptée.

» Partout les gardes nationaux mobilisés sont envoyés
» dans les camps d'instruction et ensuite à l'armée
» active.

» Le général Chanzy a adressé, le 26 décembre, au
» commandant prussien de Vendôme, une protestation
» contre les déprédations, les injures et les insultes des
» officiers et soldats prussiens envers des gens inoffen-
» sifs, et contre les procédés déloyaux employés dans la
» guerre.

» Les Prussiens ont coulé cinq navires anglais sur la
» Seine, près de Duclais; ils ont tiré sur le second de
» l'un de ces navires et dévalisé les matelots. Ce fait a

» causé une grande excitation chez les Anglais résidant
» au Havre. Le *Times* et les journaux anglais expriment
» leur indignation.

» Les Prussiens ont évacué Dijon et autres villes de
» l'Est. Garibaldi occupe Dijon le 28 ; il y a grande
» espérance que les opérations de l'Est donneront un
» immense résultat. »

A ces deux dépêches en était jointe une troisième, beaucoup plus étendue, qui m'était adressée par M. Gambetta. Je la mets sous les yeux du lecteur, non-seulement à raison de l'intérêt capital des détails qu'elle renferme, mais encore et surtout comme la preuve la plus éclatante de la parfaite sincérité de celui qui l'écrivait. Il s'y révèle tout entier et sans déguisement. On peut, après l'avoir lue, contester la sagesse de quelques-unes de ses vues, on peut l'accuser d'une ardeur excessive, d'une trop grande facilité à se laisser aller aux illusions, il est impossible de douter de son patriotisme et de sa bonne foi. J'ai dit, en commençant ce récit, que je ne veux pas juger ceux de ses actes pour lesquels je n'ai point été d'accord avec lui, mais j'ai le droit d'affirmer qu'il a voulu énergiquement délivrer la patrie et qu'il s'est dévoué tout entier, sans arrière-pensée, à cette noble tâche. Il a cru que la fièvre qu'il portait en lui serait contagieuse, et que le pays tout entier en étant possédé deviendrait invincible. Son erreur était généreuse ; elle a été celle de tous les grands cœurs, et les efforts qu'elle a enfantés resteront dans la mémoire des hommes comme un légitime sujet d'admiration.

Après quelques paroles pleines d'une cordiale affection pour moi, témoignant le vif désir d'union avec tous les membres du gouvernement de Paris, et la promesse de leur obéir, M. Gambetta s'exprimait ainsi :

« Je vais tâcher de résumer notre situation depuis le
» commencement de décembre. La cruauté de l'hiver ne
» nous a pas permis de correspondre depuis trois se-
» maines et de vous tenir au courant de nos opérations.
» Veuillez croire cependant que nous n'avons négligé
» aucun moyen de communication avec vous; nous avons
» multiplié les messagers, nous en avons demandé à
» tous les préfets, et il ne se passe pas un seul jour que
» notre éminent et infatigable collaborateur Steenackers
» n'en fasse partir un, quelquefois deux, avec la collection
» de toutes les dépêches. Quant aux pigeons, notre plus
» précieuse ressource, elle nous fait aujourd'hui à peu
» près défaut, par suite des rigueurs de la température.
» Des essais de départ ont été tentés à plusieurs reprises,
» mais le froid, la neige sont pour nos oiseaux un fléau
» terrible. Nous pouvions les perdre sans profit. On les
» voit tournoyer quelque temps quand on les a lâchés,
» puis s'arrêter tout à coup comme paralysés, la plupart
» étant fidèles au colombier du départ ; mais nous ne
» pouvons nous exposer à les perdre en nous obstinant
» à les faire partir. Dites bien toutes ces choses à l'intel-
» ligente population de Paris. Ces petits détails la tou-
» cheront et lui feront voir que nous ne cessons de pen-
» ser à elle, et que nous sommes surtout malheureux de
» ne pouvoir lui donner toutes les satisfactions auxquelles
» lui donnent droit son ardent patriotisme, sa constance
» dans les épreuves, et son indomptable énergie. Après
» l'occupation d'Orléans, qui avait fait espérer à la Prusse
» qu'elle en avait fini avec l'armée de la Loire, je vous

» ai raconté les divers événements militaires qui ont
» suivi cette triste journée et dont la responsabilité in-
» combe tout entière au général en chef. Dans l'ef-
» froyable lutte que nous soutenons, c'est à cette absence
» de généraux que nous devons de voir les organisa-
» tions les plus laborieusement édifiées et les plus solides
» s'écrouler tout à coup en un seul jour. Nous ne nous
» lasserons pas de reprendre infatigablement cette dé-
» fense à outrance de la République et du sol national.
» Moins de quinze jours après l'évacuation d'Orléans et
» la belle retraite du général Chanzy, nos armées
» étaient pleinement reconstituées, et en voici mainte-
» nant le tableau fidèle. La première armée de la Loire
» comprend le 15°, le 18° et le 20° corps, commandés
» par les généraux Martineau, Clinchant et Billot.

» L'armée placée sous les ordres du général Bourbaki
» a été rapidement portée (voies ferrées de Vierzon et de
» Bourges) jusqu'à Châlons-sur-Saône, Beaune et Dôle.
» Le but de cette opération est de se jeter sur la ligne
» des Vosges derrière l'ennemi, et aller, s'il le faut, jus-
» qu'aux portes de l'Allemagne. Pour coopérer à cette
» entreprise, qui, si elle réussit, pourrait vous déblo-
» quer, on a adjoint aux forces dont dispose le général
» Bourbaki, le corps d'armée de Lyon à Besançon, de
» manière à former l'extrême droite de Bourbaki et à
» débloquer Belfort; à la gauche de Bourbaki se trouvent
» Garibaldi et une division de l'armée de Lyon comman-
» dée par le général Solmer. L'ensemble de ces forces
» s'élève, y compris la garnison de Besançon, dont une
» partie entre dans la combinaison, à plus de cent soixante
» mille combattants. Les préliminaires de cette vaste
» opération ont jusqu'ici assez bien marché. Après une

» très-brillante affaire gagnée à Nuits par les troupes du
» général Cremer appuyées par Menotti Garibaldi, dans
» laquelle on a tué plus de sept mille Prussiens, le corps
» de Werder fut refoulé vers Dijon ; et quelques jours
» après, il suffit de la marche en avant de la première
» armée de la Loire, devenue, comme vous le voyez, armée
» de l'Est, pour obliger les Prussiens à évacuer précipi-
» tamment Dijon et Gray à la date du 27 décembre. Ils
» vont se refaire sur Vesoul et Épinal, pendant qu'ils rap-
» pellent à eux les troupes qui occupaient l'Yonne et se
» ralliaient au prince Frédéric-Charles, qui est toujours
» à Orléans, par Montargis, Joigny, Auxerre, Tonnerre,
» Châtillon-sur-Seine et Chaumont. Après avoir fait
» occuper Dijon et Gray, nous poursuivons notre marche
» sur Vesoul, ce qui pourrait bien débloquer Belfort sans
» coup férir. L'important est de marcher vite, et dans ce
» mouvement d'assurer ses derrières en faisant marcher
» toutes ses forces. Je ne puis vous en dire plus long,
» l'opération étant en train ; il n'y a qu'à souhaiter qu'elle
» réussisse.

» A l'ouest les choses sont également en excellent état.
» Chanzy, dont le quartier général est au Mans, après
» avoir refait et reconstitué ses troupes, est tout à fait à
» la veille de reprendre l'offensive. Depuis deux jours, il
» tâte l'ennemi en avant de Vendôme. Les Prussiens ont
» évacué complètement la vallée du Loiret et n'ont pas
» osé franchir la Loire à Tours de peur d'être tournés.
» Le général Chanzy est parfaitement au courant de la
» situation militaire de Paris. Outre les lettres du général
» Trochu, nous avons eu des renseignements et des avis
» positifs sur la crise suprême à laquelle vous touchez, et
» nous avons décidé une action aussi prompte que pos-

» sible entre Chartres et Dreux, mouvement qu'on
» pourra faire appuyer par les forces à peu près égales à
» un corps d'armée de trente-cinq à quarante mille hom-
» mes, que nous tirerons de Cherbourg et du Havre. Le
» général Faidherbe sera préparé pour appuyer de son
» côté vivement l'opération du général Chanzy par un
» mouvement au nord. Grâce d'ailleurs à la télégraphie
» militaire, les généraux ont tous les jours des rensei-
» gnements précis sur leurs positions et leurs marches
» respectives. En somme, si nous n'avions le devoir de
» songer constamment à Paris, dont chaque heure qui
» s'écoule aggrave le sort déjà si terrible, nous pourrions
» envisager avec satisfaction l'état respectif des forces de
» la France et de la Prusse. Il est hors de doute en effet,
» comme pour l'Europe entière, que nos bonnes chances
» augmentent tous les jours. Les Prussiens ont perdu
» près d'un demi-million d'hommes depuis qu'ils sont
» entrés sur notre territoire ; leur matériel de guerre si
» considérable, si bien servi, a diminué ; par l'usage
» même, il s'est altéré. Bien des batteries sont hors de
» service, comme nous l'apprennent nos espions, et nous
» commençons au contraire à avoir nos nouveaux canons
» d'un tir supérieur. Nos fusils leur causent les pertes
» les plus cruelles. Tous les jours nos ressources s'accrois-
» sent, tous les jours les leurs diminuent. Ils ont con-
» science de ce changement, qui peut leur être fatal. Le
» roi Guillaume lui-même n'échappe pas à ce pressenti-
» ment, et dans son dernier ordre du jour à son armée,
» il reconnaît que la guerre est entrée dans une phase
» nouvelle et que, grâce à des efforts extraordinaires, la
» France peut opposer tous les jours de nouvelles armées.
» C'est en effet notre situation. Malgré la plus prodi-

» gieuse activité, nous n'avons pu acheter et surtout réa-
» liser jusqu'ici autant d'armes que nous aurions voulu,
» ce qui limite le nombre des soldats, mais le pays tout
» entier comprend et veut la guerre sans merci, même
» après la chute de Paris, si cet horrible malheur doit
» nous arriver. Les plus simples comprennent fort nette-
» ment que la guerre étant devenue une guerre d'extermi-
» nation préparée depuis trente ans dans l'ombre par la
» Prusse, il faut, pour l'honneur de la France et pour sa
» sécurité dans l'avenir, en finir avec cette puissance
» odieuse. Nous en finirons en moins de temps qu'on ne
» le suppose, si nous le voulons, si nous avons aussi la
» force morale nécessaire pour supporter, pour subir les
» échecs, les revers, la mauvaise fortune, en continuant
» à nous battre. Cette disposition de la France à la lutte
» jusqu'à la victoire et à la revanche la plus absolue est
» telle, que des défaites, qui chaque jour deviennent plus
» improbables, ne feraient qu'en aspirer et enflammer ses
» sentiments. La France est complétement changée de-
» puis deux mois ; l'âme de Paris s'est répandue sur elle
» et l'a transfigurée, et si vous veniez à succomber, c'est
» un cri de vengeance qui sortirait de toutes les poitrines ;
» mais vous ne succomberez pas. La situation intérieure
» du pays ne s'est guère modifiée depuis ma dernière
» dépêche. L'esprit public, tourné tout entier à la guerre,
» n'a de préoccupations publiques que celles qui lui vien-
» nent, comme je vous l'ai toujours dit, de la permanence
» dans toutes les branches de l'administration des créa-
» tures les plus compromises du régime déchu. C'est parce
» que les ennemis de la République redoutent de la voir
» assurer la délivrance de la patrie, qu'ils profitent de
» l'extrême liberté dont ils jouissent pour entraver, dé-

» nigrer ou travestir les mesures militaires prises par le
» Gouvernement. Ce sont là d'ailleurs des incidents que
» je mentionne pour être complet, mais qui n'exercent
» aucune influence sur l'esprit public non plus que sur la
» marche des affaires. L'expiration de l'année empêchait
» de conserver plus longtemps les conseils généraux de
» l'Empire. Ils ont été dissous par une mesure souvent
» réclamée par les préfets, et on doit dire que, sauf deux
» ou trois protestations intéressées, cette mesure a passé
» absolument inaperçue ; et cela se comprend, car, bien
» que fort légitime, elle était tardive. Ce qui est plus
» sérieux, ce qui est impatiemment réclamé, c'est la des-
» titution d'agents de l'administration des finances, de
» l'instruction publique, qui ont été sous l'Empire des
» instruments d'oppression et de persécution, et qui sont
» aujourd'hui, dans leurs places et sous la République,
» des sujets de scandale et des objets de colère, des fau-
» teurs de réaction, capables de miner nos institutions.
» Je vous conjure de nous envoyer au nom du Gouverne-
» ment et des ministres compétents, qui n'ont aucun
» motif sérieux de résister plus longtemps, leur consente-
» ment à des mesures d'épuration dont l'ajournement
» est un danger pour la République, et un prétexte à de
» sévères reproches de la part de nos meilleurs amis.

» Mais au fond la France s'attache de plus en plus au
» régime républicain. La masse du peuple, même dans
» les campagnes, comprend, sous le coup des événe-
» ments qui s'accomplissent, que ce sont ces républi-
» cains tant calomniés, tant persécutés, diffamés avec
» tant d'art depuis trois générations, qui sont les vrais
» patriotes, les vrais défenseurs de la nation et des droits
» de l'homme et du citoyen. Il y a plus que de l'estime

» pour eux dans ce sentiment, il y a de la reconnais-
» sance. Chassons l'étranger comme nous le pouvons et
« comme nous le devons, et la République est définiti-
» vement assise en France. J'ai parcouru plusieurs fois
» la France depuis que je vous ai quittés, et partout,
» dans les villes comme dans les villages, je recueille les
» mêmes sentiments et les mêmes acclamations pour la
» République. Cet état de l'esprit public nous permet
» d'envisager sans trouble, sans passion, les intrigues
» des partis réactionnaires et monarchiques. Les bona-
» partistes n'ont d'autre force que celle qu'ils tirent de
» la présence inexplicable et injurieuse des anciens agents
» décembristes dans l'administration. Un décret suffirait
» pour nous débarrasser, quand il vous plaira de le
» rendre. Le parti légitimiste se divise en deux frac-
» tions : les braves qui vont au feu et se font tuer pour la
» France, même sous le drapeau de la République; les
» intrigants qui spéculent sur les malheurs du pays pour
» nous couvrir d'injures dans leurs feuilles et chercher à
» la suite de l'invasion une restauration de la branche
» aînée. Leur thème quotidien est la convocation immé-
» diate d'une Assemblée pour choisir la forme du gou-
» vernement, trancher la paix ou la guerre, et restaurer
» les anciens principes d'autorité et de religion de l'État.
» Ils sont assez en veine d'anachronismes pour deman-
» der, quatre-vingts ans après la Révolution française,
» des états généraux où l'on ne dit pas si la France serait
» partagée de nouveau en trois ordres : clergé, noblesse
» et tiers état. Tout cela est parfaitement innocent et
» usé. Reste le parti orléaniste, dont les menées méritent
» plus d'attention et une description plus détaillée.
» Remis de leurs premières inquiétudes sur le maintien

» de l'ordre à l'intérieur, la protection des personnes et
» des propriétés, toutes choses que votre Gouvernement
» a su assurer sans effort et rien que par son ascendant
» moral, les chefs de ce parti se sont mis à l'œuvre
» depuis déjà deux mois pour substituer à la République,
» qu'ils se chargeraient de conduire à sa perte sous le
» couvert d'une Assemblée nationale, le gouvernement
» de leurs vœux, l'installation de M. le comte de Paris
» et le rétablissement de cette monarchie constitution-
» nelle qu'ils se représentent entre eux comme le port de
» refuge dans lequel le vaisseau de la France viendra
» enfin se reposer des orages et des tourmentes de la
» haute mer. J'emprunte cette image à une lettre de
» Mgr Dupanloup, adressée à M. Thiers à l'époque où il
» était notre ambassadeur extraordinaire, et dans la-
» quelle l'éloquent évêque, interprétant finement le con-
» cours prêté par M. Thiers à cette République abomi-
» née des honnêtes gens, le considérait comme le pilote
» de ce vaisseau déjà en rade. La persistance avec la-
» quelle les anciens amis de M. Thiers ont depuis lors
» traité notre Gouvernement d'usurpateur, la guerre
» d'insensée, la prolongation de la résistance de crimi-
» nelle, l'héroïsme de Paris de batailletie sans résultat,
» l'adhésion hautement donnée aux propositions de
» M. de Bismarck offrant de garantir la liberté des élec-
» tions sans armistice, l'exagération de tous nos revers,
» l'apologie timide mais sans cesse reprise en sous-œuvre
» de l'abominable Bazaine, le dénigrement systématique
» de toutes les mesures politiques, financières et mili-
» taires de notre Gouvernement, la défiance et l'inertie
» partout encouragées, les prédictions les plus sinistres
» sur l'avenir de la France et l'impuissance du régime

» républicain, telles sont les pratiques et les manœuvres
» familières aux serviteurs de la branche cadette. Plu-
» sieurs d'entre eux ont été signalés comme ayant tenté
» des visites sur notre territoire. J'ai donné des ordres
» formels pour faire respecter les lois et ne pas permettre
» à des prétendants de venir, sous couleur de patrio-
» tisme, jeter la discorde et exciter des luttes civiles dans
» le pays et commettre par là des actes de haute tra-
» hison contre la France. L'un d'eux s'est glissé jusqu'au
» milieu de notre armée de la Loire. Il a été découvert
» sous un nom d'emprunt, et je le fais mettre en état
» d'arrestation. On doit me l'amener ici même. J'exigerai
» de lui un engagement par écrit de ne plus remettre le
» pied sur le territoire, et s'il n'y consent, je le ferai
» purement et simplement reconduire à la frontière.

» Le Gouvernement a l'œil ouvert sur ces intrigues et
» sur ces agitations d'ailleurs sans aucune importance,
» et il trouverait, s'il était besoin, dans le dévouement
» de la garde nationale sur tous les points du territoire,
» un concours dont il n'y a pour le moment qu'à modé-
» rer l'ardeur. Le reste du pays tout entier est exclusi-
» vement absorbé par les préoccupations de la guerre et
» l'anxiété patriotique que nous inspire Paris. C'est ainsi
» qu'un lugubre événement qui s'est accompli à Lyon le
» 22 décembre, la veille de mon arrivée dans cette ville,
» et qui en d'autres temps eût profondément agité l'opi-
» nion, n'a causé qu'une émotion passagère. Dans une
» réunion publique tenue à la Croix-Rousse, un chef de
» bataillon de la garde nationale de ce quartier, le com-
» mandant Arnaud, sommé par quelques misérables de
» donner l'ordre à son bataillon de marcher sur l'hôtel
» de ville pour enlever le préfet, ayant courageusement

» refusé de se prêter à un tel crime, a été saisi, jugé par
» ces bandits, condamné et fusillé en moins de trois
» quarts d'heure, en plein midi, au milieu d'une popula-
» tion qui, ignorant sans doute ce qui se passait, ne lui
» a pas porté secours. Le commandant Arnaud était un
» républicain solide et éprouvé, estimé, aimé de tous
» ceux qui le connaissaient à Lyon. Il est tombé en
» criant cinq fois : Vive la République ! Sa mort aussitôt
» connue a jeté le deuil et l'horreur dans la cité lyon-
» naise, et dès le lendemain, comme une protestation
» unanime de toute la population, le conseil municipal,
» le premier magistrat du département, assisté de toutes
» les autorités civiles et militaires, au milieu d'un con-
» cours de plus de cent mille citoyens, faisait au com-
» mandant Arnaud de magnifiques et expiatoires funé-
» railles. J'ai cru de mon devoir, malgré les occupations
» impérieuses et exclusivement militaires qui m'avaient
» appelé à Lyon, de suivre le cercueil de ce martyr du
» devoir républicain et de donner un public témoignage
» de notre horreur pour la violence. Dans la journée,
» nous fîmes avec le préfet, dont on ne saurait trop louer
» depuis trois mois l'énergie et la prudence politiques,
» arrêter les misérables impliqués dans cette affaire. Ils
» sont déférés au conseil de guerre, en vertu du décret
» du 28 novembre, sur les faits accomplis dans les dé-
» partements en état de guerre. *Il en sera fait une justice*
» *exemplaire. La veuve et les enfants de la victime ont été*
» *adoptés par le conseil municipal de Lyon.* Puisque je
» vous parle de Lyon, laissez-moi vous dire l'impression
» générale que j'en ai apportée. D'abord toute tentative
» séparatiste et fédéraliste est dénuée de fondement ;
» loin de vouloir se séparer de Paris et de l'unité fran-

» çaise, Lyon a tenu à honneur d'affirmer son étroite
» solidarité avec le reste du pays en prodiguant ses res-
» sources en hommes et en argent à la défense nationale.
» Les quatre légions des mobilisés du Rhône sont devant
» l'ennemi, parfaitement habillées, équipées, armées, et
» munies d'une puissante artillerie se chargeant par la
» culasse, le tout aux frais de la ville et du département.
» La ville est admirablement fortifiée, des approvision-
» nements sont faits ; le danger du siége de Lyon est
» évanoui, mais ses habitants s'y étaient préparés avec
» une résolution digne de l'exemple de Paris. Vous aper-
» cevez par ces détails que ce n'est à Lyon ni l'exagéra-
» tion révolutionnaire, ni les tendances séparatistes qui
» constituent le péril possible et éventuel de la situation
» politique ; c'est plutôt une réaction occulte habilement
» dissimulée qui, grâce à l'influence et à la discipline du
» clergé et des corporations religieuses, exploite tous les
» prétextes pour créer une pression sur le préfet, qu'on
» voudrait pousser à la répression excessive contre les
» éléments démocratiques de la cité. On voudrait lui
» faire sacrifier le conseil municipal, à la tête duquel se
» trouve le courageux et vénéré M. Hénon, afin que cette
» dissolution, poussant à bout les éléments populaires,
» arrivât à engendrer une double collision qui permet-
» trait d'installer la réaction au nom de cet ordre tant
» vanté par les ennemis de la République. Ces desseins
» ont éclaté dans une entrevue que j'ai eue à Lyon même
» avec l'état-major de la garde nationale. La prudence,
» la souplesse et la fermeté républicaine du préfet dé-
» joueront ces perfides calculs, et Lyon continuera à
» nous donner le spectacle de la seconde capitale de la
» France tout entière vouée aux travaux et aux sacrifices

» de la guerre. Cet état d'antagonisme latent et d'oppo-
» sition fondamentale entre les éléments démocratiques
» et républicains et les éléments réactionnaires de toute
» sorte qu'on observe dans l'agglomération lyonnaise
» doit se retrouver dans l'état de Paris, peut-être avec
» plus d'intensité encore. C'est pour nous un sujet in-
» cessant de réflexion et d'angoisse, car ces deux partis
» doivent se caractériser par leur manière d'envisager
» la conduite des opérations militaires ; c'est du moins
» ce qui m'apparait dans vos dépêches télégraphiques et
» dans les rares extraits surtout qui nous arrivent. Je
» crains que les temporisateurs, les hésitants ne soient
» des réactionnaires qui se flatteront d'avoir sauvé ce
» qu'ils appellent l'honneur, en vous laissant forcément
» succomber par la famine, tandis que les audacieux, les
» entreprenants, les résolus seraient les républicains
» inébranlables qui, après avoir fait dans Paris leur
» devoir jusqu'au bout, voudraient en sortir, gagner la
» campagne et laisser la route encombrée de cadavres.
» En effet, qui pourrait douter que c'est la destinée
» même de la République qui est en jeu, et qu'une troi-
» sième capitulation ne peut convenir qu'aux hommes
» de l'Empire? Les républicains doivent ressentir unani-
» mement qu'il vaut mieux mourir que d'essuyer une
» honte égale à celle de Sedan et de Metz. J'ai la convic-
» tion d'être resté fidèle à l'esprit de Paris à ce point
» que je ressens des tressaillements absent comme pré-
» sent. Je me vois au milieu de la crise. Je prends la même
» part que vous-mêmes à toutes vos angoisses, et je crois
» devoir vous dire que si j'étais au milieu de vous, c'est
» l'avis des audacieux que j'appliquerais à la défense.
» C'est donc une sorte de vote que je vous envoie pour

» vous conjurer de vous confier résolûment à notre parti,
» de ne tenir compte ni des imperfections des choses, ni
» de l'impéritie des hommes, et de vous lancer résolû-
» ment en avant. L'audace extrême peut seule nous
» sauver, c'est à la fois une question de guerre, de sa-
» crifice et de principes. Il n'y a pas d'obstacles qui
» vous puissent arrêter. Pesez donc nos conseils : de votre
» décision dépendent la délivrance de Paris et le salut de
» la République.

» Nous continuerons la guerre jusqu'à la victoire,
» même après la chute de Paris, si un tel désastre ne peut
» être évité. Il ne faut pas en effet que la chute d'une
» capitale entraîne la chute même de la patrie. Si grande,
» si légitime que soit la place que Paris tient dans nos
» affaires, l'unité française doit lui survivre. Nous pro-
» longerons la lutte jusqu'à l'extermination, nous empê-
» cherons qu'il se trouve en France un homme ou une
» Assemblée pour adhérer aux victoires de la force, nous
» frapperons par là d'impuissance la conquête et l'occu-
» pation. Il n'y aura pas de sanction européenne pour
» les armes de la Prusse, et il faudra bien que le jour de
» la justice et de la revanche se lève enfin sur nos enne-
» mis épuisés. Nous recueillerons le prix de notre patrio-
» tisme, et quelle que soit l'étendue de nos dommages
» matériels, nous aurons assuré pour toujours la gran-
» deur et l'indépendance de la France sous l'égide de la
» République. Sortez donc après avoir remis au parti
» républicain la garde et les. . . . . ,[1] sortez pour venir
» interroger l'Europe et la convaincre de la justice
» de notre cause; sortez surtout pour nous aider, si
» l'Europe reste sourde à vos paroles, à porter jusqu'au

---

[1] Ici manque un mot qui n'a pu être déchiffré.

» bout le drapeau de la résistance dans une guerre qui
» est faite autant à notre sol national qu'aux principes
» sacrés de notre révolution.

» Saluts fraternels.

» L. GAMBETTA.

» *Nota.* Cette dépêche, commencée le 31 décem-
» bre 1870, a été terminée le 3 janvier 1871. »

En m'invitant à la fin de cette remarquable dépêche à quitter Paris et à venir le rejoindre, M. Gambetta avait en vue la conférence de Londres, où, sans hésiter, il avait tout d'abord pensé que la France devait être représentée. Je raconterai d'une manière spéciale dans le chapitre suivant ce que j'ai su de cet épisode si important, et qui peut-être aurait singulièrement amélioré notre sort si l'avis de la délégation de Bordeaux avait été adopté par le Gouvernement de Paris. Je rétablirai à cette occasion et à sa place la partie de la dépêche du 31 décembre qui traite ce sujet. Je ne veux faire ici qu'une observation : pouvions-nous, en recevant les nouvelles qu'on vient de lire, avoir un instant la pensée de suspendre l'action que le conseil de guerre avait jugée indispensable? Sans doute nos jours étaient comptés; mais dans les huit ou dix qui nous restaient encore, la fortune pouvait nous revenir. Le général Chanzy à la fin de décembre marchait sur Dreux, avec sa vaillante armée maîtresse du terrain qu'elle avait disputé pied à pied aux bandes victorieuses de Frédéric-Charles et de Mecklembourg; Faidherbe avait le 3 janvier battu Manteuffel à Bapaume, Bourbaki s'avançait rapidement à l'est, chassant devant lui Werder déconcerté : nous avions donc le droit d'espérer et d'agir. Qui dira jamais les tressaillements de nos cœurs, lorsque ces dépêches inattendues nous parvinrent? Plus elles nous surprenaient près de l'abîme, plus nous saisissions avec enthousiasme l'ancre de salut qu'elles nous jetaient, plus aussi nous sentions la nécessité de combattre jusqu'à la dernière heure. M. Gambetta nous affirmait que tel était le cri de la France. Paris lui faisait écho dans sa glorieuse misère. Les plus timides, les plus délicats, les plus pacifiques se montraient les plus animés : il y a des heures où la plus haute raison est dans la passion la plus violente. Ce n'est plus M. Gambetta que j'interroge, il est convenu qu'il dépasse toute mesure; l'on n'a point oublié par quel mot cruel, qui m'est encore sur le cœur, le qualifia un jour, à la tribune, un illustre orateur que je respecte autant que je l'aime; je le laisse donc à l'écart, et c'est encore à l'éminent académicien dont le nom et le caractère sont pour tous une caution suffisante que j'emprunte ce qui suit : il l'écrivait le 1ᵉʳ janvier 1871, alors qu'on ignorait les informations transmises huit jours plus tard.

« Vous, Français des départements non encore enva-
» his, ou même à demi occupés, levez-vous, armez-
» vous, accourez à l'envi; allez grossir et renforcer
» ces armées, notre suprême et ferme espoir. Surtout
» soyez unis, acceptez franchement et par vertu civique
» ce que peut-être vous n'auriez pas choisi, ce qui a
» d'ailleurs le privilége de vous diviser le moins. En l'ar-
» rosant de votre sang faites-la vôtre et prenez-la cette
» République; donnez-lui un baptême nouveau, acceptez
» même qu'on vous commande d'une façon plus hasar-

» deuse et moins modestement peut-être que vous ne
» l'auriez voulu; avant tout la force par l'union. S'il y a
» des choses à redresser, ce sera l'œuvre d'une puissance
» devant qui tout fléchira, l'œuvre de la nation. Mais
» pour qu'elle exerce à son heure sa souveraine auto-
» rité, il faut d'abord une patrie, c'est-à-dire un sol
» affranchi; que ce soit là votre unique pensée!

» Nous, Parisiens, continuons notre tâche : laissons
» à nos frères du dehors le temps de nous donner la
» main. Y a-t-il donc depuis quelques jours, sous le
» plus vain prétexte, y a-t-il dans l'air, comme on veut
» le faire croire, je ne sais quel mauvais germe du
» 31 octobre, la plus honteuse maladie qui pût tomber
» en ce moment sur nous, le seul obus prussien dont les
» éclats pussent être mortels? Vous laisser décimer,
» vous, dépositaires fortuits d'un pouvoir qu'à vous tous
» en faisceau vous avez peine à exercer! mais ce serait
» détruire en une heure nos cent huit jours de siége,
» ce serait ouvrir nos portes et abaisser nos ponts-lévis.
» Non, non, j'en ai confiance : Paris restera lui-même.
» Les intrigants, les stipendiés, les poltrons se tien-
» dront cois, et nous poursuivrons sans encombre, au
» bruit des obus et du canon, mais avec calme, avec
» concorde, l'œuvre assurée, rien ne peut m'en ravir
» l'espoir, l'œuvre de notre libération [1]! »

Cette belle et patriotique page, tombée de la plume de M. Vitet, reflétait fidèlement l'âme de Paris tout entier. La pensée qui l'inspirait se rencontrait avec celle de M. Gambetta, colorée de la même flamme, éclose des mêmes illusions. Permis à ceux qui, à cette heure

[1] *Revue des Deux-Mondes* du 1er janvier 1871.

d'angoisse de la patrie, se sont prudemment retirés de la lutte, de se constituer les détracteurs des sublimes emportements et des résolutions désespérées. Ils ont prouvé, du reste, qu'on ne saurait les leur reprocher, et le jour n'est pas loin où l'histoire donnera à leur sagesse le nom qui doit lui appartenir dans le langage des hommes de cœur !

Quant au Gouvernement, il ne se sépara point de l'opinion de Paris ; il accueillit avec orgueil et reconnaissance les conseils de M. Vitet, il crut aux généreux efforts de la province, il se prépara à les seconder autant qu'il lui était possible.

D'ailleurs, il ne lui était plus permis de se tromper sur les projets de l'ennemi. L'attaque de vive force était commencée. En quatre jours 25,000 projectiles, pesant en moyenne 50 kilogrammes chacun, avaient été lancés sur les forts de l'Est, couverts ainsi de plus de 1,200,000 kilogrammes de fer. Le 5 janvier, les batteries du plateau de Châtillon avaient ouvert leur feu contre les forts de Montrouge, Vanves et Issy. Les obus de 55 centimètres de hauteur sur 22 de diamètre y tombaient avec une effrayante rapidité, souvent trois par minute. Nos hommes restaient impassibles sous cette tempête furieuse, et le gouverneur, qui les visitait, leur adressait des félicitations sur leur courage. Quelques heures après, ces projectiles dépassaient l'enceinte. Les quartiers de Montrouge et de Saint-Jacques étaient les premiers atteints. Le Gouvernement faisait afficher la proclamation suivante :

« Le bombardement de Paris est commencé.

» L'ennemi ne se contente pas de tirer sur nos forts :

» il lance des projectiles sur nos maisons. Il menace nos
» foyers et nos familles.

» Sa violence redoublera la résolution de la cité qui
» veut combattre et vaincre.

» Les défenseurs des forts, couverts de feux inces-
» sants, ne perdent pas leur calme. Ils sauront infliger à
» l'assaillant de terribles représailles.

» La population de Paris accepte vaillamment cette
» nouvelle épreuve. L'ennemi croit l'intimider. Il ne
» fera que rendre son élan plus vigoureux. Elle se mon-
» trera digne de l'armée de la Loire, qui a fait reculer
» l'ennemi, de l'armée du Nord, qui marche à notre
» secours. »

Ainsi la Prusse ne craignait pas d'accabler la population inoffensive de Paris sous l'action meurtrière de son artillerie à longue portée. Protégés par leurs casemates, ses généraux et ses soldats visaient commodément nos maisons et nos monuments. Ce n'était point assez pour eux d'écraser un fort : ils ne paraissaient même pas songer à s'en emparer. Ils voulaient nous réduire en ajoutant la dévastation scientifique à la famine. Aucune mise en demeure préalable n'avait précédé leur œuvre de destruction. Comme au mois de septembre, dédaigneux de tout avertissement, ils substituaient aux traditions d'humanité adoptées à la guerre, l'application muette et brutale de la force, sévissant contre les femmes et les enfants, que les peuples civilisés ont la coutume d'épargner. On ne peut expliquer de tels procédés que par la fiévreuse impatience de l'Allemagne qui demandait à grands cris qu'on en finît, même en anéantissant Paris. Peut-être aussi les progrès de nos armées inquiétaient-ils les assiégeants. Il n'est pas défendu de croire qu'ils voulaient à tout prix prévenir l'intervention de l'Europe, et couvrir par la voix formidable des canons Krupp les sympathiques protestations qui, de l'autre côté de la Manche, n'attendaient qu'une occasion pour se manifester. M. de Bismarck avait dans la main la lettre de lord Granville, datée du 29 décembre, qui m'appelait à la conférence de Londres. Elle ne m'était remise que le 10 janvier, à neuf heures du soir; pendant ce temps il bombardait Paris, devinant que c'était le moyen le plus sûr de m'y retenir. Cette fois encore la fortune se prononça contre nous. Nul ne peut savoir quel eût été le résultat du secours qu'elle nous offrait. Mais quand, en revenant sur ce passé douloureux, je me reporte à cette espérance perdue, peut-être par notre faute, je ne puis me défendre d'un sentiment d'amer regret, et je ne veux pas me consoler de la fatalité qui nous a fait négliger une chance, si faible fût-elle, de diminuer les maux de la patrie!

Je vais essayer de mettre le lecteur à même de juger cette grave question, en exposant avec la plus grande sincérité les faits qui ont amené la conférence de Londres, et ceux qui m'ont empêché de m'y rendre.

CHAPITRE IV.

NÉGOCIATIONS RELATIVES A LA CONFÉRENCE DE LONDRES.

Le Gouvernement du 4 septembre n'a pas eu dans la direction des affaires extérieures une politique différente de celle qu'il a constamment appliquée à l'intérieur. Il a subordonné tous ses actes aux nécessités de la défense. Ayant besoin de tout le monde, il s'est attaché à ne blesser personne ; cependant il a fait connaître avec discrétion, à qui pouvait en recevoir la confidence, ses principes et ses préférences, et lorsqu'il sera possible, sans inconvénient, de dire toute la vérité, même sur des ouvertures restées sans résultat, les esprits impartiaux ne l'accuseront ni d'inertie ni d'inflexibilité. Il n'a cessé jusqu'à la dernière heure de réclamer l'intervention de l'Europe et particulièrement des puissances neutres, non en essayant de les attirer par des promesses que la dignité lui interdisait dans la position précaire où il se trouvait, mais en invoquant l'intérêt des cabinets et des peuples à s'opposer aux injustes et dangereuses entreprises de la Prusse. Sans doute une nation, aux prises avec l'adversité, court le risque d'être écoutée d'une oreille distraite quand elle n'a d'autre ressource que la justice de sa cause et l'éventualité des périls auxquels s'exposent ses alliés qui la dédaignent. Nous ne nous faisions à cet égard aucune illusion, et néanmoins nous estimions qu'il était de notre devoir de protester sans relâche. Nous y avons gagné le témoignage non équivoque d'une sympathie réelle, plus encore, le respect de notre droit qui survit à notre défaite, protégé par l'adhésion tacite de l'Europe. Nous avons pu, en outre, au plus fort de notre épreuve, saisir les premiers symptômes de l'affaiblissement infligé par nos malheurs à l'une des puissances qui aurait pu et dû les empêcher. Avons-nous à ce moment tiré suffisamment parti de ces complications inattendues? Est-ce à notre faute, est-ce au concours de circonstances fatales, est-ce à un stratagème de l'ennemi qu'il faut attribuer la perte d'une occasion précieuse? J'ai peine, en posant cette question, à me raffermir moi-même contre le trouble qu'a laissé dans mon esprit le doute dont elle est environnée : fidèle au sentiment qui m'a guidé jusqu'ici, j'exposerai sans déguisement ce qui a été fait. Les hommes sincères qui me liront reconnaîtront que mon unique désir a été d'être vrai, et d'éclairer ainsi leur opinion, la seule dont je doive me préoccuper.

§

J'ai raconté dans la première partie de ce travail, comment, même avant la déclaration de guerre par la France, la Russie s'était rapprochée de la Prusse, comment l'empereur Alexandre s'était engagé vis-à-vis de son oncle à retenir l'Autriche dans les liens de la neutralité. Que serait-il arrivé si l'issue de la lutte nous avait été favorable? Nul ne le sait. Il est permis de supposer que le cabinet de Saint-Pétersbourg n'aurait pas tout à fait abandonné le vaincu à sa mauvaise fortune. Mais, disposé à le couvrir, il n'aurait probablement pas songé à tirer parti de ce service. Craignant la France victorieuse et l'Angleterre rendue à son énergie par notre succès, il aurait forcément ajourné l'exécution de ses desseins du côté de l'Orient. Il en était tout autrement en face de nos désastres. Assuré de ne rencontrer aucun obstacle à Berlin, comptant sur le désarroi jeté en Europe par les coups de foudre imprévus qui venaient d'y éclater, il pouvait tenter un coup hardi, et celui qui servait le mieux sa politique, c'était la dénonciation de la partie du traité de 1856 qui limitait son action militaire dans la mer Noire. L'article 14 de ce traité visait, en lui donnant un caractère obligatoire pour toutes les parties contractantes, la convention particulière conclue entre l'empereur de Russie et le sultan, ayant pour objet de déterminer la force et le nombre des bâtiments légers nécessaires au service des côtes dans la mer Noire. Ce nombre ne pouvait dépasser six bâtiments à vapeur de cinquante mètres de longueur, d'un tonnage de huit cents tonneaux au maximum, et quatre bâtiments légers à vapeur ou à voiles, d'un tonnage de deux cents tonneaux chacun.

Ces pénibles et humiliantes entraves, que les revers de la guerre de Crimée seuls expliquent, avaient toujours été subies impatiemment par la Russie, qui n'attendait qu'une circonstance propice pour les briser. Nos malheurs la faisaient naître, et la politique suivie depuis plusieurs années déjà par le cabinet de Londres autorisait à croire que, la France tenue à l'écart, on n'avait plus rien de sérieux à redouter. Tels furent si bien les calculs du cabinet de Saint-Pétersbourg, qu'en recevant la nouvelle de la chute de Metz et du départ pour l'Allemagne de la dernière armée française, le chancelier de l'Empire prit immédiatement la plume et rédigea la note fameuse dans laquelle, sous la forme la plus hautaine, il signifiait aux puissances signataires du traité de 1856 que ce traité était désormais sans valeur en ce qui touche les restrictions imposées aux forces navales de la Russie dans la mer Noire. Ce fut le 10 novembre au soir que notre ambassadeur à Vienne, M. le marquis de Mosbourg, télégraphia à M. de Chaudordy « que le » ministre de Russie lui avait fait la veille une commu- » nication de laquelle il résultait que son gouvernement » ne se considérait plus comme lié par les stipulations du » traité de 1856. » M. de Chaudordy me transmit immédiatement cette grave information. Elle me parvint le 17, et je lui répondis le même jour en lui recommandant la plus grande circonspection. Ne pouvant connaître les dispositions de la Russie, je ne voulais m'engager ni vis-à-vis d'elle ni vis-à-vis de l'Angleterre. Seulement, je voyais dans cet événement l'occasion d'une réunion des puissances, et dans cette réunion la possibilité d'une intervention à notre profit. « Vous ferez » comprendre à lord Lyons, écrivais-je, que l'éventualité » d'un congrès est inévitable, et qu'elle donnera forcé- » ment naissance à un état de choses nouveau. »

De son côté, M. Gambetta m'entretenait en quelques mots de cet incident par sa dépêche du 16 novembre.

« La circulaire du prince Gortschakoff relative à la » révision du traité de 1856, me disait-il, n'a guère » produit qu'une vague et passagère surprise. Il semble » que l'Europe politique l'attendit, mais pas aussitôt et » non dans la forme où cette révision a été annoncée. » Seule, l'Angleterre paraît plus émue que les autres

» puissances, et rien ne se comprend mieux : à Londres
» la Bourse a baissé deux jours de suite, et les journaux
» commencent à parler un langage sévère.

» Tout le monde s'accorde à reconnaître que notre
» situation diplomatique s'est sensiblement améliorée. »

M. de Chaudordy me faisait savoir le lendemain que lord Granville avait envoyé M. Odo Russell à Versailles pour connaître l'attitude que M. de Bismarck entendait prendre dans ce nouveau conflit, et sa pensée définitive sur un court armistice avec ravitaillement.

Il nous était donc permis de supposer, en recueillant ces premières et si incomplètes informations, qu'une chance favorable s'offrait à nous; mais pour ne point la compromettre nous ne devions agir qu'avec une extrême prudence. La nécessité d'un concert s'imposant à quatre des grandes puissances neutres, nous créait autant d'alliés indirects intéressés à une prompte cessation de la guerre. Les pousser dans cette voie, leur démontrer que tranchée isolément, sans nous, la question posée par la Russie pouvait amener une conflagration générale, était une tactique simple et loyale à laquelle nous devions pour le moment réduire notre effort. J'écrivais à M. de Chaudordy, le 19 novembre :

« Je ne sais quelle sera la réponse de la Prusse, mais
» c'est le cas pour nous, en restant sur ce point dans
» une réserve absolue, de presser l'Angleterre d'amener
» une solution. Elle a tout intérêt à obtenir un arrange-
» ment entre nous et la Prusse, et maintenant elle doit
» comprendre la faute qu'elle a commise en laissant aller
» les choses si avant. Si par son intermédiaire nous
» avions traité au mois de septembre sur la base de l'in-
» tégrité du territoire, ces complications européennes

» n'auraient pas été soulevées. Je suppose que l'Angle-
» terre se retire et laisse les événements s'épuiser, elle
» court forcément à un congrès dans lequel peuvent
» s'opérer des modifications qui lui seraient défavo-
» rables. Elle a donc un intérêt considérable à terminer
» les hostilités. Pour cela il nous faut une Assemblée,
» et pour une Assemblée un armistice avec ravitail-
» lement. »

Nous étions d'autant plus en droit d'espérer l'appui de l'Angleterre, qu'elle semblait vivement irritée par le ton blessant de la Russie. Dans sa dépêche du 14 novembre, reçue par nous le 23, M. de Chaudordy m'apprenait qu'il n'avait pas encore eu communication du document officiel, remis cependant à Constantinople, à Londres et à Vienne. Celui que M. de Brunow avait laissé à lord Granville se distinguait des pièces diplomatiques habituelles par la hauteur du langage et la netteté de l'expression, aboutissant à l'annulation complète du traité de Paris en ce qui concernait la neutralisation de la mer Noire et la limitation des forces de la Russie dans ces parages. C'était une convention supprimée d'un trait de plume par l'un des signataires sans consulter ses co-contractants. Lord Granville chargea son ambassadeur à Saint-Pétersbourg de se plaindre de la forme et de faire ses réserves sur le fond. A Vienne et à Constantinople l'émotion avait été profonde. Chacun cherchait à deviner le parti que prendrait son voisin et tournait les yeux vers le cabinet de Londres, duquel en effet tout dépendait. Aux pressantes instances de lord Lyons qui voulait connaître nos dispositions, M. de Chaudordy opposa sagement des réponses dilatoires : il devait attendre les instructions de Paris; toutefois il était naturel de prévoir qu'ayant en ce moment à nous débattre au milieu de redoutables difficultés, nous abandonnerions d'abord à l'Angleterre et aux autres puissances signataires du traité de 1856 l'examen préalable des prétentions de la Russie, sauf à étudier ensuite en commun les résolutions qu'elles nous commandaient.

Entrant ensuite officieusement, et de son chef personnel, dans une conversation plus intime, M. de Chaudordy rappelait à lord Lyons les liens d'ancienne et étroite sympathie qui unissaient la France et la Grande-Bretagne; il faisait remarquer tout ce que le cabinet de Londres perdait à les avoir laissé se rompre. Que de fois déjà n'avions-nous pas multiplié les avertissements à cet égard! Funeste à nos intérêts, ce changement de politique pouvait cruellement atteindre ceux de notre vieille alliée. Elle en voyait un prompt exemple: en déchirant le traité de Paris, le cabinet de Saint-Pétersbourg détruisait tout le fruit de la campagne de Crimée. Il rouvrait hardiment la voie que le sang anglais et le nôtre lui avaient fermée pendant nos quatorze années de commune entente. Nous n'avions qu'un moyen de relever la barrière, c'était de nous donner de nouveau la main, et pour cela il fallait nous aider à terminer notre différend avec la Prusse.

Le 17 novembre, le chargé d'affaires de Russie remettait à M. de Chaudordy le texte officiel de la circulaire du prince Gortschakoff[1]. Cette circulaire, identique pour toutes les puissances, était accompagnée d'une dépêche qui variait suivant les pays. Celle destinée à la France était conçue dans les termes les plus bienveil-

---

[1] Voir aux Pièces justificatives.

lants. M. de Chaudordy ayant répondu que la délégation désirait avant de s'expliquer consulter le Gouvernement de Paris et attendre son avis, M. Oukounieff, qui certainement redoutait quelque vivacité de notre part, parut satisfait. Et, reprenant le lendemain la conversation en lui donnant un ton amical, il insista sur le peu d'intérêt que la France avait dans cette question, disant que la guerre de Crimée était le fait personnel de l'Empereur, et n'avait été entreprise que dans un but exclusivement dynastique. M. de Chaudordy répliqua qu'elle était pour nous un noble souvenir de gloire, une belle page que nous ne pouvions consentir à effacer de notre histoire; que même elle avait créé pour nous une obligation dont nous devions tenir compte. « Elle ne saurait, repartit M. Oukounieff, faire disparaître la communauté d'intérêts qui existe entre la France et la Russie. » Et comme son interlocuteur l'arrêtant à ce mot lui faisait observer que le moment était venu de nous prouver cette similitude d'intérêts, il ajouta : « Il ne faut pas en politique s'occuper exclusivement du présent, il faut songer à l'avenir. C'est ainsi que se créent les relations utiles. Et quel avantage pour la France de trouver, lorsque les représentants favorables des grandes puissances seraient réunis, un concours qui pourrait sauver l'intégrité de son territoire! »

Ces paroles, que M. de Chaudordy chercha en vain à faire nettement préciser, n'étaient que l'expression officieuse d'une opinion qui malheureusement ne pouvait renfermer aucun engagement. Il fut cependant convenu qu'elles seraient rapportées à la délégation de Tours. Après les avoir entendues, celle-ci fit inviter M. Oukounieff à demander, par l'intermédiaire de son gouvernement, des sauf-conduits au quartier général prussien pour qu'un envoyé français pût se rendre de Tours à Paris, mettre le Gouvernement de la défense nationale à même d'apprécier la situation dans son ensemble et de déterminer la réponse à faire à la communication de la Russie. En accueillant très-favorablement cette ouverture, M. Oukounieff exprima le désir que cette mission fût confiée à M. de Chaudordy. Celui-ci répondit qu'il était préférable d'en charger un membre de la délégation, mais qu'il fallait avant tout attendre le résultat des démarches commencées par les autres puissances pour obtenir un court armistice avec ravitaillement.

Ces échanges d'idées semblaient attester de la part de la Russie de bonnes dispositions, qu'expliquait fort bien l'attitude de l'Angleterre et de l'Autriche. La première ne dissimulait pas sa mauvaise humeur, l'autre avait fait une réponse sèche que le prince Gortschakoff avait écoutée avec une impatience mal déguisée. Le comte de Beust déclarait qu'il aurait pu s'en référer simplement à l'article 14, mais que, par égard pour le gouvernement russe, il voulait bien entrer en explications. L'Italie s'était bornée à quelques phrases générales sur la nécessité de maintenir le bon accord entre les puissances. Elle réservait son opinion, n'ayant en vue que la paix et l'équilibre en Orient. Elle attendait l'avis de la Turquie, et ne se refusait pas d'examiner, de concert avec les autres signataires du traité de 1856, les modifications qu'il serait opportun d'y introduire. La Turquie gardait le silence.

En réalité, quoique bien intentionnée à notre égard, la Russie était parfaitement décidée à ne pas se mettre en travers des desseins de la Prusse, dût leur exécution être poussée à l'extrême. Telle avait été ma première impression, et, fort perplexe en apprenant la dénonciation des traités de 1856, j'avais cru distinguer dans les symptômes qu'il m'était possible de saisir la confirmation de ce qui m'avait été dit à ce sujet par le prince de la Tour d'Auvergne.

« J'ai des raisons de croire, écrivais-je le 20 novembre,
» que la Russie vient de se rapprocher de la Prusse. »
Cependant, en recevant le 29 novembre la dépêche que je viens d'analyser, je pensais qu'il était de notre devoir d'obtenir du cabinet de Saint-Pétersbourg des explications aussi catégoriques que possible. Après avoir entretenu M. de Chaudordy des craintes que me faisait éprouver le fâcheux incident de la crue de la Marne, et des terribles éventualités auxquelles la possibilité d'un échec exposait la ville de Paris, je lui disais :

« Je voudrais écarter la pensée de ces périls extrêmes
» pour me reposer dans des espoirs diplomatiques.
» Mais, à vrai dire, j'en vois peu le prétexte. Ce que
» vous me dites de l'attitude de la Russie me laisse dans
» l'hésitation où m'avaient mis vos précédentes commu-
» nications. Est-elle avec nous ou contre nous ? Voilà ce
» ce qu'elle n'indique pas. Elle nous renvoie à l'avenir.
» C'est dire à des gens au fond d'un puits : Regardez
» donc à l'horizon, et voyez le soleil qui y monte. C'est
» de notre présent qu'il s'agit. Si la Russie nous aban-
» donne, nous ne pouvons plus rien pour elle. Il faut
» d'abord qu'elle vienne efficacement à notre secours.
» Aussi ne devons-nous pas modifier notre langage. Nous
» nous formerons une opinion sur celle des puissances et
» sur la conduite de la Russie elle-même. Si elle dénonce
» les traités de 1856, d'accord avec la Prusse, nous n'a-

» vons rien à faire avec elle. Si, au contraire, elle nous
» promet de nous faire garantir l'intégrité de notre ter-
» ritoire, nous l'aiderons très-loyalement à provoquer
» une révision des traités de 1856. Quant à la mesure
» de cette révision, nous ne pouvons nous en expliquer;
» elle est subordonnée à des faits impossibles, quant à
» présent, à apprécier. Mais pourquoi la Russie ne pro-
» voquerait-elle pas une résolution commune aux puis-
» sances neutres, et par laquelle on signerait un prélimi-
» naire reposant sur la base de l'intégrité du territoire?
» Ce préliminaire permettrait à une conférence de régler
» toutes les questions qu'un traité de paix, sanctionné
» par l'Europe, peut résoudre. Si on ne veut pas aller
» jusque-là, qu'on prenne le biais d'un armistice avec
» ravitaillement. Je donne mon entière approbation au
» choix qui serait fait de votre personne pour le négocier,
» et je ne vois pas quel membre de la délégation pour-
» rait vous remplacer.

» J'insiste donc pour que vous en soyez chargé. Seu-
» lement agissez sans perdre une minute. Lorsque ces
» lignes vous parviendront, le sort aura prononcé son
» arrêt peut-être à la fois sur la Seine et sur la Loire.
» Peut-être aussi Paris aura-t-il eu à subir d'horribles
» secousses, dans lesquelles celui qui vous écrit aura dis-
» paru; mais il vous restera toujours un grand et simple
» devoir à remplir : celui de couvrir par une sage retraite
» diplomatique le malheur de notre pays. Si vous par-
» venez à sauver ses provinces, même par le moyen
» extrême que vous indiquait une de mes dernières
» dépêches, vous aurez rendu un service qui vous vau-
» dra la reconnaissance publique. Poussez donc à l'ar-
» mistice avec ravitaillement. Que l'Angleterre fasse le

» dernier effort pour nous l'obtenir. Elle y a un grand
» intérêt. Tâchez d'y amener la Russie. Le langage de
» M. Oukounieff me fait espérer qu'elle ne fera plus une
» résistance bien vive. Nous touchons au terme de cette
» lutte, qui nous a imposé, nous impose et nous imposera
» d'énormes et cruels sacrifices. »

Notre incertitude ne devait pas être de longue durée. Le courrier qui nous arrivait le 2 décembre nous annonçait qu'à la suite de plusieurs conseils successifs, le ministère anglais s'était arrêté à la combinaison d'une conférence entre les puissances signataires du traité de 1856, à la condition que toutes les questions seraient préalablement réservées. Cette dernière observation avait pour objet de donner satisfaction aux protestations de lord Granville contre la prétention de la Russie de se délier par sa propre autorité des engagements antérieurement contractés et de n'appeler ses alliés que pour régulariser sa propre décision. Il était facile de prévoir que rencontrant sur le fond des choses une condescendance complète, le cabinet de Saint-Pétersbourg serait accommodant sur une déclaration théorique de principes. Mais à ce moment, l'Angleterre ne laissait pas deviner ses dispositions à tout abandonner. Elle manifestait au contraire un mécontentement très-naturel, et semblait attacher beaucoup de prix à trouver près d'elle un représentant de la France. Aussi avait-elle chargé son ambassadeur de prendre notre avis sur le lieu de la réunion de la conférence. Paris, Saint-Pétersbourg et Berlin étant exclus, il ne restait plus que Londres, Bruxelles, la Haye ou Berne. M. de Chaudordy répondit qu'il nous en référerait, lorsque, ce jour même, il apprit par un télégramme de Florence que la proposition de la conférence émanait de la Prusse avec le consentement de la Russie. L'Angleterre s'était bornée à l'accepter et à nous la transmettre; ce qui à nos yeux devait singulièrement diminuer le mérite de la combinaison.

Aussi, recevant cette communication le 2 décembre au milieu de la bataille de Champigny, j'écrivais sur-le-champ ce qui suit :

« Je n'ai pu consulter le Gouvernement sur la question
» grave que nous pose l'offre de l'Angleterre de parti-
» ciper à une conférence à propos de la discussion des
» traités de 1856 ; mais mon avis très-formel est de nous
» montrer à cet égard d'une extrême réserve. J'irais
» même jusqu'à une fin de non-recevoir qui me paraît
» fort naturelle. Tant qu'elle est en guerre, la France,
» est trop occupée de ses affaires pour se mêler de celles
» de l'Europe; elle a le ferme espoir de se tirer d'em-
» barras, malgré la puissance de son adversaire et l'a-
» bandon de ses amis, et quand elle sera dégagée, elle
» se réserve sa liberté d'action. Elle ira du côté où l'ap-
» pellera son légitime intérêt. Il n'y a qu'un moyen de
» lui faire changer d'attitude, et il est fort simple : que
» les puissances qui invoquent sa garantie commencent
» par lui donner la leur. Il leur importe grandement
» qu'elle conquière une paix durable. Elle ne peut l'avoir
» que par l'intégrité de son territoire. Que les puissances
» profitent de l'occasion offerte par les prétentions de la
» Russie pour trancher des questions que les hasards
» de la force ont soulevées. Qu'elles proposent un pro-
» tocole préliminaire dans lequel on conviendra de
» prendre pour base de négociation l'intégrité du terri-
» toire français, et nous donnerons notre adhésion à la
» conférence, pourvu, bien entendu, qu'on le fasse

» précéder d'un armistice avec ravitaillement. Hors de
» cela, nous resterons tout entiers à notre malheur, à
» notre défense et à la résolution inébranlable de ne rien
» céder tant que nous aurons un tronçon d'épée dans la
» main. »

Craignant que cette dépêche, nécessairement tracée à la hâte, ne fît naître des doutes sur la ligne de conduite qui devait suivant moi nous servir de règle, je la complétai le 4 par des explications plus étendues :

« Je ne voudrais pas, écrivais-je à M. de Chaudordy,
» que vous vous méprissiez sur le sens de ma dernière
» dépêche, n° 28. Loin de repousser l'idée d'un congrès
» ou d'une conférence dans laquelle seront examinées
» toutes les questions litigieuses qui divisent actuelle-
» ment l'Europe, je l'appelle de tous mes vœux, je l'ai
» toujours demandée. Je préférerais sans doute de
» beaucoup que ce congrès fût précédé d'un protocole
» renfermant un préliminaire de paix basé sur l'intégrité
» de notre territoire, et si j'ai insisté à cet égard, c'est
» parce que vous m'aviez dit que le chevalier Nigra avait
» écrit en ce sens à son gouvernement, qui paraissait
» disposé à entrer résolùment dans cette voie. Mais si ce
» que je préfère est impossible, j'accepterais ce qui est
« possible, pourvu que l'intérêt et l'honneur de mon
» pays n'en soient pas blessés, c'est-à-dire la proposition
» d'un congrès qui laisserait toutes les questions à dé-
» battre. Seulement je demanderais, et ceci serait une
» condition *sine qua non*, que la réunion de ce congrès
» fût précédée d'un armistice d'une durée maximum
» de trente jours, minimum de quinze, avec ravitail-
» lement proportionnel, c'est-à-dire un jour de vivres
» pour chaque jour de trêve. Pendant cet armistice,

» une Assemblée serait convoquée. Mais si la guerre con-
» tinue telle qu'elle est engagée, si les puissances ne
» jugent pas à propos d'en arrêter les inutiles massacres,
» je trouve exorbitant qu'elles nous demandent de siéger
» dans un congrès où l'on débattrait avec nous la ques-
» tion d'Orient. Sans doute nous avons à la solution de
» cette question un intérêt de premier ordre; sans doute
» encore, tant qu'il reste quelque chose de nous, il est
» difficile d'oublier que nous étions partie aux conven-
» tions de 1856; mais c'est précisément parce que les
» puissances ont quelque peine à se passer de nous que
» je suis d'avis de leur refuser absolument notre con-
» cours si elles ne veulent pas résoudre notre question
» en même temps que la leur. Mon esprit se révolte à la
» pensée d'une conversation diplomatique sur la mer
» Noire, conversation dans laquelle un plénipotentiaire
» français discuterait gravement des embouchures du
» Danube et des Dardanelles, pendant que son voisin,
» le Prussien, ouvrirait une dépêche lui annonçant que
» Paris est en flammes, bombardé par les philosophes
» qui le tiennent à la gorge pour le piller et le détruire.
» Je n'accepterai jamais une telle humiliation. Je ne
» consens pas à ce que ma malheureuse patrie, trahie,
» abandonnée par ceux qui devraient la soutenir, écrasée
» par la force brutale de ceux qui abusent de leur victoire,
» aille, en compagnie des potentats qui la perdent, jouer
» le jeu dérisoire qu'on voudrait lui imposer. Il est bien
» tard; cependant, si l'Angleterre le veut, tout peut être
» sauvé: elle n'a qu'à se prononcer avec fermeté dans le
» sens que je viens d'indiquer. Seulement, si nous pou-
» vons l'y pousser dans un entretien, nous devons res-
» ter officiellement dans la réserve la plus absolue. Cette

» réserve nous est commandée par notre dignité, et
» même par l'ignorance où nous sommes des disposi-
» tions exactes de la Russie. Je ne reviens pas à cet
» égard sur ce que je vous ai dit tant de fois. Si l'échi-
» quier était libre, je sais très-bien de quel côté je ferais
» marcher mes pions ; dans la complication où il se
» trouve, je passerai où je pourrai, et si deux adver-
» saires prêts à en venir aux mains me prenaient chacun
» par un bras, je ne refuserais pas leur appui. Or, ce
» que j'insinue ici peut n'être pas éloigné de la vérité.
» Les traités de 1856 me paraissent contenir des dis-
» positions excessives qu'on devrait modifier. Celui qui
» amènerait un pareil résultat, en évitant le terrible
» fléau de la guerre, aurait rendu à l'humanité, à l'Eu-
» rope, se serait rendu à lui-même un immense service.
» Pourquoi ce rôle ne serait-il pas joué par la France ? Il
» lui reviendrait naturellement, si elle était intacte et
» libre. Je la suppose un instant, par un rêve, hélas !
» trop beau et trop loin de la réalité, en pleine posses-
» sion d'elle-même : elle en imposerait aux deux puis-
» sants rivaux, et si sa politique était dirigée par des
» hommes habiles et sages, elle parviendrait à les conci-
» lier en les menaçant tour à tour de prendre parti pour
» l'un ou pour l'autre. Je ne me fais aucune illusion ;
» elle est bien loin de cette situation souveraine qu'elle
» eût acquise si elle avait respecté la justice ; mais telle
» qu'elle est, elle est encore bien grande. Elle vient de
» montrer, alors que la force matérielle lui échappe,
» qu'elle est capable de lutter encore ; elle a conquis,
» j'en suis sûr, l'estime et la sympathie des peuples.
» Les deux parties qui sont prêtes à en venir aux mains
» ont besoin d'elle ; elle peut encore leur être utile,

» mais à la condition que celles-ci ne la laissent pas périr.

» Je me résume donc. J'accepte volontiers, et je l'ai
» toujours demandée, la réunion d'un congrès dans
» lequel seront examinées et résolues toutes les ques-
» tions qui divisent l'Europe ; s'il est possible de le faire
» précéder d'un préliminaire reconnaissant l'intégrité
» du territoire, j'en serai enchanté ; si cela n'est pas pos-
» sible, je consens à ce que tout soit réservé, pour être
» soumis aux délibérations et au vote d'une Assemblée
» qui serait nommée au moyen d'un armistice avec ravi-
» taillement. »

§

Mes dépêches se croisèrent avec celles de M. de Chaudordy, qui, parties de Tours les 3 et 7 décembre, ne nous parvinrent que le 15. Je pus me convaincre de nouveau en les lisant, que si la Russie et l'Angleterre insistaient pour que nous fussions représentés à la Conférence, elles se refusaient nettement à nous donner une assurance quelconque sur le rôle que nous pourrions y jouer. Pressé par notre chargé d'affaires à Saint-Pétersbourg, le sous-secrétaire d'État qui remplaçait le chancelier retenu par une légère indisposition, tout en affirmant les bonnes dispositions de sa cour et son désir sincère de voir réussir notre négociation d'armistice, avait répondu formellement : premièrement, que nous n'avions à espérer de sa part aucune action directe ; qu'elle se contenterait de se montrer favorable à notre démarche près du ministre prussien ; secondement, que tout en souhaitant notre assistance à la Conférence, elle s'en remettait à l'Angleterre du soin de nous y inviter et de nous procurer les sauf-conduits nécessaires. Il était donc vrai, comme l'écrivait M. de Chaudordy, « que la Russie » n'était pas certainement avec nous, mais qu'elle n'était » pas tout à fait contre nous. » La Turquie acceptait la Conférence, à la condition qu'il n'y fût question que de de la mer Noire. L'Autriche s'y était résignée après quelque résistance. L'Angleterre nous pressait de donner notre adhésion, mais sans vouloir nous garantir en rien qu'il nous serait permis de parler de notre situation.

Ces informations étaient peu encourageantes, et cependant, exprimant son opinion personnelle et celle de la délégation, M. de Chaudordy nous conseillait énergiquement d'accéder aux propositions de l'Angleterre, même en nous contentant des meilleures paroles que nous pourrions avoir des neutres, même sans promesse et sans engagement. Il nous faisait remarquer avec raison que les puissances une fois réunies recouvreraient le courage et la décision que l'isolement leur enlevait, et qu'il y avait lieu d'espérer d'elles un langage conforme à leurs sentiments réels. On ne pouvait en effet méconnaître le changement considérable qui s'était produit à notre profit dans l'opinion de l'Europe. Les gouvernements en subissaient la pression et comprenaient peu à peu la nécessité de s'occuper de nous. Ils sentaient le vide qu'amenait notre affaiblissement, et paraissaient disposés à ne point écarter les questions qui nous étaient personnelles.

M. de Chaudordy avait essayé à différentes reprises d'agir sur eux pour obtenir de leur part une déclaration portant qu'il n'y avait pas lieu à cession de territoire.

L'Italie l'avait faite officiellement. Les autres étaient en bonne voie, lorsque malheureusement des conversations imprudentes émanées de personnes dont la légitime importance dans l'État n'était pas contestable étaient venues entraver ces négociations. Il était trop naturel qu'elles devinssent une arme entre les mains de ceux qui ne demandaient qu'un prétexte pour ne pas agir. Or, quand ces derniers entendaient dire autour d'eux que la résistance de Paris était une folie, que sans l'obstination du Gouvernement de la défense nationale on aurait conclu un armistice sans ravitaillement, que la paix avec l'abandon d'une province était dans la fatalité des événements, ils se montraient beaucoup moins disposés à soutenir notre plan de campagne. Ils nous reprochaient de ne pas convoquer une Assemblée, et se retranchaient derrière l'autorité des hommes politiques qui ne cessaient de leur fournir cette objection. Il fut aisé de constater la part considérable de ces fâcheuses influences dans le revirement qui s'opéra à cette époque. J'avais donné une mission confidentielle pour Vienne et pour Londres à M. Reitlinger, sur l'intelligence et le dévouement duquel je pouvais compter d'une manière absolue. Il partit en ballon et se rendit en Autriche, dans le but de me renseigner exactement sur ses dispositions et sur celles de l'Allemagne du Sud. Il s'acquitta de son mandat avec autant de courage que de sagacité. On le chargea à la cour de Vienne de nous engager vivement à en finir par la cession de l'Alsace et le payement d'une forte indemnité. Les ministres anglais se montrèrent beaucoup moins explicites : toujours bienveillants, affables et courtois, ils invoquèrent sans vouloir s'en départir un instant la règle de prudence qui leur commandait de ne point intervenir, résolus qu'ils étaient à ne pas tirer l'épée. Ils revenaient toujours sur l'élection d'une Assemblée, refusant toutefois, même dans cette hypothèse, de nous promettre un appui officiel quelconque, et repoussant avec une douce et cordiale fermeté les ouvertures très-positives que notre penchant autant que notre intérêt nous portait à faire à leur gouvernement.

Malgré ces graves raisons de défiance, nos collègues de Tours et M. de Chaudordy insistaient pour que nous consentissions à aller à la Conférence sans condition préalable. Ils ne me dissimulèrent point, en recevant mes dépêches des 2 et 4 décembre, que si nous tranchions la négociation par un refus, l'Angleterre en serait vivement blessée et que les autres puissances se retireraient tout à fait de nous. Je fus singulièrement ébranlé par ces communications, que je ne connus que le 15. Déjà j'écrivais le 9 décembre :

« Le temps marche et nous entraîne. Aucun secours ne
» nous vient. Nous résistons courageusement, mais sans
» nous faire illusion sur le péril. Je n'ai pas de vos nou-
» velles depuis le 28, et j'ignore tout à fait l'état de
» l'Europe. Si je puis le juger par des indices, l'Angle-
» terre se prononce de plus en plus; elle cherche à en-
» traîner la Turquie, l'Autriche et l'Italie. Il faut tâcher
» de reprendre l'armistice avec ravitaillement et convo-
» cation de l'Assemblée. Si la Prusse veut consentir à ce
» préliminaire, je le signe demain. Je consens aussi à la
» convocation de l'Assemblée marchant de pair avec un
» congrès qui jugerait toutes les questions litigieuses.
» Dans ce cas, Paris serait débloqué. On pourrait même
» entrer en discussion pour la concession d'un gage,

» pourvu qu'il fût bien convenu que les Prussiens n'en-
» treraient pas dans Paris. Je sais qu'ils y renonceront
» difficilement. C'est pour eux une question de politique
» et d'opinion. »

Mais lorsque, dans la nuit du 15, je pus mieux juger la situation, je crus devoir faire un pas de plus pour mettre à profit l'éventualité qui nous était offerte, tout en garantissant la dignité et les intérêts de la France. Je chargeai M. de Chaudordy de tenter auprès de l'Angleterre une démarche plus positive et dont le succès aurait rendu impossible toute entreprise des puissances pour nous empêcher de défendre notre cause à la Conférence. Cette ouverture n'ayant pas eu de suite, je crois convenable de ne pas m'en expliquer autrement ici, et je me borne à transcrire la partie de ma dépêche du lendemain 16 décembre, qui donne une idée exacte des préoccupations qui nous assiégeaient :

A M. de Chaudordy, à Tours ou à Bordeaux.

« Paris, 16 décembre 1870.

» Enfin l'anxiété cruelle où nous nous trouvions
» par suite de la suspension de vos nouvelles a été cal-
» mée. Hier, trois pigeons nous sont arrivés. Le pre-
» mier portait votre dépêche du 7 courant, le second
» celle du 3 et quelques-unes de M. Gambetta. Puis
» nous est arrivée votre circulaire du 29 novembre, si
» pleine d'accusations terribles et d'éloquentes protesta-
» tions contre notre implacable ennemi; elle paraîtra
» demain au *Journal officiel*. Je vois avec plaisir que
» vous avez exactement reçu mes dernières dépêches. Je
» ne saurais trop du reste vous remercier du zèle, de

» l'intelligence et du dévouement que vous apportez
» dans l'accomplissement de vos fonctions. Le pays, qui
» en sera bientôt instruit, vous en sera reconnaissant, et,
» je l'espère, trouvera le moyen de vous le témoigner
» efficacement. Je ne vous parle pas de nos affaires gé-
» nérales, pressé que je suis d'en venir à des explications
» diplomatiques, si ce n'est pour vous dire combien
» nous vous savons gré des informations que vous nous
» donnez sur les opérations militaires et les événements
» politiques. M. Gambetta m'en entretient longuement.
» Mais comme il arrive quelquefois que les dépêches ne
» nous parviennent point exactement, nous vous sommes
» fort reconnaissants de ce que vous nous communiquez
» à cet égard, et je ne puis que vous prier de continuer.
» Quant à nous, nous nous maintenons. J'avais fixé le
» 15 décembre comme le terme fatal; nous le prolonge-
» rons de quinze jours. Si nous le pouvons, nous devons
» le mettre à profit pour un effort décisif, soit pour les
» armes, soit pour la négociation. Les armes noblement
» tenues par nos généraux vont de nouveau faire leur
» terrible office; et ce n'est pas sans un grand serrement
» de cœur, je vous le jure, que je pense aux massacres
» qui vont signaler l'accomplissement de ce devoir. La
» garde nationale s'y associe très-courageusement; elle
» demande à marcher; elle ne sera pas la moins résolue.
» Serons-nous assez forts pour percer la ligne? Je ne le
» sais. Ce qu'il y a de sûr, c'est qu'il faut le tenter et
» faire à l'ennemi le plus de mal possible. Et c'est préci-
» sément à la veille de ce retour aux cruels sacrifices
» que je me demande avec tristesse quel démon fatal
» aveugle les hommes au point de les rendre inacces-
» sibles à la raison et à l'humanité. Peut-on, comme

» beaucoup l'essayent, nous accuser de manquer de
» bon sens et de ne pas savoir nous résigner en n'aban-
» donnant pas les provinces qui nous échappent? Non,
» car nous les défendons comme attachées à nous par la
» volonté énergique de leurs habitants. Nous luttons
» contre cette théorie d'un autre âge qui fait des hommes
» des bêtes de somme dont on dispose au gré du caprice
» d'un maître. C'est pour empêcher cette iniquité que
» nous combattons; c'est pour la consommer que la
» Prusse nous pille, nous ravage et nous égorge. Mais il
» est inutile d'insister sur ces considérations, sans valeur
» aux yeux d'un ennemi pour lequel il n'y a de morale
» que la force, et de l'Europe qui paraît décidée à se
» retrancher dans son inertie. Il ne faut se préoccuper que
» de ce qu'il y a de pratique et de possible. Étant bien
» entendu que l'Europe reste insensible à notre sort, et
» qu'atterrée par l'ascendant guerrier de la Prusse elle
» ferme imprudemment les yeux sur les conséquences
» inévitables de notre sacrifice, il faut se rattacher à ce
» qui est actuellement réalisable, et voir s'il n'est pas pos-
» sible de tirer parti des seules données qui nous restent.
» Or, je ne vous le cache pas, j'ai été vraiment touché
» des observations renfermées dans votre dépêche du 7,
» et, sans rien retrancher de ce que je vous écrivais sur la
» nécessité de n'accepter de conférence qu'à la condition
» d'y faire comprendre toutes les questions litigieuses qui
» divisent l'Europe, je pense que le moment est venu de
» prendre et de proposer un parti décisif pour essayer
» d'opposer une digue au double torrent qui nous menace,
» et qui, après avoir renversé la puissance de la France,
» bouleverserait l'Europe occidentale au profit d'ambi-
» tions que le succès rendrait insatiables! »

Le lendemain 17, un second courrier nous apportait les nouvelles les plus graves, en date des 10 et 12 décembre. Menacée par l'ennemi, la délégation se repliait sur Bordeaux. Si le général Chanzy résistait héroïquement entre Meung et Marchenoir aux attaques répétées de Frédéric-Charles, le général Bourbaki avait dû, avec l'autre moitié de l'armée de la Loire, rétrograder jusqu'à Vierzon. M. Odo Russell n'avait rien pu obtenir à Versailles. Deux lettres de l'empereur de Russie à son oncle restaient sans réponse, et la proposition faite par le Saint-Père d'un armistice de quinze jours avec ravitaillement avait été repoussée d'une manière peu obligeante. Dans ces conditions, M. de Chaudordy, revenant à la charge, nous pressait d'aller à la Conférence. « M. Gam-
» betta, me disait-il, après avoir examiné les dépêches,
» est de cet avis, même alors que nous n'aurions ni ar-
» mistice ni promesses préalables. » Examinant ensuite à quelle personne pourrait être confiée cette difficile mission, il me demandait de l'accepter, et faisait valoir avec une grande conviction les raisons qui justifiaient cette opinion : « La Prusse, me disait-il en terminant, est fa-
» tiguée de la guerre, j'en suis certain ; son gouvernement
» veut la paix. Le moment est donc favorable et l'occa-
» sion pour sortir de Paris très-naturelle. Si vous n'y
» voyez pas un obstacle absolu, au point de vue de la
» capitale, faites-le, je vous en supplie, autant pour
» soutenir le Gouvernement à l'intérieur que pour le dé-
» fendre à l'extérieur. Vous savez que j'ai toujours désiré
» que vous fussiez hors de Paris. Je le souhaite encore
» plus aujourd'hui, et je vous le demande de nouveau
» ardemment. »

La dépêche du surlendemain 12 décembre était encore

plus insistante : elle réclamait énergiquement des instructions précises et mon départ. Elle témoignait des vives inquiétudes causées à la délégation par sa translation à Bordeaux. « Nous sommes très-préoccupés, nous écri-
» vait-on, de savoir l'effet fâcheux que cette mesure aura
» pu produire sur la capitale : au milieu de quelles an-
» goisses vous vivez! Nous les partageons, et nous en
» souffrons d'autant plus que notre impuissance aug-
» mente. Faites ce que vous croyez possible pour sortir
» de Paris, et venez négocier ou préparer la paix. Dites-
» nous comment nous devons agir diplomatiquement de
» notre côté. »

Il n'était plus possible de s'arrêter aux moyens termes qui jusque-là m'avaient paru impérieusement commandés par la prudence. Il fallait s'abandonner à la foi de l'Angleterre, au bon vouloir des autres puissances. Tel fut le sentiment que je défendis dans le conseil du Gouvernement, en soumettant à mes collègues les graves motifs sur lesquels il s'appuyait, ainsi que les objections qui pouvaient y être opposées. La majorité semblait incliner vers l'abstention. Elle y était attirée par la crainte d'une fausse démarche compromettante pour la dignité de la France, et rendue à l'avance absolument inefficace par le parti pris des puissances de n'entrer, sous aucun prétexte, en lutte avec la Prusse. Ces considérations étaient sérieuses. Je ne les croyais cependant pas suffisantes pour être mises en balance avec la responsabilité d'un refus. Certes le plénipotentiaire chargé de nous représenter avait plus de chance d'échouer que de réussir. Il pouvait même exposer la République à une humiliation. Il avait alors la ressource d'une éclatante protestation dont l'Europe entière serait émue. Mieux valait même cette retraite qu'un isolement volontaire facilement interprété comme un aveu d'impuissance ou d'hésitation sur notre propre droit. Si au contraire, ainsi qu'on paraissait nous le promettre, notre plénipotentiaire était admis, s'il était reconnu, les membres de la Conférence étaient forcés de l'entendre, et notre cause, ainsi solennellement plaidée devant ce tribunal élevé, devait nécessairement être gagnée.

Je fus vivement soutenu par M. Ernest Picard, qui, avec son sens politique ordinaire, avait dès le premier jour opiné pour l'acceptation, même sans condition, d'une place à la Conférence. Nos collègues finirent par se ranger à notre avis, en exigeant toutefois que nous restassions tout à fait étrangers à la demande des sauf-conduits, qu'il était indispensable d'obtenir de la Prusse. Il était minuit lorsque cette décision fut prise. J'avais à l'avance fait préparer un ballon : j'expédiai sur-le-champ la dépêche suivante :

M. de Chaudordy, à Bordeaux.

« Paris, 17 décembre 1870, minuit.

» Le Gouvernement vient de délibérer sur vos dépê-
» ches des 10 et 12 décembre; il a décidé que nous
» serions représentés à la Conférence. Cette décision est
» prise par égard pour l'opinion exprimée par l'Angle-
» terre, la Russie, l'Autriche et l'Italie, et sous le bé-
» néfice des communications que vous ont faites leurs
» représentants. Si notre plénipotentiaire était choisi à
» Paris, nous demanderions à l'une des puissances neu-
» tres ou à toutes les quatre d'obtenir les sauf-conduits.
» Le Gouvernement, suivant votre réponse, désignera ce

» plénipotentiaire. Du reste, vous pouvez être sans
» inquiétude pour nous. Paris continue à être calme,
» résolu, confiant. Nous avons largement des vivres pour
» un mois, peut-être plus. Notre armée est pleine d'ar-
» deur et va livrer bataille pour aller au-devant de vous.

» Jules Favre. »

Je n'avais pu consacrer que quelques lignes à ces instructions, je les complétai le lendemain, 18 décembre, en traçant à M. de Chaudordy un tableau aussi exact que possible de notre situation, en le tenant au courant de nos inquiétudes, de nos résolutions, de nos espérances. Je mets cette pièce sous les yeux du lecteur sans y rien retrancher ·

M. de Chaudordy, à Bordeaux.

« 18 décembre 1870.

» Nos communications par ballon sont si incertaines,
» si incomplètes, que je tremble toujours que nos dépê-
» ches ne vous arrivent pas, et cette crainte s'aggrave
» singulièrement dans les circonstances décisives où nous
» sommes. C'est hier soir que me sont parvenues vos
» deux dépêches datées de Bordeaux des 10 et 12 dé-
» cembre et m'annonçant l'insistance de l'Angleterre, de
» la Russie, de l'Autriche et de l'Italie pour notre pré-
» sence à la Conférence, l'opinion conforme de Gam-
» betta, la démarche faite au nom du Saint-Père suivie
» du refus du roi de Prusse. Ces dépêches n'ont pu être
» déchiffrées qu'à dix heures. Je les ai tout de suite por-
» tées au conseil, en avertissant M. Rampon de tenir un

» ballon à ma disposition. La discussion, je n'ai pas besoin
» de le dire, a été longue et animée. Vous savez qu'in-
» terrogé une première fois par vous sur la question de
» savoir si nous devions être représentés à la Conférence,
» j'avais pensé que, sans repousser cette idée, nous devions
» poser comme condition *sine quâ non*, 1° la faculté de
» débattre les difficultés qui divisent actuellement l'Eu-
» rope; 2° un armistice avec ravitaillement, nous per-
» mettant de convoquer une Assemblée. J'avais fait cette
» réponse sans consulter le conseil. Deux jours après,
» cependant, il a pleinement approuvé ma conduite,
» sauf une voix de minorité. En recevant le 15 votre
» dépêche du 7, j'ai senti la nécessité de modifier ce que
» ma première solution pouvait avoir de trop absolu, et
» je vous ai dit : Consentons à être représentés à la Con-
» férence sans réclamer la faculté préalable d'y discuter
» nos affaires. Mais obtenons des cinq neutres l'appui
» d'une demande de quinze jours d'armistice avec ravi-
» taillement. Avant de faire partir la dépêche renfermant
» ces instructions, j'ai consulté le conseil, qui m'a donné
» son approbation. C'est dans cette situation que votre
» dépêche des 10 et 12 nous a trouvés hier. Elle est
» plus pressante et plus explicite. Elle indique nette-
» ment l'accord des quatre puissances pour nous presser
» d'assister à la Conférence. Il est vrai qu'elles *ne* pren-
» nent aucun engagement; mais elles laissent entendre
» que la Conférence une fois ouverte, il y sera forcément
» question de nous, et qu'elles agiront de manière
» qu'il en soit question. Ce dernier point est fort grave.
» Car ce qui nous préoccupait surtout, c'est qu'on nous
» appelât pour nous faire entrer par une petite porte, et
» peut-être contester nos pouvoirs. Il faut qu'il soit bien

» entendu que nous y assistons comme puissance co-si-
» gnataire des traités de 1856, ayant les droits que con-
» fère ce caractère et pouvant débattre toutes les ques-
» tions qui en découlent. L'Angleterre, qui paraît avoir
» été la première à nous inviter, et qui a l'intérêt le plus
» direct à ce que nous acceptions, doit vous édifier com-
» plétement à cet égard. Je dois dire que le ton de votre
» dépêche nous fait présumer que vous l'êtes dès à pré-
» sent, et que nous n'avons à redouter ni surprise ni
» querelle de détail. Dans de telles conditions, nous
» cédons au désir qu'elle veut bien nous exprimer et
» dont, pour ma part, je lui suis reconnaissant; nous
» sommes prêts à nous aboucher avec nos co-contractants.
» Mais c'est ici que se présentent trois points impor-
» tants, indispensables à bien préciser : 1° le lieu de la
» réunion ; 2° le délai des négociations ; 3° le choix du
» représentant de la France. — Le lieu de la réunion. —
» Vous m'aviez parlé de Bruxelles ou de Londres. J'ai-
» merais beaucoup mieux Bruxelles ou Berne, mais
» Bruxelles est plus central, et cette raison doit le faire
» préférer. Il me semble qu'il ne peut guère y avoir d'hé-
» sitation sur ce point, pourvu qu'on ait le consente-
» ment de la Belgique à nous donner l'hospitalité. Je
» crois qu'elle la donnera avec plaisir, mais nous avons
» besoin d'être informés au plus tôt à cet égard. — Le
» délai des négociations. — Ce point a principalement
» préoccupé le conseil, et ceux de ses membres qui com-
» battaient l'idée d'assister à la Conférence soutenaient
» que nous n'en aurions pas le temps avant les graves
» événements qui amèneront la délivrance ou la chute
» de Paris. En terminant hier mes trois lignes d'instruc-
» tion, je vous disais : Nous avons reculé notre limite

» du 15 décembre, nous pouvons tenir un mois, et je
» crois que si l'esprit de la population se maintient à la
» hauteur morale où il s'est placé, cette entreprise sera
» facile. Or, nous avons beaucoup de raison de croire
» que l'ennemi aura de la peine à subir ce retard. Nous
» allons l'attaquer durement, lui tuer certainement beau-
» coup de monde et peut-être le forcer. La nouvelle des
» héroïques efforts de l'armée de la Loire doublera notre
» énergie; nous voulons être dignes de ces vaillants sol-
» dats, et si nous y parvenons, nous triompherons. Cette
» admirable population parisienne le comprend; elle
» souffre cruellement, mais elle n'est pas disposée à fai-
» blir; elle ira jusqu'au bout de son dernier morceau de
» pain. Nous avons donc à partir d'aujourd'hui trois
» grandes semaines avant l'époque où il faudrait s'arrê-
» ter pour ne pas risquer une famine, faute de pouvoir
» se ravitailler en fin de siége. La semaine prochaine
» notre armée livrera une grande bataille, et nous espé-
» rons qu'elle sera heureuse. Pendant ce temps il faut
» redoubler d'efforts pour les négociations. Notre adhé-
» sion à la Conférence ne change rien à nos bases : armis-
» tice avec ravitaillement, convocation d'une Assemblée.
» Nous ne les avons modifiées qu'en un sens : nous con-
» sentons à aller à la Conférence sans cette condition
» préalable. Mais en dehors du projet de Conférence
» nous ne cessons d'y insister, et nous saurons gré aux
» puissances neutres de nous la procurer, comme elles
» l'ont proposé. — Reste la troisième question, le choix
» de la personne qui nous représentera. — Je reconnais
» avec vous qu'il y aurait avantage à ce que je fusse
» chargé de ce fardeau; mais, je l'avoue, je suis épou-
» vanté de son poids; j'assumerais une bien grande res-

» ponsabilité, et j'aurais peur d'être au-dessous de ma
» tâche; et cependant je sens que je défendrais énergi-
» quement l'honneur et les intérêts de ma chère patrie,
» et que j'aurais plus que personne la connaissance de
» tous les précédents depuis le 4 septembre; mais ici
» deux difficultés se présentent : d'abord on me dit que
» je suis utile ici; que mon départ serait partout inter-
» prété comme un symptôme d'abandon des opérations
» militaires; tel a été l'avis énergiquement soutenu par
» quelques-uns des membres du conseil; sur ce point
» les autres hésitent, en disant cependant que si quel-
» qu'un y va ce doit être moi. Mais ensuite, et c'est là
» l'objection la plus grave, comment y aller? Nous ne
» pouvons pas demander un sauf-conduit à la Prusse. Je
» vous disais hier soir que les neutres devaient lever cette
» difficulté; il me semble que la Russie l'a déclinée, mais
» l'Angleterre, l'Italie et l'Autriche, qui nous demandent
» à la Conférence, ne peuvent-elles pas se charger de ce
» préalable? Si un envoyé quitte Paris, il faut qu'il le
» fasse ostensiblement et dignement; pour cela il ne
» peut partir ni en ballon, ce qui ressemblerait à une
» aventure, ni en sollicitant un sauf-conduit à Versailles,
» ce qui, dans l'état des choses, serait une humiliation.
» Voyez donc ce qu'il y a de possible et faites-le-moi
» savoir. Le temps devient beau; j'espère que les pigeons
» pourront nous venir; ne nous les ménagez pas; faites
» savoir de nos nouvelles à M. Faidherbe. Je suis fort
» heureux de le savoir investi d'un commandement.
» Multiplions tous nos efforts; que l'ennemi soit menacé
» sur son flanc, sur sa ligne de communications; qu'aus-
» sitôt que Chanzy sera reposé, il attire avec lui tout le
» disponible de l'Ouest pour arriver par Chartres. Nous

» allons de notre côté frapper fort. Nous sommes pleins
» d'espoir.

» Jules Favre. »

Le ballon *Davy*, parti de Paris dans la nuit du 15, tomba à Beaune le 19, et le 20 M. de Chaudordy m'exprimait la satisfaction qu'avait causée à la délégation la nouvelle de notre acceptation. Elle avait aussi produit un excellent effet sur les représentants des puissances. Mais plus que jamais on estimait ma présence nécessaire. « Croyez-moi, m'écrivait M. de Chaudordy, » sans que j'aie besoin de vous l'expliquer plus longue- » ment ; vous devez venir. Agir autrement serait com- » mettre une faute irréparable. » Après nous avoir entretenus de la lassitude des Prussiens, de l'étendue de leurs pertes, des récriminations de l'Allemagne, il ajoutait : « Paris fait l'admiration du monde, et ce que nous » écrivent nos officiers prisonniers en Allemagne est très- » touchant. Ne craignez rien de leur impérialisme. Quoi » qu'on en ait pu dire, il est mort à Sedan, et votre » résistance l'a effacé à jamais. L'Autriche est disposée à » faire transformer la Conférence en congrès ; l'Italie » suivra.

Ces assurances nous étaient répétées dans des dépêches du 21 et du 26 décembre dans lesquelles on nous annonçait que nous pouvions compter sur la bienveillance de l'Angleterre et de la Russie. La première nous promettait de nous procurer les sauf-conduits, la seconde laissait deviner qu'elle agirait sur la Prusse pour obtenir d'elle des conditions acceptables de paix. Malheureusement aucune de ces nouvelles ne nous parvint avant le 9 janvier. Les quelques feuilles allemandes qui pénétraient à Paris, soit par des espions soit par des prisonniers, étaient peu faites pour nous inspirer de l'espoir ; toutes s'accordaient à dire que la Prusse ne souffrirait sous aucun prétexte qu'on élargit les limites de la Conférence, toutes contestaient au Gouvernement de fait siégeant à Paris ou à Bordeaux le droit d'être admis dans l'assemblée des représentants des puissances. Aussi écrivais-je à M. de Chaudordy le 21 décembre :

M. de Chaudordy à Bordeaux.

« 21 décembre 1870.

» Je ne vous dis rien des événements de la journée.
» Je les expose en quelques lignes à M. Gambetta. Je me
» borne à vous rappeler mes instructions dont le dupli-
» cata voyage avec le présent pli. Ce que je lis dans les
» différentes feuilles me confirme dans l'opinion que
» nous avons bien peu à espérer d'une Conférence, et que
» cependant nous ne pouvons prendre sur nous la res-
» ponsabilité d'un refus à l'invitation qui nous serait
» faite d'y assister. Seulement je commence à douter
» que cette invitation nous soit réellement faite. L'An-
» gleterre le pouvait par les États-Unis, qui reçoivent
» régulièrement leur courrier. Je ne vois rien venir. Aussi
» je me renferme tristement dans le sentiment de notre
» droit. J'y puise la force d'une résolution dictée par la
» conscience, et je me prépare aux plus suprêmes
» épreuves. Il me semble néanmoins que l'Angleterre et
» l'Autriche devraient comprendre qu'en nous appelant
» à la Conférence, elles doivent nous fournir le moyen
» d'y aller, c'est-à-dire nous procurer un sauf-conduit,
» et d'y rester, c'est-à-dire nous donner un armistice

» avec ravitaillement qui nous permettrait de faire élire
» une Assemblée et de préparer une fin sérieuse à ces
» luttes cruelles. Il faut donc insister pour qu'on se
» prononce nettement, et qu'on nous permette de con-
» courir, en commençant par nous, à l'établissement
» d'une paix durable en Europe. »

Dans une autre dépêche en date du 23 décembre, où je traitais particulièrement de l'incident du Luxembourg, auquel la Prusse n'a pas jugé à propos de donner suite, je disais en ce qui concernait la Conférence :

« En l'absence complète de toute espèce de nouvelles,
» je ne puis vous exprimer mon opinion sur les incidents
» diplomatiques qui agitent maintenant l'Europe. Je
» persiste à croire que le projet de Conférence est sans
» intérêt véritable pour nous; ce que les papiers alle-
» mands qui se sont glissés jusqu'à nous m'apprennent
» sur ce point, confirme mon sentiment. Ils montrent la
» Prusse très-disposée à temporiser, plus encore à nous
» exclure absolument de cette conversation. Je ne sais
» si l'Angleterre, l'Autriche, la Russie, l'Italie persis-
» tent dans le désir de nous y voir figurer. Ce ne pour-
» rait être assurément pour y être admis d'une manière
» équivoque, et il ne me paraît pas possible que la
» Prusse nous accepte officiellement ni même officieuse-
» ment. Dans tous les cas, et en supposant, ce qui me
» paraît tout à fait improbable, que la Prusse n'élève
» pas cette difficulté, resterait toujours la question des
» sauf-conduits que nous ne pouvons demander et que
» l'une des puissances neutres devrait nous procurer. Je
» me borne sur ce point à vous confirmer ce que je vous
» ai dit dans mes précédentes dépêches. »

Le 28 décembre, je revenais sur les mêmes idées en précisant notre politique :

« Je ne puis que vous confirmer ma dépêche du 23.
» Depuis, rien de nouveau ne s'est passé et nous ne savons
» des choses diplomatiques que le peu qui filtre à travers
» les lignes ennemies. La question de la Conférence me
» paraît stationnaire ; l'embarras vient probablement de
» ce que la présence de la France est reconnue nécessaire
» et qu'on ne sait comment se la procurer. Nous n'a-
» vons sur ce point qu'à persévérer dans notre attitude.
» Loin de nous désintéresser des affaires de l'Europe,
» ou d'abdiquer le droit que nous avons d'y prendre
» part, nous maintenons avec fermeté la situation que
» nous donne le traité de 1856. On ne peut y toucher
» sans nous, et si la Conférence se réunissait sans que
» nous y ayons été appelés, nous protesterions hautement.
» Mais nous ne pouvons accepter l'humiliation qui consis-
» terait à demander à la Prusse une permission d'agir.
» Si les puissances neutres estiment que nous devons y
» aller, qu'elles nous ouvrent la porte. Nous répondrons
» à leur invitation et nous tiendrons aux signataires du
» traité de 1856 le langage que nous conseilleront notre
» intérêt et notre honneur. »

§

Pendant qu'une fatalité cruelle nous condamnait à ignorer les informations précieuses qui auraient exercé sur nos résolutions une si heureuse influence, M. de Chaudordy poursuivait avec activité le cours des négociations. Il avait fait agréer le choix de ma personne

comme plénipotentiaire, d'abord par l'Angleterre, puis par les cinq autres puissances neutres. Aucune objection n'avait été soulevée sur ce point. Le cabinet de Londres s'était ensuite chargé de solliciter un sauf-conduit qui pût me permettre de me rendre à la première réunion de la Conférence, qui devait avoir lieu le 3 janvier. Le comte de Bernstorff en ayant transmis la demande à M. de Bismarck, celui-ci avait fait parvenir à lord Granville cette singulière réponse : « Le sauf-conduit sera
» accordé lorsque M. Jules Favre le réclamera par parle-
» mentaire au général en chef de l'armée de siége. Les
» Prussiens ne peuvent envoyer un parlementaire avant
» que la satisfaction leur soit donnée pour le fait
» qu'on a tiré sur un parlementaire qu'ils ont envoyé
» tout récemment. »

Cette difficulté, sur laquelle je fournirai un peu plus bas des explications catégoriques en démontrant que l'incident allégué n'était qu'un prétexte, n'arrêta point M. de Chaudordy, qui protesta énergiquement contre le mauvais vouloir qu'elle déguisait. Il pressa les représentants de l'Angleterre et de la Russie d'unir leurs efforts aux siens, et refusa nettement le moyen terme qui avait été imaginé, de faire, pour la première séance, figurer à la Conférence notre chargé d'affaires, M. Tissot. En même temps, passant au dessus de cette vaine querelle des parlementaires, il demandait que M. de Bismarck voulût bien me faire avertir aussitôt que l'invitation de lord Granville lui serait parvenue pour m'être remise. A partir de ce moment, toute facilité devait m'être accordée de quitter Paris et de me rendre à Londres. Lord Granville voulut bien multiplier ses démarches près du comte de Bernstorff pour aplanir ces obstacles. Le 29 décembre, dans l'une de ses entrevues, il proposait que le parlementaire fût un des officiers faits prisonniers dans les dernières sorties, n'ayant par conséquent rien à apprendre aux assiégés en pénétrant dans la place. Pour le cas où cette combinaison ne serait point adoptée, il voulait être autorisé à m'écrire directement par l'intermédiaire du ministre des États-Unis.

On verra dans un instant comment M. de Bismarck consentit à cet arrangement, et comment la ponctuelle exécution en fut empêchée.

Ainsi rien ne fut négligé pour que la France pût venir prendre au milieu des grandes puissances la place qui lui était due, pour qu'elle y fît entendre sa protestation en faveur du droit, et qu'elle liât sa cause à celle de toute l'Europe.

Telle était la pensée, telle était l'espérance de M. Gambetta, qui joignait son insistance à celle de M. de Chaudordy et m'envoyait son éloquent appel dans la dépêche du 31 décembre, retenue, hélas! comme les autres. Elle ne m'arriva que le 9 janvier, dans les circonstances que j'expliquerai : en voici la partie relative à mon départ :

« Vous devez être sur le point de quitter Paris pour
» vous rendre à la Conférence de Londres, si, comme on
» me l'affirme, l'Angleterre a fait passer un sauf-conduit.
» Je me figure les déchirements que vous allez éprouver
» d'abandonner Paris et nos collègues au moment de la
» crise suprême; j'entends d'ici l'expression de vos dou-
» leurs et de vos premiers refus, et cependant je dois à
» l'intérêt de notre cause de vous dire qu'il le faut. Il le
» faut pour deux raisons supérieures : la première, c'est
» qu'une fois sorti de la capitale et prêt à vous asseoir au
» milieu des représentants de l'Europe qui vous atten-

» dent, vous les forcerez à reconnaître la République
» française comme gouvernement de droit. Il n'y a qu'à
» vous que revient un tel rôle et qui puissiez le rem-
» plir avec fruit. Cette reconnaissance ne vous sera pas
» refusée; si elle l'était, vous y trouveriez une occasion
» nouvelle de glorifier nos principes à la face du monde,
» qui serait indigné de si misérables tracasseries. Je crois
» que cette reconnaissance vous sera offerte à votre en-
» trée dans la Conférence. C'est à vous seul encore qu'il
» appartient d'échapper au programme mesquin de la
» Conférence, et nul n'osera vous arrêter quand vous
» parlerez de Paris, de la guerre, de la France. Les pro-
» testations de la Prusse seront impuissantes à vous arrê-
» ter à cet égard; aussi je prends des informations pré-
» cises et concluantes. La seconde raison pour laquelle
» je désire ardemment vous voir sortir de Paris, c'est
» que vous pouvez échapper à l'atmosphère troublée et
» obscure qui vous entoure. Vous pourrez voir par vous-
» même où en est la France, reconnaître ses ressources,
» visiter ses armées, apprendre enfin quels sont ses
» efforts, quelles sont aussi ses espérances, et quelle
» admiration sa résistance héroïque inspire à l'univers
» entier. Vous vous rendrez compte de l'état des esprits,
» de la légitimité de nos demandes, de la détresse dans la
» laquelle on nous a laissés, et de l'appareil formidable
» que nous avons réussi à créer. Vous nous préterez
» alors l'autorité de votre intervention pour la solution
» des questions politiques et de la ratification de nos
» opérations financières, dont la calomnie jointe à l'im-
» prévoyance a pu seule suspecter un instant la nécessité
» et la probité. Enfin, effort plus grand encore, vous
» nous aiderez à soutenir le sentiment national et à pour-

» suivre la guerre jusqu'à la victoire, même après la
» chute de Paris, si un tel malheur ne peut être évité.
» Il ne faut pas en effet que la chute d'une capitale
» entraîne la chute même de la patrie : si grande, si légi-
» time que soit la place que tient Paris dans nos affaires,
» l'unité française doit lui survivre. Nous prolongerons la
» lutte jusqu'à l'extermination, nous empêcherons qu'il
» se trouve en France un homme ou une Assemblée pour
» adhérer aux victoires de la force. Nous frapperons par
» là d'impuissance la conquête et l'occupation : il n'y
» aura pas de sanction européenne pour les armes de la
» Prusse, et il faudra bien que le jour de la justice et de
» la revanche se lève enfin sur nos ennemis épuisés. Nous
» recueillerons le fruit de notre patriotisme, et quelle que
» soit l'étendue de nos dommages matériels, nous aurons
» assuré pour toujours la grandeur et l'indépendance de
» la France, sous l'égide de la République. Sortez donc,
» après avoir remis au parti républicain la garde et les
» destinées de la défense ; sortez pour interroger l'Eu-
» rope et la convaincre de la justice de notre cause ;
» sortez surtout pour nous aider, si l'Europe reste sourde
» à vos paroles, à porter jusqu'au bout le drapeau de la
» résistance dans une guerre qui est faite autant à notre
» sol national qu'aux principes sacrés de la Révolution.

» Saluts fraternels.

» Léon GAMBETTA. »

§

Qui peut en lisant ces lignes ardentes, mettre en doute la foi patriotique de celui qui les traçait? Qui peut sérieusement l'accuser d'avoir rêvé la dictature, quand il me suppliait de venir à lui et de partager son pouvoir? J'admets qu'on lui reproche son enthousiasme passionné pour l'idée républicaine, qui dans sa pensée dominait trop facilement celle de la patrie; j'admets encore qu'on s'effraye des illusions qui lui faisaient croire la France capable de supporter une guerre d'extermination et la Prusse exposée à en périr; mais ce qu'on est forcé de reconnaître, c'est qu'il donnait tout ce qu'il avait d'exaltation et de fièvre à la cause de la délivrance; et vraiment, il est aussi puéril qu'injuste de supposer qu'en face des périls suprêmes et des chances désespérées qu'il défiait avec tant de témérité, il abaissât son esprit à la ridicule conception d'une autorité souveraine qui ne pouvait le conduire qu'à un calvaire.

Non, dans ces jours de combat et de deuil, nul ne songeait à soi. L'ambition était restée le domaine des hommes politiques qui se réservaient; elle n'avait plus de place dans l'âme de ceux qui avaient fait leur sacrifice. La lutte dans laquelle ils étaient engagés était trop grande pour leur permettre ces vils calculs. Elle effaçait en eux tout sentiment d'intérêt personnel, car elle exigeait qu'à chaque heure ils fussent prêts non-seulement à mourir, mais, ce qui leur était cent fois plus cruel, à être méconnus et calomniés par leurs meilleurs amis.

M. Gambetta voulait une résistance opiniâtre, il la croyait encore possible même alors que Paris aurait succombé, et il m'appelait pour m'associer à ses efforts. M. de Chaudordy m'exprimait avec force le même avis : « Je ne doute pas, m'écrivait-il le 20 décembre, de votre » grande utilité à Paris, mais ici, vous êtes nécessaire. » Et le 29 : « L'Angleterre a reçu avec une grande satis-

» faction votre adhésion à la Conférence... Vous êtes ab-
» solument nécessaire hors de la capitale. Je ne puis
» qu'insister de nouveau sur les arguments de mon rap-
» port précédent, mais je les confirme avec encore plus
» d'énergie. »

J'ai dit plus haut que nos pigeons, retenus par le froid intense qui ne cessait de sévir contre nous, ne nous étaient parvenus que le 9 janvier : je n'avais à ce moment reçu encore aucune communication relative aux sauf-conduits que M. de Bismarck devait avoir préparés pour moi. Mais le 27 décembre, il adressait à M. Washburne, ministre des États-Unis, pour être mise sous mes yeux, une dépêche dans laquelle il se plaignait que quatre jours auparavant, le 23, des coups de feu eussent été tirés par des soldats français sur l'officier allemand chargé de remettre les lettres aux avant-postes, alors qu'il se disposait à quitter le pont de Sèvres et pendant que les drapeaux parlementaires étaient déployés de part et d'autre [1]. Il demandait que le Gouvernement de la défense nationale fît une enquête, et terminait par la déclaration suivante :

« En attendant qu'on nous fasse parvenir à cet égard
» une communication satisfaisante contenant des garan-
» ties pour l'avenir, nous sommes obligés de suspendre
» des relations qui ne sont admissibles que sous la
» protection que doit leur offrir l'observation la plus
» consciencieuse des règles du droit de guerre inter-
» national. »

Cette prétention devait d'autant plus nous étonner, que plusieurs fois nos parlementaires avaient été assail-

---

[1] Voir aux Pièces justificatives.

lis par le feu de l'ennemi, notamment le 3 octobre, lorsque M. le capitaine d'Hérisson accompagnait M. le général Burnside : celui-ci put ramasser la balle prussienne qui heureusement le manqua et vint s'aplatir contre le mur du quai. Nous ne nous étions jamais beaucoup émus de ces incidents, que la maladresse ou l'inattention des factionnaires expliquent suffisamment. Nous nous étions contentés de les signaler aux chefs de poste. Il nous paraissait donc fort extraordinaire de leur voir attribuer cette importance exceptionnelle. Nous pouvions soupçonner qu'on avait un motif secret pour en agir ainsi. Je m'empressai néanmoins d'avertir M. le général Trochu, qui ordonna une enquête rigoureuse. Son résultat fut absolument négatif. Le gouverneur de Paris le fit savoir par une note détaillée [1] que j'envoyai de suite à M. de Bismarck. Ce fut seulement le 10 janvier, en m'expédiant la lettre de lord Granville, que le chancelier m'informa par le ministre des États-Unis que, sous la réserve d'enquêtes ultérieures, les relations pouvaient être reprises. Nous n'en étions pas moins restés dix-sept jours, contrairement à tous les usages que les peuples civilisés respectent en temps de guerre, dans la complète impossibilité d'échanger quoi que ce soit avec le quartier général et le cabinet prussiens ; et si on avait intérêt à retarder une communication grave, on avait trouvé le moyen sûr d'atteindre ce but.

Pendant que l'état-major prussien nous suscitait cette querelle, le bombardement de Paris commençait sans avertissement préalable et produisait dans plusieurs quartiers les plus déplorables ravages. Les monuments

---

[1] Voir aux Pièces justificatives.

publics, les hôpitaux et les ambulances semblaient avoir été choisis comme points de mire : les habitants en étaient si bien convaincus, qu'ils enlevèrent dans la plupart des localités les drapeaux de la Société de Genève : privés de ce signe protecteur, les points menacés furent moins maltraités. L'hospice des Jeunes-Aveugles, qui renfermait plus de deux cent cinquante blessés, fut criblé de projectiles. Les malades étaient tués dans leurs lits ; il fallut pour les protéger les descendre dans les caves. Le Val-de-Grâce ne fut pas plus épargné; des militaires et des infirmiers y furent mortellement frappés. Quelques-uns succombèrent à l'émotion que leur causèrent ces dévastations. Le pensionnat de Saint-Nicolas, rue de Vaugirard, se trouvant exposé au feu, les instituteurs firent en toute hâte retirer leurs élèves. Au moment où les derniers enfants franchissaient le seuil de la classe, un obus s'abattant au milieu d'eux en tua cinq d'un coup et en blessa plusieurs. Ce fut le lendemain un poignant spectacle que celui de la foule qui se pressait dans l'étroite église de la rue de Rennes, autour des cercueils des cinq petits martyrs. La toiture du temple effondrée, le parvis labouré par le feu de l'ennemi, témoignaient assez la fureur de son attaque. Les sanglots des mères se mêlaient aux sourdes imprécations des hommes; au dehors le sifflement d'un vent glacé, les détonations de l'artillerie, l'éclat des bombes qui tombaient à l'entour, couvraient la voix des prêtres, gagnés eux-mêmes par la contagion de cette ineffable douleur. Au cimetière, l'explosion fut plus violente encore. A mesure que ces chères dépouilles étaient livrées à la terre, les pleurs et les anathèmes redoublaient. J'aurais voulu que les souverains et les hommes d'État dont l'ambition criminelle se fait un jeu de pousser les peuples à s'entre-déchirer, fussent présents à cette scène à la fois grandiose et navrante. Je ne sais s'ils auraient compris l'odieux de leur rôle, au moins auraient-ils entendu le concert de justes malédictions qu'il leur vaut.

C'est sous l'empire de ces cruelles émotions que j'écrivais à M. de Chaudordy à la date du 9 janvier :

« Cher Monsieur, j'ai reçu hier soir, par un pigeon
» qui enfin nous est arrivé, vos dépêches des 21, 26,
» 29 décembre. Les nouvelles militaires et de politique
» générale qu'elles contenaient m'ont comblé de joie,
» car elles me prouvent que, Paris tombant, la France
» serait encore debout pour combattre et repousser l'é-
» tranger. Mais il faut que Paris soit sauvé; l'ennemi dé-
» ploie sur lui toutes ses fureurs. Après avoir depuis huit
» jours écrasé nos forts de ses bombes, il a depuis jeudi
» commencé le bombardement de la ville, tirant de pré-
» férence sur les hôpitaux, les églises, les ambulances,
» les écoles. Nous avons eu cette nuit une pluie d'obus
» sur le faubourg Saint-Germain et le faubourg Saint-
» Jacques. Un grand nombre de personnes ont été tuées
» dans leur lit, des enfants dans les écoles; et tandis que
» les mères éperdues les emportaient sanglants dans les
» caves où elles tâchaient de les soustraire à cet horrible
» supplice, les Prussiens, tranquillement abrités par leurs
» épaulements de Meudon et de Châtillon, continuaient
» leur œuvre. L'indignation et la colère sont grandes.
» Malheureusement, la direction militaire semble frappée
» d'atonie. Elle commande et se retire. Elle combine,
» délibère, et ne résout rien, et nos jours se passent et
» nous approchons du terme fatal. Il n'aura pas dépendu

» de vous qu'en ce qui me concerne j'aie pu essayer de
» défendre notre cause au tribunal de l'Europe; et je
» suis vraiment touché que mes amis de Tours et vous
» vous m'ayez fait l'honneur de me charger d'une telle
» mission. Elle m'aurait effrayé. Je sens trop mon insuf-
» fisance pour qu'il en soit autrement. Mais j'y aurais
» apporté un sentiment très-énergique de notre droit et
» une fermeté convaincue à le soutenir. Je vous remercie
» donc de vos démarches près de lord Lyons, et je ne
» suis pas insensible à l'acceptation qui a été faite de ma
» personne. Seulement je regrette que lord Granville et
» M. de Brunow n'aient pas cru possible d'aller plus
» loin et d'imposer à la Prusse le sauf-conduit qu'elle
» m'engage à aller chercher à Versailles. M. de Bismarck
» sait fort bien que je n'irai pas l'y solliciter. La querelle
» des parlementaires qu'il soulève est un bien mauvais
» prétexte, souvent produit, toujours réfuté, notamment
» il y a quelques jours. Il s'est plaint qu'on ait tiré sur
» un officier; notre enquête a démenti le fait, mais elle a
» prouvé que les sentinelles prussiennes en étaient cou-
» tumières. J'ai fait parvenir au chancelier le procès-
» verbal constatant que trois fois et tout récemment nos
» parlementaires avaient essuyé leur feu. C'est d'ailleurs
» une bien petite question à propos d'une très-grosse.
» La soulever, c'est prouver qu'on ne veut que colorer
» un refus, ou, ce qui est pis, le déguiser sous une fausse
» apparence de consentement. Je ne demanderai donc
» pas un sauf-conduit; je l'attendrai. S'il m'est donné
» par l'intervention de l'Angleterre, j'en userai; mais à
» la condition qu'on cesse cet abominable bombarde-
» ment sur ma pauvre ville de Paris. Je ne veux pas la
» laisser exposée à ces coupables violences. Que M. de

» Moltke canonne les forts et les prenne s'il le peut,
» rien de mieux ; mais qu'il profite des ombres de la nuit
» pour égorger dans leur lit les femmes et les enfants,
» c'est là un procédé barbare et que je dénonce à l'indi-
» gnation de l'Europe. Je vais à la hâte tracer quelques
» lignes en ce sens, et le Gouvernement y mettra sa signa-
» ture. Je vous serai fort obligé de l'envoyer à nos
» agents, pour qu'ils saisissent les gouvernements auprès
» desquels ils sont accrédités. Probablement cette pro-
» testation restera sans écho. Nous aurons rempli notre
» devoir, et tôt ou tard justice nous sera rendue. En at-
» tendant, je vous approuve tout à fait de n'avoir point
» donné à M. Tissot mandat de nous représenter à la Confé-
» rence. Si quelqu'un devait y aller à ma place, ce serait
» vous. Mais il vaut mieux encore que cette place reste vide
» tant que l'Europe ne m'aura pas permis de l'occuper di-
» gnement. Insistez donc, je vous prie, auprès des repré-
» sentants des puissances à Bordeaux pour qu'elles nous
» facilitent l'accomplissement de notre tâche. Qu'elles
» pèsent sur la Prusse pour obtenir qu'elle en finisse
» avec ses mesquines difficultés. Tant qu'elle nous les
» oppose, c'est notre honneur qu'elle nous convie à
» écarter, et nous ne pouvons faire un tel sacrifice.

» Je vous écris bien à la hâte et au bruit des bombes
» qui éclatent sur Saint-Sulpice, l'Odéon, le Val-de-
» Grâce. Ce malheureux quartier va passer une nuit de
» désastre. J'en ai le cœur brisé et l'âme soulevée de
» colère.

» JULES FAVRE. »

Le lendemain, dans la nuit, je recevais par l'intermédiaire de M. Washburne la lettre suivante de lord

Granville. Elle était datée du 29 décembre. Elle avait été retenue au quartier général prussien jusqu'au 10 janvier au soir :

Lord Granville à S. E. le ministre des affaires étrangères à Paris.

« Londres, 29 décembre 1870.

» Monsieur le ministre,

» M. de Chaudordy a informé lord Lyons que Votre
» Excellence était proposée pour représenter la France
» dans la Conférence qu'on est convenu de tenir à
» Londres, concernant la neutralisation de la mer
» Noire, et il m'a en même temps fait demander d'obte-
» nir un sauf-conduit qui permît à Votre Excellence de
» franchir les lignes prussiennes. J'ai immédiatement
» prié le comte de Bernstorff de réclamer ce sauf-con-
» duit et de le faire remettre à Votre Excellence par un
» officier allemand envoyé en parlementaire.

» M. de Bernstorff m'a fait savoir hier qu'un sauf-con-
» duit serait mis à la disposition de Votre Excellence aus-
» sitôt qu'il serait demandé par un officier envoyé de
» Paris au quartier général allemand. Il a ajouté toute-
» fois qu'il ne pourrait être envoyé par un officier alle-
» mand tant que satisfaction n'aurait pas été donnée pour
» l'officier porteur du pavillon parlementaire allemand
» sur lequel les Français avaient tiré.

» J'ai été informé par M. Tissot que beaucoup de
» temps s'écoulerait avant que cet avis puisse vous être
» transmis par la délégation de Bordeaux, et j'ai en con-
» séquence suggéré au comte de Bernstorff un autre
» moyen de le faire parvenir, en profitant de l'occasion

» qui m'était offerte par le chargé d'affaires des États-
» Unis pour vous informer de ce qui s'est passé.

» Il a été convenu que la Conférence se réunirait cette
» semaine. Mais pour donner au plénipotentiaire fran-
» çais le temps d'arriver, le jour de la réunion a été fixé
» au 3 janvier. J'espère que Votre Excellence autorisera
» M. Tissot à la représenter à la première séance, dans
» laquelle je ne mettrai à l'ordre du jour que la question
» de forme, et si Votre Excellence est en mesure de
» m'annoncer son arrivée, je proposerai d'ajourner la
» Conférence d'une semaine, afin d'obtenir le précieux
» concours de votre expérience.

» J'espère que Votre Excellence me permettra de sai-
» sir cette occasion de lui exprimer toute ma satisfaction
» d'entrer en relations personnelles avec elle et le plaisir
» que j'éprouverai à la voir à Londres.

» J'ai l'honneur, etc.

» *Signé :* Lord Granville. »

Les termes de cette dépêche, que le ministre des affaires étrangères anglais avait pris la peine d'écrire en
entier de sa main, ne peuvent laisser aucun doute sur
les intentions formelles du cabinet de Londres. Lord
Granville explique, avec autant de bienveillance que de
précision, comment il a cherché le moyen le plus court
d'arriver au Gouvernement français et de le faire mettre
en mesure d'envoyer de Paris le plénipotentiaire accepté
par les cinq grandes puissances. Il pressent qu'il sera
difficile à ce dernier d'assister à la séance du 3 janvier,
il s'arrangera pour lui donner une semaine de plus. Il
va même au-devant des difficultés imaginées par la

Prusse pour retarder la remise du sauf-conduit. Il indique la démarche à faire pour l'obtenir sans délai. Il était impossible de pousser plus loin le bon vouloir et d'aplanir à l'avance plus efficacement les obstacles qu'on pouvait attendre de la chancellerie prussienne.

Mais il n'avait pu prévoir que sa lettre, partie de Londres le 29 décembre, devant arriver le lendemain 30 à Versailles, y séjournerait onze jours, et que cinq jours avant de me la faire remettre, l'ennemi couvrirait la ville de Paris du feu de ses batteries. M. de Chaudordy avait raison de m'écrire le 8 janvier : « M. le » comte de Bismarck redoute votre sortie de la capitale, » il n'a pu s'y refuser devant l'instance des neutres. Il » voudrait vous faire refuser, mais venez sans délai. » Le meilleur moyen de nous mettre dans l'impossibilité d'accepter l'invitation de l'Angleterre était de gagner du temps, de nous donner ainsi le tort apparent d'une hésitation ou d'un refus. Ce but a été atteint par le retard inexplicable d'une dépêche dont le cabinet prussien connaissait l'extrême urgence et qu'il était dans l'obligation de nous transmettre immédiatement. Il avait su en effet par son ambassadeur à Londres, M. de Bernstorff, que du 27 au 29 décembre avait été débattue la question des sauf-conduits à me délivrer. Il avait donné ses instructions sur ce point. Il attendait la lettre de lord Granville, et il devinait sans peine que si cette lettre restait quelques jours à Versailles, le chemin de la Conférence nous était fermé, et que l'Angleterre, justement blessée, était en droit de nous abandonner tout à fait.

Lorsqu'en rentrant du conseil le 11 à deux heures du matin, je trouvai chez moi ce message daté de Londres du 29 décembre, et que M. Washburne avait fait déposer la veille à neuf heures du soir, je compris de suite que cette perte de dix à onze jours pouvait nous causer un mal irréparable. Ce que je ne saurais faire apprécier comme je le sentis, c'est la perplexité cruelle où je fus jeté.

J'étais placé entre deux devoirs inconciliables également impérieux : partir pour Londres et rester à Paris. L'un et l'autre s'imposaient à moi avec la même force. Je ne pouvais me dissimuler le secours inespéré, peut-être décisif, que nous offraient les grandes puissances en nous appelant à la Conférence. Il est vrai que, malgré mes instances réitérées, elles ne nous avaient donné aucune assurance positive sur le rôle qui nous y serait assigné, et le seul qui nous convînt était en dehors de son programme officiel. Mais ne devions-nous pas compter sur la violence d'une situation supérieure à tous les formalismes ? N'étions-nous pas certains à l'avance qu'aucune considération ne fermerait la bouche au représentant de la France sortant de Paris affamé et bombardé pour invoquer à la face du ciel le droit européen audacieusement foulé aux pieds ? N'y avait-il pas dans cette comparution solennelle devant le tribunal des nations civilisées une pression d'opinion irrésistible, et n'était-ce pas pour nous partie nécessairement gagnée que de pouvoir percer enfin notre muraille d'acier et faire entendre notre voix au monde, qui l'attendait sympathique et bienveillant ?

Ces vérités saisissantes m'éblouissaient par leur évidence, et si je tremblais à l'idée d'en être l'insuffisant interprète, je cherchais mon refuge dans le sentiment de mon devoir, dans l'amour de mon pays, dans la nécessité inexorable à laquelle je ne pouvais me soustraire. Or, par une déplorable fatalité, mon départ soulevait de telles difficultés que je reculais épouvanté quand je songeais à les braver. Sans doute, la généreuse constance des assiégés ne se démentait point, mais la prolongation de la lutte, l'absence de tout secours efficace venant de l'extérieur, l'irrésolution et la lenteur des chefs militaires, les souffrances poignantes de la faim et du froid, la mortalité croissant avec les privations de toute nature, et par-dessus tout le fantôme de la capitulation se dessinant chaque jour davantage dans une perspective dont on voulait et dont on ne pouvait détourner les regards, pénétraient les âmes d'un trouble, d'une anxiété, d'une terreur mêlée de colère qui faisaient perdre à chacun la faculté de raisonner avec sang-froid et de prendre la responsabilité d'une décision nécessaire. J'essayerai dans le chapitre suivant de sonder de plus près encore les causes profondes et de rechercher les effets terribles de ce désordre moral, auquel nul remède sérieux ne pouvait être appliqué. Chargé à toutes les minutes de le surveiller et de le contenir, je connaissais ses redoutables exigences. J'avais entrepris de les atténuer en me mettant directement en communication avec les maires et les adjoints. Je les réunissais au ministère de l'intérieur, j'entendais leurs plaintes, je m'efforçais de les satisfaire autant que cela m'était possible, je les initiais peu à peu à mes pensées, cherchant à la fois à les soutenir et à me procurer leur appui, demeurant convaincu, malgré les violentes attaques de ceux qui m'accusaient de pactiser avec la Commune, que l'union du Gouvernement et des représentants de la cité était notre seule voie de salut dans la crise qui se préparaît. Cette crise était l'objet de mes constantes méditations, et plus son éventualité me torturait le cœur, plus je m'attachais à en préciser moi-même les nécessités, afin de les aborder sans faiblesse et d'en diminuer autant qu'il serait en moi les douloureux sacrifices.

La solution que je n'avais pu obtenir de mes amis du Gouvernement, qui l'éloignaient de leur esprit comme on écarte un breuvage trop amer, je la poursuivais sans relâche, lorsque rentrant du conseil entre deux et trois heures du matin, je m'asseyais abîmé dans mes réflexions au coin de la cheminée d'un des grands salons du quai d'Orsay, au bruit incessant des bombes qui s'abattaient jusqu'auprès des murs du jardin. J'avais besoin alors de rassembler toutes mes forces pour ne pas m'abandonner au désespoir. Je comprenais que nous étions perdus, et je croyais la catastrophe plus complète encore qu'elle n'a été. Si, comme tout me le faisait redouter, nous en étions réduits à capituler, la France ne résisterait plus. Je voyais Paris déshonoré par l'occupation prussienne, ses monuments dévastés, ses richesses artistiques pillées, son armée et sa garde nationale emmenées prisonnières en Allemagne, le pays dépecé, subissant la honte d'une paix ignominieuse réglée par un ordre du jour du vainqueur. Peut-être cependant ce dernier et irréparable désastre pouvait-il être en partie conjuré. Pour cela, il fallait aborder l'ennemi, lui porter ou des propositions ou une soumission. Cette obligation était d'autant plus étroite que nous ne pouvions exposer la ville de Paris à la mort lamentable de la faim. Mais qui se chargerait de cette horrible mission ? J'avais cru qu'elle appartenait aux mandataires de la cité. Je m'étais bercé de ce rêve, qu'à la dernière heure, nous l'appellerions à les choisir. Je ne savais pas encore ce qui serait praticable, je devinais néanmoins déjà, à des symptômes irrécusables, que tout en reconnaissant la nécessité de ce suprême sacrifice, les magistrats de la ville en déclineraient la responsabilité. Que faire? Tout livrer au hasard? Je ne pouvais y consentir, et, malgré mon angoisse, je me promettais à moi-même, que si personne ne voulait remplir ce rôle et se vouer volontairement aux malédictions qui en seraient la récompense, je m'offrirais, et je ne doutais pas que je ne fusse accepté.

Eh bien! par une intuition certaine, je croyais, je crois encore que la population de Paris, sans chercher à s'en rendre compte, devinait mes desseins et comptait sur moi, sauf à m'anathématiser plus tard.

Je m'en aperçus clairement dans une conversation avec les maires et les adjoints, conversation dans laquelle je crus devoir exposer le douloureux embarras que me causait l'appel de l'Angleterre. La réunion n'avait point à délibérer; mais exprimant une opinion à peu près unanime, elle me supplia de ne pas quitter Paris. La presse, qui ne pouvait connaître les raisons graves militant en faveur de mon départ, s'y montrait également très-opposée. Je ne parle pas des journaux qui m'accusèrent de vouloir me soustraire au péril; il faut plaindre les hommes qui dans de pareils malheurs publics s'abaissent jusqu'à prêter à leurs adversaires de basses et lâches pensées. Mais parmi ceux qui discutaient avec gravité et bonne foi, il s'en rencontrait peu qui ne me conseillassent fortement de ne pas m'éloigner[1].

---

[1] Je dois dire cependant que je reçus un grand nombre de lettres de

Ce fut dans ces dispositions que me trouva la lettre de lord Granville : dès le matin du 11, je convoquai le Gouvernement pour lui soumettre mon avis et provoquer sa décision. J'essayai de résumer, en les appuyant par la lecture des dépêches, tous les points essentiels du débat. J'exposai les motifs qui devaient déterminer mon envoi à Londres et ceux qui me retenaient. Ma conclusion fut pour le départ. Je ne dissimulai ni ma douleur de quitter Paris dans de si cruelles conjonctures, ni les poignantes inquiétudes que cette résolution m'inspirait. Malgré leur gravité, ces considérations ne m'arrêtaient pas ; je ne me croyais pas le droit de me refuser, par une raison quelconque, à l'invitation que l'Angleterre, au nom des grandes puissances signataires du traité de 1856 adressait à la République française issue de la révolution du 4 septembre. Cette invitation était la reconnaissance du nouvel ordre de choses, la constatation officielle et diplomatique d'un changement de règne. Renoncer à cet avantage était un acte insensé et presque criminel. Il n'était cependant qu'un moyen de nous en procurer un second, bien autrement considérable : la possibilité de saisir l'Europe de notre protestation et la chance de l'entraîner vers nous. Ses sympathies n'étaient

---

personnes fort considérables m'invitant à me rendre à Londres, sans m'arrêter aux scrupules que l'idée d'abandonner Paris m'inspirait. Plusieurs députations me firent l'honneur de venir me trouver et me sollicitèrent dans le même sens ; une entre autres était composée d'habitants du quartier Saint-Germain, qui souffrait cruellement des projectiles de l'ennemi. Quelques membres de l'Institut en faisaient partie. Je remerciai avec effusion ces honorables citoyens. Je ne leur cachai ni mon sentiment, ni les perplexités qui m'agitaient, et je leur répondis que j'obéirais aux ordres du Gouvernement, en lui transmettant toutefois le résumé exact des raisons qu'ils avaient bien voulu faire valoir près de moi.

pas douteuses. Jusqu'ici elles étaient restées stériles par la volonté bien arrêtée des cabinets de ne pas faire la guerre. L'intervention que nous allions solliciter ne les y contraignait point. Elle naissait spontanément d'un rapprochement d'idées communes, elle devait nécessairement aboutir à un concert. Si nous avions l'heureuse fortune de l'obtenir, j'arrachais un armistice, une Assemblée, et peut-être une paix ayant pour base l'intégrité de notre territoire. On m'objectait le danger d'un échec. Je l'avais prévu, et j'estimais que cet échec servirait encore notre cause en jetant dans l'esprit des peuples une agitation dont nous ne pouvions que profiter. Je terminai en rappelant que nous n'étions plus libres. J'avais en effet, avec l'assentiment du conseil, accepté une place à la Conférence, pourvu que l'Angleterre se chargeât de réclamer les sauf-conduits. Elle avait bien voulu les demander, elle nous annonçait qu'ils étaient à notre disposition, notre parole était donc engagée, et nous ne pouvions, sans y manquer, repousser l'avance qui nous était faite.

MM. Picard et Ferry appuyèrent cette opinion, qui fut vivement combattue par la majorité de nos collègues. Nos contradicteurs insistèrent principalement sur l'inopportunité d'une telle démarche au moment où le siége touchait fatalement à sa fin, et quand Paris était écrasé sous la mitraille prussienne. Nous aurons beau, dirent-ils, expliquer votre éloignement par l'espérance de faire reconnaitre la République, et surtout d'enlever par un coup d'éclat le concours des grandes puissances, nul ne voudra croire au succès de cette aventure. On n'y verra qu'une faiblesse, et l'irritation violente qui se manifeste déjà contre le Gouvernement amènera infailliblement une sédition qui, en nous faisant disparaître, brisera le ressort de la défense et livrera la cité à l'ennemi. La bienveillance prétendue de l'Europe est une chimère. Son indifférence à nos malheurs doit nous mettre en garde contre toute illusion à cet égard. Son changement actuel de langage cache certainement un piége. Elle veut infliger à notre République une humiliation mortelle, réduire notre plénipotentiaire à la discussion technique de la mer Noire, et lui imposer silence s'il s'en écarte. La France sanglante et trahie ne peut s'exposer à cet affront. Elle doit, quant à présent au moins, refuser toute participation aux travaux d'une Conférence dans laquelle elle serait, sans résultat utile, condamnée à s'asseoir à côté de la Prusse.

Je n'eus pas de peine à démontrer que cette solution était inadmissible; je m'étais lié vis-à-vis de l'Angleterre; si le conseil ne me permettait pas d'exécuter mon engagement, je ne pouvais conserver mon portefeuille. Si par un ordre formel il me retenait à Paris, je lui demandais de me laisser désigner un plénipotentiaire qui, libre de sa personne, se transporterait de suite à Londres. M. de Chaudordy, pénétré de mes instructions, me paraissait fort propre à remplir cette mission, et je sollicitai formellement l'autorisation de la lui confier.

Ce moyen terme ne fut point adopté. On me répondit que si quelqu'un allait à la Conférence, ce devait être moi. En même temps on me déclarait que mon départ entraînerait une catastrophe. Il fallait sortir de cette impasse. La délibération avait commencé le matin : reprise le soir, elle se prolongeait dans la nuit sans aboutir à une conclusion. La majorité la chercha dans deux ordres de faits fort différents de gravité, mais qui à mon sens ne motivaient pas suffisamment notre résolution. Elle estima, contrairement à mon opinion, que nous ne pouvions, sans abaisser notre dignité, envoyer un officier au quartier général chercher les sauf-conduits qui y étaient préparés pour moi. On m'ordonna en conséquence d'exiger que M. de Bismarck nous les fît parvenir, ce qui était un moyen de nous les faire refuser. La majorité ajouta qu'il lui semblait impossible que j'abandonnasse Paris accablé par le violent bombardement au bruit incessant duquel nous délibérions. Cette dernière considération me touchait vivement, et bien qu'elle me parût dénuée de valeur diplomatique, j'étais fort disposé à m'en servir comme d'une raison plausible pouvant jusqu'à un certain point sauver la situation et motiver le sursis que je réclamais de l'Angleterre.

Conformément à la décision du Gouvernement, je fis immédiatement porter aux avant-postes la lettre suivante, adressée à lord Granville sous le couvert de M. de Bismarck :

« Monsieur le comte,

» Je reçois seulement aujourd'hui 10 janvier, à neuf
» heures du soir, par l'intermédiaire de M. le ministre
» des États-Unis, la lettre que Votre Excellence m'a fait
» l'honneur de m'écrire le 29 décembre dernier, et par
» laquelle elle veut bien m'annoncer qu'elle a prié M. le
» comte de Bernstorff de faire tenir à ma disposition le
» sauf-conduit qui m'est nécessaire pour franchir les
» lignes prussiennes et assister, comme représentant la
» France, à la Conférence qui doit s'ouvrir à Londres.

» Je remercie Votre Excellence de cette communica-
» tion et de l'obligeance qu'elle a mise à me faciliter
» l'accomplissement du devoir qui m'est imposé.

» Il m'est toutefois difficile de m'éloigner immédiate-
» ment de Paris, qui, depuis huit jours, est livré aux
» horreurs d'un bombardement exécuté sur sa population
» inoffensive, sans l'avertissement usité dans le droit des
» gens. Je ne me sens pas le droit d'abandonner mes
» concitoyens au moment où ils sont victimes de cette
» violence.

» D'ailleurs, les communications entre Paris et Lon-
» dres sont, par le fait du commandant en chef de l'ar-
» mée assiégeante, si lentes et si incertaines, que je ne
» puis, malgré mon bon vouloir, répondre à votre appel
» dans les termes de votre dépêche.

» Vous vouliez bien me faire connaître que la Confé-
» rence se réunirait le 3 janvier, puis s'ajournerait pro-
» bablement à une semaine.

» Prévenu le 10 au soir, je ne pouvais profiter de
» votre invitation en temps opportun. De plus, en me la
» faisant parvenir, M. le comte de Bismarck n'y a pas
» joint un sauf-conduit cependant indispensable.

» Il demande qu'un officier français se rende au quar-
» tier général prussien pour le chercher, se prévalant de
» réclamations qu'il aurait adressées à M. le gouverneur
» de Paris, à l'occasion d'un fait dont un parlementaire
» aurait eu à se plaindre le 23 décembre, et M. le comte
» de Bismarck ajoute que, jusqu'à ce que satisfaction lui
» ait été donnée, le commandant en chef prussien inter-
» dit toute communication par parlementaires.

» Je n'examine point si une pareille résolution, con-
» traire aux lois de la guerre, ne serait pas la négation
» absolue des droits supérieurs que la nécessité et l'hu-
» manité ont toujours fait maintenir au profit des belli-
» gérants. Je me contente de faire remarquer à Votre

» Excellence que M. le gouverneur de Paris s'est empressé
» d'ordonner une enquête sur le fait relevé par M. le
» comte de Bismarck, et, en le lui annonçant, il a porté
» à sa connaissance des faits de même nature, beaucoup
» plus nombreux, imputables à des sentinelles prus-
» siennes, faits sur lesquels cependant il n'avait jamais
» songé à s'appuyer pour interrompre les échanges de
» relations ordinaires.

» M. le comte de Bismarck semble avoir admis, en
» partie au moins, la justesse de ces observations, puisque,
» aujourd'hui même, il charge M. le ministre des États-
» Unis de me faire savoir que, sous la réserve d'enquêtes
» respectives, il rétablit les relations par parlementaires.

» Il n'y a donc plus aucune nécessité à ce qu'un offi-
» cier français se rende au quartier général prussien, et
» je vais entrer en communication avec M. le ministre
» des États-Unis pour me faire remettre le sauf-conduit
» que vous avez bien voulu obtenir.

» Dès que j'aurai cette pièce entre les mains, et que
» la situation de Paris me le permettra, je prendrai la
» route de Londres, sûr à l'avance de ne pas invoquer
» en vain, au nom de mon Gouvernement, les principes
» de droit et de morale que l'Europe a un si grand inté-
» rêt à faire respecter.

» Veuillez agréer les assurances de la très-haute con-
» sidération avec laquelle j'ai l'honneur d'être,

» Monsieur le comte,

» de Votre Excellence,

» le très-humble et très-obéissant serviteur.

» JULES FAVRE.

» Paris, 10 janvier 1871. »

En même temps, je faisais passer à M. de Bismarck la dépêche suivante, pour lui demander les sauf-conduits :

« Monsieur le comte,

» Lord Granville m'annonce par sa dépêche du 29 dé-
» cembre dernier, reçue par moi le 10 janvier au soir,
» que, sur la demande du cabinet anglais, Votre Excel-
» lence tient à ma disposition un sauf-conduit nécessaire
» au passage à travers les lignes prussiennes du repré-
» sentant de la France à la Conférence de Londres. Ayant
» été désigné en cette qualité, j'ai l'honneur de réclamer
» de Votre Excellence l'envoi de ce sauf-conduit en mon
» nom dans le plus bref délai possible.

» Veuillez agréer les assurances de la très-haute con-
» sidération avec laquelle j'ai l'honneur d'être,

» Monsieur le comte,
» de Votre Excellence,
» le très-humble et très-obéissant serviteur.
» JULES FAVRE.
» Paris, 13 janvier 1871. »

Je ne me faisais aucune illusion sur l'issue de ces démarches. Elles ne pouvaient m'ouvrir le chemin de la Conférence, et j'en avertissais M. de Chaudordy, en lui faisant part des incidents qui me les avaient imposées. Je lui écrivais le 12 janvier 1871 :

« Mon cher Monsieur,

» J'ai reçu hier matin une lettre de lord Granville,
» datée de Londres, du 29 décembre, et que M. de Bis-

» marck a retenue jusqu'au 10 janvier. Il m'annonce
» que les sauf-conduits ont été obtenus, que M. de Bis-
» marck les tient à ma disposition, mais qu'à raison de
» certaines difficultés survenues dans les relations des
» parlementaires, il attendra qu'un officier français
» vienne les chercher au quartier général prussien. J'ai
» convoqué le conseil le jour même, et mon départ a
» rencontré une très-vive opposition. La majorité de mes
» collègues a pensé qu'il était impossible dans les cir-
» constances actuelles, qu'il pouvait exposer la cité à des
» troubles, qu'il ébranlait le Gouvernement au moment
» où il avait besoin de toute sa force. Plusieurs de mes
» collègues estimaient qu'arrivés aux derniers jours du
» siége, nous ne pouvions plus accepter de convocation
» à la Conférence. Cette opinion n'a cependant pas pré-
» valu. Je n'en aurais pas accepté la responsabilité, ayant
» déclaré par votre organe que nous irions à la Confé-
» rence si on nous procurait des sauf-conduits. J'ai pro-
» posé, cédant aux observations qui me touchaient per-
» sonnellement, d'y envoyer un plénipotentiaire. Ce
» parti a été rejeté. Que faire alors? Nous nous trouvions
» entre deux impossibilités. On s'est arrêté à un moyen
» terme que je trouve mauvais, auquel je me range
» cependant, parce qu'il sauve le principe : j'écris à lord
» Granville que j'irai à la Conférence, mais que d'une
» part je demande que M. de Bismarck m'envoie les sauf-
» conduits, d'autre part que je ne partirai pas pendant
» le bombardement inhumain dont on nous accable.
» C'est dire que je reste. Car on continue à nous bom-
» barder, et d'ailleurs nous sommes talonnés par la
» faim. Si d'ici huit jours nous ne sommes pas secourus,
» Dieu seul peut savoir ce qui se passera. Alors peut-être,

» si nous avons le malheur de succomber, ce bout de fil
» diplomatique flottant dans l'air pourra-t-il nous servir?
» A vrai dire, je l'espère peu. Je n'ai pas moins tenu à
» ne pas le rompre de mes mains. »

Je n'étais pas moins explicite le 14 janvier, et s'il me restait un peu d'espoir, il était bien faible :

« Rien de nouveau n'est survenu dans notre situation
» depuis avant-hier. Le froid a repris avec son intensité
» cruelle; nous n'avons donc pas l'espérance d'avoir un
» pigeon, et nous en sommes réduits à ignorer complé-
» tement le mouvement de nos armées. La nôtre reste
» en place; et je crains que cette inaction ne soit fatale;
» elle irrite dans tous les cas à un point extrême la popu-
» lation de Paris, qui souffre avec un calme stoïque le
» bombardement continu dont on l'accable. Nous allons
» pousser à une action prompte et décisive, car le temps
» nous presse et nous ne pouvons plus attendre. Vous
» aurez probablement lu ma circulaire. Je crois que le
» terme moyen auquel le Gouvernement m'a forcé de
» m'arrêter n'a satisfait personne, mais que l'opinion
» se fait en faveur d'un départ pour Londres. A mon
» avis, M. de Bismarck s'arrangera pour retenir les sauf-
» conduits. La demande en est partie ce matin. S'ils
» m'arrivent d'ici à deux ou trois jours, je consulterai le
» Gouvernement, et, s'il m'y autorise, je partirai de suite.
» A peine arrivé en pays ami, je vous préviendrai, et
» vous viendrez me rejoindre à Londres. Je vous envoie
» mes amitiés.
                                  » JULES FAVRE.

» *P. S.* Les membres du corps diplomatique m'ap-
» portent une pièce qui a réuni l'unanimité des délibé-

» rants et par laquelle ils protestent contre le bombar-
» dement sans avertissement. L'Europe restera-t-elle
» toujours insensible ¹ ? »

Les jours se succédaient sans amener aucun changement à notre position de plus en plus menacée. Le 16 janvier j'exprimais à M. de Chaudordy mes inquiétudes et mes perplexités :

« Mon cher Monsieur,

» Je suis sans réponse de M. de Bismarck; mon parle-
» mentaire a passé avant-hier, samedi 14. M. de Bis-
» marck aurait pu me répondre aujourd'hui; il a dès
» hier soir fait parvenir à M. Trochu une réponse de
» M. de Moltke à une dépêche partie avec la mienne
» et dans laquelle le gouverneur se plaignait du bombar-
» dement commencé sans avertissement et dirigé sur les
» drapeaux d'ambulance. M. de Moltke répond qu'il fait
» tirer dans la brume et qu'il ne peut répondre de ses
» coups; que du reste il agit, en se plaçant en dehors
» des lois de la guerre, dans la situation que lui com-
» mandent les procédés français depuis le 4 septembre.
» Cela est suffisamment significatif. Je demeure con-
» vaincu que M. de Bismarck ne m'enverra pas mes sauf-
» conduits, ou me les enverra trop tard. Exprimez à cet
» égard à lord Lyons tout notre mécontentement; priez-
» le d'insister près de son gouvernement pour que celui-
» ci soit mis en demeure de subir ou de repousser cette
» offense de la Prusse. Pour moi je ne saurais beaucoup
» me plaindre; car l'envoi du sauf-conduit me mettrait
» dans un cruel embarras : Paris ne veut pas que je
» parte, et je serais horriblement malheureux de le quit-

¹ Voir aux Pièces justificatives.

» ter au moment des épreuves suprêmes. Nous touchons
» en effet au terme : nous allons livrer une bataille. Y
» aura-t-il de l'autre côté des canons français pour répon-
» dre aux nôtres? C'est là le secret de Dieu. Ce que j'en
» devine me déchire le cœur.

» JULES FAVRE.

» Paris et les forts continuent à être bombardés, et
» nous sommes tout près du moment où le pain nous man-
» quera; nous n'avons pas de nouvelles; nous les
» attendons avec une fiévreuse impatience. »

La veille au soir, un officier prussien s'était présenté aux avant-postes, porteur d'une lettre de l'état-major à l'adresse du gouverneur de Paris. C'était la réponse de M. le comte de Moltke à notre protestation sur le bombardement commencé sans avertissement et dirigé sur des habitations privées et sur des maisons hospitalières. Le général prussien alléguait l'impossibilité de préciser son tir au milieu du brouillard et de la nuit; il ajoutait qu'il le rectifierait bientôt en se rapprochant de nos murailles, et que d'ailleurs en s'écartant des lois de la guerre il ne faisait qu'imiter ce qu'avait fait la France depuis le 4 septembre.

Cette injuste accusation et la hauteur avec laquelle elle était formulée déguisaient mal un sentiment d'irritation qui me parut être comme un souvenir de la trop fameuse lettre du général Trochu du 6 décembre, refusant d'envoyer un officier à Versailles. M. de Bismarck retardait sa réponse. M. de Moltke nous écrivait en termes blessants. Nous devions nous attendre aux plus dures extrémités. Je le disais à M. Gambetta, dans ma dépêche datée du même jour, 16 janvier.

« Il ne faut pas s'illusionner, nous serons traités avec
» la dernière rigueur. L'ennemi est de plus en plus exas-
» péré, et c'est à nous qu'il s'en prendra de cette résis-
» tance qui l'a si longtemps arrêté. Ici ce n'est pas seu-
» lement le langage de ses journaux qui est une révéla-
» tion instructive. M. de Moltke a répondu hier au
» gouverneur, qui avait protesté contre le bombardement
» sans sommation et le tir sur les ambulances, les hôpi-
» taux, les écoles; il dit que ce tir est un hasard, il
» accuse l'obscurité qui l'empêche de voir les dra-
» peaux; il ajoute qu'en s'écartant des lois de la guerre,
» il ne fait que suivre les procédés de la France de-
» puis le 4 septembre.

» L'empereur Guillaume s'en prend de ce qu'il a souffert
» à ceux qui lui ont, le 4 septembre, fermé les portes de
» Paris dont l'homme de Sedan lui avait remis les clefs.
» Vous voyez donc que nous n'avons à attendre que des
» persécutions, peut-être pis.

» C'est pour cela que je ne puis aller à Londres. Quitter
» mes amis menacés, la veille même du jour où ils seront
» foudroyés, est un acte au-dessus de mes forces. D'ailleurs,
» je ne crois pas que M. de Bismarck me permette de m'é-
» loigner. Sur cela, il me met à l'aise. Car si je cède en
» restant au désir de m'associer au sort de mes amis, aux
» prières de la population de Paris qui m'affirme avoir
» besoin de moi, à ce moment suprême, je sens fort bien
» qu'à Londres je pourrais rendre de grands services, et
» qu'en m'appuyant sur la résistance de la France, je pour-
» rais arracher à l'Europe un appui qui amènerait la con-
» clusion de la paix sans sacrifice territorial, et c'est précisé-
» ment pourquoi M. de Bismarck ne répond pas à la lettre
» par laquelle je réclame le sauf-conduit que l'Angleterre

» m'a obtenu. Il a gardé dix jours la lettre de lord Gran-
» ville. Hier il a envoyé un parlementaire porteur de la
» dépêche menaçante de M. de Moltke en réponse à celle
» de M. Trochu partie avec ma demande. La ques-
» tion se trouvera ainsi tranchée; mais ne serait-ce pas le
» cas de faire parvenir une protestation à Londres? Je le
» demande à M. de Chaudordy; la délégation qui con-
» naît l'état des choses en Europe, tandis que je l'ignore,
» verra si elle n'aurait pas à faire porter cette protestation
» par un envoyé qui aurait mission unique de prendre acte
» de l'invitation qu'a reçue la France et des obstacles
» matériels apportés à mon voyage. »

Enfin, après quarante-huit heures de silence, M. de Bismarck me faisait parvenir le lendemain, 17 janvier, la réponse significative que je transcris :

« Versailles, 16 janvier 1871.

» Monsieur le ministre,

» En répondant aux deux missives obligeantes du
» 13 courant, je demande à Votre Excellence la permis-
» sion de faire disparaître un malentendu.

» Votre Excellence suppose que, sur la demande du
» gouvernement britannique, un sauf-conduit est prêt
» chez moi pour vous afin de prendre part à la Conférence
» de Londres. Cependant cette supposition n'est pas
» exacte. Je n'aurais pu entrer dans une négociation
» officielle qui aurait eu pour base la présomption que
» le Gouvernement de la défense nationale fût, selon le
» droit des gens (*Volkerrechtlich*), en état d'agir au nom
» de la France, tant qu'il ne serait point reconnu au
» moins par la nation française elle-même.

» Je suppose que les avant-gardes auraient accordé à
» Votre Excellence la permission de traverser les lignes
» allemandes, si Votre Excellence l'avait demandé au
» quartier général de l'armée assiégeante. Celui-ci n'au-
» rait pas eu la mission (*Beruf*) de prendre en considé-
» ration la position politique de Votre Excellence ni le
» but de votre voyage, et la permission de traverser nos
» lignes accordée par les chefs militaires et qui, à leur
» point de vue, ne présentait aucun scrupule (*kein*
» *Bedenken*), aurait laissé la main libre à l'ambassadeur
» de S. M. le Roi à Londres, pour prendre sa position à
» l'égard de la question, si, d'après le droit des gens,
» les déclarations de Votre Excellence seraient à consi-
» dérer comme des déclarations de la France et pour
» trouver de son côté des formes qui auraient prévenu
» tout préjudice. Ce chemin, Votre Excellence me l'a
» coupé en m'adressant votre demande officielle d'un
» sauf-conduit pour représenter la France à la Conférence
» et en indiquant officiellement le but de votre voyage.
» Les considérations politiques indiquées plus haut et
» qui trouvent un appui dans la déclaration que Votre
» Excellence a publiée officiellement le 12 courant me
» défendent de déférer à votre désir de vous envoyer ce
» document.

» En vous faisant cette communication je ne peux que
» vous laisser le soin de réfléchir pour vous et votre gou-
» vernement s'il y a moyen de trouver un autre chemin
» sur lequel on pourrait lever les scrupules indiqués, et
» éviter tout préjudice émanant de votre présence à
» Londres.

» Mais quand même ce chemin-là pourrait être
» trouvé, je voudrais bien me permettre la question (je me

» permets la question tout de même — *erlaube ich mir
» die Frage*), s'il serait à conseiller (*rathsam*) que Vôtre
» Excellence quittât maintenant Paris et le poste de
» membre du gouvernement à Paris pour prendre part
» en personne à une conférence sur la mer Noire à un
» moment où à Paris il y a des intérêts en jeu qui sont
» plus graves pour la France et l'Allemagne que l'ar-
» ticle XI du contrat de 1856. D'ailleurs Votre Excel-
» lence laisserait à Paris les agents diplomatiques et les
» sujets des États neutres qui y sont restés ou plutôt qui
» y ont été retenus, après avoir reçu depuis longtemps
» la permission de traverser les lignes allemandes, et qui
» par conséquent en sont d'autant plus réduits à la pro-
» tection et à la prévoyance de Votre Excellence, comme
» le ministre des affaires étrangères au gouvernement de
» fait (*der factissan Regierung*).

» Je ne puis donc guère admettre que Votre Excellence,
» dans la situation critique à laquelle vous avez si essen-
» tiellement contribué, veuille se priver de la possibilité
» de collaborer à une solution dont la responsabilité
» incombe à vous aussi.

» Agréez, Monsieur le ministre, etc.,

» V. Bismarck. »

Il ne m'aurait pas été difficile de réfuter l'argumentation de cette dépêche, si la force supérieure des événements ne m'avait contraint à en accepter la conclusion. Le chancelier n'avait pas le droit de puiser un prétexte de refus dans la franchise des explications par lesquelles je lui avais demandé mon libre accès à la Conférence de Londres. Je n'avais fait que suivre la voie ouverte par les puissances. C'était en qualité de représentant de la France que j'étais appelé par lord Granville et agréé par les plénipotentiaires. En accueillant les ouvertures du ministre de la Reine, le cabinet prussien avait implicitement renoncé aux étroites fins de non-recevoir tirées de l'irrégularité de notre pouvoir. Il ne les reprenait vis-à-vis de moi que dans le but de m'arrêter, et encore, il sentait si bien l'excès de cette prétention, qu'il me laissait entendre qu'en m'adressant directement à l'autorité militaire je pourrais obtenir le passage à travers les lignes prussiennes. Mais il était trop tard ; M. de Bismarck avait raison de me le faire remarquer : il allait droit à mon cœur quand il invoquait ma responsabilité engagée et le devoir qui m'était imposé de couvrir Paris de mon corps à l'heure fatale où sa dernière espérance s'évanouirait. Dans une autre situation, ces conseils d'un ennemi m'auraient offensé, mon malheur était trop grand pour laisser place à la susceptibilité, et je ne pouvais me révolter parce que le langage de notre inexorable vainqueur était d'accord avec celui de ma conscience.

§

Ainsi se termina cette négociation, moins de huit jours avant celui où je devais prendre le chemin de Versailles pour essayer d'arracher au naufrage ce qui pouvait en être sauvé. J'ai voulu en rapporter les différentes phases avec une exactitude rigoureuse, ne me dissimulant pas les raisons graves qui peuvent faire blâmer sa solution finale. Nul, plus que moi, ne frémit à la pensée qu'en adoptant une politique contraire, nous eussions pu diminuer les maux de la patrie. Ce qui est incontestable, ce que nous ignorions alors, ce que j'ai su depuis par de nombreux et irrécusables témoignages, c'est que l'esprit public en Angleterre se prononçait en notre faveur avec une indicible exaltation. On y attendait impatiemment le représentant de la France. Des souscriptions avaient été ouvertes pour les frais de sa réception, qu'on préparait triomphale. Toutes les classes y avaient participé, et dans les meetings assemblés pour en recueillir le montant, la foule applaudissait les orateurs qui demandaient une intervention. Le membre du gouvernement qui aurait paru au milieu de ce peuple surexcité aurait trouvé plus de cent mille hommes lui faisant cortége jusqu'au Foreign-Office. Quelle fin de non-recevoir diplomatique aurait résisté à cette manifestation? et comment croire que le cabinet britannique qui la prévoyait n'avait pas le secret dessein d'y céder? Du reste, les dépêches que j'ai fidèlement transcrites ou analysées nous permettaient d'espérer qu'il serait soutenu par l'adhésion des autres puissances. Aucune, il est vrai, n'avait voulu prendre d'engagement, mais toutes nous avaient encouragés. Entraînées par le torrent de l'opinion, elles auraient dominé la voix de la Prusse, elles lui auraient incontinent imposé le principe d'une transaction saluée à l'avance par les acclamations d'une grande cité, répétées par les échos d'une partie de l'Europe.

Aussi M. Gambetta n'avait-il jamais hésité. Dès la fin de novembre il chargeait M. de Chaudordy de m'appeler. Son avis formel était d'aller à la Conférence, même sans condition. La délégation de Tours partageait ce sentiment. M. de Chaudordy l'appuyait avec la plus insistante des convictions.

Malheureusement l'irrégularité des communications ne nous permettait pas de recevoir à temps ces conseils ; et de l'intérieur de Paris, il était impossible de juger sainement les dispositions des diplomates étrangers. La réunion de la Conférence y fut considérée, à peu près unanimement, comme un incident étranger à nos intérêts. Si, en effet, la discussion devait s'y réduire à la question de la mer Noire, la France ne pouvait se détourner du rude travail de la défense pour y prendre part. Telle fut ma première observation, et j'ajoutais que j'étais prêt à accepter l'invitation qui nous était faite, si les puissances neutres, et même si l'Angleterre ou la Russie pouvaient me promettre d'appuyer la protestation par laquelle nous avions le devoir de saisir l'Europe de notre cause. Était-ce trop exiger ? Le soin de notre honneur n'était-il pas ici celui de notre salut ? Était-il sage d'exposer l'un et l'autre aux chances d'un affront qui eût mis le comble à nos calamités ? Et vraiment, tout en comprenant fort bien qu'on me reproche d'avoir manqué de hardiesse, d'avoir voulu trop garantir la dignité de mon pays, je me demande pourquoi on se montrerait si sévère vis-à-vis du gouvernement français, si indulgent vis-à-vis des puissances neutres auxquelles il était facile de nous être secourables ? Elles avaient à racheter leur imprudente indifférence. Une occasion qu'elles n'avaient point fait naître leur permettait de nous couvrir d'une égide d'humanité. Il ne s'agissait pour elles que d'accueillir une plainte, que de protéger la voix d'une nation alliée et malheureuse ; avions-nous tort de le leur demander ? Et si elles étaient résolues à nous accorder cet appui qui ne pouvait les compromettre, pourquoi nous le marchander? pourquoi nous cacher leurs intentions, dont la révélation seule nous eût été une force inestimable?

En réalité, elles entendaient se réserver leur complète liberté d'action, et rien ne prouve qu'en dépit de leurs secrètes sympathies, elles n'eussent pas, une fois de plus, reculé devant une décision au bout de laquelle l'éventualité d'un effort armé devait nécessairement apparaître. Le représentant de la Prusse avait l'ordre de s'opposer d'abord à notre admission, à notre protestation ensuite, et de se retirer si ses collègues passaient outre. Qui supposera que l'ambassadeur du czar, que le ministre de la reine d'Angleterre auraient consenti à siéger paisiblement après son départ? Je sais que M. de Bismarck s'est inquiété de cette complication. Le retard des dix jours qu'il a fait subir au message de lord Granville le prouve suffisamment. Sa lettre du 16 janvier le laisse également deviner. Toutefois, très-habile à prévenir un embarras, il n'était pas homme à plier s'il s'était produit. Son inflexible et persévérante opiniâtreté à repousser toute intervention des cabinets étrangers permet difficilement d'admettre qu'il eût abandonné son principe dans une circonstance où il n'avait besoin que d'un peu de fermeté pour le maintenir. Sûr d'avoir toute l'Allemagne avec lui s'il résistait, contre lui s'il cédait, il n'éprouvait certainement aucune hésitation : et de Versailles où il suivait ses desseins, il aurait prêté une oreille résignée aux cris enthousiastes de la population de Londres, même au bruit qu'aurait pu faire la chute du cabinet de M. Gladstone, sachant bien qu'en fin de compte c'était au jeu des batailles que devait se vider cette aventure, et qu'aucun de ceux qui s'y mêlaient ne voulait tirer l'épée contre lui.

Nous avions donc à redouter un échec diplomatique d'autant plus éclatant que la mise en scène qui l'aurait précédé aurait été plus solennelle. Cette considération m'avait longtemps retenu. Je l'écartai cependant à la dernière heure quand je connus l'invitation formelle de l'Angleterre. Quelque faible que fût la chance qu'elle nous offrait, il ne me paraissait pas possible de la repousser. Mes collègues en décidèrent autrement. En cela ils suivirent l'opinion de Paris, qui se prononçait avec une telle énergie que mon départ aurait pu être la cause de troubles graves. Les uns y auraient vu la désertion de la défense, les autres une fuite devant le péril, beaucoup la perte d'un otage, presque tous un affaiblissement funeste au moment où nous avions besoin de réunir tous nos efforts. D'ailleurs on savait que si la nécessité cruelle d'une capitulation s'imposait à nous, je pouvais n'y pas être inutile. Tous en rejetaient le fardeau avec horreur. Les chefs militaires et les membres de la municipalité, auxquels incombait plus particulièrement l'accomplissement de ce douloureux devoir, l'avaient positivement décliné. Les relations que j'avais nouées à Ferrières, celles que mes obligations officielles m'avaient forcé d'entretenir depuis, semblaient me désigner pour ce rôle terrible. Je m'étais promis à moi-même de ne pas reculer en face de l'épreuve et de la subir seul, si personne ne me soutenait. Paris en avait conscience, et malgré ses colères il voulait se réserver un négociateur. Si la dépêche de lord Granville me fût parvenue à temps, le 1er ou le 2 janvier, je pouvais aller à Londres et revenir avant la fin de nos subsistances. Au 11 janvier, mon retour eût été impossible. Et quand mes collègues me montrèrent l'abîme où la cité pouvait s'engloutir, quand ils me firent l'honneur redoutable de me croire seul en mesure de la retenir sur le bord, je courbai la tête devant cette fatalité, et cette fois, je ne me crus pas le droit de leur désobéir.

CHAPITRE V.

ÉVÉNEMENTS DU MOIS DE JANVIER. — BATAILLE DE BUZENVAL. — INSURRECTION DU 22.

En renonçant à l'espérance, d'ailleurs très-problématique, d'une intervention européenne provoquée par notre présence à la Conférence de Londres, le Gouvernement de la défense nationale contractait l'obligation de tenter un dernier et suprême effort. Les généraux, réunis en conseil de guerre, l'avaient jugé possible et nécessaire, la population de Paris l'appelait de ses vœux les plus ardents, la délégation de Tours le réclamait et y comptait; instruite, à peu près jour par jour, de la situation de nos subsistances, elle ne pouvait se faire illusion sur la durée de notre résistance, elle savait qu'après le 15 janvier nous ne pouvions la continuer sans courir la chance terrible de la mort par la famine infligée à la ville de Paris. Aussi le ministre de la guerre se multipliait, et sur tous les points du territoire cherchait à stimuler l'enthousiasme de l'armée et des départements. M. Chanzy, à la tête de la deuxième armée de la Loire, forte de plus de cent mille hommes, n'avait cessé de combattre depuis la fin de novembre; plusieurs fois il avait tenu en respect un ennemi de beaucoup supérieur en nombre, et, sans être entamé, il suivait sa route vers le Mans, d'où il pensait marcher sur Paris. Le général Bourbaki commençait sa grande opération de l'Est, pendant que M. Faidherbe au nord remportait des avantages partiels, mais brillants, avec des ressources tout à fait insuffisantes. Seulement, enfermés par l'investissement, privés de nouvelles par l'inexorable rigueur du froid qui retenait nos pigeons, nous ignorions ces mouvements, et nous en étions réduits à choisir au hasard le point où il fallait frapper de préférence. D'ailleurs, les difficultés intérieures croissaient avec une redoutable intensité. Les moyens de chauffage étaient à peu près épuisés : on abattait les arbres des avenues et des parcs, on mettait en réquisition les bois à œuvrer, sans pouvoir calmer les souffrances et les inquiétudes de la population. Après le pillage de ce qui restait dans les chantiers, des bandes armées s'étaient mises à dévaster les palissades et les clôtures. La garde nationale ne se prêtait que fort mal à la répression de ces actes coupables, et le désordre se généralisait de plus en plus. C'était pour le combattre plus efficacement que j'avais songé à réunir les maires une fois par semaine au ministère de l'intérieur. Nous examinions ensemble toutes les questions qui se rattachaient à l'alimentation, à la police, à l'équipement de la garde nationale, aux secours qu'absorbait le flot toujours montant des nécessiteux de la ville et de sa banlieue. La charité privée ne se lassait point : les femmes en donnaient le généreux exemple. Infatigables, ingénieuses, dévouées, elles variaient sans cesse les pieux artifices destinés à solliciter la bienfaisance : tantôt c'était un concert, tantôt une conférence, tantôt une vente publique d'objets qu'on achetait au décuple de leur valeur. Une société organisée dans le but de fournir du travail aux femmes sans ouvrage rendit de précieux services ; mais, en dépit de tous ces efforts, le mal

continuait à grandir dans d'effrayantes proportions, et
le chiffre ascensionnel de la mortalité en accusait éloquemment le progrès. La résignation à souffrir et la
constance patriotique continuaient à être admirables, et
cependant la vague appréhension d'une catastrophe inévitable, l'incertitude absolue du sort qui nous était réservé, l'impatience d'une lutte désespérée, les défiances
causées par l'indécision du commandement, faisaient
naître dans toutes les âmes une profonde et sourde irritation que les agitateurs excitaient avec une coupable
habileté. Je la voyais se manifester plus nettement à
chacune de nos réunions hebdomadaires, où bientôt
l'hostilité contre le Gouvernement ne se déguisa plus.
Ceux qui rêvaient son renversement au profit de la Commune se crurent assez forts pour essayer une sorte de
coup d'État légal, en introduisant à la suite des maires
les quarante adjoints qui n'avaient point été invités, et
dont la majorité semblait acquise à l'adoption d'une mesure violente. Je ne voulus point les repousser par un
acte de force, je crus même qu'il était plus politique de
les admettre, en maintenant avec fermeté le caractère
purement intime et officieux de la réunion. J'aimais
mieux m'exposer à quelques diatribes que de fournir un
prétexte à une sédition. Je trouvais d'ailleurs naturel et
légitime, dans la situation critique où se trouvait Paris,
de me tenir en rapport constant avec ses élus, dont le
bon accord était si nécessaire au maintien de l'ordre, et
je ne désespérais pas, en engageant avec eux une discussion loyale, d'en obtenir des résolutions raisonnables
et patriotiques. Le résultat ne m'a pas trompé, et malgré les injures de certains journaux, je crois avoir contribué par là à prévenir de funestes conflits.

J'en fis l'expérience dès la séance suivante, qui eut lieu le 5 janvier. M. Delescluze, maire du 19° arrondissement et rédacteur en chef du *Réveil,* essaya de faire mettre en délibération une adresse rédigée dans les termes les plus perfides et les plus calomnieux, concluant à la destitution du général Trochu et à l'adjonction de la municipalité parisienne au Gouvernement de la défense nationale. Il donna lecture de cette pièce, mais je ne lui permis ni de la commenter, ni de provoquer un débat à son sujet. Après un violent orage, il se tut et se retira. Le lendemain, ses deux adjoints et lui envoyaient leur démission. Le Gouvernement l'acceptait et nommait à leur place une commission municipale. Cependant quelques meneurs affichaient pendant la nuit une proclamation appelant la garde nationale à marcher sur l'Hôtel de ville. Immédiatement arrêtés, ces hommes égarés étaient traduits devant un conseil de guerre.

Contenir les mauvaises passions était beaucoup, il était plus important encore de les désarmer par une conduite vigoureuse et par l'exécution méthodique de desseins bien conçus. Nous le demandions tous avec instance. De malheureux incidents venaient trop souvent se jeter à la traverse, et la majorité du conseil sentait s'ébranler peu à peu en elle la confiance illimitée que jusque-là elle n'avait jamais ménagée au général Trochu. Celui-ci après avoir successivement étudié deux plans d'attaque, l'un par les hauteurs de Buzenval, l'autre par le plateau de Châtillon, avait adopté le dernier, le plus décisif, mais le plus périlleux, et l'action avait été fixée au samedi 7 janvier; l'ordre de départ fut donné aux troupes et à la garde nationale mobilisée, qui le reçut avec transport. Les distributions furent faites, le mouvement commencé. Puis un contre-ordre suspendit tout. Guidé par le hasard, ou averti par une coupable indiscrétion, l'ennemi avait pendant la nuit couvert d'artillerie et de soldats le passage sur lequel nous devions tout d'abord nous porter. On n'aurait pu s'y risquer sans folie. Le contre-ordre était donc nécessaire, son effet n'en fut pas moins déplorable. Les feuilles hostiles, les orateurs de club accusèrent hautement le général Trochu de trahison. Paris n'y croyait pas, mais il souffrait cruellement, il s'indignait de ces retards perpétuels, il parlait de faiblesse et d'incapacité. Le nombre de ceux qui réclamaient le changement du commandement en chef s'augmentait rapidement. Leur opinion avait de nombreux partisans parmi les maires, elle pénétrait dans le sein même du Gouvernement.

L'arrivée d'un pigeon fit un instant trêve à ces sombres préoccupations. Ce fut le dimanche 8 que nous eûmes la joie de recevoir, après quinze mortels jours de silence les trois dépêches de M. Gambetta des 27 et 31 décembre et 3 janvier, cette dernière nous annonçait le succès de M. Faidherbe. L'espérance nous revenait un peu. Je répondis le lendemain soir par une dépêche dont je transcris les passages principaux comme saisissant sur le fait les événements qui s'accomplissaient et les impressions qu'ils provoquaient en nous :

» Mon cher ami, un pigeon nous est enfin arrivé
» hier soir et nous a tirés de notre affreuse angoisse. Il
» porte le n° 44. Le dernier reçu 36. Ce sont donc sept
» dépêches qui nous manquent. Nous avons reçu celles
» du 27 décembre, du 31, du 5 janvier, que nous avons
» lues avec un intérêt passionné. Je voudrais vous ré-

» pondre avec détail. Malheureusement la traduction
» n'en a été achevée que ce matin, et toute la journée
» s'est passée en conseil. J'en sors; il est plus de six
» heures, et je n'ai que le temps de vous dire combien
» je suis touché des efforts surhumains grâce auxquels
» vous avez réveillé l'esprit de résistance et réalisé la
» merveille vivante des armées qui luttent contre l'en-
» nemi, le tiennent en échec et, je l'espère, parvien-
» dront à le détruire. Nous approuvons tous le plan de
» campagne qui porte M. Bourbaki à l'Est pour cou-
» per les communications de l'ennemi de la Saône à la
» Meuse. Comme vous, je pense que si elle est favorisée
» par le succès, elle peut contraindre notre sauvage en-
» nemi à nous abandonner, surtout si Chanzy et Faid-
» herbe peuvent frapper ensemble et si nous ne restons
» pas trop inactifs. Malheureusement nos ressources sont
» bien médiocres et notre temps fort limité. Nous harce-
» lons sans cesse la direction militaire, qui est très-vio-
» lemment attaquée par une très-forte majorité de la po-
» pulation de Paris. On lui reproche son indécision,
» même son incapacité; et de toutes parts s'élèvent des
» plaintes amères, quelquefois violentes. Vous connaissez
» aussi bien que moi notre général en chef; vous appré-
» ciez ses qualités éminentes; vous ne pouvez vous illu-
» sionner sur celles qui lui manquent. La population a
» le sentiment très-vif du danger que lui fait courir cette
» insuffisance. Ce sentiment s'est traduit en protestations
» ardentes qui sont devenues inquiétantes dans la bouche
» des maires et de leurs adjoints. Les choses se sont ce-
» pendant arrangées, et je m'y suis employé de mon
» mieux. Le général a promis une grande action. Elle
» devait avoir lieu avant-hier. Les ordres étaient donnés;

» la garde mobilisée, debout, pleine d'ardeur; puis on a
» tout fait rentrer, ce qui a produit un bien mauvais ef-
» fet. Vos nouvelles sont arrivées nous donner une effi-
» cace consolation, et nous en avons besoin. Depuis
» quatre jours, sans avertissement préalable, l'ennemi
» a commencé son bombardement. Il avait d'abord cou-
» vert nos forts de feux. Depuis vendredi il les dirige sur
» la ville depuis Montrouge jusqu'à Passy. Cette nuit le
» quartier Saint-Jacques et Saint-Germain a été abîmé.
» Plus de 2,000 obus y ont été lancés. Un assez grand
» nombre de victimes ont succombé, des femmes, des
» enfants. Ils tirent sur les hôpitaux, les ambulances, les
» écoles. Le Val-de-Grâce, le Panthéon, le Luxembourg
» sont leurs points de mire. Le feu a continué pendant
» la journée, mais moins vif. Je pense qu'ils reprendront
» ce soir. J'entends déjà la détonation de leurs Krupp
» et l'éclat des obus. La population supporte ces crimi-
» nelles entreprises avec un rare courage. C'est la colère
» et non l'abattement qu'elles excitent chez elle. J'espère
» que le général comprendra que ces violences lui impo-
» sent le devoir d'agir. S'il attend encore, nous allons
» être pris par la famine. Nous allons ce soir voter le ra-
» tionnement du pain. Nous ferons les efforts les plus
» grands pour atteindre le 25. Je doute que nous y arri-
» vions. S'il est possible à Chanzy et à Faidherbe de se
» hâter, qu'ils le fassent, car il serait horrible de voir
» Paris tomber à la veille de sa délivrance. Quoi qu'il
» en soit, la France ne se rendra pas, et quel que soit
» notre sort, nous nous associerons à sa résistance. Vos
» sentiments sont les nôtres, et nous mettons au-dessus
» de toute autre considération le salut de l'honneur na-
» tional. C'est l'opinion de Paris tout entier, et il est im-

» possible de savoir à quel acte désespéré elle le poussera.

» J'écris à M. de Chaudordy que M. de Bismarck ne m'a
» fait parvenir aucun sauf-conduit. Je ne puis lui en de-
» mander ; et ce n'est pas au moment où il inflige à Paris
» le traitement barbare qu'il a froidement médité que je
» puis lui adresser ma requête. Les choses en restent
» donc là, et je le regrette. J'aurais été heureux de faire
» accepter notre République à Londres et de la défendre
» avec vous en France. Que je succombe ici en combattant
» pour elle, que je la confesse dans une prison de Prusse,
» je n'en demeurerai pas moins inébranlablement acquis
» à sa cause. Et maintenant j'ai la ferme confiance que la
» France ne déposera son épée que lorsque cette cause
» aura triomphé. Je vous envoie mes plus cordiales
» amitiés.

» JULES FAVRE. »

§

Quand j'écrivais ces lignes je croyais encore au secours efficace des armées de l'Ouest et du Nord dont les mouvements combinés pouvaient nous sauver. J'étais, moins que mes collègues, rassuré par l'expédition hardie de M. Bourbaki. J'aurais mieux aimé (et je l'avais écrit) que de Bourges, où il s'était reformé, il remontât rapidement vers le nord-ouest et s'efforçât de donner la main à M. Chanzy. L'opération de l'Est avait été jugée préférable. Plusieurs hommes de guerre très-compétents l'approuvaient sans réserve, il était naturel que je transmisse leur avis à M. Gambetta, en lui exprimant notre confiance dans le brillant officier qui était chargé du commandement. Si cette combinaison avait réussi, l'ennemi, coupé dans sa ligne de retraite, se trouvait contraint de lâcher prise. Mais, par une fatalité qui nous a poursuivis pendant tout le cours de cette cruelle guerre, tous les hasards qui pouvaient tourner contre nous nous ont accablés. L'armée de l'Est et son digne chef ont fait des prodiges de valeur : après avoir livré trois jours de suite des combats victorieux, vaincus par le froid, la misère, l'épuisement, nos jeunes soldats ont dû se replier devant les forces supérieures que M. de Manteuffel, accouru en toute hâte, avait amenées à Werder, et l'armée de la Loire a été ainsi privée du précieux renfort que lui aurait apporté celle de M. Bourbaki.

Pendant que ces événements s'accomplissaient au dehors, la situation de Paris s'aggravait de jour en jour. Le bombardement continuait avec fureur en multipliant ses victimes. Dans la nuit du 8 au 9, l'hôpital de la Pitié fut criblé d'obus. Sainte-Périne en fut également écrasée. Le Muséum, dont les vastes bâtiments sont connus de toute l'Europe, et particulièrement des hommes d'État et des officiers généraux allemands, fut dévasté. On ne pouvait douter que cette violence ne fût volontaire. L'Académie des sciences y répondit par une protestation pleine de dignité, en adoptant, sur la motion de M. Chevreul, la proposition suivante : « Le jardin
» des Plantes médicinales fondé à Paris par édit du Roi
» Louis XIII, à la date du 3 de janvier 1636, devenu le
» Muséum d'histoire naturelle le 23 de mai 1794, fut
» bombardé sous le règne de Guillaume Ier, roi de Prusse,
» comte de Bismarck chancelier, par l'armée prussienne,
» dans la nuit du 8 au 9 janvier 1871. Il avait été res-
» pecté de tous les partis et de tous les pouvoirs natio-
» naux et étrangers. »

Le même jour circulait au milieu de la population profondément émue le touchant billet de décès que voici :
« M. et madame Jules Legendre ont la douleur de vous
» faire part de la mort de leurs filles Alice, âgée de
» treize ans et demi, et Clémence, âgée de huit ans, frap-
» pées toutes deux par un obus prussien ! »

Quis talia fando
Temperet a lacrymis ?[1]

Dans le quartier Saint-Sulpice, la pluie des projectiles était telle qu'il en tombait un par minute. Mornes, mais résolus, les habitants fuyaient leurs demeures effondrées et cherchaient un refuge au centre de la cité. A voir ces files de petites charrettes chargées de pauvres mobiliers traînées par le père et suivies par les enfants serrés contre leur mère, on se sentait à la fois pénétré d'affliction et de respect. C'est qu'en effet, il n'y a rien de plus grand que ces humbles infortunes, subies en silence, ignorées de tous et qui seraient une dérision de la justice et de la morale, si un Être supérieur à nous ne les voyait et ne les consolait. Ces obscurs sacrifiés ne sont soutenus ni par l'espoir des récompenses, ni par la gloire, ni par la passion politique. Comme le soldat qui meurt sur le champ de bataille, ils acceptent l'immolation sans calcul et sans arrière-pensée. Quelles que soient les dispositions de leurs âmes, ils n'en sont pas moins, dans l'ordre le plus élevé, ceux qui méritent davantage les sympathies des hommes de cœur.

---

[1] A un pareil récit, qui retiendrait ses larmes ?
VIRGILE, *Énéide*, liv. II.

Mais malgré le courage de la population, cette situation violente ne pouvait être de longue durée. Elle avait pour terme fatalement nécessaire la fin de nos subsistances qui approchait rapidement; nous ne pouvions plus compter que sur le secours extérieur, et nous étions condamnés à ignorer absolument ce qui se passait à quelques kilomètres de nous. J'écrivais le 14 janvier à Gambetta :

« Le ciel est décidément contre nous, mon cher ami.
» Depuis dimanche le froid a repris avec intensité, et
» toute espèce d'arrivée de pigeons est impossible. Nous
» voici donc dans la nuit noire. Et à quel moment?
» Quand nous touchons à la crise suprême, qui n'est re-
» tardée de quelques jours que par des sacrifices cruels.
» L'insuffisance et la mauvaise qualité de l'alimentation
» deviennent chaque jour plus meurtrières. La mortalité
» s'est accrue de plus du double; un malade ne peut
» guérir, un vieillard et un enfant sont directement me-
» nacés, et l'hécatombe est croissante. Jusqu'ici ces pri-
» vations ont été supportées avec une admirable abnéga-
» tion. Le bombardement auquel nous sommes soumis
» depuis dix jours, et qui ne discontinue pas, n'altère
» pas la constance de ces vaillants citoyens. Les vic-
» times cependant sont déjà nombreuses : Vaugirard,
» Grenelle, Montrouge, le faubourg Saint-Germain et le
» faubourg Saint-Jacques souffrent particulièrement;
» Auteuil et Passy ont eu leur part, un peu moindre tou-
» tefois. Les Prussiens tirent de préférence sur les dra-
» peaux d'ambulance, sur les églises. Les habitants
» voient leurs demeures dévastées, ils sont frappés
» dans leurs lits, et cependant ils ne parlent pas de se

» rendre. Paris tiendrait indéfiniment s'il avait des
» vivres; mais ils lui manquent, et c'est le cœur brisé,
» que nous nous trouvons en face de cette extrémité ter-
» rible de la cessation de la résistance. Je vous ai dit que
» nous ne pouvions attendre le dernier sac de farine.
» Nous avons besoin d'un délai de dix jours au moins.
» Nous sommes donc à notre limite, et rien ne vient, ni
» du côté de Chanzy, ni du côté de Faidherbe. Le général
» attend toujours. L'opinion est fort irritée, et tout cela
» peut amener une affreuse catastrophe. C'est l'éven-
» tualité de ces malheurs qui me retient à Paris. J'avais
» certainement un grand devoir à remplir à Londres,
» et je ne l'ai pas tout à fait décliné, mais je l'ai ajourné,
» ne voulant pas prendre sur moi la responsabilité
» des malheurs que mes collègues me prophétisaient,
» moins encore ne pas m'associer à leurs périls. Ce-
» pendant j'ai fait réclamer mes sauf-conduits ; si je les
» reçois à temps, et si mes collègues pensent que je doive
» en user, je partirai. »

Le 16, rien n'était changé, mêmes incertitudes,
mêmes anxiétés.

« Cher ami, écrivais-je à M. Gambetta, cette date
» vous dit assez que nous touchons aux heures suprêmes
» et que nous devons nous préparer aux derniers sacri-
» fices. Nous avons dépassé de vingt-quatre heures la
» limite définitive que je vous avais fixée, et nous ne fai-
» sons peut-être pas notre devoir en commettant cet acte
» de témérité. En effet, nous n'avons plus que quinze
» jours de pain devant nous, tout au plus, et le ravitail-
» lement suppose un délai de dix jours au moins. Il est

» vrai que nous gagnerons quelque chose par le ration-
» nement auquel nous nous résolvons; que, d'autre part,
» la commission des subsistances espère trouver encore
» un peu de blé; mais ce sont là des conjectures, et la
» réalité est ce que je viens de vous dire. La population
» de Paris ne la soupçonne pas; notre devoir était de
» lui garder le secret. Je ne sais si, quand elle appren-
» dra, et l'heure approche, qu'elle n'a plus de pain, elle
» ne se laissera pas aller à un mouvement de colère,
» bien naturel assurément, mais qui pourrait avoir pour
» conséquence déplorable d'entacher par des excès ce
» siége de Paris, si admirable par la constance, le calme,
» la sagesse des assiégés. Nous aurions dû agir la semaine
» dernière; mais vainement avons-nous supplié le géné-
» ral, il s'est obstiné à attendre de vos nouvelles. Or,
» ainsi que je vous l'écrivais, ces nouvelles ne sont pas
» venues, et voilà le neuvième jour que nous en man-
» quons. Nous attribuons ce désastre au froid intense qui
» a régné toute la semaine; il n'a fini qu'hier soir. Au-
» jourd'hui le vent du midi souffle avec violence, et la
» pluie tombe à torrents. Nous viendra-t-il un pigeon?
» Ce pigeon nous apportera-t-il des nouvelles favorables?
» Je me pose cette question toutes les minutes, et la
» réponse ne vient pas. Vous comprenez pourquoi je
» demandais une action la semaine dernière; vous con-
» naissez mes résolutions, elles n'ont pas changé. J'avais
» dit que dix jours avant la date fatale des dix jours je
» parlerais; je le ferai, mais j'aurais voulu qu'on me
» laissât une marge entre cette révélation terrible et l'ac-
» tion qui doit être indispensablement engagée. Cette
» action, en effet, nous est imposée par l'honneur, par
» le sentiment universel de Paris. Dans toutes les classes

» on répète qu'on ne veut pas finir comme à Metz,
» comme à Sedan; on préfère la mort à cette humilia-
» tion. Et cependant cette action nécessaire rencontre de
» grandes difficultés. L'armée, réduite à l'excès par les
» maladies, les fatigues, le service de garde et de tran-
» chée sur un périmètre de dix-huit lieues, est fort démo-
» ralisée. La garde nationale est pleine d'ardeur; mais
» tiendra-t-elle dans une sérieuse et grande bataille? C'est
» là un inconnu redoutable et plein de périls. C'est là ce
» qui explique le décousu des opérations et l'hésitation
» des chefs, et vraiment le parti le plus sage en de telles
» conjonctures eût certainement été, comme quelques-
» uns le proposent, d'envoyer un négociateur chargé de
» sonder les intentions de la Prusse; mais ce qu'il y a de
» sage serait une humiliation et un manquement au
» devoir.

» N'étant pas informés de votre situation, nous devons
» tenir jusqu'au bout extrême de nos vivres. »

Telle était, en effet, l'obligation à la fois rigoureuse et simple que nous imposaient la défense de notre capitale assiégée et l'espérance toujours vivante au fond de nos cœurs, malgré la faible probabilité de sa réalisation, du secours que nous attendions du dehors. La surexcitation des esprits était si grande à cet égard, qu'à plusieurs reprises les bruits les plus invraisemblables furent accueillis avec avidité. Tantôt la vaillante avant-garde d'un corps de quatre-vingt mille hommes avait paru à Creil, tantôt, culbutés par nos soldats, les Prussiens fuyaient en abandonnant Mantes; un autre jour, on affirmait entendre distinctement le canon au delà de Versailles. L'imagination se prêtant à la violence du désir, chacun prenait ses rêves pour des réalités. Mais ce qu'on demandait avec une ardeur persistante, c'était une prompte et décisive action. Elle était réclamée comme l'acquittement d'une dette d'honneur. On croyait encore au succès : eût-il été impossible, on n'entendait pas renoncer à faire son devoir.

En s'associant à ces résolutions, le Gouvernement se préoccupait de plus en plus de la direction des opérations militaires. Quelques-uns de ses membres estimaient nécessaire de la confier à un général autre que M. Trochu; tous redoutaient la défaveur dont, à tort ou à raison, il était l'objet. Le 15 janvier, je réunis chez moi mes collègues et je les pressai vivement de prendre un parti. Il fut décidé entre nous qu'on ferait une dernière tentative contre les lignes prussiennes, et que cette expédition serait conduite par le général Vinoy. Le 16 au matin, nous convoquâmes un conseil de guerre où furent discutés et la possibilité d'une bataille et le plan le plus avantageux à adopter. Le conseil fut à peu près unanime à considérer l'attaque par Châtillon comme inexécutable. Plusieurs autres furent proposées. Le Gouvernement ne voulut pas connaître celle qui serait définitivement arrêtée. L'action fut résolue et arrêtée au jeudi 18. Le commandant supérieur de la garde nationale promit de fournir quatre-vingt mille mobilisés.

Le 18 au matin, le Gouvernement faisait afficher la proclamation suivante :

« Citoyens,

» L'ennemi tue nos femmes et nos enfants; il nous
» bombarde jour et nuit; il couvre d'obus nos hôpitaux.
» Un cri : Aux armes! est sorti de nos poitrines!

» Ceux d'entre nous qui peuvent donner leur vie sur
» le champ de bataille marcheront à l'ennemi; ceux qui
» restent, jaloux de se montrer dignes de l'héroïsme de
» leurs frères, accepteront au besoin les plus durs sacri-
» fices comme un autre moyen de se dévouer pour la
» patrie.

» Souffrir et mourir, s'il le faut; mais vaincre.

» Vive la République! »

Le même jour, à la nuit tombante, les troupes et les régiments de marche de la garde nationale quittaient leurs cantonnements et filaient en silence le long des flancs du Mont-Valérien pour gagner les hauteurs de Saint-Cloud et de Montretout. Cette première colonne, tenant la gauche, sous les ordres du général Vinoy, devait enlever la redoute de Montretout, les maisons de Béarn, Pozzo di Borgo, Armengaud et Zimmermann, pendant qu'au centre, le général de Bellemare se porterait vers la partie est du plateau de la Bergerie; à la droite, le général Ducrot, opérant par Longboyau, devait atteindre la partie ouest du parc de Buzenval, et de là gagner et occuper le haras Lupin.

L'aile gauche accomplit son mouvement avec vigueur et précision. A onze heures du matin la redoute de Montretout et les maisons indiquées avaient été conquises. L'ennemi refoulé avait laissé entre nos mains soixante prisonniers. La garde nationale avait rivalisé d'ardeur et d'entrain avec la troupe régulière.

De son côté, chassant devant lui les forces qui lui étaient opposées, le général de Bellemare s'était emparé du plateau de la Bergerie et de la maison du Curé. Il couronnait les crêtes des positions qui lui avaient été assignées. Mais, soutenu à gauche, il attendait vainement l'arrivée de l'aile droite; il devait nécessairement s'arrêter.

En effet, le général Ducrot avait eu à lutter contre de formidables obstacles. Le gros de ses soldats, qui venait de Gennevilliers, avait eu près de douze kilomètres à parcourir pendant la nuit par des chemins défoncés; sur la voie de fer, une colonne d'artillerie égarée avait barré le passage. Les régiments s'étaient heurtés entre eux. Il fallut de grands efforts pour les remettre en ordre; et ils n'arrivèrent sur le terrain de l'action que lorsque l'attaque était commencée à la gauche et au centre. A Rueil, ils supportèrent une vive canonnade venant de batteries établies de l'autre côté de la Seine et qu'il fallut contrebattre par des pièces postées à la gare. A la porte de Longboyau la colonne rencontra une résistance acharnée. Logés en arrière des murs et des maisons crénelées qui bordent le parc, les Prussiens nous couvraient de leurs feux. Plusieurs fois de suite, l'épée à la main, le général Ducrot chargea lui-même en ramenant à l'attaque les troupes de ligne et la garde nationale sans pouvoir gagner du terrain.

Vers quatre heures, un retour offensif de l'ennemi entre le centre et la gauche de nos positions, exécuté avec une violence extrême, fit reculer nos troupes. Elles se reformèrent cependant, et se précipitant de nouveau en avant, elles chassèrent les Allemands, et reconquirent les crêtes. Mais ce succès, chèrement acheté, ne pouvait leur permettre de se maintenir sur une ligne de bataille brisée. Elles se trouvaient à découvert, infailliblement exposées à l'assaut d'un ennemi qui, le lendemain matin, aurait eu des forces considérables. Les soldats et les gardes nationaux étaient exténués par douze heures de combat et une nuit de marche. Il fallut songer à la retraite. Le soir, tous étaient repliés sous le canon des forts. Seul, le bataillon des mobiles de la Loire-Inférieure, sous les ordres du commandant Lareinty, resta dans la maison Zimmermann, où il s'était retranché. Il s'y défendit vaillamment. Mais cerné le lendemain par de nombreux assaillants, n'ayant plus ni vivres ni munitions, il fut obligé de se rendre.

§

Les membres du Gouvernement avaient suivi avec une douloureuse anxiété toutes les phases de ce combat qui devait être le dernier. Jusqu'à quatre heures ils avaient compté sur la victoire. En apprenant le mouvement en arrière, en recevant par les télégrammes échangés de quart d'heure en quart d'heure, la nouvelle de la retraite définitive, ils comprirent que tout était perdu. Les dépêches du général en chef portaient l'empreinte d'un découragement profond. Il nous annonçait qu'il resterait quelques jours au Mont-Valérien pour y organiser les mouvements de concentration indispensables.

Il nous était impossible d'attendre ainsi. Tout était à craindre, il fallait prendre un parti immédiat; et si, comme nous le pensions, cet effort suprême avait épuisé nos dernières ressources, il fallait aviser : nous n'étions plus séparés que par cinq jours de la limite fixée par le ministre du commerce et la commission des subsistances pour la fin de nos vivres, et de dix jours si la réserve de la guerre ajoutait, ainsi qu'on nous l'avait fait espérer, quelques sacs de farine à ceux que nous achevions.

Et encore pour obtenir ce résultat le Gouvernement, malgré ses promesses formelles, avait été contraint de recourir à l'exorbitante mesure du rationnement du pain. Les périlleuses difficultés qu'elle présentait avaient été été vaincues par l'énergie et l'intelligence des maires. Ils avaient fait un recensement minutieux de la population immense dont les éléments flottants et confus semblaient défier cette vaste opération. Déjà depuis plus d'une semaine, grâce au concours des boulangers, le rationnement fonctionnait à trois cents grammes par tête d'adulte, cent cinquante par enfant. Cette quantité dérisoire d'un pain à peine mangeable était absolument insuffisante à l'alimentation. Elle développait la mortalité avec une progression effrayante. Nul ne pouvait penser à prolonger un pareil état de choses. De plus, tous nos rapports accusaient une irritation menaçante ; ce n'était plus seulement dans les clubs, c'était dans les rangs de la garde nationale qu'elle éclatait. Partout on demandait hautement la déchéance du Gouvernement et surtout la destitution du général Trochu, comme coupable de trahison ou tout au moins de mollesse. La nouvelle de la défaite de Buzenval pouvait être le signal d'une explosion. Nous avions à cœur de prévenir un désastre qui eût été à nos yeux le déshonneur du siége. A dix heures du soir M. Jules Ferry et moi nous nous mîmes en route pour le Mont-Valérien..

Ce n'est pas sans peine que nous pûmes accomplir ce douloureux voyage. A partir du mur d'enceinte et surtout du pont de Neuilly, nous étions à chaque instant arrêtés par des colonnes de troupes qui rentraient. De longues files de voitures obstruaient le chemin. Nos pauvres soldats, harassés et piétinant dans la boue, conservaient encore une excellente attitude. Ils étaient tristes, mais en bon ordre. On sentait ce qu'ils devaient souffrir et ce qu'on aurait pu faire avec eux si toutes les fatalités n'avaient pas conspiré contre nous.

Il était une heure du matin quand nous arrivâmes près du général. Il nous expliqua comment la bataille, très-bien commencée, n'avait eu qu'un résultat négatif par suite des obstacles contre lesquels s'étaient brisés les efforts de la droite. Malgré tout l'avantage de la position qu'il avait brillamment conquise, le général de Bellemare n'avait pu se porter plus avant, et le général Vinoy s'était trouvé par là forcé de suivre ce mouvement rétrograde.

Vers la fin de la journée, le général Trochu, accompagné du général Clément Thomas, s'était porté de sa personne au delà de la Tuilerie; il avait ramené sous le feu plusieurs régiments qui pliaient. Mais il s'était convaincu par lui-même qu'il était impossible de tenir plus longtemps. L'un de ses jeunes aides de camp avait été blessé mortellement à ses côtés. On ne pouvait songer à faire inutilement décimer nos soldats, dont les pertes étaient déjà considérables. La garde nationale seule avait eu plus de cinq cents hommes hors de combat. Ses bataillons de guerre avaient montré un remarquable courage. Parmi les citoyens ainsi glorieusement tombés pour l'honneur de Paris et de la France, se trouvait le jeune peintre Regnault, déjà grand artiste, et qui avait devant lui un brillant avenir. Près de lui étaient frappés M. le marquis de Coriolis, issu d'une ancienne famille de Provence, et qui, malgré sa fortune et ses soixante et dix ans passés, s'était enrôlé comme simple garde, et M. Léon Guillard, que la mort arrêtait au seuil d'une carrière qu'eussent certainement illustrée ses rares aptitudes scientifiques, et tant d'autres dont on voudrait connaître et retenir les noms! Chères et nobles victimes, vous avez prodigué vos généreuses vies sans chercher d'autre récompense que celle du devoir accompli! Votre héroïque trépas vous a épargné les douleurs et l'humiliation que nous avons subies. La patrie vous bénit et garde pieusement votre mémoire. Votre sang sera la semence des vertus civiques qui la régénéreront!

§

Nous ne dissimulâmes point au général que le pénible dénoûment de cette entreprise nous imposait l'obligation d'une résolution suprême, peut-être déjà trop retardée. Jusque-là, nous avions gardé le secret le plus absolu sur l'état de nos subsistances. La population croyait qu'elles nous permettaient encore une résistance de plusieurs semaines. Nous avions dû la tromper, nous ne pouvions continuer. Il fallait avertir officiellement les maires et les mettre en demeure de prendre les mesures nécessaires au salut de la cité dans la redoutable crise qui se préparait. Le général avait déclaré dans une proclamation restée célèbre, mais dont on avait exagéré la portée, qu'il ne capitulerait jamais. Il fallait cependant, si toute action offensive était devenue impossible, sauver Paris d'une prise de vive force ou des horreurs de la mort par la faim. L'autorité militaire et l'autorité municipale devaient s'entendre sur tous ces points; il était donc indispensable que le Gouvernement se réunît dès le lendemain matin; nous demandions au général de laisser le ralliement de ses troupes à un de ses lieutenants, et de venir délibérer avec nous.

Nous n'ajoutâmes point alors que la conservation du commandement entre ses mains nous exposait infailliblement à une sédition dans laquelle nous n'aurions pas un défenseur. Il ne l'ignorait point, et, à défaut de nos paroles, notre attitude le lui révélait suffisamment. Il put s'en convaincre bientôt à l'agitation de la cité, au langage des journaux, aux rapports qui nous arrivaient par toutes les voies. Sa retraite était un sacrifice préalable absolument indispensable. L'opinion, à cet égard, était aussi unanime que menaçante, et les maires nous pressaient vivement de lui donner une prompte satisfaction.

Le lendemain, 20 janvier, je les convoquais tous les vingt au ministère des affaires étrangères. Les membres du Gouvernement les y attendaient. Je leur fis connaître en quelques mots l'extrémité à laquelle nous étions réduits. En comptant les réserves que la guerre pouvait mettre à notre disposition, nous pouvions avoir à manger jusqu'au 1er février. Arrivés à ce terme, les habitants et la garnison n'avaient plus un grain de blé. Il nous restait encore quelques milliers d'hectolitres d'avoine, représentant peut-être deux jours d'alimentation; mais il résultait de nombreux essais qu'il était impossible d'en faire du pain. Il aurait fallu les consommer en bouillie; on ne pouvait y songer.

Ce n'était pas la seule communication désespérante que j'eusse à faire à la réunion. La veille, au soir, j'avais reçu un message m'annonçant la défaite de M. Chanzy au Mans, dans la journée du 11 janvier.

Après cet échec, que sa valeur et son ascendant sur les soldats n'avaient pu conjurer, le général avait eu la pensée de retourner audacieusement vers Paris, qu'il savait à la veille de succomber. Il communiqua son projet au ministre de la guerre. Celui-ci le considéra comme d'une exécution trop dangereuse et lui ordonna de se retirer derrière la Mayenne. Sa dépêche, dont je donnai lecture, ne pouvait laisser aucun doute sur la poignante nécessité où il se trouvait d'abandonner Paris à son sort. Elle était ainsi conçue :

Guerre à Chanzy.

« Bordeaux, 13 janvier 1871.

» Quelle que soit la cruauté de la fortune à notre
» égard, elle est impuissante à lasser des hommes tels
» que vous, qui sont résolus à soutenir jusqu'à épuise-
» ment total la guerre sainte contre l'étranger. La con-
» fiance du Gouvernement n'est en rien diminuée, et
» l'échec, quelque grave qu'il soit, que vous avez subi,
» ne doit être qu'une leçon et une excitation de plus à
» bien faire.

» Cela dit, je réponds à votre dépêche de ce matin.
» Quand je vous ai parlé à Josnes des lignes de Caren-
» tan, j'ai voulu seulement indiquer que la résistance à
» outrance du pays avait une dernière forteresse inex-
» pugnable. Mais au lendemain d'un premier échec,
» nous n'en sommes pas encore là. Ma pensée, au con-
» traire, a toujours été que le terrain devait être disputé
» pied à pied, comme vous l'avez déjà fait dans votre
» belle retraite. *Quant au dessein que vous nourrissiez,*
» *me dites-vous, de vous arrêter, s'il était possible, entre*

» *Alençon et Prez-en-Pail, pour de là tenter une marche*
» *hardie sur Paris, par Dreux et Évreux, je vous ferai*
» *remarquer que cette tentative généreuse était de nature*
» *à amener la perte de votre armée. D'une part, en effet,*
» *vous auriez couru le risque de ne pas refaire vos troupes*
» *avant de reprendre votre marche; et d'autre part, vous*
» *auriez infailliblement rencontré sur votre chemin l'ar-*
» *mée de Frédéric-Charles, commandant général des forces*
» *prussiennes dans l'Ouest, laquelle, parcourant du Mans*
» *à Dreux ou à Mantes la corde dont vous-même parcourez*
» *l'arc, vous aurait nécessairement gagné de vitesse.*

» Nous estimons donc qu'à tous les points de vue, la
» retraite sur la Mayenne est infiniment préférable. Il va
» de soi qu'en vous parlant de la rivière Mayenne comme
» ligne défensive, nous n'avons nullement entendu vous
» prescrire d'aller jusque-là; c'est une limite extrême
» que nous vous avons indiquée. Mais il est certain que
» si vous trouvez dans l'intervalle, par exemple, dans la
» forêt de Sillé, de bonnes positions défensives, nous
» nous en applaudirons pour notre part; car, ainsi que
» je vous l'ai dit en commençant, nous désirons que le
» sol de la patrie soit disputé pied à pied. »

Les dépêches de M. Chanzy, dont la copie m'était parvenue en même temps, étaient encore plus navrantes. La bataille du Mans, engagée contre les armées réunies de Frédéric-Charles et de Mecklembourg, avait dû être considérée comme gagnée jusqu'à six heures du soir. Nos troupes avaient fait courageusement leur devoir. Quelques corps s'étaient héroïquement conduits. Le plateau d'Auvours, qui dominait les positions, d'abord arraché à nos soldats par des forces prussiennes supérieures, avait été repris à la suite d'une attaque furieuse de 2,000 hommes des régiments de Bretagne, enlevés par le brave général Goujard, dont le cheval avait reçu six balles. L'amiral Jauréguiberry et le général Jaurès, le corps entier des zouaves pontificaux, s'étaient couverts de gloire. Maître de toutes les positions, le général en chef espérait achever sa victoire le lendemain, lorsque le soir, en proie à un mouvement de panique inexplicable, plusieurs régiments se débandèrent et s'enfuirent. Sourds à la voix de leurs chefs, renversant tout devant eux, ils entraînèrent un grand nombre de leurs camarades. Les hauteurs de la Tuilerie et d'Auvours, la dernière si glorieusement reconquise, furent abandonnées. Bientôt le désordre prit un caractère effrayant : plus de quarante-cinq mille hommes lâchèrent pied.

« Notre position était bonne hier soir, écrivait, le 12,
» le général en chef; la panique des mobilisés de Bre-
» tagne a été le signal de la débandade sur toute la rive
» gauche de l'Huisne : toutes les troupes se sont dis-
» persées, ont fui ou refusent de combattre.

» Le vice-amiral Jauréguiberry déclare que la retraite
» est impérieusement commandée. Sur les autres posi-
» tions, les autres généraux déclarent qu'ils ne peuvent
» plus tenir. Le cœur me saigne : je suis contraint de
» céder. »

En effet, pendant la nuit, l'amiral lui avait envoyé la communication suivante :

« Les généraux Lebouedec et Barry, attaqués par trois
» colonnes ennemies sur la route du Mans à Laval, ont
» dû se replier ; quelques régiments ont opposé une

» vigoureuse résistance; d'autres, et c'est le plus
» grand nombre, se sont débandés. La cohue des fuyards
» est inimaginable, ils renversent les cavaliers qui veu-
» lent s'opposer à leur passage. On en a tué deux. Ces
» exemples n'ont rien fait sur les autres... Je trouve au-
» tour de moi une telle démoralisation, que les généraux
» des corps d'armée m'affirment qu'il serait très-dange-
» reux dans ces circonstances de rester plus longtemps.
» Je suis désolé de battre encore en retraite. Si je n'avais
« pas avec moi un matériel considérable qu'il faut essayer
» de sauver à tout prix, je m'efforcerais de trouver une
» poignée d'hommes déterminés et à lutter même sans
» espoir de succès. Mais il serait, il me semble, insensé
» de sacrifier huit batteries pour n'arriver à aucun résul-
» tat. Je ne me suis jamais trouvé, depuis trente-neuf
» ans que je suis au service, dans une position aussi
» navrante pour moi. »

Le général en chef ajoutait : « Le temps est horrible
» pour la marche; on n'y voit pas à dix pas. La situa-
» tion est grave; je ne saurai que ce soir comment elle
» se décidera pour nous. »

La partie était donc réellement perdue, et quelque
extrême qu'il fût pour lui d'arrêter un retour offensif
sur Paris, jugé praticable par un homme tel que
M. Chanzy, le ministre de la guerre avait bien jugé les
choses en ordonnant une retraite derrière la Mayenne.
Il est vrai qu'il paraissait ne pas renoncer tout à fait à
une action ultérieure pour nous sauver, car il disait à la
fin de sa dépêche du 13 janvier :

« Je suis d'ailleurs en mesure, à l'aide des dépêches
» que je viens de recevoir de Paris et parmi lesquelles se

» trouve une lettre du général Trochu, de vous dire que
» les vivres ne manquent nullement dans la place et que
» le général lui-même recule la fatale échéance jusqu'à
» la fin du mois. Cela nous laisse le temps, avec l'éner-
» gie que vous saurez puiser en vous-mêmes, de regagner
» le terrain perdu ; mais il n'y a pas un jour qui ne doive
» être utilement employé. »

Cette dernière appréciation ne pouvait être qu'une généreuse illusion. D'une part, en effet, chacune de mes dépêches à M. Gambetta précisait nettement le 15 janvier comme le moment où nous devions nous arrêter pour ravitailler Paris, qui n'avait du pain que jusqu'à la fin du mois, et le général Trochu n'avait pu lui donner une indication différente ; d'autre part, les obstacles jugés insurmontables le 13 janvier ne pouvaient que s'accroître, et la décomposition de l'armée de M. Chanzy ne permettait pas de croire qu'elle fût capable de les vaincre. D'ailleurs, quand ces désolantes nouvelles nous arrivaient, nous venions nous-mêmes d'échouer, nos ressources étaient épuisées, et nous touchions le spectre de la famine, prêt à s'abattre sur la population de Paris.

§

La réunion des maires reçut mes communications avec une morne stupeur. Le général Trochu prit la parole après moi : il expliqua avec détail la situation militaire ; remontant aux commencements du siége, il raconta tout ce qui avait été fait pour rendre Paris imprenable, tout ce qui avait été essayé pour le débloquer.

Il fit observer qu'il est à peu près sans exemple dans l'histoire qu'une place assiégée puisse, par son seul effort, contraindre l'assiégeant à se retirer. Il faut, pour obtenir ce résultat, qu'elle ait le soutien d'une armée de secours. Nous l'avions constamment demandée à la province, qui, de son côté, avait fait tout ce qui était en elle pour l'organiser et nous l'envoyer; les dernières dépêches prouvaient qu'elle y avait définitivement échoué. M. Chanzy, rejeté au delà de la Mayenne, ne pouvait plus rien pour nous. M. Faidherbe ne disposait que de quelques milliers d'hommes avec lesquels il avait admirablement manœuvré, mais qui étaient trop faibles pour percer les lignes ennemies. M. Bourbaki, engagé dans une grande opération, devait, s'il réussissait, compromettre la retraite des Prussiens; mais nous étions malheureusement dans l'impossibilité de l'attendre. Toutefois, le général estimait que nous pouvions disposer de quelques jours pendant lesquels toute action offensive nous était interdite. Très-las lui-même, l'ennemi paraissait décidé à en finir par une attaque de vive force. C'était à la repousser que nous étions réduits à consacrer ce qui nous restait d'énergie et de ressources. Lorsque viendrait, et il était prochain, le moment où la faim rendrait cette dernière défense impossible, la municipalité de Paris aviserait et s'aboucherait avec le quartier général prussien dans le but de stipuler en faveur de la cité les conditions que garantissent les droits de la guerre et les principes d'humanité respectés par tous les peuples civilisés.

La réunion se récria vivement en entendant ces dernières paroles. Elle fut unanime à déclarer que les maires déclinaient absolument le fardeau qu'on prétendait leur imposer. Le Gouvernement avait dirigé la défense sans contrôle, il en avait assumé la responsabilité, il ne pouvait, à l'heure suprême, s'en décharger sur la municipalité. L'autorité militaire était naturellement appelée à prendre des mesures dictées par des nécessités suprêmes dont elle était exclusivement juge. Il ne lui était permis d'y recourir que si elles lui paraissaient inévitables; dans ces derniers cas, elle seule était compétente pour les arrêter.

Ces considérations n'étaient pas tout à fait exactes, et je me permis de le faire remarquer. A différentes reprises, les membres de la municipalité avaient revendiqué comme un droit une participation, au moins morale, aux résolutions du Gouvernement. Loin de les combattre, j'étais entré dans leurs vues, et nos réunions au ministère de l'intérieur avaient prouvé notre désir constant d'établir entre eux et nous un accord étroit. Quelques jours avant la bataille de Buzenval, comprenant leurs inquiétudes, j'avais consenti à leur ménager une entrevue avec le général, et celui-ci l'avait acceptée avec empressement. Pendant près de quatre heures, ils avaient recueilli de sa bouche l'exposé sincère de ses actes et de ses idées, et ils s'étaient retirés en lui donnant le précieux appui de leur approbation. Rien d'ailleurs n'était plus conforme aux usages et aux exigences d'où découlent les règles qui gouvernent les places assiégées. La municipalité a toujours la mission de protéger les habitants, lorsque ceux-ci, à bout de ressources, sont condamnés à aborder le vainqueur. Abandonner ce devoir aux chefs militaires serait peut-être compromettre gravement les intérêts qu'il s'agissait de sauvegarder, et plus la tâche était douloureuse, plus impérieuse était l'obligation de ne point la déserter.

Mes auditeurs résistèrent énergiquement à ces observations ; aucun d'eux ne semblait admettre la possibilité d'une capitulation. Leur douleur patriotique était telle qu'ils se refusaient à nous donner d'autre concours que celui du désespoir. Ils étaient prêts à mourir, ils préféraient les horreurs de la famine à l'humiliation d'une soumission ; ils parlaient de s'ensevelir tous sous les ruines de la cité ; ils nous adjuraient d'essayer encore un suprême effort offensif. La garde nationale le réclamait. Elle venait de prouver qu'elle était capable de se battre avec bravoure ; elle voulait qu'on la conduisît de nouveau contre l'ennemi, qu'elle était sûre de vaincre. Quant à la population, elle était résignée à souffrir. Si le pain lui manquait, elle vivrait avec de la viande de cheval, avec des grains d'avoine concassés : elle aimait mieux mourir de faim que de honte.

Il m'était impossible de ne pas être à la fois profondément touché et affligé de cette exaltation. J'admirais le sentiment qui en était la source ; mais, malgré toute ma sympathie pour ceux qu'il inspirait, mon amitié pour plusieurs d'entre eux, je sentais qu'en s'y livrant aveuglément le Gouvernement aurait commis une faute que l'histoire aurait été en droit d'appeler un crime. Ma conscience se révoltait à la pensée de m'en rendre coupable. Je le dis nettement à la réunion, et nous nous séparâmes en lui promettant d'assembler de suite un conseil de guerre pour le consulter sur la possibilité d'une nouvelle action offensive ; nous promîmes de l'ordonner si un seul officier la jugeait praticable. De leur côté, les maires s'engagèrent à préparer la population à la révélation de l'état de nos subsistances. Le moment était venu où elle devait connaître la vérité.

§

Les généraux composant le conseil de guerre se réunirent le lendemain, à midi; tous les chefs de corps étaient présents. Nous les invitâmes, chacun à son tour, à nous faire connaître leur avis sur la question de savoir s'il était encore possible de tenter un combat en dehors de l'enceinte. La délibération fut longue et cruelle. Je vois encore se peindre sur ces mâles figures la douleur et l'anxiété qui étaient au fond de tous les cœurs. Les membres du conseil furent unanimes. Décimées par le feu de l'ennemi et par les maladies, épuisées par les privations et les fatigues de toute nature, convaincues surtout qu'en leur demandant de verser de nouveau leur sang on les condamnait à un sacrifice inutile, les troupes étaient absolument découragées et prêtes à désobéir. La garde mobile réclamait à grands cris la paix et le retour dans ses foyers. La garde nationale, il est vrai, parlait encore de résistance sans merci. Aussi, sur les pentes de Buzenval, elle avait été accueillie par les quolibets des soldats lui disant : « En avant, Messieurs de la guerre à outrance ! » Quelques-uns de ses bataillons s'étaient bravement comportés, mais plusieurs avaient faibli, ce qui se comprenait fort bien, le sang-froid, la discipline et la tactique ne pouvant s'improviser. Conduire la garde nationale seule à l'ennemi, c'était la faire égorger sans résultat. Il fallait donc reconnaître la vérité, quelque désolante qu'elle fût, et la

prendre comme guide de nos résolutions. L'un des membres du conseil, intrépide entre tous pendant le siége, comme il l'a été depuis dans la lutte contre la Commune, laissa déborder de son âme des paroles qui nous émurent profondément. On devinait à quelles angoisses il était en proie : « Comme officier supérieur, dit-il, je ne puis en
» conscience conseiller une action ; mais si l'un de mes
» camarades la croit possible, je le supplie de permettre
» que je serve sous ses ordres : il verra avec quel bon-
» heur je donnerai ma vie pour essayer de sauver mon
» pays; j'aurai au moins la consolation de ne point assis-
» ter à sa défaite. »

Cette pathétique adjuration ne pouvait être relevée : elle exprimait le sentiment de tous; comme tous aussi, celui qui la faisait entendre refusait de prendre la responsabilité d'une nouvelle attaque contre l'ennemi. Je fus chargé de communiquer aux maires qui l'attendaient l'opinion du conseil de guerre, et le soir j'envoyais à M. Gambetta la dépêche suivante; ainsi que je le prévoyais, elle devait être la dernière :

M. Gambetta, à Bordeaux.

« Mon cher ami,

» Je vous écrivais avant-hier 19, ne connaissant point
» encore les derniers résultats de la journée. Je les
» croyais fort bons, car, sauf le retard dans le mouve-
» ment de Ducrot, tout s'était passé avec plus de bon-
» heur qu'on n'aurait osé l'espérer. Nous étions maîtres
» des hauteurs de Buzenval, d'une partie de celles de
» Garches, et tout semblait faire présager que le lende-
» main on continuerait l'offensive. Il n'en a rien été;

» loin de là. Nous étions réunis chez le gouverneur, à
» dix heures du soir, lorsque nous arrive un télégramme
» par lequel il nous annonce, du Mont-Valérien où il a
» passé la journée, qu'à quatre heures sa gauche avait
» été attaquée, écrasée d'obus, forcée de se replier. Le
» centre, privé de droite, ne tenait plus contre la vive
» attaque dont il était lui-même l'objet, et s'était égale-
» ment retiré. J'ai couru au milieu de la nuit au Mont-
» Valérien; j'ai vu par moi-même que le mal était sans
» remède. Il aurait pu être plus grand encore si l'en-
» nemi avait poursuivi son mouvement. Nous avions
» beaucoup d'artillerie embourbée qui aurait pu tomber
» entre ses mains. Il n'en a rien été. La retraite s'est
» effectuée, mais cet effort a tout épuisé. Il est le der-
» nier possible. La garde nationale a beaucoup souffert.
» Je ne connais pas le nombre de ses pertes. La popula-
» tion est très-irritée contre M. Trochu. Celui-ci ne veut
» se retirer que devant un général qui croira possible
» une nouvelle action à laquelle il se refuse. Et les choses
» continuent ainsi avec un danger réel pour la paix pu-
» blique, car les esprits sont naturellement fort agités.
» Nous avons hier réuni les vingt maires de Paris. Nous
» les avons mis au courant de la situation tout entière.
» Nous leur avons montré que nous avions passé la
» limite extrême à laquelle nous avions résolu de nous
» arrêter. Ils n'en restent pas moins acquis à la cause de
» la prolongation de la résistance. Cette opinion géné-
» reuse, mais aveugle, est celle de Paris. Tout, plu-
» tôt que de se rendre. Mon avis est qu'il n'y faut pas
» céder. Ceux qui tiennent ce langage mangent encore;
» leur vie est misérable, mais elle se soutient. Le jour,
» et il est proche, où ils n'auront que de la viande de

» cheval sans pain, la mortalité, qui est déjà terrible,
» deviendra affreuse. Je ne veux pas prendre une pa-
» reille responsabilité. Nous n'aurions d'excuse que si
» nous attendions un secours du dehors. Depuis l'arrivée
» de votre pigeon portant les dépêches du 16, et qui
» nous est parvenu le 19, l'illusion n'est plus possible.
» M. Chanzy n'a pu lutter contre Frédéric-Charles. Il
» s'est héroïquement battu, et la France lui sera toujours
» reconnaissante; mais il s'est replié derrière la Mayenne
» et ne peut rien pour nous. Il voulait, le 11 janvier,
» marcher sur Paris, c'est vous qui l'en avez détourné,
» comme le prouve votre lettre du 13. Je suis bien sûr
» que les motifs qui vous ont déterminé à cette grave
» résolution étaient excellents; ils ne nous en ont pas
» moins privés de notre dernière espérance et livrés à
» nos seules forces. Vous savez qu'elles ne nous ont
» jamais permis de nous dégager. Vous nous reprochez
» notre inaction en termes que je ne veux pas relever.
» Vous parlez de Metz et de Sedan. Mon cher ami, je ne
» puis attribuer une si étrange injustice qu'à votre dou-
» leur bien naturelle de nous voir succomber. Vous dites
» que nous nous contentons de gémir : nous n'avons
» cessé de provoquer des actions, et la direction mili-
» taire, si elle n'a pas fait tout ce qu'elle aurait pu, a été
» unanime à reconnaître que notre armée ne pouvait
» rien faire d'efficace. Nous avons sans cesse combattu
» aux avant-postes, nos forts sont démantelés, nos mai-
» sons bombardées, nos greniers vides. Sentant comme
» vous qu'un dernier effort était indispensable, nous
» l'avons ordonné ; il a été fait.

» J'ai voulu énergiquement comme vous, moins bien
» sans doute, mais avec un cœur aussi résolu, la défense

» sans trêve contre l'étranger. Aujourd'hui la fortune
» trahit nos efforts communs, et, soyez-en sûr, il n'y a
» de la faute de personne. J'ai souvent accusé la direc-
» tion militaire du général Trochu. Mais l'infériorité des
» moyens dont il disposait était telle qu'il y avait à
» chaque instant d'énormes difficultés à surmonter.
» Peut-être en faisant autrement aurait-on fait mieux.
» Peut-être aurait-on fait plus mal. Il n'a pu débloquer
» Paris, mais il l'a savamment défendu. Du reste, à quoi
» sert la récrimination? Il faut tâcher de profiter du
» tronçon d'épée qui est dans nos mains. Paris se ren-
» dant, la France n'est pas perdue. Grâce à vous, elle est
» animée d'un esprit patriotique qui la sauvera. Quant
» à nous, nous sommes dans une situation terrible. Après
» l'échec d'avant-hier, la population voudrait une revan-
» che. Elle demande à grands cris à se battre. Les mili-
» taires reconnaissent l'impossibilité absolue d'une nou-
» velle grande action. D'un autre côté, nous n'avons plus
» que dix jours de pain; et Dieu veuille encore qu'il n'y
» ait pas quelque nouveau mécompte. La population
» l'ignore, les maires sont chargés de l'y préparer. Mais
» ils ont grand'peine à dominer son effervescence. Nous
» avons aujourd'hui réuni des généraux pour leur poser
» la question de savoir si la résistance est encore possible.
» Ils ont tous été d'avis qu'elle ne l'est pas. Il faut donc
» traiter. Je ne sais quelles conditions on nous fera.
» J'ai peur qu'elles ne soient fort cruelles. Dans tous les
» cas, ce que je n'ai pas besoin de vous dire, nous ne
» signerons aucun préliminaire de paix. Si la Prusse veut
» consentir à ne pas entrer dans Paris, je céderai un
» fort et je demanderai que Paris soit simplement sou-
» mis à une contribution de guerre. Si ces proposi-

» tions sont rejetées, nous serons forcés de nous rendre
» à merci, et la Prusse réglera notre sort par un ordre
» du jour. Il est probable alors, si nous ne sommes pas
» tués dans les séditions qui se préparent, que nous
» irons dans une forteresse de Poméranie encourager par
» notre captivité la résistance du pays. J'accepte sans
» murmurer le sort que Dieu me réserve, pourvu qu'il
» profite à mon pays. — Ce soir il y a eu des mouvements
» dans Paris. On demande notre déchéance et la Com-
» mune. — J'accepte de grand cœur l'arrêt populaire
» qui me mettra à l'écart. Adieu, mon cher ami, cette
» dépêche est peut-être la dernière. En écrivant à
» M. Chanzy, dites-lui combien j'admire son courage,
» son patriotisme, son talent militaire et sa constance.
» J'ai souvent rêvé qu'il me serait donné de l'embrasser
» sur la route de Versailles à Rambouillet. Si cette glo-
» rieuse étape ne lui a point encore été accordée, il a fait
» des prodiges pour la mériter, et il en sera récompensé.
» Son nom restera justement populaire. Sa campagne du
» Loiret et du Perche sera un modèle. Envoyez aussi
» mes félicitations à M. Bourbaki. Il marche comme
» un héros et son mouvement peut sauver la France. Je
» suis tellement surchargé de travail que je ne puis
» écrire à M. de Chaudordy. Adieu encore, mon cher
» ami. Je ne sais si je vous reverrai. Jusqu'à la fin je
» demeurerai votre fidèle et reconnaissant de ce que
» vous faites pour la France.

» JULES FAVRE. »

§

Les conclusions du conseil de guerre surprirent peu les membres de la municipalité. Mais elles ne parurent rien changer à leur opinion. Quelques-uns de nos collègues, très-enclins à la partager, proposèrent de consulter des officiers d'un grade moins élevé ; il fut convenu que le lendemain matin on réunirait chez M. Jules Simon des colonels, des chefs de bataillon et des capitaines, et qu'on leur poserait les questions que les généraux venaient de résoudre. Un certain nombre de maires furent délégués pour assister à cette délibération. Toutefois cette satisfaction ne leur suffisait pas ; ils insistaient avec la plus grande énergie pour que le général Trochu se retirât, affirmant que s'il ne prenait pas immédiatement ce parti, le lendemain une sédition violente éclaterait et que le Gouvernement serait chassé sans qu'un seul garde national consentît à le défendre. Le préfet de police, dont les sentiments de confiance et de respect pour le général n'avaient pas changé, me transmettait les nouvelles les plus inquiétantes : partout on parlait hautement d'en finir ; dans les clubs, dans les cafés, dans les lieux publics, on accusait la direction militaire d'incapacité ou de trahison. Les bataillons de Belleville, de la Chapelle, de Montmartre, de Grenelle, du Gros-Caillou, semblaient prêts à marcher sur l'Hôtel de ville et sur le Louvre. Il fallait à tout prix apaiser cette effervescence. On espérait que la démission du général Trochu aurait ce résultat.

Je ne cachai point aux maires que mes tentatives pour

l'obtenir avaient échoué. Le général se croyait lié par un devoir auquel il ne pensait pas qu'il lui fût permis de se soustraire. Il répugnait à sa légitime fierté, à sa dignité de commandant en chef, de céder devant le tumulte des factions. Il regardait le mandat qu'il avait reçu des électeurs comme un de ceux qu'on ne peut résigner, surtout à l'heure du danger suprême.

Tout en appréciant la gravité de ces raisons, les maires refusèrent de s'y arrêter. Elles ne pouvaient dans leur esprit être mises en balance avec le salut de la cité, directement menacé par la résistance du général, quelque honorable qu'elle fût. Ils demandèrent à lui exposer eux-mêmes l'urgence de la mesure qu'ils sollicitaient. Il fut convenu qu'ils se rendraient le soir au Louvre.

Ils y vinrent en effet, et là, en présence du Gouvernement, quelques-uns d'entre eux, parlant au nom de tous, firent connaître sans ménagement leurs craintes et leurs exigences. Pendant le cours de ce débat pénible et nécessairement passionné, le général ne perdit pas un instant son calme. Il répondit avec modération et gravité aux attaques dont il était l'objet. Les défiances qui les inspiraient l'étonnaient peu. En les rapprochant de la popularité dont il jouissait il y avait quelques jours à peine, il les expliquait facilement par les revers auxquels la foule ne voulait pas se résigner. Elle aimait mieux s'en prendre à un homme qu'aux événements, elle aimait mieux se croire trahie que de s'avouer vaincue. Quant à lui, il avait toujours protesté contre la faiblesse d'un commandant en chef subissant la domination de la place publique, il ne pouvait changer de sentiment. Dénué d'ambition, il n'était pas guidé par le désir de retenir un pouvoir qu'il n'avait pas cherché et qui n'avait été pour lui qu'une source de sacrifices et de chagrins. Mais il avait mission de défendre Paris, il devait rester à son poste jusqu'au dernier jour de la résistance. Cependant, s'étant prononcé contre toute nouvelle action offensive, il était prêt à remettre le commandement au général qui jugerait cette action possible et qui consentirait à la diriger. Il n'était pas moins disposé à obéir à la décision de ses collègues, libres de le destituer. Alors ce n'était pas seulement le général en chef, c'était le gouverneur de Paris, c'était le président du conseil qu'il fallait songer à remplacer.

Ses interlocuteurs ne voulaient point aller jusque-là : mêlant à des interpellations violentes des paroles de confiance et de gratitude, ils suppliaient le général de conserver la présidence du Gouvernement et de permettre qu'on choisît un autre commandant en chef. Ils relevaient comme une cause d'inquiétude et de suspicion le refus d'entreprendre une expédition nouvelle que la population réclamait avec emportement. Tout était à craindre si elle n'obtenait pas cette satisfaction, et nous pouvions avoir la douleur de voir les derniers jours du siége ensanglantés par une émeute qui nous livrerait à l'ennemi.

Il était plus de minuit, et la discussion durait encore sans aboutir à aucune solution. Il était important de ne pas rester jusqu'au lendemain dans cette situation équivoque. Les maires s'étaient retirés ; les membres du Gouvernement conjurèrent le général de ne pas résister davantage. Ils invoquèrent leur déférence, leur affection, leur désir ardent d'éviter même une apparence de désunion. Le maintien du général à la présidence sauvait tout ; et comme il reconnaissait lui-même que toute action militaire était devenue impossible, le changement du commandant en chef n'était en réalité qu'un moyen d'atténuer l'effervescence populaire et de prévenir un mouvement séditieux. Le général finit par se rendre, nous l'en remerciâmes avec effusion, et nous désignâmes le général Vinoy comme son successeur.

Cette résolution venait d'être prise, je me préparais à rédiger le décret, lorsqu'un officier d'état-major, accouru à toute bride de la Bastille, vint nous annoncer qu'une colonne armée, composée de cinq à six cents hommes, s'engageait sur le boulevard et marchait sur nous pour nous enlever. La prison de Mazas avait été forcée, plusieurs détenus arrêtés à l'occasion des événements du 31 octobre avaient été mis en liberté. Flourens était du nombre. Il avait reçu de suite le commandement des insurgés, qui s'avançaient au milieu d'une foule immonde criant : Mort au Gouvernement! et Vive la Commune!

Il était deux heures du matin. Je fus trouver le général dans son appartement, où il s'était retiré. Il prit ses dispositions de défense pour le cas où nous serions attaqués. Mais au lieu de venir à nous la colonne insurrectionnelle se porta sur la mairie du 20ᵉ arrondissement, où elle pilla deux mille rations de pain et du vin destinés aux nécessiteux du quartier. Des ordres furent donnés pour qu'au petit jour la mairie fût réoccupée. Vers quatre heures et demie tout était rentré dans le calme. J'écrivis alors au général Vinoy pour lui annoncer sa nomination, et je lui envoyai un officier chargé de lui porter mon message, en le priant de se mettre immédiatement en rapport avec le Gouvernement.

Brusquement éveillé, le général Vinoy éprouva une

surprise facile à comprendre. Il n'avait pu ignorer tout à fait que, plusieurs fois pendant le siége, son nom avait été prononcé lorsqu'on cherchait un capitaine habile et résolu ; peut-être avait-il deviné à certaines conversations qu'on avait songé à lui pour le cas où le général Trochu se retirerait; mais si les hautes fonctions de commandant en chef, toujours redoutables, pouvaient séduire un homme de guerre en lui offrant la perspective d'un service immense à rendre au pays et d'une noble gloire à conquérir, ce ne pouvait être que lorsque les ressources mises à sa disposition lui permettaient de vaincre ou tout au moins de lutter. Quand au contraire la partie était définitivement perdue, quand il n'y avait plus pour le général en chef d'autre rôle à jouer que celui de signataire d'une capitulation, quand il fallait ainsi assumer la responsabilité des actes d'autrui et n'intervenir que pour conduire le deuil d'une défaite sans analogue dans l'histoire, être saisi à l'improviste, et sans avoir été consulté, par l'honneur funeste d'une si périlleuse élévation, c'était être condamné à une rude épreuve, et l'on s'explique fort bien qu'en recevant ce choc le général Vinoy ait eu la pensée de refuser. Il courut néanmoins chez le ministre de la guerre, et lui faisant part de son anxiété, il lui demanda la permission de ne point accepter. Le ministre lui fit envisager les graves conséquences d'une semblable détermination. Nous avions tous lieu de craindre une émeute pour le jour même. Laisser l'armée sans chef à un moment décisif, c'était l'exposer à un échec, peut-être à une défaillance. Le devoir civique tout aussi bien que le devoir militaire lui faisait une loi de répondre à la confiance du Gouvernement. D'ailleurs le danger était considérable et pressant; il rendait l'hésitation impossible.

« Me l'ordonnez-vous? dit le général.

— Je vous l'ordonne, répliqua le ministre.

— Je suis soldat, reprit M. Vinoy, vous êtes mon supérieur, j'obéis. »

M. Le Flô embrassa son vieux camarade, qui vint avec simplicité me raconter cette explication et prendre les ordres du Gouvernement.

Je fus vivement touché en entendant son récit, je lui témoignai ma gratitude : elle lui était bien due. Il avait agi comme un grand citoyen.

En me quittant, il rédigea et fit afficher l'ordre du jour suivant :

Le général Vinoy à l'armée de Paris.

« Le Gouvernement de la défense nationale vient de
» me placer à votre tête, il fait appel à mon patriotisme
» et à mon dévouement. Je n'ai pas le droit de me sous-
» traire. C'est une charge bien lourde. Je n'en veux ac-
» cepter que le péril, et il ne faut pas se faire d'illusion.

» Après un siége de plus de quatre mois, glorieuse-
» ment soutenu par l'armée et par la garde nationale,
» virilement supporté par la population de Paris, nous
» voilà arrivés au moment critique.

» Refuser le dangereux honneur du commandement
» dans une semblable circonstance, serait ne pas ré-
» pondre à la confiance qu'on a mise en moi. Je suis
» soldat et ne sais pas reculer devant le danger qui peut
» entraîner une grande responsabilité.

» A l'intérieur, le parti du désordre s'agite, et cepen-
» dant le canon gronde; je veux être soldat jusqu'au

» bout. J'accepte ce danger, bien convaincu que le con-
» cours des bons citoyens, celui de l'armée et de la garde
» nationale, ne me feront pas défaut pour le maintien de
» l'ordre et le salut commun. »

Le *Journal officiel* complétait ce document par les lignes que voici :

« Le Gouvernement de la défense nationale a décidé
» que le commandement en chef de l'armée de Paris se-
» rait désormais séparé de la présidence du Gouverne-
» ment.

» M. le général de division Vinoy est nommé com-
» mandant en chef de l'armée de Paris.

» Le titre et les fonctions de gouverneur de Paris sont
» supprimés.

» M. le général Trochu conserve la présidence du
» Gouvernement. »

§

Conformément aux ordres donnés pendant la nuit, le commandant du 2ᵉ secteur chargeait quelques compagnies de garde nationale d'enlever la mairie du 20ᵉ arrondissement. Prévenus par leurs émissaires, les insurgés n'attendirent point l'attaque ; ils se retirèrent précipitamment, en menaçant d'un retour offensif avec des forces supérieures. Cependant la tranquillité ne fut pas troublée à Belleville, malgré des placards appelant les citoyens à la guerre civile. Mais sur d'autres points de la cité les agitateurs entraînaient après eux des hommes égarés. La place de l'Hôtel-de-Ville se couvrait de curieux, parmi lesquels il était facile de reconnaître des groupes de conspirateurs, épiant le moment favorable pour commencer la lutte.

Pendant ce temps, le Gouvernement délibérait avec le nouveau commandant en chef, qui prenait ses dispositions en vue du mouvement que nos rapports nous faisaient pressentir. Réuni au ministère de l'instruction publique, sous la présidence de M. Jules Simon, un nombreux conseil de guerre, où figuraient un général, huit colonels, trois chefs d'escadron, plusieurs officiers de l'armée et de la garde nationale, était saisi de la question tranchée la veille par les généraux que nous avions consultés. M. Dorian, ministre des travaux publics, assistait à cette délibération, à laquelle aussi avaient bien voulu participer MM. les maires Henri Martin, Arnaud de l'Ariége, François Favre, Clémenceau, Bonvalet, Tirard et Hérisson. Après une discussion générale, approfondie, les membres du conseil furent interrogés tour à tour, et tous reconnurent l'impossibilité absolue de l'offensive. Il n'y avait donc plus d'illusion à se faire, et lorsque tous ces braves soldats, différents d'âge, d'autorité, d'expérience et de grade, tous animés de la même ardeur patriotique, tous frémissant à l'idée d'une capitulation, déclaraient qu'il serait insensé et coupable de chercher à l'éviter en jetant au devant des lignes de l'ennemi des troupes sacrifiées à l'avance sans que leur inutile massacre pût servir à la délivrance; il fallait accepter leur sentence, se recueillir en soi-même, et demander à sa conscience où était le devoir.

Mais alors que, le désespoir dans l'âme, nos amis, nos défenseurs, nos concitoyens se débattaient vainement contre ces conclusions désolantes et se reconnaissaient forcés de les subir, les tristes criminels qui au 31 octobre avaient failli déshonorer Paris et avaient fermé devant lui une voie de salut, décidés cette fois à mettre à exécution leur œuvre perverse, poussaient à un combat impie les ignorants que leurs indignes calomnies et leurs promesses fallacieuses avaient fanatisés. Leurs clubs et leurs journaux avaient audacieusement appelé le peuple aux armes. La cité allait tomber d'épuisement, c'était l'heure qu'ils choisissaient pour assassiner ceux qui étaient encore debout pour la défendre.

Au sein de la foule entassée devant l'Hôtel de ville se formèrent des députations qui se présentèrent à la grille du palais. Le colonel Vabre la gardait avec quelques mobiles du Finistère. Il introduisit successivement deux députations, qui furent reçues par les adjoints. Elles réclamaient un changement dans la direction militaire, on leur répondit qu'il était opéré. Elles auraient voulu que cette direction appartînt à l'autorité civile, on leur promit de transmettre ce vœu au Gouvernement; le colonel Vabre les reconduisit jusqu'au dehors. Rien ne faisait présager un conflit, lorsque cent ou cent cinquante gardes nationaux, appartenant pour la plupart au 101e bataillon de marche, débouchèrent sur la place précédés de leurs officiers et de leurs tambours.

A ce moment, aucune troupe n'apparaissait à l'extérieur de l'Hôtel de ville, les factionnaires eux-mêmes étaient rentrés. Seuls, le commandant militaire Vabre et les officiers du bataillon du Finistère étaient sur le trottoir, entre la grille et le bâtiment, exhortant au calme les personnes les plus rapprochées. Tout à coup les hommes du 101e, qui s'étaient disposés par petits groupes au milieu de la foule, mettent le genou en terre et font un feu croisé sur les officiers se promenant devant le palais. Le colonel Vabre les interpelle avec indignation, le feu recommence; cette fois les coups sont dirigés contre lui, et l'adjudant-major Bernard, du bataillon du Finistère, tombe grièvement blessé aux deux bras et à la tête. A cette vue, les gardes mobiles ripostent, et la place se trouve instantanément vidée.

Mais la lutte n'était pas finie. Les insurgés, qui l'avaient préparée avec une détestable préméditation, s'étaient logés dans des maisons voisines de l'Assistance publique et faisant face à l'Hôtel de ville. De là et des encoignures des rues adjacentes, ils engagèrent une vive fusillade et commencèrent à élever des barricades.

Heureusement que le préfet de police et le colonel de gendarmerie étaient prêts. L'un et l'autre arrivèrent à la tête de la garde républicaine, devant laquelle les séditieux ne pouvaient longtemps tenir. La plupart s'enfuirent en jetant leurs armes. Les maisons et les boutiques où ils s'étaient retranchés furent occupées et fouillées, un assez grand nombre de prisonniers fut placé sous la main de la justice. On releva cinq cadavres et dix-huit blessés. Cette misérable échauffourée n'avait pas duré plus de vingt minutes.

Malgré l'audace de ses chefs, qui n'avaient pas craint d'entreprendre, en plein jour, une attaque de vive force sur l'Hôtel de ville, elle n'était en réalité qu'un coup de main hardi exécuté sans aucun plan préconçu. Il est vrai que les héros ordinaires de ces honteux exploits l'avaient inspirée. Comme de coutume, ils se tenaient cachés dans leur quartier général mystérieux. Ils auraient profité de la victoire si elle était restée à l'émeute. Ils avaient compté sur l'irritation produite par la défaite du 19, sur les colères soulevées contre M. Trochu, sur le mécontentement trop certain de la garde nationale. Mais il était évident qu'ils s'étaient bornés à lancer en avant les enfants perdus de leurs bandes. Rien n'avait été organisé par eux, ni diversion, ni retraite, ni actions isolées. A l'exception des abords de l'Hôtel de ville, Paris s'aperçut à peine de cette odieuse tentative. Le bruit de la mousqueterie qui brisait les croisées du palais était couvert par le grondement incessant de l'artillerie prussienne, accablant les forts et la ville de Saint-Denis de boulets, de mitraille et d'obus. Dès le matin de cette journée, le bombardement de cette malheureuse cité avait commencé : il continuait avec furie. Ceux de ses habitants qui ne pouvaient se mettre à l'abri dans leurs caves fuyaient avec leurs familles et venaient chercher un refuge près de nous.

Le Gouvernement était en permanence à l'Élysée pendant ces déplorables scènes : à chaque minute lui parvenaient d'inquiétants messages, qu'expliquaient trop bien les légitimes appréhensions qui agitaient tous les esprits. A la première nouvelle d'une attaque à main armée, M. Jules Ferry nous quitta et courut à son poste, où il fit bravement son devoir. Nous écoutions en silence les détonations de la fusillade, lorsqu'un chef de division de la ville, M. Pelletier, insista pour être admis sans retard auprès de nous. Il avait, nous disait-il, une communication très-grave à nous faire. En effet, sa figure trahissait une vive émotion : « La commission » chargée de l'alimentation a, nous dit-il, commis une » erreur sur la quantité des farines qui sont à sa dis- » position. Elle n'a pu en réunir pour après-demain » mardi que trois mille quintaux. Il lui en faut au moins

» cinq mille six cents. Je viens vous faire part de son
» anxiété et de la mienne, et prendre vos ordres. »

Il n'y a pas de mots dans la langue humaine qui puissent peindre l'effet de ces paroles. A quelques pas de nous la guerre civile, à quelques heures la famine. Paris à son lever n'ayant pas même son rationnement de 300 grammes par adulte, de 150 par enfant! On refit les calculs, on repassa les états, la sentence était irrévocable. Elle aurait été exécutée, et Dieu seul peut savoir avec quels désastres, si le ministre de la guerre n'avait consenti à laisser entamer les réserves qui étaient destinées à nourrir son armée et à prolonger de deux ou trois jours le délai pendant lequel il fallait faire vivre Paris pour le ravitailler. On fit venir les intendants, ils discutèrent pied à pied, défendant avec une louable rigueur la sévérité de leurs règles et les ressources de leurs soldats. Dans ce moment d'angoisse, il nous aurait paru doux d'être frappés par une balle qui aurait mis fin à ces tortures. Mais la fusillade avait cessé. Notre cruelle incertitude durait encore, et malgré les assurances qui nous étaient données, nous ne pouvions nous défendre d'un légitime effroi en pensant que si une nouvelle erreur avait été commise, la catastrophe devant laquelle l'imagination reculait d'épouvante pouvait s'accomplir. Paris serait livré au supplice de la mort par la faim.

La leçon était terrible. Il n'y avait pas d'intelligence si rebelle qu'elle ne dût toucher.

Avant de nous séparer nous rédigeâmes trois décrets : le premier fermant les clubs, le second ajoutant deux conseils de guerre aux deux qui existaient déjà, le troisième supprimant les journaux *le Réveil* et *le Combat*.

Du reste, la ville était calme et morne. Ses rues silencieuses et désertes, ses boutiques fermées, les ténèbres qui l'enveloppaient en dépit de quelques lampes à pétrole, lui donnaient l'aspect d'un tombeau. On devinait le commencement d'une agonie. Malgré ses révoltes contre sa destinée, la noble mutilée se sentait défaillir. Son âme protestait, ses forces vives l'abandonnaient, et ceux qui veillaient sur elle avec l'opiniâtreté du dévouement, avec le sang-froid que donne le sentiment de la responsabilité et du devoir, n'avaient plus qu'à retremper leur courage, pour essayer d'adoucir, dans la mesure du possible, l'horrible épreuve qu'elle allait traverser.

CHAPITRE VI.

L'ARMISTICE.

Il serait impossible d'apprécier avec justice le dénoûment fatal vers lequel nous étions invinciblement entraînés, si l'on ne cherchait à se rendre un compte exact des faits au milieu desquels il s'est produit. Je comprends et j'honore les colères qu'il a suscitées, elles s'expliquent naturellement par la douleur d'une population qui ne voulait pas se soumettre à l'ennemi et surtout par les illusions qu'elle se faisait sur la possibilité de continuer la lutte. Nous avions dû soigneusement lui dissimuler l'état de nos subsistances, et bien qu'en remontant au commencement du siége, elle eût trouvé des déclarations officielles annonçant un maximum de deux à trois mois de vivres, elle ne voulait pas admettre qu'après quatre mois et demi d'investissement elle pût être à la veille de la famine. Les maires s'étaient chargés le 20 janvier de l'initier à la vérité; mais, soit hésitation de leur part à faire nettement cette communication redoutable, soit incrédulité systématique de ceux qui la recevaient, Paris persistait à se croire approvisionné pour longtemps encore. Presque tous les journaux l'affirmaient, et la passion publique était telle qu'il eût été dangereux de les contredire. Cependant le doute n'était pas possible. Le travail quotidien du ministre du commerce et celui du maire de Paris étaient chaque matin contrôlés par l'examen approfondi de la commission des subsistances. Les chiffres différaient quelquefois de quotités insignifiantes, suivant qu'on admettait ou qu'on rejetait des existences plus ou moins conjecturales; à quelques jours près, tous arrivaient à la même conclusion. J'ai dans les mains un billet que mon collègue M. Dorian m'écrivait le 23 janvier pour calmer les vives inquiétudes que la veille avaient fait naître en moi les déclarations de M. Pelletier; il contenait au crayon le résumé des calculs de la commission des subsistances, d'après lesquels, en comptant les ressources de la guerre, nous avions du pain pour huit jours et une fraction [1]. En dé-

---

[1] RÉSULTAT DU 23 JANVIER.

SÉANCE DE LA COMMISSION DES SUBSISTANCES.

Blé aux moulins et en magasin. . . 16,000 quintaux métriques.
Seigle, orge, riz. . . . . 14,000 —
                                        30,000 —
A prendre à la guerre, environ. . . 10,000 —

Ajoutez avoine. . . . . 23,000 quintaux métriques.
Mais l'avoine ne rend que 25 pour 100.
Consommation par jour, 5,200 quintaux métriques avec un rationnement de 300 grammes.
On retrouvera *quelques blés* : on peut espérer 5 à 6,000 quintaux.
OBSERVATION. Je reproduis cette note telle qu'elle a été rédigée.
En acceptant ses chiffres, on trouve :

En blé. . . . . 22,000 quintaux métriques.
Pris à la guerre. . . . . 10,000 —
                                      32,000 —
Seigle, orge et riz. . . . . 14,000 —
                                      46,000 quintaux métriques.

La farine étant blutée à 10 pour 100, cette quantité de grains donnait. . . . . 41,400 quintaux de farine,
auxquels il faut ajouter les 23,000 quintaux d'avoine, ne donnant que 25 p. 100,
soit. . . . . 5,070 —

          Total. . . . . . 46,450 quintaux de farine,
qui, divisés par 5,200, donnent 8 et une fraction.
Ce qui nous conduisait au 31 janvier.

falquant de ces huit jours le temps nécessaire à la négociation et au ravitaillement, on voit ce qui nous restait et à quel degré nous avions été téméraires. Du reste, malgré son courage et son abnégation, la population n'aurait pu résister au régime qu'elle subissait. Depuis le commencement du mois, la mortalité s'était accrue dans des proportions effrayantes. Elle dépassait par semaine le chiffre de cinq mille décès. Les vieillards et les enfants étaient particulièrement frappés. Les malades ne guérissaient plus, les hospices n'avaient plus de médicaments, les crèches et les mères plus de lait pour les nouveau-nés. Mon cœur se déchirait à la pensée de ces tristes hécatombes de douces et inoffensives créatures payant un si large tribut aux fureurs de la guerre, et cependant nous avions attendu jusqu'au terme extrême. Nous avions tout sacrifié, tout, même la pitié, à l'accomplissement du devoir imposé aux chefs d'une place assiégée de ne se rendre que lorsque la défense est devenue absolument impossible, nous en étions là : reculer d'un jour une solution inévitable m'aurait paru un crime.

Mais tout en étant fermement décidé à la provoquer sans retard, je n'en n'étais pas moins livré à des angoisses faciles à comprendre. J'avais fait de vains efforts pour obtenir que la municipalité consentit à se charger de la négociation qui allait s'ouvrir ou à m'y prêter son concours. Mes collègues du Gouvernement reconnaissaient la nécessité impérieuse de traiter, mais ils s'accordaient à dire que ma qualité officielle et mes rapports antérieurs avec M. de Bismarck me désignaient forcément, et seul, comme l'intermédiaire entre Paris et le quartier général.

J'avais depuis longtemps prévu que cette dernière et cruelle épreuve me serait réservée, et je m'étais préparé à ne pas faiblir si j'en étais réduit à l'accepter. N'ayant pu réussir à faire adopter un plan, je m'en étais tracé un à moi-même, car je croyais essentiel de n'aborder l'ennemi qu'avec des idées parfaitement arrêtées. Pendant les trois premiers mois du siége, et alors que, malgré mes sombres pressentiments, l'espérance avait encore une part considérable dans mes prévisions, envisageant avec une résignation relative la possibilité d'une catastrophe dont nous étions éloignés, je ne voulais pas que la reddition de Paris, si lamentable fût-elle, entraînât la soumission de la France entière. Il me semblait que si nous étions condamnés à succomber, vaincus par la force vive ou par la famine, la meilleure tactique consistait à nous livrer à merci. Par là nous sauvegardions le droit en nous refusant à un arrangement quelconque. Obligée d'asseoir sa conquête, de créer un gouvernement imposé, d'organiser une administration, la Prusse s'affaiblissait par son succès et réveillait dans le pays un sentiment de patriotique indignation. Captifs entre ses mains, nous devenions la vivante protestation de l'indépendance nationale ; alors s'ouvrait une ère nouvelle : celle de la résistance par l'extermination. Sans doute elle nous aurait infligé des souffrances et des pertes incalculables; en revanche elle aurait certainement épuisé, anéanti les Allemands. En fin de compte, elle les aurait contraints à lâcher leur proie : la patrie serait sortie de leur étreinte, sanglante et misérable ; ses malheurs nous auraient paru plus tolérables si ses frontières étaient restées intactes.

Ce que je voyais à Paris, ce qui me parvenait des départements, m'autorisait, jusqu'à un certain point, à ne pas repousser de telles conceptions. Ceux-là seuls qui ont assisté au siége peuvent se faire une idée de l'exaltation des esprits pendant ces quatre mois et demi de combats et de souffrances. Nul n'aurait pu le prévoir, et je suis sûr qu'aujourd'hui, beaucoup, parmi les plus enflammés, auraient peine à s'expliquer par quels degrés ils en étaient venus à cette surexcitation patriotique qui leur faisait perdre de vue la réalité. J'ai entendu des hommes graves, sérieux, incapables de démonstrations affectées, jurer que, plutôt que de se rendre, ils immoleraient leurs familles et mettraient le feu à leurs maisons. Supposer en leur présence que nous ne serions pas vengés par une victoire définitive, c'était commettre une criminelle trahison. Ils demandaient à grands cris la sortie en masse, quelques-uns voulaient s'y faire accompagner par leurs femmes et leurs enfants. Cette fièvre qui éclatait en de tels paroxysmes s'était peu à peu emparée de presque tous les cerveaux. Tout avait concouru à sa contagion et à sa violence. Le changement subit et complet d'habitudes, une vie à la fois oisive et agitée, la séparation absolue du reste du monde, la nécessité de s'étourdir sur ses chagrins, les anxiétés, les tourments de cœur et d'affaires, l'appareil guerrier de la cité constamment en armes, le tumulte des camps dans la rue, la bataille en permanence aux remparts, la privation de nourriture et de combustible, étaient autant de causes directes et puissantes qui jetaient la population dans une sorte de rêve désordonné. Elle voulait se sacrifier ; si elle avait eu du pain, elle aurait attendu l'assaut de pied ferme et se serait fait égorger à son foyer.

Les renseignements, malheureusement incomplets et rares, que nous envoyait la province nous donnaient lieu de penser que l'état moral y était le même. Les haines devaient y être plus prononcées encore à raison des procédés odieux de l'armée envahissante qui, sur un grand nombre de points, ravageait pour le plaisir de détruire. Les choses allaient si loin que le général Chanzy envoyait au commandant de Vendôme et mettait à l'ordre du jour de ses troupes la protestation éloquente qu'on va lire et qui dispense de tout commentaire :

Au commandant prussien, à Vendôme.

« J'apprends que des violences inqualifiables ont été
» exercées par des troupes sous vos ordres sur la popula-
» tion inoffensive de Saint-Calais. Malgré nos bons trai-
» tements pour vos malades et vos blessés, vos officiers
» ont exigé de l'argent et ordonné le pillage. C'est un abus
» de la force qui pèsera sur vos consciences et que le pa-
» triotisme de nos populations saura supporter ; mais ce
» que je ne puis admettre, c'est que vous ajoutiez à cela
» l'injure, alors que vous savez qu'elle est gratuite.

» Vous avez prétendu que nous étions les vaincus.
» Cela est faux. Nous vous avons battus et tenus en échec
» depuis le 4 de ce mois. Vous avez osé traiter de lâches
» des gens qui ne peuvent vous répondre, prétendant
» qu'ils subissaient la volonté du Gouvernement de la dé-
» fense nationale, qui les oblige à résister alors qu'ils vou-
» laient la paix et que vous la leur offriez. Je proteste avec
» le droit que me donne de vous parler ainsi la résistance
» de la France entière, et celle que l'armée vous oppose et
» que vous n'avez pu vaincre jusqu'ici. Cette communica-
» tion a pour but d'affirmer de nouveau ce que cette ré-
» sistance vous a déjà appris. Nous lutterons avec la con-
» science du droit et la volonté de triompher, quels que

» soient les sacrifices qui nous restent à faire ; nous lutte-
» rons à outrance, sans trêve ni merci, parce qu'il s'agit
» aujourd'hui de combattre, non plus des ennemis loyaux,
» mais des hordes de dévastateurs qui ne veulent que la
» ruine et la honte d'une nation qui prétend, elle, conser-
» ver son honneur, son indépendance et son rang. A la
» générosité avec laquelle nous traitons vos prisonniers et
» vos blessés, vous répondez par l'insolence, l'incendie et
» le pillage. Je proteste avec indignation au nom de l'hu-
» manité et du droit des gens que vous foulez aux pieds.

» Le présent ordre sera lu aux troupes à trois appels
» consécutifs.

» Au quartier général, au Mans, le 26 décembre 1870.

» *Le général en chef,*

» CHANZY. »

Quinze jours auparavant, M. de Chaudordy avait publié une longue circulaire [1] dans laquelle il dénonçait à l'Europe les déprédations odieuses accomplies par les soldats allemands avec une savante régularité et sous le couvert officiel de la discipline. Ce réquisitoire accablant causa une vive émotion ; le chancelier de la Confédération du Nord n'y répondit que le 9 janvier. Son travail, fort étendu [2], est moins une réfutation des griefs allégués par notre représentant, qu'une série d'attaques contre nos soldats, qui, selon lui, n'auraient pas toujours respecté les lois de la guerre. J'étais en droit de conclure de ces documents que la lutte prenait un caractère sauvage, et

---

[1] Voir aux Pièces justificatives.
[2] Voir aux Pièces justificatives.

qu'elle se poursuivrait opiniâtrément jusqu'à ce que l'un des deux adversaires eût anéanti l'autre.

De telles dispositions m'inspiraient de grandes craintes sur le traitement qui devait être infligé à la ville de Paris. On se rappelle dans quels termes M. le comte de Moltke se défendait d'avoir commencé le bombardement sans avertissement préalable et de le diriger sur nos établissements hospitaliers : « Il n'avait pas, nous disait-il, à
» s'astreindre aux usages ordinaires dans un conflit en-
» gagé avec un gouvernement en dehors des lois et du
» droit. » M. le comte de Bismarck ne nous traitait pas mieux; il s'était montré, il est vrai, plein de courtoisie et d'égards vis-à-vis de M. Thiers; je n'avais eu personnellement qu'à me louer de sa bienveillance, mais dans son langage officiel, il ne perdait aucune occasion de nous présenter comme des factieux, cherchant par la continuation de la guerre à prolonger notre illégitime dictature. Il dissimulait mal, d'ailleurs, malgré son extrême habileté, l'irritation que lui causait notre résistance. Il ne l'avait pas prévue, il ne la comprenait pas; les pertes sensibles qu'elle avait fait subir à l'armée assiégeante, l'impatience de l'Allemagne qu'elle excitait au plus haut degré, étaient autant de motifs de rigueur, et nous devions nous attendre à le trouver inflexible.

Or, il était le maître absolu de notre sort, et, dans l'impasse terrible où nous étions acculés, nous ne pouvions lui disputer que ce qu'il lui convenait de ne pas nous refuser. Tel était le dernier mot de notre situation : elle était celle d'une place assiégée forcée de se rendre à discrétion. Seulement cette place était Paris; ce que nous étions contraints de livrer, c'était, avec une population de deux millions quatre cent mille âmes, la capitale de la France, son foyer intellectuel, son plus grand arsenal, le dépôt le plus considérable de ses richesses, le plus vaste de ses ateliers, le plus opulent de ses marchés, son sanctuaire de la science, de l'art, des traditions et des gloires nationales! C'était Paris, qui, victime une troisième fois des Bonaparte, si fatals au pays, allait subir la honte de l'occupation étrangère. Quelle destinée le vainqueur lui réservait-il, et comment nous était-il possible de songer à en adoucir l'horreur?

Depuis un mois, chaque nuit, en rentrant du conseil, je me posais ces redoutables questions ; elles se dressèrent devant moi plus menaçantes que jamais le 22 janvier ; elles devaient être résolues le lendemain, et il fallait essayer de diminuer dans la mesure du possible l'étendue de notre désastre.

Je ne consentais à aller à Versailles que pour échapper à une reddition pure et simple, qui me paraissait être le dernier terme de l'humiliation et du malheur. J'avais sur ce sujet capital renoncé à l'idée d'un complet effacement devant la Prusse, à laquelle nous aurions laissé, en nous refusant à une négociation quelconque, les périlleux embarras de sa victoire. Je m'y étais arrêté un instant avec la majorité de mes collègues; mais en approchant du dénoûment, j'avais compris que nous ne pouvions y persévérer sans nous rendre coupables d'une véritable désertion. S'abstenir et attendre, c'était condamner Paris à mourir de faim, après s'être débattu dans les convulsions de l'anarchie et du désespoir ; car, eussions-nous ouvert nos portes, les assiégeants ne seraient point entrés dans la ville sans une convention préalable, et cette convention, ils ne seraient point venus nous la demander. Il fallait donc les aborder pour sauver Paris de la mort et du pillage ; et dès lors n'était-il pas permis de chercher à protéger des intérêts d'un autre ordre, et de solliciter quelques tempéraments à l'application stricte des lois cruelles de la guerre ?

Non-seulement je crus que cela était permis, mais que ne pas le tenter serait manquer au devoir ; sans doute il est des occasions où il est sublime de s'envelopper la tête dans son manteau et de défier les coups du meurtrier, mais ce ne peut être que lorsqu'on est sacrifié seul. Quand on est responsable de milliers d'existences, de l'honneur, de l'avenir de son pays, on n'a pas le droit de se détourner d'une voie de salut, si incertaine et si dangereuse qu'elle apparaisse.

Il y avait toutefois un point auquel il nous était interdit de toucher, c'était la conclusion d'une paix définitive, ou même les bases d'un préliminaire. Obligés par la violence de traiter pour Paris, nous n'avions aucun droit de parler au nom de la France, dont nous étions séparés et qui ne nous avait pas donné de pouvoir. Cette situation me causait de graves inquiétudes. Le peu qui avait pénétré jusqu'à nous des desseins du cabinet prussien me faisait craindre de le trouver décidé à ne nous rien accorder si nous ne consentions à accepter les conditions de paix qu'il nous imposerait. Ainsi l'avaient annoncé plusieurs feuilles d'Allemagne, et si cette exigence nous eût été opposée, elle rendait tout arrangement impossible.

Ma première résolution fut donc de ne stipuler que pour Paris, et de repousser absolument ce qui engagerait la France.

Mais pour la mettre à même d'exercer sa prérogative souveraine et de faire connaître sa volonté, je devais obtenir la convocation immédiate d'une Assemblée librement élue. Loin de porter atteinte aux principes en agissant ainsi, je leur rendais hommage, je renouais la chaîne brisée par les calamités de la guerre, je relevais la seule autorité légitime qui devait être chargée de continuer la lutte ou de faire la paix, et si la paix était faite, de guérir les blessures du pays et de régulariser son gouvernement.

La réunion d'une Assemblée était, à mes yeux, l'acte le plus efficace de notre salut : elle coupait court à des négociations et à des intrigues qui pouvaient nous infliger l'irrémédiable déshonneur du retour de la famille impériale. Elle sauvegardait l'âme de la France, elle dissipait les fantômes de séparatisme que nos discussions avaient fait naître. Elle nous restituait vis-à-vis de l'Europe, si ce n'est notre rang, au moins notre indépendance; elle nous permettait de nous reconstituer et de placer le germe de nos patriotiques espérances sous l'égide d'une sage liberté.

Je revenais ainsi à mes propositions de Ferrières : ne pouvant traiter de la paix, je devais demander que la France fût consultée. Seule, une Assemblée nommée par elle pouvait être investie de sa souveraineté; je devais réclamer sa convocation et pour cela une convention d'armistice.

Mais dans la position désespérée à laquelle nous étions réduits, nous ne pouvions obtenir ces concessions et le ravitaillement de Paris, sans lequel elles eussent été illusoires, qu'en déclarant à l'ennemi que notre résistance cessait. C'était la forme la plus adoucie de la capitulation, et la capitulation était inévitable, nous n'avions aucun moyen de nous y soustraire; seulement, ici encore, il fallait, à mon sens, déterminer des conditions précises et en faire une sorte d'*ultimatum*.

Je regardais comme la première et la plus importante de toutes la reconnaissance formelle du droit de la France de débattre elle-même les conditions de la paix et de se donner un gouvernement. Aujourd'hui, éloignés déjà des événements, nous sommes disposés à juger naturel et facile tout ce qui s'est fait alors ; la plupart n'y cherchent que des sujets d'accusation contre ceux qui en ont accepté la responsabilité. Au 23 janvier, il en était autrement : en consultant les vraisemblances, il était permis de craindre que la Prusse victorieuse ne voulût rien entendre de nous et qu'elle n'eût la prétention de régler nos destinées par un ordre du jour. A ses yeux, nous n'étions pas seulement des fonctionnaires républicains, nous étions des séditieux avec lesquels il était impossible de traiter. Entouré d'agents bonapartistes, M. de Bismarck pouvait avoir, et il l'a eue, la pensée de nous rendre Napoléon III, ne fût-ce que pour nous affaiblir en nous avilissant. D'autres combinaisons devaient se présenter à son esprit, et il était peut-être téméraire d'espérer qu'il accueillerait celle qui consacrait la reconstitution de notre nationalité. Pour ma part j'en doutais fort, et je n'ai pas considéré comme un médiocre adoucissement de nos calamités l'adhésion qu'il m'a donnée sur ce point, après me l'avoir disputée dans une longue discussion.

La seconde condition capitale sur laquelle, après mûr examen, je me décidai à ne transiger à aucun prix, était le refus d'admettre l'armée prussienne dans l'intérieur de l'enceinte de Paris. L'honneur et le salut de la cité me commandaient de l'exiger : j'avais à faire valoir l'héroïsme de sa défense, sa douleur indicible d'être occupée par l'ennemi, son irritation et sa rage, qui pouvaient entraîner des scènes lamentables de meurtre et de destruction. Ces arguments étaient considérables, je ne désespérais point de les faire triompher. Mais je le demande à tout lecteur français voulant juger avec équité : notre armée victorieuse aux portes de Berlin les aurait-elle goûtés? Ses chefs auraient-ils cru possible de les lui imposer?

Enfin, comprenant fort bien que, d'après les lois de la guerre, la garnison, l'armée, les gardes nationaux de marche étaient condamnés à devenir prisonniers, je ne voulais pas qu'ils fussent traînés en Allemagne. Je devais demander que nos soldats restassent à Paris jusqu'à la conclusion de la paix si elle se faisait, et s'y tinssent à la disposition de l'ennemi si la guerre se continuait. Par là même je devais demander que la garde nationale conservât ses armes et fut chargée du maintien de l'ordre.

On m'a reproché avec une vivacité extrême cette dernière exigence, et l'on m'objecte aujourd'hui, comme en étant la condamnation, les paroles que j'ai prononcées à la tribune de l'Assemblée nationale quelques jours après le 18 mars. Il est possible que l'indignation et la douleur dont j'étais ce jour-là pénétré aient mis sur mes lèvres des expressions qui allaient au delà de ma pensée. Lorsque le sang des généraux Lecomte et Clément Thomas lâchement assassinés fumait encore, lorsque je flétrissais les hommes qui excusaient cet abominable forfait, je ne trouvais pas d'images assez véhémentes pour peindre les sentiments qui m'agitaient. Je me révoltais à l'idée que ces attentats avaient été commis avec les armes laissées à la garde nationale au moment de l'armistice, je déplorais la fatalité qui avait amené ce résultat néfaste. Mais quelque forme qu'ait revêtue ma protestation, il ne m'appartenait pas de changer les faits inflexibles qui, au 23 janvier, me dictaient une résolution qu'il était impossible de ne pas prendre.

En effet, déterminé à refuser l'entrée de Paris à l'armée prussienne, je ne pouvais songer à désarmer la garde nationale, par l'excellente et simple raison qu'aucune puissance, si ce n'est celle de l'ennemi que j'excluais, n'était capable d'opérer ce désarmement. Ces deux propositions : Paris ne subira pas l'occupation étrangère, la garde nationale conservera ses armes, n'en formaient en réalité qu'une seule ; on ne pouvait stipuler l'une et rejeter l'autre ; et ceux qui m'accusent d'avoir laissé la garde nationale armée, me font par là même un grief d'avoir sauvé Paris de la présence des Prussiens logeant à son foyer et tenant garnison dans ses murs.

Je ne crois pas avoir à me disculper de m'être sur ce point énergiquement opposé aux desseins de la Prusse. Peut-être, je l'avoue, la prise de possession militaire de Paris par les bataillons allemands aurait-elle empêché la sédition et les crimes de la Commune. Mais qui peut mesurer l'étendue des malheurs qu'elle aurait occasionnés ? Qui peut savoir ce qu'aurait amené le contact du vainqueur, et les sauvages représailles de violences inévitables ? Eh bien, ce n'est pas encore parce que nous avons échappé à ce formidable inconnu que je ne puis regretter cette clause de l'armistice, c'est par un sentiment à la fois plus impérieux et plus élevé, que mon cœur va puiser dans mon ardent amour de la patrie. A Dieu ne plaise que je dise jamais que cette patrie est incarnée dans sa capitale ! Mais cependant, à moins de renier son histoire, de profaner ses légendes, d'insulter à ses gloires, il faut bien reconnaître tout ce que cette capitale a de grand ; et ce serait un étrange abaissement de nos mœurs d'être contraint à s'excuser de l'aimer d'une noble et fière affection ! Avoir été jaloux de ses susceptibilités, avoir cru en elle, avoir voulu lui épargner une humiliation et un péril contre lesquels elle avait lutté près de cinq mois, est-ce là une faute irrémissible ? Qu'on m'en accable, je n'ai pas le courage de m'en repentir.

Que de fois, dans les tristes jours qui précédèrent ces dernières angoisses, n'étais-je pas remué jusqu'au fond de l'âme, en voyant la tenue martiale des gardes nationaux qui s'exerçaient sur nos places publiques ! Je m'affligeais à la pensée que, pleins d'illusions encore, ils étaient à la veille d'une crise suprême qui devait leur infliger un insupportable supplice ; et lorsque deux jours après j'avais obtenu que leurs armes leur resteraient, j'éprouvais une consolation secrète à les avoir préservés sans même qu'ils en fussent instruits. J'avais confiance en eux, je croyais qu'ils comprendraient la grandeur du rôle qui leur était réservé : et certainement, si nous avions pu, par une discipline plus ferme, empêcher, après l'armistice, l'émigration des cinquante mille gardes nationaux qui se hâtèrent de quitter Paris sans se préoccuper de leur devoir civique, les horribles désordres qui ont éclaté plus tard eussent été impossibles.

§

J'étais résolu à faire des points que je viens de toucher la base d'un *ultimatum* sans l'adoption duquel je ne pouvais consentir à négocier. Peut-être ce mot d'*ultimatum* semble-t-il peu à sa place quand on songe à l'extrémité où nous étions réduits. Je n'en trouve pas d'autre pour exprimer ma pensée, qui était celle-ci : en cas de refus de ces conditions ou de l'une d'elles, nous ne pouvions que nous rendre à merci et laisser le vainqueur maître de disposer de notre sort.

Pour échapper à cette solution, la plus horrible de toutes, je voulais, en abordant l'ennemi, paraître lui offrir un avantage, et obtenir de lui le prix de la cessation de notre résistance. Pour cela il ne fallait pas lui révéler notre situation véritable : en lui annonçant d'une part que nous avions encore pour six semaines de vivres, d'autre part que, s'il ne nous accordait pas ce que je demandais, nous étions décidés à livrer de nouveau bataille, nous pouvions donner à la capitulation l'apparence d'une concession, et stipuler nos conditions en échange. En tenant ce langage à M. de Bismarck, je ne le trompais qu'à demi. J'étais l'interprète fidèle des sentiments passionnés de la population de Paris, et je pouvais en citer comme exemple la démission du général Trochu, forcé d'abandonner son commandement parce qu'il jugeait une action offensive impossible. La sanglante sédition du 22 janvier confirmait cette appréciation, elle n'avait été dirigée que contre la politique défensive. En poussant Paris au désespoir par le rejet des faibles garanties qu'il réclamait, la Prusse exposait son armée à de nouveaux sacrifices : pour les lui épargner, j'avais le droit de demander une compensation.

Tel fut le plan auquel je m'arrêtai. Le soir même du 23, quand j'eus acquis la conviction que l'émeute était complétement vaincue, j'écrivis à M. de Bismarck un billet par lequel je lui demandais une entrevue, sans lui en expliquer le motif. Un officier devait dès l'aube la porter au pont de Sèvres, en faisant savoir que j'attendais une réponse immédiate.

Le lendemain 24, je reçus du Gouvernement un pouvoir conçu dans les termes les plus généraux. Je ne devais toutefois en faire un usage définitif qu'après en avoir référé à mes collègues.

Un télégramme m'avait appris que mon message avait été remis aux avant-postes prussiens à sept heures du matin, accompagné de recommandations pressantes reproduisant mes instructions.

A quatre heures et demie je n'avais point encore de réponse. La journée était brumeuse et glaciale ; la nuit commençait ; la canonnade des forts et des remparts retentissait plus furieuse que jamais ; les obus pleuvaient sur la ville ; les ouvrages qui couvraient Saint-Denis, et Saint-Denis lui-même, étaient écrasés de feux. Mille angoisses me torturaient. Je ne savais à quoi attribuer cet inexplicable retard, si ce n'est à la volonté du chancelier de ne pas traiter avec nous à ce moment décisif. Enfin, à cinq heures, la porte de mon cabinet s'ouvrit, et mon parlementaire me remit une lettre de M. de Bismarck qui m'attendait le lendemain matin, ou le soir même si je le préférais.

Le jeune officier qui m'apportait cette dépêche, M. le capitaine d'Hérisson d'Irrison, appartenait à l'état-major du général Trochu, dans lequel il s'était fait remarquer par sa rare distinction, son courage et son intelligence. Doué d'une aptitude particulière pour l'étude des langues, il parlait l'anglais avec une grande perfection, l'allemand avec facilité, sans compter le chinois, qu'il avait rapidement appris en suivant le général de Montauban dans sa brillante expédition. Quand la guerre de Prusse éclata, il se trouvait au fond de l'Amérique : il revint en toute hâte se mettre au service de son pays et s'enfermer dans la ville qu'il croyait la plus menacée. Le gouverneur lui confiait volontiers des missions aventureuses : il s'en acquittait avec autant d'intrépidité que de sang-froid. Je l'avais demandé parce que j'étais sûr de rencontrer en lui les qualités dont j'avais besoin : il a été mon compagnon ferme, discret et fidèle pendant ces longues et douloureuses négociations. Je suis heureux de lui témoigner ici ma reconnaissance pour le zèle affectueux qu'il n'a cessé de me montrer.

En l'entendant me proposer de ne partir que le lendemain matin, je ne lui cachai pas la vive contrariété que me causait ce retard. Il l'avait prévue, me dit-il, et avait obtenu du chef de poste au pont de Sèvres une suspension du feu jusqu'à six heures. En quelques minutes je fus prêt; je ne pris avec moi que mon gendre, M. Martinez del Rio, et nous montâmes tous les trois en voiture.

Averti par des informations multipliées que le bruit de mon départ avait transpiré et que des gardes nationaux exaltés voulaient s'y opposer de vive force, M. d'Hérisson ne voulut point suivre la route ordinaire; nous passâmes par le bois de Boulogne. A six heures nous étions au pont de Sèvres, et, après une assez longue attente sous un hangar déchiré par les boulets, nous montions dans une petite barque s'avançant péniblement au milieu des glaçons que charriait encore la rivière, sur laquelle les flammes de l'incendie de Saint-Cloud jetaient leur sinistre lueur.

J'étais sans doute prédisposé à ressentir avec une particulière amertume l'horreur de cette scène ; elle était cependant bien faite pour me remplir de douleur, et j'aurais vu avec joie s'ouvrir notre frêle esquif, dont M. d'Hérisson ne cessait de rejeter l'eau pénétrant par les ouvertures qu'y avaient pratiquées les balles prussiennes. Placé jusqu'à fleur de cette eau sombre qui me paraissait mêlée de sang, ayant devant moi les noires silhouettes des édifices d'où jaillissaient des tourbillons de feu et de fumée, je fus un instant accablé sous le poids du fardeau que j'avais accepté, et je crus qu'il allait m'écraser. Cette grande cité que je quittais et dont la masse enveloppée dans les ténèbres ne se révélait plus à moi que par les éclairs et les détonations de ses remparts, je m'étais à son insu constitué son ambassadeur, j'allais essayer de la protéger contre une catastrophe sans précédent et qu'elle ne soupçonnait pas : j'étais sûr de m'attirer ses colères et ses haines : et comme préliminaire de ma cruelle mission, à deux pas de son enceinte, je rencontrais la dévastation, la ruine, l'incendie, et c'était à la clarté d'un brasier consumant un de ses plus charmants faubourgs que je traversais son fleuve, sur la rive opposée duquel j'allais trouver l'ennemi qui nous tenait à la gorge depuis près de cinq mois, et qui se préparait à nous anéantir !

Ce ne fut qu'une passagère faiblesse, bientôt dissipée par la nécessité de faire bonne contenance au milieu des officiers allemands qui vinrent au-devant de moi. Ils semblaient croire que je me rendais à Londres : je ne les désabusai point. Ils m'aidèrent à franchir deux fortes barricades qui défendaient la ville de Sèvres, l'une à l'entrée de la grande rue, l'autre à la hauteur de l'ancienne manufacture de porcelaines : une voiture m'attendait au delà, je me mis immédiatement en route, escorté par un piquet de cavaliers. Je fus conduit directement à l'hôtel de madame de Jessé, que M. de Bismarck occupait à Versailles, rue de Provence; il était huit heures du soir lorsque nous arrivions.

Ici je demande la permission, comme je l'ai fait pour ma première entrevue avec le chancelier, de mettre sous les yeux du lecteur le récit de notre conversation, récit que je dictai le lendemain matin. Je m'excuse de sa forme familière, l'exactitude du fond la fera pardonner ; et si j'éprouve un regret, c'est d'avoir été empêché, par le travail dont j'étais surchargé, de tenir des notes semblables sur les conférences qui suivirent celle-ci.

« J'ai été tout de suite introduit dans un petit salon,
» au premier étage de l'hôtel. Le comte est venu m'y
» trouver au bout de quelques minutes, et l'entretien a
» de suite commencé.

» J'ai dit que je venais le reprendre où je l'avais laissé
» à Ferrières; que si, en fait, la situation avait changé,
» en droit elle restait la même et nous imposait à l'un
» et à l'autre l'obligation de faire tout ce qui était en
» notre pouvoir pour arrêter la guerre ; que je venais
» l'éclairer sur la véritable situation de Paris, n'ayant de
» mandat que pour Paris et ne pouvant en rien engager
» la France ; qu'après plus de quatre mois de siége, de
» souffrances et de privations, Paris, loin d'être abattu,
» était plus que jamais exalté, et décidé à une résistance
» à outrance.

» Je lui en donnais pour preuve la retraite du général
» Trochu, forcé par l'opinion d'abandonner son comman-
» dement parce qu'il avait pensé qu'il était maintenant
» difficile de livrer des actions offensives ; que cette opi-

» nion était si violente, si unanime, que, pour avoir été
» soupçonné de ne la point partager, le Gouvernement
» avait été exposé à une sédition facilement réprimée,
» mais dont il fallait tenir grand compte comme symp-
» tôme moral ; que dans une telle situation il était à
» craindre qu'une population exaspérée par le bombar-
» dement et par le sentiment patriotique, ne continuât
» longtemps encore une lutte dans laquelle des deux
» parts étaient sacrifiées de précieuses existences ; que
» je venais savoir de lui quelles seraient ses conditions
» dans le cas où Paris mettrait bas les armes, car la con-
» naissance de ces conditions, si elles étaient acceptables,
» pourrait amener une solution moins sanglante.

» —Vous arrivez trop tard, m'a répondu vivement le
» comte ; nous avons traité avec votre Empereur :
» comme vous ne pouvez ni ne voulez vous engager pour
» la France, vous comprendrez sans peine que nous cher-
» chions le moyen le plus efficace de terminer la guerre.
» Il ajouta :

» —Vous avez amené par votre fait un état de choses
» facile à prévoir et qu'il eût été aussi sage que simple
» d'éviter. Votre erreur a été de croire, après la capitu-
» lation de Sedan, qu'il vous était possible de refaire
» des armées ; les vôtres étaient complétement détruites,
» et quel que soit le patriotisme d'une nation, elle ne
» peut improviser des armées. Au commencement de la
» campagne, nous avons trouvé le troupier français avec
» toute sa valeur ; seulement il était commandé par des
» chefs incapables, et c'est pourquoi nous vous avons
» battus. Aujourd'hui ceux que vous nous opposez ne
» manquent ni de courage ni d'abnégation, mais ce sont
» des paysans, et non pas des soldats ; ils ne peuvent

» tenir contre nos troupes dès longtemps aguerries et
» façonnées au métier des armes. S'il suffisait de donner
» un fusil à un citoyen pour en faire un soldat, ce serait
» une grande duperie que de dépenser le plus clair de la
» richesse publique à former et à entretenir des armées
» permanentes. Or c'est encore là qu'est la vraie supé-
» riorité, et c'est pour l'avoir méconnu que vous en êtes
» à la situation actuelle. Vous vous êtes honorés gran-
» dement par une résistance qu'à l'avance je savais par-
» faitement inutile, et qui n'a été qu'un acte d'amour-
» propre national. Maintenant nous sommes bien décidés
» à finir la guerre, et nous voulons pour cela chercher
» le moyen le plus direct et le plus sûr. Ne trouvant point
» en vous un gouvernement régulier, nous le cherchons
» ailleurs, et nous sommes en négociations assez avancées
» avec celui qui, à nos yeux, représente la tradition et
» l'autorité. Nous n'avons à cet égard aucun parti pris,
» et sommes en face de trois combinaisons : l'Empereur,
» le Prince Impérial avec une régence, ou le prince Na-
» poléon qui se présente aussi. Nous avons également la
» pensée de ramener le Corps législatif, qui représente le
» gouvernement parlementaire. Après sa dispersion, une
» commission a été formée à la tête de laquelle se trouve
» M. de X..., qui, je crois, est un honnête homme et un
» personnage considérable. Nous pourrions nous en-
» tendre avec lui ; le Corps législatif traiterait directement
» la question, ou ferait nommer une Assemblée qui la
» traiterait elle-même. Elle choisirait ainsi son gouver-
» nement, et nous aurions un pouvoir avec lequel nous
» pourrions conclure.

» Je lui ai exprimé toute ma surprise qu'il pût songer
» encore à renouer avec la famille impériale ; l'impopu-

» larité qui la repousse est telle que je considère l'hypo-
» thèse de son retour comme une chimère. Ce retour
» amènerait infailliblement des déchirements intérieurs
» et le prompt renversement de la dynastie.

» — Ceci vous regarderait, m'a répondu le comte ; un
» gouvernement qui provoquerait chez vous la guerre
» civile nous serait plus avantageux que préjudiciable.

» Je l'ai arrêté en lui faisant observer que, même en
» écartant tout sentiment d'humanité, une telle doctrine
» était inadmissible ; que la solidarité unissait les nations
» européennes ; qu'elles avaient toutes intérêt à ce que
» l'ordre, le travail et la richesse fussent maintenus parmi
» elles, et qu'on ne saurait accepter un système ayant
» pour conséquence d'entretenir un foyer d'agitation au
» centre de l'Europe. Au surplus, ai-je dit, puisque nous
» parlons de la possibilité de constituer un gouvernement,
» je ne saurais comprendre pourquoi vous n'appliqueriez
» pas les principes qui nous régissent, en laissant à la
» France le soin de prononcer sur elle-même par une
» Assemblée librement élue. C'est là précisément la solu-
» tion que j'ai toujours poursuivie, que je regrette amè-
» rement de n'avoir pu faire prévaloir. Je viens aujour-
» d'hui encore vous demander les moyens de l'appliquer.

» — Je n'y répugnerais pas autrement, a répliqué le
» comte, mais je la crois maintenant tout à fait impos-
» sible. Gambetta a partout fait dominer la terreur. A
» vrai dire, il n'est maître que du Midi ; dans le Nord,
» les populations sont plus près de nous que de lui. Mais
» là où il commande, il n'est obéi que par la violence.
» Chaque commune est sous le joug d'un comité imposé
» par lui. Dans de telles conditions, les élections ne se-
» raient pas sérieuses. D'ailleurs, plusieurs de vos dépar-

» tements sont devenus des solitudes. Un grand nombre
» de villages ont entièrement disparu ; dans cet état de
» ruine et de décomposition, il serait impossible de con-
» sulter des citoyens par les voies ordinaires. Ne pouvant
» faire une Assemblée, nous devons, si nous en voulons
» une, la prendre toute faite.

» Je me suis récrié, en lui disant qu'il traçait un tableau
» de fantaisie ; que malheureusement je reconnaissais
» toute l'étendue des dévastations de la guerre, mais que
» je n'admettais à aucun point de vue le régime de ter-
» reur établi par Gambetta. Il a, au contraire, partout
» maintenu l'exécution des lois. Il a certainement excité
» le sentiment patriotique ; mais en cela il n'a fait que
» son devoir, et ce devoir serait celui de l'Assemblée
» chargée de vider toutes ces questions.

» Pressé par M. de Bismarck sur la combinaison de la
» réunion du Corps législatif, j'ai dit que je ne pouvais
» ni de près ni de loin m'y associer. Je la trouvais moins
» mauvaise que le retour d'un Bonaparte au milieu de
» bataillons allemands, mais je croyais que les membres
» de l'ancien Corps législatif, par toutes sortes de raisons
» évidentes, seraient absolument dépourvus d'autorité, à
» ce point que je doutais qu'ils osassent siéger; que le Gou-
» vernement actuel, disparaissant forcément, laisserait
» à la Prusse toute la responsabilité de pareils expédients ;
» que je ne pouvais donc m'attacher à une idée autre
» que celle de la réunion d'une Assemblée élue dans les
» conditions ordinaires. Ce point posé, je revenais à la
» situation de Paris, et je désirais connaître, si on voulait
» me les dire, les conditions qui lui seraient faites, s'il
» avait le malheur de se rendre.

» — Il m'est difficile de les préciser toutes, m'a dit le

» comte, parce qu'ici la question militaire domine la
» question politique.

» Je lui ai demandé de s'expliquer, s'il le voulait, sur
» le sort de la garnison, de la garde nationale, et sur
» l'entrée de l'armée prussienne à Paris.

» — Ce sont précisément des points sur lesquels nous ne
» sommes point encore fixés, le Roi, M. de Moltke et moi,
» m'a-t-il répondu. La garnison de Paris doit être pri-
» sonnière d'après les lois de la guerre, mais la trans-
» porter en Allemagne serait dans l'état des choses un
» gros embarras. Nous consentirions à ce qu'elle restât
» prisonnière à Paris. Quant à la garde nationale, elle
» doit être désarmée, et ce ne sera qu'après son désar-
» mement complet que nous accorderons à Paris la fa-
» culté de se ravitailler. Quant à l'entrée des troupes
» allemandes dans Paris, je reconnais qu'elle n'est pas
» sans inconvénient, et si j'étais seul à décider, je me
» contenterais de la possession des forts. Pour ces forts,
» nous prendrons des otages : les maires, les rédacteurs
» de journaux, les membres du Gouvernement ; ils nous
» précéderont dans les forts, pour être sûrs qu'ils ne soient
» pas minés.

» J'ai interrompu le comte en lui disant que nous ne
» méritions pas une telle humiliation, et que si nous lui
» donnions notre parole, il pouvait entrer partout sans
» crainte. Au surplus, ai-je ajouté, je suis prêt de ma
» personne à vous précéder partout. Je m'offre, et je suis
» sûr que mes collègues penseront comme moi, pour
» otage de toutes les résolutions qui seront arrêtées en
» commun.

» Le comte a repris : — Je vous concéderais la non-en-
» trée dans Paris ; mais le Roi et le parti militaire y tien-

» nent. C'est la récompense de notre armée. Quand,
» rentré chez moi, je rencontrerai un pauvre diable mar-
» chant sur une seule jambe, il me dira : La jambe que
» j'ai laissée sous les murs de Paris me donnait le droit
» de compléter ma conquête ; c'est ce diplomate, qui a
» tous ses membres, qui m'en a empêché. Nous ne pou-
» vons nous exposer à froisser à ce point le sentiment
» public. Nous entrerons à Paris, mais nous ne dépasse-
» rons pas les Champs-Élysées, et nous y attendrons les
» événements ; nous laisserons armés les soixante batail-
» lons de la garde nationale qui ont été primitivement
» constitués et qui sont animés de sentiments d'ordre.

» J'ai combattu chacune de ces idées, et notamment
» celle qui concerne l'occupation de Paris; j'ai dit au
» comte que c'était une question qui n'admettait aucun
» tempérament. Paris devait être, ou non occupé, ou
» occupé entièrement. La Prusse ne trouverait pas un
» pouvoir civil qui consentît à gouverner avec les canons
» et les corps ennemis aux Champs-Élysées. Si j'insistais
» pour que l'armée n'entrât pas à Paris, c'était par deux
» raisons. D'abord je voulais éviter à Paris la douleur de
» voir l'armée allemande dans ses murs, et je croyais
» que la concession qui l'en éloignerait aurait dans
» l'avenir les conséquences les plus heureuses ; puis
» j'étais épouvanté du contact des soldats allemands et
» de la population parisienne. Celle-ci était dans une
» telle irritation que ce contact pouvait donner lieu aux
» incidents les plus terribles, dont pour ma part je ne
» prendrais jamais la responsabilité. Je ne voyais donc
» aucune alternative entre l'un ou l'autre de ces partis :
» occuper Paris en entier et le gouverner, l'administrer
» comme une ville conquise, ou n'y pas entrer. Dans le

» premier cas, le Gouvernement s'effaçait complétement,
» le vainqueur opérait le désarmement, prenait posses-
» sion de la cité et se chargeait de sa police ainsi que
» des grands services publics. Dans le second cas, les
» forts seuls étaient occupés, un gouvernement nommé
» par Paris se chargeait de le gouverner, on lui donnait
» toutes facilités pour le ravitaillement, et la garde na-
» tionale conservait ses armes. Quant à la ville, elle
» payait une contribution de guerre, un armistice était
» conclu, des élections appelaient une Assemblée qui se
» réunirait à Bordeaux et qui trancherait la question de
» la paix ou de la guerre ainsi que celle du gouverne-
» ment. En dehors de ces conditions, je ne voyais au-
» cune conclusion possible. Paris continuerait à se battre,
» et s'il n'était ni secouru ni assez fort pour repousser
» l'ennemi, il se rendrait à discrétion : la Prusse s'arran-
» gerait comme bon lui semblerait.

» Le comte m'a prié de lui mettre ces idées par écrit.
» Je lui ai répondu que cela me paraissait tout à fait
» inutile.

» —C'est pour moi, a-t-il répliqué, pour me permettre
» d'en causer avec le Roi et me fournir des arguments.

» —Je vous donne ce que vous me demandez, lui ai-je
» répondu. Je le livre à votre honneur personnel, non que
» j'aie aucune répugnance à écrire ce que je dis, — je vou-
» drais que Paris tout entier assistât à notre entretien,
» il serait juge des sentiments que j'y apporte, — mais
» comme nous sommes en conversation, et non encore
» en négociation, je ne puis en ma qualité officielle pa-
» raître livrer des bases qui plus tard peuvent ne pas
» être acceptées.

» Le comte l'a compris : —Ce sera pour moi seul, m'a-

» t-il dit, c'est ma parole de gentilhomme qui le garantit.

» J'ai pris un crayon, j'ai résumé en quelques lignes
» ce que je viens d'exposer, et nous nous sommes quittés
» à onze heures. »

§

Mon voyage devant être environné de secret, je ne pouvais songer à coucher à l'hôtel. M. de Bismarck nous fit conduire dans un appartement qu'il avait fait disposer pour nous. Il fut convenu que nous reprendrions notre conversation le lendemain à une heure après-midi. Le chancelier aurait vu le Roi, et pourrait me dire s'il était possible de négocier sur les bases que j'avais posées.

Rien n'était donc encore noué, mais à l'attitude et au langage du chancelier, j'avais deviné qu'une entente n'était pas impossible. Parfaitement déterminé à ne céder sur aucun des points essentiels que j'avais formulés : armistice, convocation d'une Assemblée, refus de laisser entrer les Prussiens à Paris, internement dans la ville de la garnison prisonnière, conservation de la garde nationale armée, je me sentais fort de l'excès même de notre faiblesse ; car en face d'une résistance trop vive, je répondais par la menace d'une nouvelle bataille, et si cette bataille était perdue, par une proposition de reddition à merci qui, en nous achevant, conduisait la Prusse sur un terrain semé de difficultés. Je cherchai à la contenir en lui offrant une combinaison à laquelle elle eût un intérêt. Cette combinaison était celle de la constitution d'un pouvoir ayant qualité pour traiter régulièrement. C'était le meilleur moyen d'arriver à une solution définitive qu'en réalité le chancelier désirait vivement. Je pouvais donc espérer que, pour le saisir, il nous accorderait les concessions que je réclamais.

Je ne me faisais cependant point illusion sur les graves et nombreuses considérations qui pouvaient l'arrêter. Traiter avec ceux qu'il avait si souvent accablés de ses dédains était un acte compromettant que n'atténuait pas le titre républicain de notre Gouvernement. Isolés du reste de la France, nous ne pouvions garantir l'obéissance des départements, encore moins celle des généraux que nous n'avions pas nommés. Nous n'étions pas même certains de celle de Paris, sur lequel nous n'avions plus qu'une autorité singulièrement contestée. On comprend que dans les conseils du Roi on ait vivement combattu l'idée d'une négociation avec nous. Celle d'un rapprochement avec les Bonaparte avait de nombreux partisans. Néanmoins elle ne prévalut pas, et le lendemain, mardi 24 janvier, M. de Bismarck, en m'abordant, me dit qu'il était autorisé à entrer en pourparlers avec moi.

Je ne voulais pas laisser dans le vague l'éventualité d'une manœuvre bonapartiste ; je priai donc M. de Bismarck, s'il n'y voyait pas d'inconvénient, de préciser ce qu'il m'avait dit la veille à ce sujet et de me faire connaître si nous avions à nous en préoccuper.

« Non assurément, me répondit-il, si nous parvenons
» à nous entendre. Mais dans le cas contraire, je me ré-
» serve une complète liberté d'action. Je vous ai, à Fer-
» rières, exposé sincèrement mon opinion sur votre em-
» pereur. Je n'ai aucune disposition à lui être favorable.
» Mais si je puis m'en servir pour conclure une paix avan-
» tageuse à l'Allemagne, je n'y manquerai pas. Nous es-

» périons qu'à Sedan il aurait consenti à traiter. C'était
» son devoir. Il a préféré réserver son intérêt personnel
» de souverain. La France expie cruellement cet égoïsme.
» Nous en avons aussi beaucoup souffert. S'il veut en ré-
» parer dans la mesure du possible les résultats funestes,
» nous sommes prêts à nous mettre d'accord avec lui.
» Vous m'avez objecté la répulsion de vos compatriotes.
» Ellle est moins prononcée que vous ne le supposez.
» D'ailleurs elle céderait devant nos armes, et les prison-
» niers venus de Metz nous donneraient près de cent
» mille hommes d'excellentes troupes entièrement acquis
» à la cause impériale. »

Je me récriai vivement, en contestant la possibilité d'une pareille combinaison. Du reste, réléguée au rang des ressources purement hypothétiques, elle ne me paraissait plus conserver de valeur discutable, pas plus que celle de la réunion du Corps législatif et du Sénat, trop légitimement frappés par l'opinion publique pour qu'il fût possible de leur rendre la vie. Je croyais donc utile d'examiner sans autre préambule les idées que j'avais soumises la veille au chancelier et d'en faire la base d'une convention.

« Fort bien, repartit M. de Bismarck, mais pouvez-
» vous me donner l'assurance que M. Gambetta vous
» obéira? Pour ma part, j'en doute. Et si ce que nous
» allons conclure ici est désavoué par lui, la guerre civile
» peut compliquer une situation déjà fort difficile et com-
» plétement annuler les concessions faites à la ville de
» Paris.

» — Je ne saurais l'entendre ainsi, répliquai-je, et j'ai
» la ferme confiance que vous voudrez bien partager ma
» manière de voir. Je stipule pour Paris, comme fondé

» de pouvoirs du Gouvernement nommé par ses habitants.
» J'ai dès lors qualité pour l'engager, et vous engager
» vous-même. Mais mon droit d'ajouter à cette stipula-
» tion une disposition qui permette à la France de ma-
» nifester sa volonté n'est pas moins évident ; je le puise
» dans un mandat tacite contre lequel depuis cinq mois
» aucune protestation ne s'est élevée et qui, au contraire,
» a été ratifié par une exécution volontaire indiscutable.
» Vous me demandez si nous serons obéis : je vous ré-
» ponds loyalement que j'en ai la certitude morale, mais
» que la rupture de nos communications avec Bordeaux
» ne me permet pas d'en donner une assurance plus po-
» sitive. J'ai toujours tenu M. Gambetta pour un grand
» cœur. Son ardent patriotisme peut l'entraîner à des
» mesures excessives, il ne le jettera jamais dans la guerre
» civile, surtout en face de l'ennemi. Si un traité est con-
» clu, le Gouvernement de la défense nationale est fer-
» mement décidé à l'exécuter; il a la conviction que la
» délégation n'y fera pas obstacle. »

§

Après ces explications préalables, nous abordâmes les différents points en discussion. Le chancelier ne fit plus d'objection sur le principe de l'armistice et de la convocation de l'Assemblée. Nous n'étions en désaccord que sur la durée de la suspension des hostilités. Celle de trente jours me paraissait absolument nécessaire pour les opérations électorales et la réunion des députés ; je craignais même son insuffisance à raison des obstacles de toute nature qui empêchaient les communications.

Le chancelier m'opposait l'opinion du conseil royal, très-contraire à toute idée d'armistice, le danger de laisser à nos armées le temps de se refaire pour recommencer la campagne; il ne voulait me donner que deux semaines, m'affirmant qu'il prorogerait volontiers ce délai, si la France acceptait notre convention. Nous finîmes par tomber d'accord d'une durée de trois semaines avec faculté de renouvellement.

Le débat fut à la fois beaucoup plus vif et beaucoup plus prolongé sur les questions qui touchaient à l'entrée dans Paris, au désarmement de la garde nationale, au sort de nos prisonniers; et il ne nous fallut pas moins de trois journées de controverses, d'allées et venues de chez M. de Bismarck chez le Roi, et de chez le Roi chez M. de Bismarck, pour aboutir à une solution. Je serais infidèle à la vérité si je ne reconnaissais que, dans ces douloureuses discussions, j'ai constamment trouvé le chancelier attentif à adoucir par la forme ce que ses exigences avaient de cruel. Il s'appliquait, autant qu'il lui était possible, à tempérer la rigueur militaire de l'état-major, avec lequel nous devions compter pour les moindres détails; sur plusieurs points il a bien voulu se faire le défenseur de nos réclamations, et je crois lui devoir le succès de quelques-unes, d'autant plus précieuses pour moi que le malheur de ceux que je m'efforçais de protéger était plus grand.

Il m'avait tout d'abord accordé que la garnison prisonnière de guerre ne serait pas conduite en Allemagne. Cette concession, à vrai dire, n'en était pas une. L'encombrement des camps où nos malheureux soldats étaient entassés ne permettait guère de recevoir un effectif plus nombreux. Mais M. de Bismarck n'entendait pas nous laisser la garde de ces nouveaux captifs. Il les parquait en deux camps retranchés, l'un dans la plaine de Gennevilliers, l'autre à Saint-Maur ; les officiers, séparés de leurs troupes et désarmés, devaient être internés à Saint-Denis.

Je le priai avec instance de renoncer d'une manière absolue à un tel arrangement, que je ne pouvais accepter. Je commençai par obtenir, non sans débat et délibération dans les conseils du Roi, que nos officiers conserveraient leurs armes. Quant aux soldats, au lieu de les déposer en dehors de l'enceinte, ils les remettraient dans les magasins où le ministre de la guerre en ferait opérer la livraison. Je demandai ensuite qu'ils restassent à Paris jusqu'à la solution définitive, libres si la paix se concluait, tenus de se constituer prisonniers si les hostilités continuaient. En insistant sur ce point, je n'avais pas seulement en vue de leur épargner les souffrances auxquelles la mauvaise saison les aurait condamnés ; je voulais surtout les soustraire, eux et la population de Paris, à l'humiliation de la captivité sous les yeux de leurs compatriotes, de leurs familles, témoins impuissants de leurs douleurs et de la domination insolente de leurs vainqueurs. Aux révoltes intérieures que la seule pensée d'un tel spectacle soulevait en moi, je sentais combien il était nécessaire de ne pas y exposer ceux dont nous avions déjà tant de peine à contenir les généreuses colères.

Je dois reconnaître cependant que les pressantes objections de M. de Bismarck n'étaient pas seulement tirées de l'intérêt de son gouvernement. Il invoquait celui de notre propre sécurité, et me faisait pressentir le grave danger que présentait l'internement de cent mille soldats désœuvrés errants au milieu d'une population démoralisée elle-même par les mauvaises habitudes contractées pendant le siége. Comment les surveiller, les retenir, les préserver? La tâche était ardue, et l'on pouvait craindre qu'elle ne fût au-dessus du pouvoir des chefs militaires. Il engageait vivement le Gouvernement français à y réfléchir et à ne pas prendre à la légère une résolution si pleine de périls.

Ces raisons étaient certainement conformes à la prévoyance et à la sagesse. Mais il est des extrémités terribles où il est impossible de faire ce que conseille la prudence ordinaire. Livrer nos soldats à leurs geôliers prussiens sous les yeux mêmes de Paris frémissant de rage, était un parti qui m'indignait et dont je n'aurais voulu dans aucun cas accepter la responsabilité. Mes collègues, auxquels j'en référai, partagèrent mon avis. Ils n'en contestaient pas les réels inconvénients, mais ils croyaient comme moi ceux de l'opinion contraire mille fois plus redoutables. Dans le but de les atténuer, le général Trochu et le général Vinoy me chargèrent expressément de réclamer la conservation de trois divisions de troupes régulières dont la mission serait de maintenir l'ordre, de concert avec la garde nationale. M. de Bismarck, me disaient-ils, comprendrait facilement que sans cette force la paix publique pouvait être compromise, et cette paix était aussi utile à ses desseins qu'aux nôtres. Ce point spécial fut entre le chancelier et moi le sujet d'un débat très-vif. J'espérai un instant avoir réussi. M. le comte de Moltke, avec lequel il fallut en conférer, résista longtemps, et ne voulut m'accorder qu'une division, à laquelle nous avions le droit de joindre la gendarmerie et les forces de police, ce qui formait en tout un effectif de seize à dix-huit mille hommes. Les autres soldats de toutes armes et les gardes mobiles étaient laissés à Paris, où nous devions les retenir.

La question de l'entrée des Allemands dans Paris fut une de celles qui suscita le plus de difficultés. Le projet que j'avais rédigé après mon premier entretien avec M. de Bismarck portait ces simples mots : « L'armée
» allemande n'entrera pas à Paris. »

Comme on l'a vu plus haut, le chancelier m'avait tout d'abord affirmé que cet article ne serait jamais adopté par le Roi ni par son conseil militaire. Le lendemain 24, il me confirma cette déclaration : « Comment, ajouta-
» t-il, voulez-vous que nous fassions accepter par nos
» troupes une clause qui les priverait d'un des fruits les
» plus précieux de leur victoire? Elles assiégent votre
» ville depuis bientôt cinq mois, nous les avons soute-
» nues en la leur montrant comme la récompense de
» leurs fatigues, de leurs combats, de leurs misères; et
» quand elles touchent au terme de leurs longs efforts,
» nous les frustrerions de ce qui a été l'objet de leurs es-
» pérances et de leurs rêves? De son côté, que dirait
» l'Allemagne si nous renoncions à prendre possession
» de notre conquête? Respectueuse envers son au-
» guste souverain, elle accablerait ses ministres, elle
» nous accuserait de faiblesse et de sentimentalisme. Elle
» nous a déjà reproché notre mollesse, elle nous fait un
» crime de vous avoir ménagés. Elle n'aurait pas assez
» d'anathèmes à nous lancer si nous enlevions à son
» armée l'honneur de franchir votre enceinte. Supposez
» vos soldats arrivés aux portes de Berlin : aucune puis-
» sance ne les aurait empêchés d'y faire une entrée triom-

» phale. Croyez que nous n'avons pas perdu le souvenir
» du passé. »

Je priai le chancelier de me permettre de ne pas discuter avec lui ; j'étais loin de reconnaître l'exactitude de toutes ses assertions, il me semblait plus conforme à ma situation de ne point entreprendre leur réfutation. Je me bornai à lui dire que je ne pouvais céder sur ce point; que, s'il était rejeté, nous tenterions encore le sort des armes; que, si nous étions vaincus, l'armée allemande entrerait dans Paris sans condition, qu'elle y tiendrait garnison et se chargerait d'y maintenir l'ordre. Je regardais comme inacceptable l'espèce de composition qu'il m'offrait en limitant l'accès de ses troupes aux Champs-Élysées : il lui faudrait occuper toute la cité et courir tous les risques de cette opération. Je le conjurai d'y réfléchir, de songer à la colère bien légitime d'une population décimée par les souffrances et la maladie, exposée depuis près d'un mois à un bombardement meurtrier. Il était aisé de pressentir à quels excès de désespoir elle pouvait se livrer. Mon devoir m'ordonnait donc de soustraire mes malheureux concitoyens à cette dernière épreuve, et ma conviction à cet égard était telle, que, malgré mon vif désir de traiter, j'aimais mieux rompre que d'abandonner ma demande.

M. de Bismarck me promit de rapporter au Roi tout ce que je venais de lui dire. Le lendemain mercredi, il m'apporta une bonne réponse ; seulement l'article qui la consacrait avait été amendé : il ne stipulait que pour la durée de l'armistice. « Je ne puis vous assurer, me
» dit le chancelier, que, si nous concluons la paix, cette
» clause sera reproduite. Cela dépendra de l'état des
» esprits et de vos procédés. J'espère que vous nous aiderez

» à la rendre définitive. Il nous est impossible de vous
» accorder davantage ; cette concession nous coûte in-
» finiment : je vous engage très-fort à l'accepter. »

Si le chancelier avait pu lire dans mon âme, il y aurait vu les cruelles inquiétudes qui la torturaient. Chaque jour écoulé nous rapprochait de l'abime; en réalité je me sentais à la discrétion du vainqueur. Je ne l'avais amené à discuter sur toutes ces choses qu'en lui cachant notre situation véritable, mais je ne pouvais sérieusement lui résister. J'avais obtenu plus que je n'avais osé attendre, et je comptais que le traité définitif sauverait complétement Paris du contact de l'ennemi.

Mon attitude et mes arguments furent les mêmes dans la discussion relative au désarmement de la garde nationale. La combinaison imaginée par le chancelier était tout à fait inadmissible. Elle consistait à conserver les anciens bataillons formés par l'Empire et à désarmer les autres. La dislocation des cadres pour la formation des régiments de guerre rendait cette opération impossible; elle l'était plus encore au point de vue moral et politique. Tout en négociant l'armistice, je ne savais si la population de Paris s'y soumettrait. Les raisons d'en douter étaient nombreuses, et le Gouvernement en avait si bien la conviction qu'il entourait mes démarches du plus profond secret, craignant que leur révélation ne provoquât un mouvement séditieux. Ce mouvement aurait infailliblement éclaté avec un caractère terrible, si la convention eût stipulé un désarmement; nous n'avions d'ailleurs aucune force pour y procéder. C'était donc un point sur lequel une transaction m'était interdite. Néanmoins M. de Bismarck y insista vivement; il ne se rendit qu'après un long débat.

Le mardi soir 24 je revins à Paris, où mes collègues m'attendaient avec une grande anxiété. Ils trouvèrent que, dans la situation désespérée où nous étions, j'avais obtenu des conditions relativement favorables. M. de Bismarck avait exigé le payement d'une contribution de guerre, il ne s'était point encore expliqué sur le chiffre, et je n'avais pas osé lui demander de le préciser, avant d'avoir fait approuver le principe, que du reste nous n'avions aucun moyen de contester. Lorsque le lendemain je posai cette question douloureuse, le chancelier parut hésiter, sa physionomie prit une expression indéfinissable : « La ville de Paris, me dit-il, est une personne
» trop puissante et trop riche pour que sa rançon ne soit
» pas digne d'elle. Il me semble qu'il serait peu conve-
» nable de l'abaisser au-dessous d'un milliard. — Cette
» ouverture, lui répondis-je, n'est certainement qu'un
» éloge ironique, et je ne saurais la considérer comme
» sérieuse. — Elle est parfaitement sérieuse, reprit le
» chancelier, et tout à fait en rapport avec celles que les
» autres villes nous ont payées. — Je ne voudrais pas, ré-
» pliquai-je, rompre une négociation pour une question
» d'argent. Cependant il est des exigences qui rendent
» tout impossible; celle-ci est du nombre, et si vous
» croyez devoir y persévérer, nous serons forcés de ne
» pas aller plus avant. »

Le chancelier me demanda mon chiffre, je me réservai d'en causer avec mes collègues. Ils me fixèrent un maximum de cinq cents millions. J'en proposai cent, et transigeai à deux cents. Le chancelier voulait que nous en ajoutassions trois cents, imputables sur l'indemnité de guerre. « Cela fera, me disait-il, un compte plus rond. » Je n'eus pas de peine à lui faire comprendre que nous ne pouvions stipuler qu'au nom de Paris, et qu'il nous était interdit de préjuger la question de la paix ou de la guerre, exclusivement réservée à la décision de la nation.

Chaque matin à la première heure, je partais pour Versailles, où je passais la journée ; le soir je revenais rendre compte au Gouvernement de ce que j'avais fait. Les moindres détails amenaient des discussions sans fin que compliquait l'intervention obligée du conseil royal et de M. de Moltke. Le débat sur la remise des drapeaux dura près de cinq heures. Sur mon instante prière, M. de Bismarck avait bien voulu nous les laisser : il lui fallut deux visites chez le Roi pour obtenir un consentement définitif. Pendant ce temps nos vivres s'épuisaient. Entretenu avec un art infernal, l'horrible incendie de Saint-Cloud continuait. Commençant à soupçonner la vérité, la population de Paris s'agitait en proie à une émotion indicible; plusieurs chefs de bataillon de la garde nationale assiégeaient l'état-major, en déclarant qu'ils ne se soumettraient point à une capitulation; les marins des forts menaçaient de se faire sauter : il fallait en finir, et à chaque incident les difficultés semblaient se renouveler.

L'assistance d'un général me devenait indispensable pour le règlement des choses militaires, à l'égard desquelles je n'avais ni qualité ni compétence. Je l'avais réclamée dès le second jour. Le mardi soir 24, le Gouvernement désigna M. le marquis de Beaufort d'Hautpoul, qui m'accompagna le lendemain. Retenu par les nécessités de son service, il fut remplacé par M. le général de Valdan, chef d'état-major du général Vinoy. On ne pouvait choisir un officier mieux approprié à cette pénible et délicate mission. Modeste autant que distingué, doux et ferme, net et conciliant, il conquit tout de suite l'estime des Prussiens et contribua par son excellent esprit à aplanir bien des obstacles. Nous lui dûmes la conservation du fort de Vincennes et plusieurs autres adoucissements qu'il serait trop long d'énumérer ici.

Il nous fut toutefois impossible de sortir de l'embarras cruel où nous jetait notre ignorance absolue du sort et de la situation de l'armée de l'Est. En abordant M. de Bismarck, je savais que la panique inexplicable qui avait suivi la bataille du Mans avait forcé le général Chanzy de se replier derrière la Mayenne; que de son côté le général Faidherbe avait rétrogradé jusqu'à Lille après sa glorieuse affaire de Saint-Quentin, mais nous étions sans nouvelles du général Bourbaki. Je ne connaissais que sa marche vers Montbéliard, brillamment inaugurée par des combats dans lesquels l'avantage nous était resté. A son approche, le général de Werder avait fait précipitamment évacuer Dijon, Gray et Vesoul; et pour couvrir le corps opérant devant Belfort, il s'était fortement retranché du pied du mont Vaudois à Héricourt en profitant des obstacles naturels que présentent ces formidables positions. Les 15, 16 et 17 janvier, le général Bourbaki l'y avait attaqué. Malgré leur inexpérience militaire, l'imperfection de leur armement, les fatigues de marches forcées par un froid excessif, ses troupes s'étaient admirablement battues; elles avaient enlevé plusieurs points importants, sans pouvoir cependant percer les lignes ennemies; leur brave général avait dû les ramener à leurs cantonnements, et de là se diriger vers Besançon. Pendant ce temps, accourant en toute hâte au secours de M. de Werder, le général de Manteuffel occupait Dôle le 21 janvier, et gagnait rapidement les défilés du Jura pour couper notre armée de la frontière suisse. Une division prussienne marchait sur Dijon et se heurtait à la petite troupe de Garibaldi, qui luttait trois jours héroïquement (21, 22 et 23 janvier), et parvenait à lui barrer le passage. Ce fut dans ces conditions que le général Bourbaki, continuant son mouvement, ne put résister à un accès de désespoir. Le 26 janvier, il se tirait un coup de pistolet qui le mettait aux portes du tombeau [1], et dès lors le plaçait dans l'impossibilité de conserver son commandement. C'était précisément au cours des négociations de l'armistice que s'accomplissait ce douloureux dénoûment. Privé de toute espèce de renseignement, je ne pus en obtenir de M. de Bismarck, qui m'affirma n'en avoir reçu aucun depuis quatre jours. Les fils électriques étant rompus dans toute la contrée, les communications étaient lentes et incertaines. Il me dit seulement que notre armée avait été battue à Héricourt; qu'il ignorait complétement sa situation, ainsi que celle de l'armée prussienne; qu'il lui était donc impossible de régler une délimitation; que nous devions attendre des indications qui ne pouvaient manquer d'arriver d'un moment à l'autre. Néanmoins, il insista fortement pour la reddition de Belfort, qui suivant lui ne résisterait pas plus d'une semaine, les assiégeants s'étant emparés d'un fort qui domine la ville.

Il ne m'était pas possible de consentir à une semblable concession. De son côté, M. de Bismarck se refusait absolument à comprendre Belfort dans l'armistice, et je n'avais aucun moyen de l'y contraindre. Dans de telles conjonctures, paralyser l'armée de l'Est qui pouvait être

---

[1] Nous le crûmes mort, comme nous le mandaient nos dépêches. (Voir aux Pièces justificatives la note de l'*Officiel* du 4 février.)

victorieuse et secourir la place assiégée, était une résolution bien téméraire. Mon anxiété était affreuse. Il fut convenu que la solution serait réservée jusqu'à l'arrivée des nouvelles, qui, malheureusement, ne devaient nous parvenir que par l'intermédiaire de l'ennemi.

M. de Bismarck me proposait même d'ajourner jusqu'à ce moment la signature de l'armistice. On devine sans peine pourquoi j'en pressais au contraire la conclusion. Indépendamment de mon vif désir de faire cesser l'effusion du sang, j'étais poursuivi par la crainte terrible de manquer du temps nécessaire pour le ravitaillement. Ayant, dès le début de la négociation, annoncé que nous avions encore des vivres pour six semaines, je m'étais condamné à dissimuler mon impatience. Aussi je ne fis aucune objection à la clause par laquelle le ravitaillement ne devait commencer qu'après la remise complète des armes. Si cette clause eût été exécutée à la lettre, Paris serait mort de faim. Mais je supposais bien que M. de Bismarck, instruit de la vérité après la signature du traité, ne pourrait nous laisser périr.

Le jeudi soir 26, après une longue conférence chez M. de Moltke, nous étions à peu près d'accord sur les points principaux : nous n'avions plus qu'à régler des détails militaires, des mesures de police, et à rédiger la convention définitive. Nous avions longuement causé de toutes ces choses, M. de Bismarck et moi, lorsque, m'accompagnant à ma voiture, il me dit vivement : « Je » ne crois pas qu'au point où nous en sommes, une rup- » ture soit possible; si vous y consentez, nous ferons » cesser le feu ce soir. — Je vous l'aurais demandé dès » hier, lui répondis-je profondément ému ; ayant le mal- » heur de représenter Paris vaincu, je ne voulais pas sol-

» liciter une faveur. J'accepte de grand cœur ce que
» vous m'offrez, c'est la première consolation que
» j'éprouve dans notre infortune; il m'était insuppor-
» table de penser que le sang coulait inutilement pendant
» que nous arrêtions ensemble les conditions d'une sus-
» pension d'hostilités. — Eh bien ! reprit le chancelier,
» il est entendu que nous donnerons réciproquement
» des ordres pour que le feu cesse à minuit. Veillez à ce
» que les vôtres soient strictement exécutés. « Je le lui
promis, en lui demandant toutefois de nous permettre
de tirer le dernier coup de canon.

Il était neuf heures lorsque je traversai la Seine au
pont de Sèvres. L'incendie de Saint-Cloud durait toujours.
N'ayant point été sans doute avertis de notre passage,
nos artilleurs du Point-du-Jour s'en donnaient à cœur
joie ; deux de leurs obus tombèrent sur la rive que nous
venions de quitter. Il eût été assez étrange que l'un d'eux
s'avisât de brusquement interrompre ma mission. Arrivé
à Paris, je courus chez le général Vinoy; j'y rédigeai
l'ordre convenu, en l'accompagnant des instructions les
plus précises. Au moment où je l'écrivais, le chef d'escadron de service recevait un télégramme du commandant
du fort de la Courneuve. Celui-ci demandait du renfort
et faisait part des vives craintes que lui inspirait pour le
lendemain le bombardement furieux de l'ennemi. « Voici,
» qui mettra cette brave garnison à l'abri, dis-je à l'offi-
» cier qui me communiquait cette mauvaise nouvelle;
» nos soldats ont fait leur devoir jusqu'au bout, nous
» leur devons autant de reconnaissance que s'ils étaient
» victorieux. »

A minuit moins le quart, j'étais sur le balcon de pierre
de l'hôtel des affaires étrangères qui domine la Seine.

L'artillerie de nos forts et celle de l'armée allemande faisaient entendre leurs formidables détonations. Minuit sonna. Une dernière explosion éclata, répétée dans le lointain par un écho qui s'affaiblit et s'éteignit, puis tout entra dans le silence. C'était le premier repos depuis de longues semaines. C'était le premier symptôme de paix depuis le commencement de la guerre insensée dans laquelle nous avaient jetés l'infatuation d'un despote et la criminelle servilité de ses courtisans. Je restai longtemps encore abîmé dans mes réflexions. Je croyais que les massacres humains avaient cessé, et, malgré la douleur qui m'accablait, cette pensée m'était un allégement. Je ne prévoyais pas que derrière ce rideau sanglant qui s'abaissait sur nos désastres, se cachaient encore des calamités et des humiliations plus lamentables.

§

Il n'était plus possible de laisser ignorer à la population de Paris la grave résolution que nous avions été forcés de prendre. Le vendredi matin 27 janvier, le *Journal officiel* l'en avertissait par les lignes suivantes :

« Tant que le gouvernement a pu compter sur l'arrivée
» d'une armée de secours, il était de son devoir de ne
» rien négliger pour prolonger la défense de Paris.

» En ce moment, quoique nos armées soient encore
» debout, les chances de la guerre les ont refoulées, l'une
» sous les murs de Lille, l'autre au delà de Laval ; la
» troisième opère sur les frontières de l'Est. Nous avons
» dès lors perdu tout espoir qu'elles puissent se rappro-
» cher de nous, et l'état de nos subsistances ne nous per-
» met plus d'attendre.

» Dans cette situation, le gouvernement avait le de-
» voir absolu de négocier. Les négociations ont lieu en
» ce moment. Tout le monde comprendra que nous ne
» pouvons en indiquer les détails sans de graves incon-
» vénients. Nous espérons pouvoir les publier demain.
» Nous pouvons cependant dire dès aujourd'hui : que le
» principe de la souveraineté nationale sera sauvegardé
» par la réunion immédiate d'une Assemblée ; que l'ar-
» mistice a pour but la convocation de cette Assemblée ;
» que, pendant l'armistice, l'armée allemande occupera
» les forts, mais n'entrera pas dans l'enceinte de Paris ;
» que nous conserverons notre garde nationale intacte
» et une division de l'armée, et qu'aucun de nos soldats
» ne sera emmené hors du territoire. »

L'effet de cette communication fut terrible : plusieurs chefs de la garde nationale annonçaient hautement qu'ils continueraient la résistance. Quelques officiers de marine s'associaient à leurs protestations, et cependant, malgré son désespoir et sa stupeur, Paris demeura calme, et les agitateurs qui, à cette heure suprême, cherchaient encore à exploiter sa colère ne purent réussir à provoquer une sédition.

Retourné dès le matin à Versailles, j'y passai la journée sans parvenir, quelle que fût mon insistance, à en rapporter le soir le traité officiel. Le temps se passa en conférences entre les généraux, l'état-major prussien retardant tout par sa rigueur et sa minutie. M. de Moltke se montrait d'ailleurs très-médiocrement satisfait : « Il
» faut, me disait-il, que je sois bien sûr de la discipline
» de mon armée pour oser lui présenter notre conven-
» tion. Elle n'en soupçonne pas les clauses. J'ai la con-
» viction qu'elle en sera froissée. » M. de Bismarck con-

firmait cette appréciation et me citait un mot qu'il entendait répéter autour de lui : « Les militaires remportent » des victoires, les diplomates se chargent de les gâter. » Néanmoins, la grande majorité de l'armée allemande désirait la paix. Il était facile de le deviner à la physionomie des officiers et des soldats qui épiaient notre passage. Celle de nos malheureux compatriotes était bien plus expressive encore, et je n'oublierai jamais les témoignages touchants de sympathie recueillis à la dérobée de la part de tous ceux qui pouvaient me les faire comprendre. Je n'avais pas besoin de cet encouragement; j'avais la conscience de remplir mon devoir, et j'acceptais sans murmurer les conséquences des résolutions qu'il me dictait. Lorsque le 23 au soir je partais pour Versailles, je disais à mes deux compagnons : « Peut-être » me fais-je illusion sur l'importance du rôle qu'un ha- » sard fatal me condamne à jouer. Je crois que je vais » sauver Paris de la mort par la faim. Eh bien, j'ai la » certitude que, si j'accomplis ma tâche jusqu'au bout, » Paris me rejetera de son sein comme un traître et m'en- » verra mourir en exil. » Je demande pardon à mes concitoyens de ce pressentiment, il ne s'est pas vérifié. J'ai assumé une responsabilité effrayante. Les dévouements d'amis fidèles m'ont aidé à en soutenir le poids. Quels que soient l'emportement des passions et l'aveuglement des haines, la justice et la raison ont toujours le dernier mot. Elles ont déjà prononcé le premier, et j'ai assez de confiance dans le bon sens et l'équité publics pour être sûr qu'ils dominent au sein de cette grande cité, aux sentiments généreux de laquelle j'ai eu le chagrin de faire de si cruelles blessures.

Au 28 janvier, elle m'aurait lapidé. Elle ne voulait pas

admettre que les vivres lui manquassent. Le fait n'était cependant que trop réel, et les renseignements qui m'étaient fournis me donnaient les plus vives inquiétudes sur la possibilité d'un ravitaillement. Sur toutes les lignes de chemin de fer les ponts étaient rompus, plusieurs viaducs abattus. Ainsi qu'il l'avait annoncé dans une circulaire qui causa en Europe une émotion profonde, M. de Bismarck calculait qu'il ne fallait pas moins de quinze à vingt jours pour que les premiers wagons de farine entrassent à Paris. Et nous en avions devant nous tout au plus quatre ou cinq ! Et je me consumais vainement à abréger les lenteurs interminables des dernières délibérations et des protocoles. La journée du samedi 28 tout entière y fut consacrée. Ce fut seulement le soir à dix heures, qu'en vertu des pouvoirs dont m'avaient investi les membres du Gouvernement de la défense nationale, j'eus la douleur d'apposer ma signature au bas de la convention d'armistice.

Ce n'était pas tout. Je devais fixer le jour de la convocation des électeurs et celui de la réunion de l'Assemblée. Que d'obstacles à surmonter ! Que d'impossibilités à vaincre ! Le génie de la France devait les dominer. Convaincu que, s'inspirant de son malheur et de la nécessité, le pays se sauverait lui-même, j'indiquai le 8 février pour les opérations électorales, le 12 pour la première séance de l'Assemblée.

Il fallait instruire la délégation de Bordeaux. Je demandai à M. de Bismarck deux sauf-conduits, l'un pour faire partir le lendemain à l'aube un officier chargé de faire connaître les conditions de l'armistice, l'autre pour un membre du Gouvernement qu'il me paraissait indispensable d'envoyer à nos collègues. Je ne pouvais communiquer avec eux par télégramme que sous les yeux et par l'intermédiaire du chancelier, qui contre-signait ma dépêche. J'écrivis les lignes suivantes :

Jules Favre, ministre des affaires étrangères, à la délégation de Bordeaux.

« Versailles, 15 janvier, 11 h. 15 m. du soir.

» Nous signons aujourd'hui un traité avec le comte
» de Bismarck. Un armistice de vingt et un jours est con-
» venu; une Assemblée est convoquée à Bordeaux pour
» le 12 février. Faites exécuter l'armistice et convoquez
» les électeurs pour le 8 février. Un membre du gouver-
» nement va partir pour Bordeaux. »

Malheureusement M. Jules Simon ne put quitter Paris que le surlendemain matin. La rupture des routes, le défaut absolu de tout moyen de transport entraînèrent forcément ce retard.

Du reste, l'armistice ne s'appliquait aux armées de province que trois jours après la signature de la convention. Et dès le 30 janvier, l'armée de l'Est avait été contrainte de franchir la frontière suisse. Le traité du 28 janvier a donc été sans influence sur son sort.

§

Je rentrai à Paris vers une heure du matin. Mes collègues m'attendaient avec une impatience facile à comprendre. Nous avions fait appeler les directeurs des chemins de fer pour organiser, sans perdre une minute, le rétablissement des voies et du matériel. Je vois encore l'un d'eux, l'un des plus éclairés et des plus fermes, m'aborder avec un visage désespéré et me dire, les larmes aux yeux : « Quels que soient nos efforts, nous n'arriverons pas ! Le délai est trop court; Paris sera plusieurs jours sans pain ! »

Cette terrible perspective paraissait inévitable, et cependant la catastrophe a été conjurée. Paris le doit au zèle, au courage, à l'intelligence des chefs des grandes compagnies. Leur conduite dans ces cruelles circonstances a été au-dessus de tout éloge. Le problème à résoudre semblait insoluble. Non-seulement il fallait en quelques jours exécuter des travaux qui, au dire des hommes les plus compétents, exigeaient au moins deux semaines, il fallait surtout triompher des difficultés inextricables que faisaient naître pour le moindre détail la complication des consignes, la multiplicité des ordres et l'esprit systématique de défiance de l'armée allemande. A peine l'armistice avait-il été signé, j'avais télégraphié à Londres, à Anvers, à Dieppe, pour faire acheter et expédier des vivres le plus promptement possible. Il était dit dans le traité qu'immédiatement après les signatures, « toute latitude serait laissée aux commis-
» saires que le gouvernement français enverrait tant en
» France qu'à l'étranger, pour préparer le ravitaillement
» et faire approcher de la ville les marchandises qui lui
» seraient destinées. » Mais ces marchandises ne pouvaient entrer dans Paris qu'après la remise des forts, le désarmement de l'enceinte et de la garnison. Il était urgent de faire modifier sans retard une pareille clause. Le dimanche matin 29, je fis connaître à M. de Bismarck la vérité tout entière. Il en parut vivement im-

pressionné. Il me promit de lever toutes les consignes et de permettre qu'on imprimât la plus grande rapidité aux opérations que nous allions entreprendre. Il mit même à notre disposition tous les vivres qu'il pouvait nous avancer. Ils représentaient un jour et demi environ de l'alimentation de Paris. Cette ressource n'en était pas moins précieuse. Elle nous a aidés : nous en étions à calculer les heures. A chaque instant un embarras nouveau se révélait. La voie fluviale, sur laquelle nous comptions, nous manquait, la Seine ayant été barrée au-dessus et au-dessous de Rouen par des vaisseaux coulés et par l'établissement des torpilles.

Nous passâmes la journée, assistés des directeurs des chemins de fer qui avaient bien voulu m'accompagner, à faire une convention relative à la réfection et à l'exploitation des lignes, qui partout se soudaient à des tronçons occupés par les Allemands. Dès le lendemain, les ingénieurs en chef conduisaient eux-mêmes leurs ouvriers sur le terrain. Les escouades se relevaient pour travailler nuit et jour. M. Magnin, ministre du commerce, se rendit, le 2 février, à Dieppe pour presser les arrivages. Enfin, dans l'après-midi du 4 février, le premier convoi qui eût franchi le mur d'enceinte depuis le 17 septembre, entrait dans la gare du Nord chargé de denrées de toute nature que la population de Londres envoyait à la population de Paris. Ce magnifique cadeau était accompagné par deux membres délégués du comité formé à Londres, sous la présidence du lord-maire, M. le colonel Stuart Wortley et M. Georges Moore. Ces honorables gentlemen étaient porteurs d'une lettre pleine de cordialité, par laquelle le premier magistrat de la Cité m'annonçait qu'à la première nouvelle de l'armistice, un meeting de banquiers, de commerçants et d'ouvriers s'était réuni à la mairie, qu'un appel avait été fait à la sympathie que de toutes parts faisaient naître le courage et les malheurs de la France. Une première somme de deux cent cinquante mille francs avait été mise à la disposition du comité; on espérait que la souscription dépasserait deux millions de francs. Le cabinet anglais n'avait pas voulu rester en arrière, et lord Granville m'avait envoyé un fonctionnaire de son département avec la mission spéciale de s'entendre avec le gouvernement français pour la distribution de ces secours. Je m'étais empressé de l'en remercier par la dépêche suivante :

« Monsieur le comte,

» J'ai reçu par M. Marshall, venant lui-même de la
» part de M. Odo Russell, l'avis verbal de l'arrivée à
» Dieppe et à Calais de vivres considérables envoyés à la
» population de Paris par la population de Londres et
» par le gouvernement anglais. Il est inutile de dire à
» Votre Excellence combien j'ai été profondément tou-
» ché de cette généreuse marque de sympathie. Per-
» mettez-moi d'y voir une preuve de ce sentiment pré-
» cieux de solidarité qui devrait unir toutes les nations
» et les porter à s'entr'aider au lieu se combattre et de
» se déchirer. Je vous prie d'être près de vos concitoyens,
» près des habitants de Londres, l'interprète de ma re-
» connaissance. Les habitants de Paris ont cruellement
» souffert, ils souffrent encore beaucoup. Mais ils se
» consolent par la pensée d'avoir fait leur devoir et d'en
» être récompensés par des témoignages d'estime et de

» bienveillance tels que ceux que vous voulez bien leur
» donner. »

Le même jour 4 février, sur le soir, un second convoi venant de Lille apportait six mille quintaux de farine et un wagon de charbon. Ce fut mon ami M. Cresson, préfet de police, qui vint m'apporter cette bonne nouvelle. Je l'embrassai avec effusion, en le remerciant du zèle infatigable qu'il avait déployé pour hâter les arrivages. « J'ai bien souffert, lui dis-je, et probablement
» je ne suis pas au bout. J'accepte tout avec résignation,
» toute douleur me paraîtra supportable en comparai-
» son de celle dont je suis soulagé. Paris a du pain. »
En effet, il n'avait plus à craindre la famine. Et bien que pendant tout le mois de février les approvisionnements fussent lents et difficiles, le Gouvernement put bientôt faire cesser le rationnement. Les choses reprirent peu à peu leur cours naturel, et l'effrayante mortalité du siége diminua graduellement avec une meilleure alimentation.

§

Ici commence une série de faits qui, malgré leur liaison intime avec ceux que je viens de raconter, n'en sont pas moins profondément distincts à raison des personnes et des responsabilités qu'ils mettent en jeu. Le Gouvernement de la défense nationale disparaît : l'Assemblée entre en scène, et de son sein se dégage régulièrement le pouvoir exécutif auquel elle confie l'immense et redoutable fardeau des affaires publiques. A ce moment, je voulais me retirer. Je sentais combien était grande l'impopularité de celui qui avait eu le malheur de signer la capitulation de Paris. Convaincu que l'impossibilité absolue de continuer la guerre nous condamnait à subir une paix désastreuse, je frémissais à l'idée de m'y trouver mêlé. En faisant de l'intégrité du territoire mon programme politique, je m'étais interdit une participation quelconque à un traité de cession. J'opposai énergiquement ces raisons à M. Thiers : elles me semblaient décisives. Il crut cependant mon concours nécessaire, et comme, en le lui donnant, c'était ma personne seule que je sacrifiais; comme, en outre, je pouvais me supposer quelque action sur l'ennemi avec lequel il fallait négocier, je cédai, à la condition qu'après la conclusion définitive de la paix je reprendrais ma liberté. Des événements qu'il m'était impossible de prévoir m'ont retenu jusqu'à la fin de juillet. Il ne serait peut-être pas sans utilité d'en présenter le récit; il serait le complément naturel de celui que je viens d'achever. Les quelques jours d'intérim qui ont séparé la fin du Gouvernement de la défense nationale de la convocation de l'Assemblée, la constitution du nouveau pouvoir, les négociations qui ont amené les préliminaires signés le 26 février, l'insurrection de la Commune, la lutte et la victoire de M. Thiers, les efforts de l'illustre homme d'État pour contenir les Prussiens, son habileté à obtenir d'eux les ressources nécessaires à la défaite de la sédition, les incidents diplomatiques de Rouen, de Soizy et de Francfort, fourniraient la matière d'éclaircissements qui ne seraient pas sans intérêt pour l'histoire. J'essayerai d'en préparer les éléments. Mais les questions auxquelles ils touchent sont encore trop indécises pour qu'il ne soit pas utile d'en retarder la publication. Il en était autrement de ce qui se rattache au Gouvernement de la défense nationale, sur lequel on peut et on doit dire toute la vérité, puisque son rôle est fini et qu'il appartient au jugement de l'opinion.

C'est pour mettre cette vérité en relief que j'ai pris la plume, et je n'ai eu d'autre dessein que de lui être scrupuleusement fidèle. Ou je me trompe fort, ou l'accomplissement de cette tâche douloureuse n'aura pas été sans fruit. En lisant les pages que je viens d'écrire, on pourra condamner les hommes, on rendra justice à la France. On verra qu'après avoir commis la faute, qu'elle expie si cruellement, de s'être abandonnée à un aventurier qui l'a perdue, elle n'a pas désespéré, elle s'est ressaisie elle-même, elle a retrouvé son âme au souffle de la liberté, elle a voulu combattre quand la lutte n'était plus possible, elle a voulu réparer ses torts et se venger de la fortune en répandant son sang à flots sur le sol national que le vainqueur allait mutiler. Toutes les classes de sa population ont été confondues dans le même élan. Laboureurs, artisans, fils de famille, avocats, magistrats, commerçants, artistes, tous ont couru aux armes, tous, malgré leur inexpérience et leur faiblesse, ont offert leurs poitrines à l'ennemi. Victorieux en plusieurs rencontres, ces rassemblements, conduits par des généraux intrépides et dévoués, ont longtemps arrêté des armées aguerries. Paris a soutenu vaillamment un siége de près de cinq mois, et ne s'est rendu qu'à la veille de mourir de faim.

Une nation qui a fait de telles choses n'a pas seulement conquis les sympathies du monde entier, elle peut avoir confiance en elle-même. Et lorsqu'il entre dans la tactique égoïste des partis de rabaisser sa conduite pour calomnier ceux qui l'ont inspirée, il est bon de la relever à ses propres yeux, non par des flatteries, mais par le simple et véridique exposé de ses actes. Elle y puisera, avec le sentiment de sa dignité, l'espérance d'une réparation certaine qui ne peut lui échapper, pourvu qu'elle sache la mériter par sa vertu civique. Sûre de son droit, que n'a pu détruire la violence du plus fort et que protégent, même à l'heure actuelle, le respect des peuples et la réserve des cabinets européens, elle peut marcher d'un pas ferme vers le but que la justice lui assigne. Elle l'atteindra si, au lieu de chercher son point d'appui dans un homme, elle le prend en elle-même, si elle adopte résolûment une politique de paix, de travail et de liberté. C'est par là qu'elle ramènera le plus vite et le plus sûrement ses chères provinces exilées que l'Allemagne sera forcée de lui rendre. Vaincue et démembrée, la France est toujours la France. Elle conserve son génie, sa générosité, son esprit d'initiative : instruite par le malheur, elle ne sera plus la dupe des fanfarons et des courtisans. Elle demandera à la science, à la discipline, à la régénération morale le levier avec lequel elle se délivrera du fardeau qui l'accable. Qu'elle se mette donc courageusement à l'œuvre. Que ses enfants oublient leurs querelles intestines. Leur union seule peut rendre à la patrie sa grandeur et sa prospérité.

Quant à ceux qui ont vainement demandé au Corps législatif de prendre le pouvoir dont ils ne voulaient pas, et qui ne l'ont saisi que pour barrer le passage à la Commune, qui aurait provoqué la guerre civile et par là même ouvert Paris aux Prussiens, ils ne s'étonnent ni ne s'émeuvent des insultes que leur prodiguent les créatures de l'Empire. Les complices d'un système né du parjure et des massacres de décembre ne nous pardonneront jamais de les avoir défiés dans leur puissance, de les avoir flagellés quand au Mexique ils faisaient tuer cinquante mille soldats français et dépensaient un milliard pour le succès d'une spéculation honteuse, enfin de les avoir démasqués quand ils nous accusaient de vouloir la guerre en repoussant leur plébiscite, eux qui la prépareraient déjà pour reconquérir leur prestige détruit. Ils répéteront audacieusement que nous sommes la cause des catastrophes de la France, alors que nous avons tout fait pour empêcher la criminelle folie qui les a amenées. Leurs calomnies ne prévaudront pas contre la vérité, et le temps, qui la dégagera de plus en plus, fera à chacun la part qu'il mérite.

Quoi qu'il arrive, la nôtre sera toujours douloureuse, et rien ne pourra nous consoler d'avoir échoué dans l'accomplissement de notre tâche. Nous ne l'avions point ambitionnée, il ne s'est pas écoulé un jour où nous n'ayons désiré en être déchargés. La déserter avant l'heure aurait été une lâcheté. Au milieu de nos angoisses, de nos incertitudes, de nos espérances, nous n'avons eu qu'une pensée : le salut de la patrie. Lorsque, malgré nos efforts, la fortune a prononcé contre elle, nous croyons la servir encore, en lui montrant par l'histoire de ses épreuves que la défaillance ne lui est pas permise, et qu'il lui suffit de le vouloir fermement, pour être certaine d'un meilleur avenir.

FIN DU DEUXIÈME VOLUME.

PIÈCES JUSTIFICATIVES

PIÈCES JUSTIFICATIVES.

N° 1.

Lettre de M. Jules Ferry sur la journée du 31 octobre.

Mon cher ami,

Voici, à propos du 31 octobre, la lettre que j'adressais le 2 novembre à M. Delescluze, en réponse à un récit, publié par son journal, des événements de la nuit précédente. Cette lettre fut, ce même jour 2 novembre, reproduite par cinq ou six journaux de Paris. Elle a été retrouvée en original chez Delescluze, et elle est classée sous le numéro 1529 dans les pièces de la Commission d'enquête sur les événements du 18 mars.

Paris, le 2 novembre 1870.

Monsieur le rédacteur,

Je lis, dans un article du *Tribun*, reproduit par le *Réveil*, le *Combat* et par d'autres journaux, un récit de la nuit du 31 octobre, que je déclare, en ce qui me concerne, parfaitement inexact.

Il est dit que j'aurais adhéré à une sorte de transaction rédigée par les personnes qui occupaient l'Hôtel de ville, et dont il m'aurait été donné communication.

Je n'ai reçu aucune communication d'écrit de ce genre, et par conséquent je n'y ai pas souscrit.

Voici ce qui s'est passé :

Arrivé devant l'Hôtel de ville avec une colonne de garde nationale beaucoup plus que suffisante pour l'enlever, j'ai fait cerner l'édifice occupé par l'insurrection, sommé le poste qui gardait la porte du côté de l'église Saint-Gervais, et essuyé, avec la garde nationale, deux coups de feu partis des fenêtres, en réponse.

Peu après, M. Delescluze est descendu, venant en parlementaire ; j'ai consenti, sur sa demande, pour éviter un conflit qui paraissait lui répugner autant qu'à moi, et dont le dénoûment d'ailleurs ne lui semblait pas plus douteux qu'à moi-même, à laisser sortir de l'Hôtel de ville les personnes qui l'occupaient, au cri unique de *Vive la République !* sous cette réserve expresse que le Gouvernement resterait en possession de l'Hôtel de ville, et que le général Tamisier, sortant le premier, présiderait au défilé.

J'ai bien voulu attendre, deux heures durant, la réponse que M. Delescluze avait promis de m'apporter immédiatement. Pendant ce temps, les tirailleurs de M. Flourens tentèrent de pratiquer sur ma personne, en vertu d'ordres venus du dedans, une arrestation qui n'est pas l'incident le moins ridicule de cette journée, où le grotesque le dispute à l'odieux à chaque pas.

C'est ainsi que certaines gens entendent le respect des suspensions d'armes.

A la fin, perdant patience, je suis monté avec des détachements du 106e bataillon, du 14e, du 4e, avec les carabiniers du capitaine de Vresse, et nous avons mis à la porte tous ces messieurs.

Mais ce fut de ma part, monsieur le rédacteur, un acte de pure mansuétude ; et maître absolu de l'Hôtel de ville depuis plusieurs heures, n'ayant qu'un souci, celui de contenir l'ardeur des cinquante mille gardes nationaux qui m'entouraient, je ne laisserai dire par personne que les factieux assiégés dans l'Hôtel de ville aient capitulé avec moi. Ils n'ont *ni accepté ni exécuté* les conditions apportées en leur nom; j'ai fait grâce au grand nombre, et voilà tout.

Veuillez agréer, etc.

JULES FERRY.

Ce que cette lettre omettait de dire, à raison de la situation délicate faite par l'événement à un de nos amis, c'est que Dorian était aux côtés de Delescluze; qu'il me prit à part et me dit qu'ils avaient, lui et Delescluze, la certitude de faire comprendre aux fous qui étaient là-dedans, qu'ils n'avaient rien de mieux à faire que de rester chez eux; mais Dorian m'ayant demandé s'il ne pourrait pas leur parler d'amnistie, je lui dis énergiquement : *Pour cela, non!* Dorian a reconnu le propos dans une des séances du Gouvernement. C'est sur cette observation notamment qu'il a retiré la démission qu'il voulait donner.

Je suis très-heureux d'avoir retrouvé l'original de cette lettre, écrite dans la matinée du 2 novembre, après la lecture de l'article du *Réveil*. La date garantit la fraîcheur de l'impression. Vous voyez par là pourquoi j'étais d'avis de demander les poursuites : 1° il avait été fait des réserves formelles; 2° ce n'est pas deux heures, mais *quatre* qui se sont écoulées entre l'entretien rapporté ci-dessus et la reprise effective de l'Hôtel de ville. Vous avez noté l'heure : trois heures cinquante minutes. Vous étiez restés captifs pendant tout ce temps, et quand je vous ai délivrés, on en était encore à prêcher aux énergumènes qui vous entouraient, qu'il convenait d'évacuer l'Hôtel de ville. Delescluze n'avait donc rien obtenu. Les conditions proposées n'avaient pas été remplies. La tentative d'enlèvement, pratiquée audacieusement sur ma personne, devant le palais municipal, par les gens de Flourens, avait surabondamment rompu toute trêve. Les bandits qui occupaient l'Hôtel de ville ne se sont retirés que devant la force, une force infiniment supérieure.

Enfin, on a défiguré un dernier incident. Lorsque les mobiles bretons entrèrent dans l'Hôtel de ville, ils saisirent, comme dans un filet, deux cents personnes, armées ou non armées, qu'ils emprisonnèrent dans le souterrain. Je les vis là, dans la nuit, dans un état d'apeurement qui faisait pitié. Il y avait là-dedans des drôles, mais aussi des gens entrés avec le flot populaire, et même des femmes. Lorsque l'Hôtel de ville fut complétement évacué, on me demanda ce qu'il fallait faire de cette capture. Je donnai ordre de les relâcher, et vous m'en approuvâtes tous. Dans ces bagarres, les prisonniers du commun ne servent à rien : nous ne pouvions songer à nous mettre deux cents procès sur les bras, et pourquoi ces deux cents-là plutôt que d'autres? En pareil cas, c'est des chefs seuls qu'il importe de s'assurer.

Votre affectionné,

JULES FERRY.

N° 2.

2 novembre 1870.

Le Gouvernement de la défense nationale à la population de Paris.

La France ne peut avoir qu'une pensée : repousser l'invasion. Le Gouvernement de la défense nationale, depuis son installation, a travaillé jour et nuit à chasser les envahisseurs. Paris l'a soutenu admirablement dans la lutte, par son courage devant l'ennemi, et par sa résignation devant les privations qu'entraine un long siége. On comptait sur nos divisions; nous les avons oubliées; il ne faut pas qu'elles renaissent. Une seule journée de désordre dans la ville nous est plus funeste que deux batailles perdues.

Hier, le *Journal officiel* a appris aux Parisiens la nouvelle de la capitulation de Metz; le Gouvernement n'avait connu ce désastre que la veille dans la soirée; fidèle à ses habitudes de sincérité absolue, il l'a publiée en la recevant. Il annonçait en même temps que l'ennemi avait repris le Bourget. Enfin, événement beaucoup plus grave, mais d'une nature bien différente, il mentionnait la proposition d'un armistice faite aux belligérants par les quatre grandes puissances, l'Angleterre, la Russie, l'Autriche et l'Italie. Une partie de la population s'est persuadé que cette négociation ainsi introduite, non par nous ni par l'ennemi, mais par les grandes puissances européennes, était l'indice d'une arrière-pensée de capitulation. De cette erreur, de ces nouvelles ainsi rapprochées, est née une émotion profonde qui, dès la nuit précédente, s'était manifestée par des attroupements sur le boulevard, et qui, vers deux heures de l'après-midi, dans la journée du 31 octobre, a jeté sur la place de l'Hôtel-de-Ville une foule composée de plusieurs milliers de personnes.

A la suite de ces attroupements, un grand scandale s'est produit. L'Hôtel de ville a été envahi, un comité de salut public a été proclamé, les membres du Gouvernement ont été retenus pendant plusieurs heures comme otages. Vers huit heures du soir, le général Trochu, M. Emmanuel Arago et M. Jules Ferry étaient arrachés des mains de la sédition par le 106ᵉ bataillon de la garde nationale, commandant Ibos. Mais M. Jules Favre, M. Garnier-Pagès, M. Jules Simon, le général Tamisier et le commandant du 106ᵉ demeuraient prisonniers.

Ce n'est que vers trois heures du matin que ces scènes lamentables ont pris fin par l'intervention des bataillons de la garde nationale, accourus en nombre immense autour de l'Hôtel de ville, sous la direction de M. Jules Ferry. Les cours intérieures ayant été occupées par la garde mobile, plusieurs détachements du 106ᵉ bataillon de la garde nationale, du 14ᵉ, du 4ᵉ, et les carabiniers du capitaine de Vresse, ont fait évacuer les salles envahies, tandis qu'au dehors, les gardes nationaux, qui remplissaient la place, les quais et la rue de Rivoli, accueillaient par d'immenses acclamations le général Trochu, passant sur le front des bataillons.

Le Gouvernement aurait pu sans doute en finir beaucoup plus vite avec cette triste insurrection, mais il s'était fait un devoir d'éviter, par-dessus tout, une collision en face de l'ennemi. A force de patience et de mansuétude, on a pu éviter un conflit sanglant. C'est là un grand bonheur. Mais de pareilles aventures ne peuvent se renouveler. La garde nationale ne peut être incessamment absorbée par la nécessité de mettre à la raison une minorité factieuse. Il faut que Paris se prononce une fois pour toutes.

Le Gouvernement consultera la population de Paris tout entière dès après-demain, c'est-à-dire dans le plus court délai possible, sur la question de savoir si elle veut, pour gouvernement, MM. Blanqui, Félix Pyat, Flourens et leurs amis, renforcés par une Commune révolutionnaire, ou si elle conserve sa confiance aux hommes qui ont accepté, le 4 septembre, le périlleux et douloureux devoir de sauver la patrie.

Le Gouvernement se doit à lui-même, après cette journée, après ce coup de main qui a failli réussir, de demander à ses concitoyens si, oui ou non, il conserve leur confiance. Dans la situation où nous sommes, la force du Gouvernement n'est qu'une force morale, l'acclamation du 4 septembre ne suffit plus. Il faut le suffrage universel.

Si le suffrage universel prononce contre le Gouvernement actuel, dans les vingt-quatre heures, la population sera mise à même de le remplacer. S'il décide, au contraire, que le pouvoir restera dans les mêmes mains, les hommes qui le tiennent aujourd'hui le conserveront avec cette consécration nouvelle. Mais pour que personne ne se trompe sur le sens du scrutin qui va s'ouvrir, ils déclarent avant l'élection que la *journée* du 31 octobre doit être la dernière *journée* de tout le siége ; qu'ils n'accepteront désormais le pouvoir que pour l'exercer dans sa plénitude et même dans sa rigueur ; qu'ils ne souffriront plus qu'aucun obstacle leur vienne du dedans. Fidèles observateurs des lois pour leur propre compte, ils contraindront tout le monde à se tenir dans la stricte légalité, afin que tous les efforts se réunissent sur ce qui doit être désormais notre unique pensée : l'expulsion de l'ennemi hors du territoire.

Que le Gouvernement passe son temps à parlementer ou à se défendre, quand il est tenu d'agir sans relâche contre l'ennemi ; que la garde nationale et l'armée se morfondent de froid et de fatigue dans nos rues, tandis qu'elles devraient être aux remparts, c'est un crime contre la nation et le sens commun. Il ne se reproduira plus. Le moment des efforts suprêmes approche rapidement. Paris, désormais n'est plus une ville, c'est une armée. La France, qui marche à notre aide, a besoin, avant tout, de nous savoir unis : nous le serons. Tel est le sens que le Gouvernement donne à l'élection du 3 novembre. Il veut être maintenu dans ces conditions ou tomber.

N° 3.

2 novembre 1870.

Ordre du jour du général Trochu aux gardes nationales de la Seine.

« Paris, le 1ᵉʳ novembre 1870.

Votre ferme attitude a sauvé la République d'une grande humiliation politique, peut-être d'un grand péril social, certainement de la ruine de nos efforts pour la défense.

Le désastre de Metz, prévu mais profondément douloureux, a très-légitimement troublé les esprits et redoublé l'angoisse publique, et, à son sujet, on a fait au Gouvernement de la défense nationale l'injure de supposer qu'il en était informé, et le cachait à la population de Paris, alors qu'il en avait, je l'affirme, le 30 au soir seulement, la première nouvelle. Il est vrai que le bruit en avait été semé depuis deux jours par les avant-postes prussiens. Mais l'ennemi nous a habitués à tant de faux avis, que nous nous étions refusés à y croire.

Le pénible accident survenu au Bourget par le fait d'une troupe qui, après avoir surpris l'ennemi, a manqué absolument de vigilance et s'est laissé surprendre à son tour, a vivement affecté l'opinion.

Enfin, la proposition d'armistice, inopinément présentée par les puissances neutres, a été interprétée, contre toute vérité et toute justice, comme le prélude d'une capitulation, quand elle était un hommage rendu à l'attitude de la population de Paris et à la ténacité de la défense. Cette proposition était honorable pour nous; le Gouvernement lui-même en posait les conditions dans des termes qui lui semblaient fermes et dignes. Il stipulait une durée de vingt-cinq jours au moins, — le ravitaillement de Paris pendant cette période, — le droit de voter pour les élections de l'Assemblée nationale ouvert aux citoyens de tous les départements français.

Il y avait loin de là aux conditions de l'armistice que l'ennemi nous avait précédemment faites : quarante-huit heures de durée effective et quelques rapports très-restreints avec la province pour la préparation des élections, — point de ravitaillement, — le gage d'une place forte, — l'interdiction aux citoyens de l'Alsace et de la Lorraine de participer au vote pour la représentation nationale.

A l'armistice aujourd'hui proposé se rattachent d'autres avantages dont Paris peut facilement se rendre compte, sans qu'il faille les énumérer ici. Et voilà qu'on le reproche comme une faiblesse, peut-être comme une trahison, au Gouvernement de la défense nationale.

Une infime minorité, qui ne peut prétendre à représenter les sentiments de la population parisienne, a profité de l'émotion publique pour essayer de se substituer violemment au Gouvernement. Il a la conscience d'avoir sauvegardé des intérêts qu'aucun gouvernement n'eut jamais à concilier, les intérêts d'une ville de deux millions d'âmes assiégée, et les intérêts d'une liberté sans limites. Vous vous êtes associés à sa tâche, et l'appui que vous lui avez donné sera sa force à l'avenir contre les ennemis du dedans aussi bien que contre les ennemis du dehors.

Fait à Paris, le 1er novembre 1870.

*Le président du Gouvernement,
gouverneur de Paris,*

Général Trochu.

N° 4.

4 novembre 1870.

Proclamation du Gouvernement.

Citoyens,

Nous avons fait appel à vos suffrages.

Vous nous répondez par une éclatante majorité.

Vous nous ordonnez de rester au poste de péril que nous avait assigné la révolution du 4 septembre.

Nous y restons avec la force qui vient de vous, avec le sentiment des grands devoirs que votre confiance nous impose.

Le premier est celui de la défense. Elle a été, elle continuera d'être l'objet de notre préoccupation exclusive.

Tous, nous serons unis dans le grand effort qu'elle exige : à notre brave armée, à notre vaillante mobile, se joindront les bataillons de garde nationale frémissant d'une généreuse impatience.

Que le vote d'aujourd'hui consacre notre union. Désormais c'est l'autorité de votre suffrage que nous avons à faire respecter, et nous sommes résolus à y mettre toute notre énergie.

Donnant au monde le spectacle nouveau d'une ville assiégée dans laquelle règne la liberté la plus illimitée, nous ne souffrirons pas qu'une minorité porte atteinte aux droits de la majorité, brave les lois et devienne, par la sédition, l'auxiliaire de la Prusse.

La garde nationale ne peut incessamment être arrachée aux remparts pour contenir ces mouvements criminels. Nous mettrons notre honneur à les prévenir par la sévère exécution des lois.

Habitants et défenseurs de Paris, votre sort est entre vos mains. Votre attitude depuis le commencement du siége a montré ce que valent des citoyens dignes de la liberté. Achevez votre œuvre; pour nous, nous ne demandons d'autre récompense que d'être les premiers au danger et de mériter par notre dévouement d'y avoir été maintenus par votre volonté.

Vive la République! vive la France!

> Général Trochu, Jules Favre, Garnier-Pagès, Emmanuel Arago, Jules Ferry, Ernest Picard, Jules Simon, Eugène Pelletan.

N° 5.

4 novembre 1870.

Proclamation du ministre de l'intérieur.

Mes chers concitoyens,

Je vous remercie, au nom de notre amour commun de la patrie, du calme avec lequel vous avez procédé au vote que le Gouvernement vous demandait.

Ce calme est l'œuvre de votre patriotisme et de votre bon sens.

Il prouve que vous comprenez toute la valeur du suffrage universel, et que vous êtes dignes de le pratiquer dans toute sa liberté.

Ce suffrage substitue la raison à la violence, et, montrant où est le droit, il enseigne le devoir.

Il réduit au silence ceux qui, en méconnaissant son autorité, deviendraient des ennemis publics.

Que ce jour solennel marque donc la fin des divisions qui ont désolé la cité.

N'ayons tous qu'un cœur et qu'une pensée : la délivrance de la patrie.

Cette délivrance n'est possible que par l'obéissance aux chefs militaires et par le respect des lois ; chargé du soin de maintenir leur exécution, je fais appel à votre intelligent concours, et je vous promets en échange tout mon dévouement, toute ma fermeté.

Vive la république! vive la France!

JULES FAVRE.

Jeudi, 3 novembre 1870.

N° 6.

5 novembre 1870.

Lettre du général Tamisier, commandant supérieur de la garde nationale.

Le général Clément Thomas a été appelé au commandement supérieur de la garde nationale. J'avais accepté comme une très-lourde tâche ces difficiles fonctions ; je n'ai pas hésité à les quitter le jour où j'ai vu le Gouvernement placer à côté de moi, avec le titre d'adjudant général, le citoyen que je regarde comme le plus capable de les bien remplir. Il occupera avec plus d'autorité, de vigueur et de science militaire, la position que j'ai traversée avant lui. Mais il ne rendra pas plus de justice que moi à cette généreuse armée de la garde nationale parisienne, à ces soldats que l'amour de la patrie a seul formés en quelques semaines. L'insigne honneur d'avoir été un instant leur commandant en chef est bien au-dessus de toutes les ambitions de ma vie. C'était encore un trop grand honneur pour moi que de transmettre des ordres à ces illustres officiers généraux des secteurs de l'enceinte, lorsque j'aurais voulu leur obéir.

Je regrette d'avoir fait trop peu pour le Gouvernement de la défense nationale. Je l'aime et le respecte parce qu'on ne saurait soupçonner son désintéressement, parce qu'il a été libéral à une époque qui semblait vouée à la dictature, calme et confiant dans l'avenir au milieu des ennemis et des revers. Il lui a été donné de nous faire oublier par moment les douleurs de la patrie, en nous permettant d'entrevoir ce que la République apporterait un jour à la France de force, de grandeur et de liberté.

Tamisier.

N° 7.

8 novembre 1870.

Circulaire du ministre des affaires étrangères sur la rupture de l'armistice.

Monsieur,

La Prusse vient de rejeter l'armistice proposé par les quatre grandes puissances : l'Angleterre, la Russie, l'Autriche et l'Italie, ayant pour objet la convocation d'une Assemblée nationale. Elle a ainsi prouvé, une fois de plus, qu'elle continuait la guerre dans un but essentiellement personnel, sans se préoccuper du véritable intérêt de ses sujets et surtout de celui des Allemands qu'elle entraîne à sa suite. Elle prétend, il est vrai, y être contrainte par notre refus de lui céder deux de nos provinces. Mais ces provinces que nous ne voulons ni ne pouvons lui abandonner, et dont les habitants la repoussent énergiquement, elle les occupe, et ce n'est pas pour les conquérir qu'elle ravage nos campagnes, chasse devant ses armées nos familles ruinées, et tient, depuis près de cinquante jours, Paris enfermé sous le feu des batteries derrière lesquelles elle se retranche. Non : elle veut nous détruire pour satisfaire l'ambition des hommes qui la gouvernent. Le sacrifice de la nation française est utile à la conservation de leur puissance : ils le consomment froidement, s'étonnant que nous ne soyons pas leurs complices en nous abandonnant aux défaillances que leur diplomatie nous conseille.

Engagée dans cette voie, la Prusse ferme l'oreille à l'opinion du monde. Sachant qu'elle froisse tous les sentiments justes, qu'elle alarme tous les intérêts conservateurs, elle se fait un système de l'isolement, et se dérobe ainsi à la condamnation que l'Europe, si elle était admise à discuter sa conduite, ne manquerait pas de lui infliger. Cependant, malgré ses refus, quatre grandes puissances neutres sont intervenues et lui ont proposé une suspension d'armes dans le but défini de permettre à la France de se consulter elle-même en réunissant une Assemblée. Quoi de plus rationnel, de plus équitable, de plus nécessaire? C'est sous l'effort de la Prusse que le gouvernement impérial s'est abimé. Le lendemain, les hommes que la nécessité a investis du pouvoir lui ont proposé la paix, et, pour en régler les conditions, réclamé une trêve indispensable à la constitution d'une représentation nationale.

La Prusse a repoussé l'idée d'une trêve en la subordonnant à des exigences inacceptables, et ses armées ont entouré Paris. On leur en avait dit la soumission facile. Le siège dure depuis cinquante jours, la population ne faiblit pas. La sédition promise s'est fait attendre longtemps. Elle est venue à une heure propice au négociateur prussien, qui l'a annoncée au nôtre comme un auxiliaire prévu; mais, en éclatant, elle a permis au peuple de Paris de légitimer, par un vote imposant, le Gouvernement de la défense nationale, qui acquiert par là, aux yeux de l'Europe, la consécration du droit.

Il lui appartenait donc de conférer sur la proposition d'armistice des quatre puissances; il pouvait, sans témérité, en espérer le succès. Désireux avant tout de s'effacer devant les mandataires du pays et d'arriver par eux à une paix honorable, il a accepté la négociation et l'a engagée dans les termes ordinaires du droit des gens.

L'armistice devait comporter :

L'élection des députés sur tout le territoire de la République, même celui envahi;

Une durée de vingt-cinq jours;

Le ravitaillement proportionnel à cette durée.

La Prusse n'a pas contesté les deux premières conditions.

Cependant elle a fait, à propos du vote de l'Alsace et de la Lorraine, quelques réserves que nous mentionnons sans les examiner davantage, parce que son refus absolu d'admettre le ravitaillement a rendu toute discussion inutile.

En effet, le ravitaillement est la conséquence forcée d'une suspension d'armes s'appliquant à une ville investie. Les vivres y sont un élément de défense. Les lui enlever sans compensation, c'est lui créer une inégalité contraire à la justice. La Prusse oserait-elle nous demander d'abattre chaque jour par son canon, un pan de nos murailles, sans nous permettre de lui résister? Elle nous mettrait dans une situation plus mauvaise encore, en nous obligeant à consommer un mois sans nous battre, alors que, vivant sur notre sol, elle attendrait, pour reprendre la guerre, que nous fussions harcelés par la famine. L'armistice sans ravitaillement, ce serait la capitulation à terme fixe sans honneur et sans espoir.

En refusant le ravitaillement, la Prusse refuse donc l'armistice. Et cette fois ce n'est pas l'armée seulement, c'est la nation française qu'elle prétend anéantir en réduisant Paris aux horreurs de la faim. Il s'agit, en effet, de savoir si la France pourra réunir ses députés pour délibérer sur la paix. L'Europe demande cette réunion. La Prusse la repousse en la soumettant à une condition inique et contraire au droit commun.

Et cependant, s'il faut en croire un document publié sans être démenti et qui émanerait de sa chancellerie, elle ose accuser le Gouvernement de la défense nationale de livrer Paris à une famine certaine! Elle se plaint d'être forcée par lui de nous investir et de nous affamer!

L'Europe jugera ce que valent de telles imputations. Elles sont le dernier trait de cette politique qui débute par engager la parole du souverain en faveur de la nation française, et se termine par le rejet systématique de toutes les combinaisons pouvant permettre à la France d'exprimer sa volonté. Nous ignorons ce qu'en penseront les quatre grandes puissances neutres, dont les propositions sont écartées avec tant de hauteur : peut-être devineront-elles enfin ce que leur réserverait la Prusse, devenue, par la victoire, maîtresse d'accomplir tous ses desseins ?

Quant à nous, nous obéissons à un devoir impérieux et simple en persistant à maintenir leur proposition d'armistice comme le seul moyen de faire résoudre par une Assemblée les questions redoutables que les crimes du gouvernement impérial ont permis à l'ennemi de nous poser. La Prusse, qui sent l'odieux de son refus, le dissimule sous un déguisement qui ne peut tromper personne. Elle nous demande un mois de nos vivres : c'est nous demander nos armes. Nous les tenons d'une main résolue et nous ne les déposerons pas sans combattre. Nous avons fait tout ce que peuvent des hommes d'honneur pour arrêter la lutte. On nous ferme l'issue ; nous n'avons plus à prendre conseil que de notre courage, en renvoyant la responsabilité du sang versé à ceux qui, systématiquement, repoussent toute transaction.

C'est à leur ambition personnelle que peuvent être immolés encore des milliers d'hommes ; et quand l'Europe émue veut arrêter les combattants sur la frontière de ce champ de carnage pour y appeler les représentants de la nation et essayer la paix : Oui, disent-ils, mais à la condition que cette population qui souffre, ces femmes, ces enfants, ces vieillards qui sont les victimes innocentes de la guerre, ne recevront aucun secours ; afin que, la trêve expirée, il ne soit plus possible à leurs défenseurs de nous combattre sans les faire mourir de faim.

Voilà ce que les Prussiens ne craignent pas de répondre à la proposition des quatre puissances. Nous prenons à témoin contre eux le droit et la justice, et nous sommes convaincus que, si, comme les nôtres, leur nation et leur armée pouvaient voter, elles condamneraient cette politique inhumaine.

Qu'au moins il soit bien établi que jusqu'à la dernière heure, préoccupé des immenses et précieux intérêts qui lui sont confiés, le Gouvernement de la défense nationale a tout fait pour rendre possible une paix qui soit digne.

On lui refuse les moyens de consulter la France. Il interroge Paris, et Paris tout entier se lève en armes pour montrer au pays et au monde ce que peut un grand peuple quand il défend son honneur, son foyer et l'indépendance de la patrie.

Vous n'aurez pas de peine, Monsieur, à faire comprendre des vérités si simples et à en faire le point de départ des observations que vous aurez à présenter lorsque l'occasion vous en sera fournie.

Agréez, etc.

Le ministre des affaires étrangères,

Jules Favre.

N° 8.

22 novembre 1870.

*Circulaire du prince Gortschakoff sur le traité de paix de
1856, insérée dans le* Moniteur *de Tours du 22 novembre.*

« Czarskoé-Selo, le 19 octobre 1870.

Monsieur le baron,

Les altérations successives qu'ont subies durant ces dernières années les transactions considérées comme le fondement de l'équilibre de l'Europe, ont placé le cabinet impérial dans la nécessité d'examiner les conséquences qui en résultent pour la position politique de la Russie.

Parmi ces transactions, celle qui l'intéresse le plus directement est le traité du 18-30 mars 1856.

La convention spéciale entre les deux riverains de la mer Noire, formant annexe à ce traité, contient de la part de la Russie l'engagement d'une limitation de ses forces navales jusqu'à des dimensions minimes.

En retour, ce traité lui offrait le principe de la neutralisation de cette mer.

Dans la pensée des puissances signataires, ce principe devait écarter toute possibilité de conflit soit entre les riverains, soit entre eux et les puissances maritimes. Il devait augmenter le nombre des territoires appelés par un accord unanime de l'Europe à jouir des bienfaits de la neutralité, et mettre ainsi la Russie elle-même à l'abri de tout danger d'agression.

L'expérience de quinze années a prouvé que ce principe, duquel dépend la sécurité de toute l'étendue de l'empire russe dans cette direction, ne repose que sur une théorie.

En réalité, tandis que la Russie désarmait dans la mer Noire, et s'interdisait même loyalement, par une déclaration consignée dans les protocoles des conférences, la possibilité de prendre des mesures de défense maritime efficaces dans les mers et ports adjacents, la Turquie conservait le droit d'entretenir des forces navales illimitées dans l'Archipel et les détroits, la France et l'Angleterre gardaient la faculté de concentrer leurs escadres dans la Méditerranée.

En outre, aux termes du traité, l'entrée de la mer Noire est formellement et à perpétuité interdite au pavillon de guerre, soit des puissances riveraines, soit de toute autre puissance; mais, en vertu de la convention dite « des Détroits », le passage par ces détroits n'est fermé aux pavillons de guerre qu'en temps de paix. Il résulte de cette contradiction que les côtes de l'empire russe se trouvent exposées à toutes les agressions même de la part des États moins puissants, du moment où ils disposent de forces navales auxquelles la Russie n'aurait à opposer que quelques bâtiments de faible dimension.

Le traité du 18-30 mars 1856 n'a d'ailleurs pas échappé aux dérogations dont la plupart des transactions européennes ont été frappées, et en présence desquelles il serait difficile d'affirmer que le droit écrit, fondé sur le respect des traités comme base du droit public et règle des rapports entre les États, ait conservé la même sanction morale qu'il a pu avoir en d'autres temps.

On a vu les principautés de Moldavie et de Valachie, dont le sort avait été fixé par le traité de paix et par les protocoles subséquents, sous la garantie des grandes puissances, accomplir une série de révolutions contraires à l'esprit comme à la lettre de ces transactions, et qui les ont conduites d'abord à l'union, ensuite à l'appel d'un prince étranger. Ces faits se sont produits de l'aveu de la Porte, avec l'acquiescement des grandes puissances, ou du moins sans que celles-ci aient jugé nécessaire de faire respecter leurs arrêts.

Le représentant de Russie a été le seul à élever la voix pour signaler aux cabinets qu'ils se mettraient par cette tolérance en contradiction avec des stipulations explicites du traité.

Certes, si ces concessions accordées à une des nationalités chrétiennes de l'Orient étaient résultées d'une entente générale entre les cabinets et la Porte, en vertu d'un principe applicable à l'assemblée des populations chrétiennes de la Turquie, le cabinet impérial n'aurait pu qu'applaudir, mais elles ont été exclusives. Le cabinet impérial a donc dû être frappé de voir que, quelques années à peine après sa conclusion, le traité du 18-30 mars 1856 avait pu être enfreint impunément dans une de ses clauses essentielles, en face des grandes puissances réunies en conférence à Paris, et représentant dans leur ensemble la haute autorité collective sur laquelle reposait la paix de l'Orient.

Cette infraction n'a pas été la seule. A plusieurs reprises et sous divers prétextes, l'accès des détroits a été ouvert à des navires de guerre étrangers, et celui de la mer Noire à des escadres entières, dont la présence était une atteinte au caractère de neutralité absolue attribué à ces eaux.

A mesure que s'affaiblissaient ainsi les gages offerts par le traité, et notamment les garanties d'une neutralité effective de la mer Noire, l'introduction des bâtiments cuirassés, inconnus et non prévus lors de la conclusion du traité de 1856, augmentait, pour la Russie, les dangers d'une guerre éventuelle en accroissant, dans des proportions considérables, l'inégalité déjà patente des forces navales respectives.

Dans cet état de choses, S. M. l'Empereur a dû se poser la question de savoir quels sont les droits et quels sont les devoirs qui découlent pour la Russie, de ces modifications dans la situation générale, et de ces dérogations à des engagements auxquels elle n'a pas cessé d'être scrupuleusement fidèle, bien qu'ils fussent conçus dans un esprit de défiance à son égard.

A la suite d'un mûr examen de cette question, Sa Majesté Impériale est arrivée aux conclusions suivantes, qu'il vous est prescrit de porter à la connaissance du gouvernement auprès duquel vous êtes accrédité.

Notre auguste maître ne saurait admettre en droit que des traités enfreints dans plusieurs de leurs clauses essentielles et générales demeurent obligatoires dans celles qui touchent aux intérêts directs de son empire.

Sa Majesté Impériale ne saurait admettre en fait que la sécurité de la Russie dépende d'une fiction qui n'a pas résisté à l'épreuve du temps, et soit mise en péril par son respect pour des engagements qui n'ont pas été observés dans leur intégrité.

L'Empereur, se fiant au sentiment d'équité des puissances signataires du traité de 1856, et à la conscience qu'elles ont de leur propre dignité, vous ordonne de déclarer que Sa Majesté Impériale ne saurait se considérer plus longtemps comme liée aux obligations du traité du 18-30 mars 1856, en tant qu'elles restreignent ses droits de souveraineté dans la mer Noire ;

Que Sa Majesté Impériale se croit en droit et en devoir de dénoncer à Sa Majesté le Sultan la convention spéciale additionnelle audit traité qui fixe le nombre et la dimension des bâtiments de guerre que les deux puissances riveraines se réservent d'entretenir dans la mer Noire ;

Qu'elle en informe loyalement les puissances signataires et garantes du traité général dont cette convention spéciale fait partie intégrante ;

Qu'elle rend sous ce rapport à Sa Majesté le Sultan la plénitude de ses droits, comme elle la reprend également pour elle-même.

En vous acquittant de ce devoir, vous aurez soin de constater que notre auguste maître n'a en vue que la sécurité et la dignité de son empire. Il n'entre nullement dans la pensée de Sa Majesté Impériale de soulever la question d'Orient. Sur ce point, comme partout ailleurs, elle n'a pas d'autre vœu que la conservation et l'affermissement de la paix. Elle maintient entièrement son adhésion aux principes généraux du traité de 1856, qui ont fixé la position de la Turquie dans le concert européen.

Elle est prête à s'entendre avec les puissances signataires de cette transaction, soit pour en confirmer les stipulations générales, soit pour les renouveler, soit pour y substituer tout autre arrangement équitable, qui serait jugé propre à assurer le repos de l'Orient et l'équilibre européen.

Sa Majesté s'est convaincue que cette paix et cet équilibre auront une garantie de plus lorsqu'ils seront fondés sur des bases plus justes et plus solides que celles résultant d'une position qu'aucune grande puissance ne saurait accepter comme une condition normale d'existence.

Vous êtes invité à donner lecture et copie de la présente dépêche à M. le ministre des affaires étrangères.

Recevez, etc.

GORTSCHAKOFF.

N° 9.

29 novembre 1870.

Circulaire de M. de Chaudordy aux agents diplomatiques.

Le délégué du ministre des affaires étrangères a adressé la circulaire suivante aux agents de la France à l'étranger.

Tours, 29 novembre 1870.

Monsieur,

Depuis deux mois environ, l'Europe épouvantée ne peut comprendre la prolongation d'une guerre sans exemple, et qui est devenue aussi inutile que désastreuse. Les ruines qui en sont la conséquence s'étendent sur le monde entier, et l'on se demande à la fois quelle peut être la cause d'une telle lutte, et quel en est le but.

Le 18 septembre dernier, M. Jules Favre, vice-président du Gouvernement de la défense nationale et ministre des affaires étrangères, se rendit à Ferrières pour demander la paix au Roi de Prusse. On sait la hauteur avec laquelle on s'en est expliqué avec lui. Les puissances neutres ayant fait comprendre depuis qu'un armistice militaire était le seul terrain sur lequel il fallait se placer pour arriver ensuite à une pacification, le comte de Bismarck s'y montra d'abord favorable, et des pourparlers s'ouvrirent à Versailles. M. Thiers consentit à y aller pour négocier sur cette base. Vous avez appris quel refus déguisé la Prusse lui a opposé ! On doit reconnaître cependant que les deux plénipotentiaires français ne pouvaient être mieux choisis pour inspirer confiance au quartier général prussien et mener à fin la triste et délicate mission dont ils avaient si noblement pris la responsabilité. La sincérité de leur amour pour la paix n'était pas douteuse. M. de Bismarck savait bien que leur parole avait pour garant le pays tout entier. L'un et l'autre pourtant ont été écartés, et le cours funeste de la guerre n'a pu être suspendu.

Que veut donc la Prusse? Le souverain auquel il avait été annoncé qu'on faisait exclusivement la guerre est tombé et son gouvernement avec lui. Il ne reste aujourd'hui que des citoyens en armes, ceux-là mêmes que le roi Guillaume déclarait ne vouloir pas attaquer, et un gouvernement où siègent des hommes qui tiennent à honneur de s'être opposés de toutes leurs forces à l'entreprise qui devait couvrir de ruines le sol de notre patrie.

Que faut-il croire? Serait-il vrai que nos ennemis veuillent réellement nous détruire? La Prusse n'a plus maintenant devant elle que la France; c'est donc à la France même, à la nation armée pour défendre son existence, que la Prusse a déclaré cette nouvelle guerre d'extermination qu'elle poursuit comme un défi jeté au monde contre la justice, le droit et la civilisation.

C'est au nom de ces trois grands principes modernes outrageusement violés contre nous, que nous en appelons à la conscience de l'humanité, avec la confiance que, malgré tant de malheurs, notre devoir imprescriptible est de sauvegarder la morale internationale. Est-il juste, en effet, quand le but d'une guerre est atteint, que Dieu vous a donné des succès inespérés, *que vous avez détruit les armées de votre ennemi, que cet ennemi lui-même est renversé,* de continuer la guerre pour le seul résultat d'anéantir ou forcer à se rendre par le feu ou la faim une grande capitale toute pleine des richesses des arts, des sciences et de l'industrie? Y a-t-il un droit quelconque qui permette à un peuple d'en détruire un autre et de vouloir l'effacer? Prétendre à ce but, ce n'est plus qu'un acte sauvage qui nous reporte à l'époque des invasions barbares. La civilisation n'est-elle pas méconnue complétement lorsqu'en se couvrant des nécessités de la guerre on incendie, on ravage, on pille la propriété privée, avec les circonstances les plus cruelles? Il faut que ces actes soient connus : nous savons les conséquences de la victoire et les nécessités qu'entraînent d'aussi vastes opérations stratégiques. Nous n'insisterons pas sur ces réquisitions démesurées en nature et en argent, non plus que sur cette espèce de marchandage militaire qui consiste à imposer les contribuables au delà de toutes leurs ressources. Nous laissons à l'Europe de juger à quel point ces excès furent coupables; mais on ne s'est pas contenté d'écraser ainsi les villes et les villages, on a fait main basse sur la propriété privée des citoyens.

Après avoir vu leur domicile envahi, après avoir subi les plus dures exigences, les familles ont dû livrer leur argenterie et leurs bijoux. Tout ce qui était précieux a été saisi par l'ennemi et entassé dans ses sacs et ses chariots. Des effets d'habillement, enlevés dans les maisons et dérobés chez les marchands, des objets de toute sorte, des pendules, des montres ont été trouvés sur les prisonniers tombés entre nos mains. On s'est fait livrer et l'on a pris au besoin aux particuliers de l'argent. Tel propriétaire, arrêté dans son château, a été condamné à payer une rançon personnelle de quatre-vingt mille francs; tel autre s'est vu dérober les châles, les fourrures, les dentelles, les robes de soie de sa femme. Partout les caves ont été vidées, les vins empaquetés, chargés sur des voitures et emportés ailleurs, et, pour punir une ville de l'acte d'un citoyen coupable uniquement de s'être levé contre les envahisseurs, des officiers supérieurs ont ordonné le pillage et l'incendie, abusant pour cette exécution sauvage, de l'implacable discipline imposée à leurs troupes. Toute maison où un franc-tireur a été abrité et nourri est incendiée. Voilà pour la propriété!

La vie humaine n'a pas été respectée davantage. Alors que la nation entière est appelée aux armes, on a fusillé impitoyablement, non-seulement des paysans soulevés contre l'étranger, mais des soldats pourvus de commissions et revêtus d'uniformes légalisés. On a condamné à mort ceux qui tentaient de franchir les lignes prussiennes, même pour leurs affaires privées. L'intimidation est devenue un moyen de guerre. On a voulu frapper de terreur les populations et paralyser en elles tout élan patriotique. Et c'est ce calcul qui a conduit les états-majors prussiens à un procédé unique dans l'histoire, le bombardement des villes ouvertes. Le fait de lancer sur une ville des projectiles explosibles et incendiaires n'est considéré comme légitime que dans des circonstances extrêmes et strictement déterminées. Mais dans ces cas mêmes, il était d'un usage constant d'avertir les habitants, et jamais l'idée n'était entrée jusqu'à présent dans aucun esprit, que cet épouvantable moyen de guerre pût être employé d'une manière préventive. Incendier les maisons, massacrer de loin les vieillards et les femmes, attaquer pour ainsi dire les défenseurs dans l'existence de leurs familles, les atteindre dans les sentiments les plus profonds de l'humanité pour qu'ils viennent ensuite s'abaisser devant le vainqueur, et solliciter les humiliations de la nation ennemie, c'est un raffinement de violence calculée qui touche à la torture.

On a été plus loin cependant, et, se prévalant par un sophisme sans nom de ces cruautés mêmes, on s'en fait une arme. On a osé prétendre que toute ville qui se défend est une place de guerre et que, puisqu'on la bombarde, on a ensuite le droit de la traiter en forteresse prise d'assaut. On y met le feu après avoir inondé de pétrole les portes et les boiseries des maisons. Si on a épargné le pillage, on n'en exploite pas moins contre la cité la guerre qu'elle doit payer en se laissant rançonner à merci. Et même, lorsqu'une ville ouverte ne se défend pas, on a pratiqué le système du bombardement sans explication préalable, et avoué que c'était le moyen de la traiter comme si elle s'était défendue et qu'elle eût été prise d'assaut. Il ne restait plus, pour compléter ce code barbare, que de rétablir la pratique des otages. La Prusse l'a fait. Elle a établi partout un système de responsabilités indirectes qui, parmi tant de faits iniques, restera comme le trait le plus caractéristique de sa conduite à notre égard.

Pour garantir la sûreté de ses transports et la tranquillité de ses campements, elle a imaginé de punir toute atteinte portée à ses soldats ou à ses convois, par l'emprisonnement, l'exil, ou même la mort d'un des notables du pays. L'honorabilité de ces hommes est devenue un danger pour eux. Ils ont à répondre sur leur fortune et sur leur vie d'actes qu'ils ne pouvaient ni prévenir ni réprimer, et qui d'ailleurs n'étaient que l'exercice légitime du droit de défense. Elle a emmené quarante otages parmi les habitants notables des villes de Dijon, Gray et Vesoul, sous prétexte que nous ne mettons pas en liberté quarante capitaines de navires faits prisonniers selon les lois de la guerre. Mais ces mesures, de quelques brutalités qu'elles fussent accompagnées dans l'application, laissaient au moins intacte la dignité de ceux qui avaient à les subir. Il devait être donné à la Prusse de joindre l'outrage à l'oppression. On a exigé de malheureux paysans entraînés par force, retenus sous menaces de mort, de travailler à fortifier les ouvrages ennemis et à agir contre les défenseurs de leur propre pays. On a vu des magistrats, dont l'âge aurait inspiré le respect aux cœurs les plus endurcis, exposés sur les machines des chemins de fer à toutes les rigueurs de la mauvaise saison et aux insultes des soldats.

Les sanctuaires, les églises ont été profanés et matériellement souillés. Les prêtres ont été frappés, les femmes maltraitées, heureuses encore lorsqu'elles n'ont pas eu à subir de plus cruels traitements.

Il semble qu'à cette limite il ne reste plus, dans ce qu'on appelait jusqu'ici du beau nom de droit des gens, aucun article qui n'ait été violé outrageusement par la Prusse. Les actes ont-ils jamais à ce point démenti les paroles?

Tels sont les faits. La responsabilité en pèse tout entière sur le gouvernement prussien. Rien ne les a provoqués, et aucun d'eux ne porte la marque de ces violences désordonnées auxquelles cèdent parfois les armées en campagne. Il faut qu'on le sache bien, ils sont le résultat d'un système réfléchi dont les états-majors ont poursuivi l'application avec une rigueur scientifique. Ces arrestations arbitraires ont été décrétées au quartier général, ces cruautés résolues comme un moyen d'intimidation, ces réquisitions étudiées d'avance, ces incendies allumés froidement avec des ingrédients chimiques soigneusement apportés, ces bombardements contre des habitants inoffensifs ordonnés. Tout a donc été voulu et prémédité. C'est le caractère propre aux horreurs qui font de cette guerre la honte de notre siècle.

La Prusse a non-seulement méconnu les lois les plus sacrées de l'humanité, elle a manqué à ses engagements personnels. Elle s'honorait de mener un peuple en armes à une guerre nationale. Elle prenait le monde civilisé à témoin de son bon droit! Elle conduit maintenant à une guerre d'extermination ses troupes transformées en hordes de pillards; elle n'a profité de la civilisation moderne que pour perfectionner l'art de la destruction. Et comme conséquence de cette campagne, elle annonce à l'Europe l'anéantissement de Paris, de ses monuments, de ses trésors, et la vaste curée à laquelle elle a convié l'Allemagne.

Voilà, Monsieur, ce que je désire que vous sachiez. Nous ne parlons ici qu'à la suite d'enquêtes irrécusables; s'il faut produire des exemples, ils ne nous manqueront pas, et vous en pourrez juger par les documents joints à cette circulaire. Vous entretiendrez de ces faits les membres du gouvernement auprès duquel vous êtes accrédité.

Ces appréciations ne sont pas destinées à eux seuls, et vous pourrez les présenter librement à tous. Il est utile qu'au moment où s'accomplissent de pareils actes chacun puisse prendre la responsabilité de sa conduite, aussi bien les gouvernements qui doivent agir que les peuples qui doivent signaler ces faits à l'indignation de leurs gouvernements.

Pour le ministre des affaires étrangères,

Le délégué,

CHAUDORDY.

Pour copie conforme :

Le directeur général par intérim,

E. MEYNADIER.

N. B. Cette dépêche était en partie effacée en divers points ; le déchiffrage en a duré toute la nuit.

N° 10.

9 janvier 1871.

Circulaire de M. de Bismarck en réponse à celle de M. de Chaudordy.

Nous traduisons, d'après le *Moniteur prussien*, la dépêche suivante du chancelier fédéral, comte de Bismarck, adressée aux agents diplomatiques de la Confédération à l'étranger :

« Versailles, le 9 janvier 1871.

» Vous avez remarqué comme moi dans les journaux un document signé du comte Chaudordy, qui est rempli d'accusations contre les chefs de l'armée allemande et contre leurs troupes, et dont les puissances neutres, dit-on, auraient reçu communication au nom du Gouvernement de la défense nationale. Que cette communication ait eu lieu réellement, je l'ignore et je pourrais presque en douter, tant il est visible que la pièce a été faite pour le public français et calculée pour les besoins d'une partie de la presse des autres pays qui est animée de sentiments hostiles à notre égard. Il est difficile de croire que le comte Chaudordy et les personnes qui l'ont chargé de cette tâche puissent supposer chez un gouvernement la même ignorance des choses de l'étranger sur laquelle il leur est possible, en France, de fonder leurs calculs. Dans d'autres pays on est habitué à prendre pour sujet d'étude et d'observation l'état de culture des peuples étrangers. Le monde entier connaît quelle est l'instruction et quels sont ses fruits en Allemagne et en France ; il voit chez nous l'obligation universelle du service militaire, chez nos adversaires la conscription avec rachat; il sait quels éléments dans les armées allemandes se trouvent vis-à-vis des remplaçants, des turcos, des compagnies de discipline; il se rappelle l'histoire des guerres précédentes, et maintes contrées savent par leur propre expérience, de quelle façon les troupes françaises ont l'habitude de se conduire en pays ennemi. Les représentants de la presse européenne et américaine auxquels nous avons donné volontiers accès près de nous ont observé et attesté combien le soldat allemand sait allier l'humanité avec la bravoure, combien l'on hésite chez nous à exécuter les mesures rigoureuses, mais autorisées par le droit des gens et l'usage de la guerre, que le commandement des armées allemandes se voit obligé de prendre, y étant contraint par la manière dont agissent les Français au mépris du droit des gens et par la nécessité de protéger ses propres troupes contre l'assassinat. Même avec les plus grandes et les plus persistantes altérations de la vérité, on n'a pas réussi à obscurcir ce fait, que ce sont les Français qui ont donné à cette guerre le caractère que chaque jour doit accentuer plus vivement et plus généralement. Déjà il y a quelques mois, quand nous avions pu nous convaincre par des exemples réitérés que les troupes françaises méprisaient systématiquement et le droit des gens général, et les conventions particulières où la France même a été partie contractante, — quand nous les avions vues fréquemment, on peut presque dire régulièrement, faire feu sur nos parlementaires et exercer contre des médecins, contre des ambulances les hostilités les plus contraires aux traités et aux mœurs civilisées, — je vous ai prié de faire entendre une protestation sur ce sujet au gouvernement près lequel vous êtes accrédité. Pendant la période de temps qui s'est écoulée depuis lors, non-seulement nous avons pu rassembler les pièces à l'appui jusqu'alors réservées par-devers nous, mais nous avons eu à constater une longue série de faits analogues.

» Dans des circonstances ne permettant pas d'admettre qu'il

y ait eu de la part des troupes françaises méprise ou accident, il est arrivé vingt et une fois (énumérées dans l'annexe *A*) que sur nos parlementaires portant un drapeau blanc et accompagnés d'un trompette qui sonnait de son instrument on ait tiré soit avec des fusils, soit avec des grenades, parfois des coups isolés, parfois aussi des salves. Quelques trompettes ont été tués ainsi, des porte-drapeaux ont été blessés. Les procès-verbaux authentiques où ces cas sont constatés se trouvent entre mes mains et seront imprimés.

» Après la bataille de Wissembourg, on reconnut, — comme vous vous rappellerez l'avoir lu dans ma dépêche du 27 septembre de l'an dernier, — que non-seulement les blessés qui étaient nos prisonniers, mais les médecins militaires français du plus haut grade ne savaient rien de la convention de Genève, et que quelques-uns de ces derniers, lorsqu'ils eurent connaissance de ladite convention par les délégués allemands, se faisaient à eux-mêmes d'une manière insuffisante et méconnaissable l'insigne prescrit. Nous devons, à la vérité, être moins surpris de ce fait depuis que nous avons appris, — par les dépêches officielles de juillet et d'août derniers, que le Gouvernement actuel de Paris a livrées à la publicité, — combien la France était incomplétement préparée pour une guerre depuis si longtemps méditée et entreprise avec tant d'audace. Peu à peu du côté des Français on s'est si bien familiarisé avec la convention de Genève, que l'on sait en réclamer les avantages dans une complète mesure; mais pour ce qui est des devoirs correspondants, il n'a pas été fait de progrès. Tandis que nous avons à cœur d'exécuter même celles des prescriptions de la convention de Genève qui nous semblent ne pas atteindre le but proposé, — de les exécuter au prix de grandes incommodités et de désavantages militaires; tandis que plus de cent militaires, ici même, dans la ville où se trouve le quartier général, jouissent, comme médecins ou garde-malades, de la plus complète liberté de mouvement, tandis que les délégués français obtiennent accès dans les dépôts de prisonniers en Allemagne (bien qu'il fût à présumer, et cette présomption semble se justifier, qu'une telle circulation dût avoir pour suites des complots et des trahisons), — du côté des Français on a continué jusqu'à ces derniers jours d'attaquer les ambulances et les lieux de pansement, de maltraiter et de dépouiller les médecins, les délégués, les aides de lazaret, les porteurs de malades, d'assassiner les blessés; — et lorsque des médecins sont tombés au pouvoir des troupes ennemies, il n'est pas rare qu'on leur ait infligé de mauvais traitements, qu'on les ait emprisonnés ; dans le cas le plus heureux, ils ont été dévalisés et conduits, avec d'extrêmes fatigues, jusqu'à la frontière suisse ou italienne. Au milieu du mouvement continuel des troupes et des colonnes de santé, il n'a pas encore été possible de constater authentiquement tous les cas connus par ouï-dire ; tirés de l'abondante matière qui existe en ce genre, les exemples brièvement cités dans l'annexe *B* pourront suffire. Seulement je ne puis me refuser de relater tout de suite ici littéralement un témoignage, — celui du médecin suisse Dr Burkhard, — daté de Puiseux, le 18 décembre :

« La convention de Genève a été fréquemment violée dans
» les combats dont la forêt d'Orléans a été le théâtre. J'ai vu,
» le 30 novembre, un médecin militaire français qui, non-
» seulement au dire de prisonniers français, mais d'après son
» propre aveu même, avait tué avec son revolver nombre de
» prisonniers prussiens.

» Beaucoup de francs-tireurs, — nous ont dit de nombreux
» blessés, — dans les mouvements de retraite ont tiré de leur
» poche le brassard de Genève. Il est fréquemment arrivé
» qu'ils fissent feu sur les blessés. »

» Un mépris si persistant de la convention de Genève a forcé les gouvernements allemands alliés d'examiner dans quelle mesure désormais cette convention les liait eux-mêmes vis-à-vis de la France. Outre les faits mentionnés dans ma circulaire du 27 septembre dernier, il a été commis du côté français des actes d'autre sorte, non moins contraires aux traités, au droit des gens et aux usages de la guerre parmi les peuples civilisés. Dans la bataille de Wœrth, on remarqua que des balles de fusil s'enfonçaient dans le sol et qu'ensuite, avec un bruit d'explosion très-distinct, elles faisaient sauter la terre autour d'elles. Immédiatement après cette observation, le colonel de Beckedorff fut blessé gravement par une balle explosive. Un projectile du même genre a atteint (dans le combat près de Tours, le 20 décembre dernier) le lieutenant de OErtzen, du 2° régiment de uhlans poméraniens. Les recherches poursuivies à cet égard et non encore terminées ont fait découvrir parmi les munitions prises dans Strasbourg des balles explosibles pour le fusil dit *à tabatière*. Je me réserve, en ce qui concerne les infractions à la convention de Saint-Pétersbourg, d'adresser une communication spéciale aux signataires de cette convention. Mais il est bon, dès à présent, de rappeler qu'un commandant français a accusé les troupes badoises — qui ont aussi peu que les autres troupes allemandes fait usage de balles explosives pour leurs armes à feu de main, — de se servir de balles de cette nature, contrairement à ladite convention, et a officiellement menacé en conséquence les populations badoises, *même les femmes*, de leur faire subir le sort du Palatinat sous Louis XIV.

» Pour citer un autre fait ayant une proche parenté avec cette manière de combattre, — l'on a trouvé dans la poche de prisonniers français un genre de cartouches dont le projectile se compose d'une balle de plomb taillée en seize morceaux anguleux et plus, qui ont été de nouveau réunis ensemble. Un des nombreux exemplaires qu'on nous a livrés de ce projectile, — semblable en ses effets au plomb haché, — a été envoyé au ministère des affaires étrangères à Berlin et mis sous les yeux de MM. les représentants des autres puissances.

» Dans la guerre maritime également, les Français se mettent au-dessus du droit des gens. Le vapeur de guerre français *Desaix*, au lieu de conduire dans un port de France trois navires de commerce allemands : *Ludwig*, *Vorwarts* et *Charlotte*, qu'il avait capturés, et de faire rendre à leur égard une sentence par le tribunal des prises, a détruit ces bâtiments en pleine mer, soit en les brûlant, soit en les coulant à fond. Les navires allemands auront ordre en conséquence d'user de représailles à l'égard des bâtiments français.

» On ne peut s'étonner ensuite si les chefs du Gouvernement français, qui ont si peu de respect pour la loi et les traités, hésitent encore moins à braver les mœurs des peuples actuels et à remonter aux façons d'agir d'une période de civilisation déjà très-reculée, — voire même à approuver des choses qui, dans tous les temps et chez tous les peuples où existe une notion d'honneur, non pas même la plus raffinée, ont été considérées comme particulièrement ignominieuses.

» Comment les prisonniers français, dont un nombre sans exemple est tombé entre nos mains et à notre charge, sont traités en Allemagne, blessés et malades, ou bien portants, c'est ce qu'ont pu juger par leurs yeux des personnes d'États neutres qui se donnent la mission de soigner des malades, et elles en ont spontanément rendu un témoignage public, signé de leurs noms. Les prisonniers allemands en France, bien qu'ils n'atteignent pas la dixième partie du nombre des prisonniers français, ont été dans maint endroit traités avec une dureté inhumaine et ont manqué de tous soins. Un transport d'environ trois cents « prisonniers malades » bavarois qui se trouvaient dans les lazarets d'Orléans, la plupart atteints du typhus ou de la dyssenterie, ou blessés, ont été entassés pêle-mêle dans les cellules et les corridors de la prison à Pau avec une botte de paille comme litière, et pendant six jours ils n'ont obtenu que du pain et de l'eau, jusqu'à ce que des dames anglaises et allemandes se soient intéressées à leur sort, les aient secourus avec leurs propres ressources et aient décidé l'autorité locale, malgré son mauvais vouloir, à prendre quelque soin d'eux. En d'autres lieux, les prisonniers allemands, particulièrement ceux qui sont tombés aux mains de l'armée du général Faidherbe, ont été tenus, par un froid de seize degrés, dans des greniers sans feu; on ne les a pourvus ni de couvertures, ni d'une nourriture chaude ou suffisante, tandis qu'en Allemagne tous les locaux destinés à recevoir des prisonniers de guerre sont garnis de poêles depuis le commencement de l'hiver. Les équipages des navires de commerce allemands ont été non-seulement retenus comme prisonniers de guerre, mais traités d'abord comme des malfaiteurs, attachés deux à deux avec des chaînes, transportés de lieu en lieu, et n'ont reçu, chacun d'eux, qu'une alimentation qui comme qualité et quantité ne suffisait pas à nourrir un homme. L'un des civils faits prisonniers contre tout droit s'étant plaint de ce qu'on retenait l'argent qui lui avait été envoyé, il lui fut répondu officiellement, par écrit, qu'envers les prisonniers on n'était tenu à nul égard. — Encore aujourd'hui, les prisonniers transportés à travers les villes n'ont aucune protection, excepté à Paris, contre les indignes traitements que leur fait essuyer la population. En Allemagne, il n'y a pas d'exemple que la population ait manqué, même par des paroles blessantes, au respect que le malheur trouve chez les peuples civilisés. Malgré les barbaries commises par les turcos, aucun d'eux en Allemagne n'a été insulté, encore moins maltraité.

» Les cruautés exercées sur des blessés par les turcos et les Arabes, et leurs affreuses bestialités leur sont moins imputables à eux-mêmes, vu leur degré de civilisation, qu'à un gouvernement européen qui amène sur le théâtre d'une guerre européenne ces hordes africaines, dont il connaît parfaitement les habitudes. Le *Journal des Débats* a conservé assez le sentiment de l'humanité et de la honte pour s'indigner de ce que des turcos aient commis sur des blessés et des prisonniers cette atrocité de leur faire sauter avec le pouce les yeux hors de la tête. Mais l'*Indépendance algérienne* et après elle d'autres feuilles françaises ont adressé aux troupes mercenaires africaines nouvellement formées, — aux *goums*, — en leur recommandant de faire incursion en Allemagne, les exhortations suivantes :

« Nous vous connaissons, nous apprécions votre courage,
» nous savons que vous êtes énergiques, entreprenants, impé-
» tueux ; allez, et coupez les têtes ; plus vous en couperez, plus
» notre estime pour vous augmentera.... Arrière la pitié !
» Arrière les sentiments d'humanité ! Les goums seront à la
» hauteur de leur tâche ; il suffit que nous leur lâchions la
» bride, en leur disant : Mort, pillage et incendie ! »

» On peut mettre au compte des turcos que non-seulement des cadavres, mais des blessés aussi, dans le village de Coulours près Villeneuve-le-Roi, ont eu la tête coupée, et, dans le village d'Auxon près Troyes et en d'autres lieux, le nez et les oreilles.

» Peut-être faut-il attribuer aux longues relations avec Alger et les descendants des Barbaresques le fait que les autorités françaises permettent, prescrivent même à leurs concitoyens des actes qui sont la négation des coutumes de la guerre chez les peuples chrétiens et du sentiment de l'honneur militaire. Tandis que chez les autres nations de l'Europe le soldat met son honneur à faire connaître à ceux qu'il combat ce qu'il est comme ennemi, le préfet du département de la Côte-d'Or, *Luce-Villiard*, par exemple, a adressé le 21 novembre dernier aux sous-préfets et maires une circulaire où il recommande l'assassinat commis par ceux qui ne portent pas l'uniforme, et le célèbre comme héroïque :

« La patrie », est-il dit dans cette circulaire, « ne vous
» demande pas de vous réunir en masse et de vous opposer
» ouvertement à l'ennemi ; elle attend de vous que chaque
» matin trois ou quatre hommes résolus partent de leur com-
» mune et se postent à un endroit désigné par la nature elle-
» même d'où ils puissent tirer sans danger sur les Prussiens.
» Ils ont avant tout à faire feu sur les cavaliers ennemis, dont
» les chevaux doivent être remis au chef-lieu de l'arrondisse-

» ment. Je leur décernerai une prime et ferai publier leur
» action héroïque dans toutes les feuilles départementales,
» ainsi qu'au *Moniteur officiel.* »

» On constate une absence complète non-seulement du sentiment d'honneur militaire, mais aussi de l'honnêteté la plus vulgaire chez les détenteurs actuels du pouvoir à l'égard de la violation d'engagements d'honneur commise par des officiers français, violation sur laquelle je me suis exprimé dans ma circulaire du 14 décembre. J'y ai fait remarquer qu'il importe moins de condamner un nombre relativement restreint d'officiers français en rupture de parole d'honneur après avoir obtenu sous serment la liberté de leurs mouvements dans l'enceinte d'une ville allemande, — que d'apprécier à ce sujet les procédés d'un gouvernement qui approuve par le fait ce parjure, en recevant dans l'armée ceux qui s'en sont rendus coupables, et qui excite au manque de parole par ses agents, par des primes offertes. Un décret du ministre de la guerre, en date du 13 novembre, tombé entre les mains de nos troupes, — *désirant encourager les officiers à s'échapper des mains de l'ennemi,* — promet à tout officier qui s'évadera d'Allemagne une gratification de sept cent cinquante francs, sans préjudice des indemnités pour pertes éprouvées, — lesquelles sont assurées par des dispositions antérieures.

» Un gouvernement qui compterait rester à la tête du pays dans des circonstances normales mépriserait de pareils moyens, dans l'intérêt de l'avenir de sa patrie. Mais la dictature qui, par un coup de main, s'est emparée du pouvoir en France, et qui n'est reconnue ni par les puissances européennes, ni par la nation française, ne compte avec l'avenir du pays qu'autant que ses intérêts et ses passions le lui permettent. Les détenteurs du pouvoir, à Paris comme à Bordeaux, font taire le vœu manifesté hautement par le peuple de pouvoir faire connaître sa volonté; c'est avec la même violence qu'ils suppriment la liberté de la parole et de la presse; par le terrorisme d'un arbitraire impossible dans tout autre pays, ils forcent le peuple à donner son argent et son sang, à prolonger la guerre, parce qu'ils prévoient que la fin de la lutte sera celle de leur usurpation. Un tel régime, pour se maintenir, a besoin d'attiser sans cesse les passions publiques et l'irritation réciproque des deux peuples en lutte, car il lui faut la guerre pour perpétuer sa domination sur ses concitoyens. Dans ce but, on fait la guerre d'une façon que réprouvent les idées morales de notre temps, et avec laquelle — sans parler même des indigènes d'Afrique admis dans l'armée française — des fractions notables de cette armée ont pu être assez familiarisées dans des expéditions d'outre-mer, pour que leur oubli des usages de la guerre ne soit pas condamné universellement par les traditions militaires de la France. Si les détenteurs du pouvoir en France avaient l'intention, non pas de fomenter la haine des deux nations en guerre, mais de rendre possible le rétablissement de la paix, ils accorderaient au peuple français la possibilité d'apprendre la vérité par la voie infaillible de la presse libre, et d'exprimer lui-même son opinion; ils s'empresseraient de faire partager aux représentants de la nation la responsabilité qui pèse sur eux. Au lieu de cela, nous voyons la presse française, monopolisée par un gouvernement fondé sur la violence, ne servir qu'à dénaturer les événements, à fausser la situation et à exploiter les préjugés que l'éducation par l'État, reçue en France, a inoculés systématiquement aux Français, en nourrissant leurs idées de supériorité et leurs prétentions à la suprématie sur les autres peuples.

» Le Gouvernement de la défense nationale excite les passions populaires, sans essayer d'ailleurs d'en maintenir les effets dans les limites de la civilisation et du droit des gens; il ne veut pas la paix, car son langage et sa conduite lui enlèvent toute chance de la faire accepter par les esprits surexcités des masses. Il a déchaîné des forces qu'il ne peut maîtriser et retenir dans les bornes du droit des gens et des usages de la guerre européenne. Si en présence de cet ensemble de faits nous sommes contraints d'user des droits de la guerre avec une rigueur que nous déplorons, et qui n'est ni dans le caractère du peuple allemand, ni — les guerres de 1864 et de 1866 le prouvent — dans nos traditions, la responsabilité en revient aux personnes qui, sans titre et sans légitimation aucune, ont continué la guerre napoléonienne, et l'ont imposée à la nation française, en reniant les traditions de la guerre européenne.

» Veuillez, M. . . . . . . remettre à M. le ministre des affaires étrangères une copie de cette dépêche et de ses annexes.

» DE BISMARCK. »

N° 11.

Décembre 1870 et janvier 1871.

Incident relatif aux parlementaires.

Le 27 décembre 1870, M. le comte de Bismarck adressait à M. Washburne, ministre des États-Unis, pour être communiquée à M. Jules Favre, ministre des affaires étrangères, la note suivante :

« Versailles, 27 décembre 1870.

» Monsieur le ministre, il résulte d'un rapport officiel, adressé à l'autorité militaire, que, le 23 de ce mois, des coups de feu ont été tirés par des soldats français sur l'officier allemand chargé de remettre des lettres aux avant-postes ennemis, au moment où il se disposait à quitter le pont de Sèvres, et pendant que les drapeaux de parlementaires étaient déployés de part et d'autre.

» Au commencement de la guerre, nos officiers et les trompettes qui les accompagnaient ont bien souvent, on pourrait dire régulièrement, été victimes du mépris des troupes françaises pour les droits des parlementaires ; il a fallu renoncer à toute communication de ce genre, pour ne pas exposer nos soldats aux dangers qui en paraissaient inséparables.

» Depuis quelque temps on semblait revenu à une observation plus stricte du droit des gens universellement reconnu, et il a été possible d'entretenir des relations régulières avec Paris, établies surtout pour faciliter la sortie des dépêches de votre légation.

» Le cas du 23 démontre de nouveau que nos parlementaires ne sont pas en sûreté à portée de fusil des soldats français, et nous serons obligés de renoncer à l'échange de communications avec l'ennemi, à moins de garanties sérieuses contre le retour d'une agression pareille.

» Je vous prie, par conséquent, monsieur le ministre, de vouloir bien informer M. Jules Favre de ce qui s'est passé le 23 décembre courant, et d'insister sur des mesures sévères contre des infractions que nous ne pouvons admettre plus longtemps, dans l'intérêt de nos soldats. Si le Gouvernement de la défense nationale désire continuer, à l'avenir, les communications parlementaires, il n'hésitera pas à reconnaître la justesse de nos réclamations, et à ordonner une enquête sur les faits dont nous avons à nous plaindre, ainsi que de la punition des coupables. En attendant qu'il nous fasse parvenir à cet égard une communication satisfaisante, contenant des garanties pour l'avenir, nous sommes obligés de suspendre des relations qui ne sont admissibles que sous la protection que doit leur offrir l'observation la plus consciencieuse des règles du droit de guerre internationale.

» Veuillez agréer, monsieur le ministre, l'assurance de ma haute considération.

» DE BISMARCK. »

Lettre du ministre des affaires étrangères à M. Washburne, ministre des États-Unis à Paris.

« Monsieur et bien cher ministre,

» J'ai reçu la communication que Votre Excellence a bien voulu me faire d'une dépêche de M. le comte de Bismarck, en date du 27 décembre dernier, par laquelle il expose que, le 23 du même mois, des coups de feu auraient été tirés par des soldats français sur un officier allemand chargé de remettre des lettres, au moment où cet officier quittait le pont de

Sèvres, et pendant que les drapeaux parlementaires étaient encore déployés.

» M. le comte de Bismarck, en rappelant qu'au commencement de la guerre de semblables faits s'étaient produits, demande qu'une enquête soit faite pour vérifier celui qu'il nous dénonce, faisant observer que s'il n'était pas réprimé, toute communication au moyen de parlementaires deviendrait impossible.

» Je prie Votre Excellence de faire donner à M. le comte de Bismarck l'assurance qu'il a été constamment dans les résolutions du Gouvernement de la défense nationale de faire strictement respecter les lois de la guerre. Néanmoins, il m'a été affirmé par les chefs de corps que nos parlementaires avaient été plusieurs fois l'objet d'agressions de la part des avant-postes prussiens, et que les faits reprochés à nos soldats n'auraient été que des actes de représailles.

» Depuis trois mois et demi que dure le siége de Paris, les chefs militaires ont donné les ordres les plus sévères pour que des actes semblables ne se renouvelassent pas; et nous avons eu à en signaler de la part des sentinelles prussiennes, notamment le 11 octobre, lorsqu'un de nos officiers accompagnait M. le général Burnside.

» Le Gouvernement ordonnera donc une enquête sur le fait que M. le comte de Bismarck signale à Votre Excellence, et le réprimera s'il se vérifie; mais il vous prie d'appeler l'attention de M. le chancelier de la Confédération du Nord sur un fait semblable qui s'est produit au dernier passage de vos dépêches, au même lieu, au pont de Sèvres, le 27 décembre dernier, et qui doit être imputé à un soldat prussien, lequel a fait feu sur l'officier français au moment où celui-ci regagnait la rive droite de la Seine.

» Très-disposé à accorder aux réclamations que vous me transmettez le juste effet qu'elles comportent, j'espère que M. le comte de Bismarck voudra bien ordonner qu'il en soit fait autant dans l'armée prussienne, afin que, sous la garantie du respect des lois de la guerre, les communications puissent avoir lieu lorsque des nécessités réciproques les commanderont.

» Je prie Votre Excellence d'agréer l'expression des sentiments de haute considération avec lesquels je suis,

» De Votre Excellence,

» Le bien obéissant serviteur,

» JULES FAVRE. »

1er janvier 1871.

Le 2 janvier, le gouverneur de Paris répondait à cette note par l'exposé ci-dessous, auquel étaient jointes : 1° Une note du général Dumoulin, qui commande sur les lieux, faisant connaître les résultats négatifs de l'enquête rigoureuse que le gouverneur lui avait prescrite ; 2° une déclaration du capitaine d'Hérisson, attaché à l'état-major général, indiquant les circonstances dans lesquelles il avait été soumis à la fusillade des postes prussiens, alors que, le 3 octobre, il accompagnait en parlementaire le général américain Burnside.

Note pour M. le ministre des affaires étrangères.

«Paris, le 2 janvier 1871.

» Le gouverneur s'est empressé de prescrire à l'officier général commandant à Neuilly de faire une enquête rigoureuse sur la circonstance signalée par M. le comte de Bismarck, de soldats français qui auraient tiré sur l'officier allemand chargé de remettre, en parlementaire, des lettres à nos avant-postes du pont de Sèvres, le 23 décembre dernier. Il résulte du rapport ci-joint du général Dumoulin, que le fait très-regrettable dont se plaint M. le comte de Bismarck n'a pu être constaté par aucun témoin. Dans le cas où il en aurait été autrement, la répression en aurait été poursuivie, et pleine satisfaction aurait été donnée aux réclamations faites.

» Le gouverneur de Paris attache beaucoup de prix à ce que les rapports qui peuvent s'établir entre l'armée allemande et l'armée française, par voie de parlementaires, soient réglés par l'exacte et loyale observation des lois de la guerre. Il n'a rien négligé pour qu'il en fût ainsi; mais il arrive quelquefois que, par l'effet de méprises ou par suite de l'inintelligence des soldats, des accidents de cette nature se produisent. Les deux pièces annexées montrent qu'ils ne sont pas exclusifs à l'armée française, et qu'il est arrivé plusieurs fois que les soldats prussiens ont fait feu pendant que les drapeaux parlementaires, après l'accomplissement des formalités d'usage, flottaient de part et d'autre. Aux exemples qui sont cités, j'ajouterai celui du lieutenant de vaisseau Brunet, aide de camp du vice-amiral de la Roncière, qui, parlementant en avant des lignes de Saint-Denis, a été fusillé par un soldat prussien, circonstance qui a conduit l'officier supérieur allemand, commandant sur les lieux, à lui adresser des excuses cordialement accueillies.

» Nous avons toujours considéré ces actes isolés comme ne pouvant être évités, malgré les précautions les plus minutieuses, et jamais le gouverneur n'a eu la pensée de les imputer, de la part de l'ennemi, à un parti pris, encore moins à l'insuffisance de la discipline dont il reconnait la solidité dans l'armée prussienne.

» Général Trochu. »

Le 5 janvier, M. de Bismarck faisait à cette note, par l'intermédiaire du ministre des États-Unis, la réponse suivante, qui parvenait au Gouvernement français le 11 :

A S. E. M. E. B. Washburne, ministre des États-Unis d'Amérique, Paris.

« Versailles, le 5 janvier 1871.

» Monsieur le ministre,

» J'ai eu l'honneur de recevoir les deux lettres que vous avez bien voulu m'adresser le 2 janvier courant, relativement à l'agression qui a eu lieu le 23 décembre dernier contre l'officier allemand chargé, en qualité de parlementaire, de remettre des dépêches aux avant-postes français.

» Il résulte de la communication de M. Jules Favre et de la note de M. le gouverneur de Paris, dont vous avez bien voulu me transmettre copie, que le Gouvernement de la défense nationale, désirant que les rapports entre les deux armées, par voie de parlementaires, soient réglés par l'exacte observation des lois de la guerre, a ordonné une enquête sur le cas en question, et que pleine satisfaction aurait été donnée à nos réclamations si le fait avait pu être constaté par des témoins.

» Le Gouvernement du Roi croit pouvoir espérer que l'enquête sera poursuivie, selon l'assurance contenue dans la lettre de M. le général Dumoulin, et qu'il en sortira un résultat positif.

» En attendant, le Gouvernement du Roi voit avec satisfaction dans les assurances de M. Jules Favre et de M. le gouverneur de Paris un gage que des ordres sévères seront donnés pour faire observer strictement les droits des parlementaires. La résolution du Gouvernement de la défense nationale nous permet de maintenir les communications entre les deux armées, qui ne sont possibles qu'à la condition de respecter scrupuleusement de part et d'autre la sûreté des parlementaires.

» Dans sa lettre, M. Jules Favre fait remarquer que les faits reprochés aux soldats français n'auraient été que des représailles, et il cite deux cas où des parlementaires français auraient été l'objet d'agression de la part des avant-postes allemands. Je me suis empressé d'en informer l'autorité militaire, qui ordonnera une enquête rigoureuse, et je puis ajouter dès à présent que les coupables seront sévèrement punis si les faits allégués peuvent être constatés.

» Je vous prie cependant, monsieur le ministre, de faire observer au Gouvernement de la défense nationale que le coup tiré le 23 sur l'officier allemand ne peut pas être attribué à l'intention d'user de représailles pour ce qui serait arrivé le 27 et le 30, et que le système de représailles ne saurait jamais justifier l'attaque sur un parlementaire, surtout quand les prétextes sur lesquels on voudrait le baser n'ont d'autre fondement que des assertions très-vagues dont le contenu ne peut plus être vérifié à l'heure qu'il est.

» Veuillez agréer, monsieur le ministre, l'assurance de ma haute considération.

» *Signé :* DE BISMARCK.

» Pour copie conforme :

» Le ministre des États-Unis,

» WASHBURNE. »

» Paris, le 11 janvier 1871.

Le même jour, 11 janvier, le capitaine d'Hérisson, de l'état-major général, se présentait en parlementaire au pont de Sèvres, pour faire remettre à l'état-major général prussien la déclaration suivante du gouverneur de Paris :

Déclaration du gouverneur de Paris à M. le général comte de Moltke, chef d'état-major général des armées allemandes.

« Depuis que l'armée allemande a ouvert le feu de ses batteries au sud de Paris, un grand nombre d'obus sont venus atteindre des établissements hospitaliers, consacrés de tout temps à l'assistance publique, tels que la Salpêtrière, le Val-de-Grâce, l'hôpital de la Pitié, l'hospice de Bicêtre et l'hôpital des Enfants malades.

» La précision du tir de l'artillerie et la persistance avec laquelle les projectiles arrivent dans une direction et sous une inclinaison constantes ne permettent plus d'attribuer au hasard les coups qui viennent frapper, dans les hôpitaux, les femmes, les enfants, les incurables, les blessés ou les malades qui s'y trouvent enfermés.

» Le gouverneur de Paris déclare ici solennellement à M. le général comte de Moltke, chef d'état-major général des armées allemandes, qu'aucun des hôpitaux de Paris n'a été distrait de sa destination ancienne. Il est donc convaincu que, conformément au texte des conventions internationales et aux lois de la morale et de l'humanité, des ordres seront donnés par l'autorité militaire prussienne pour assurer à ces asiles le respect que réclament pour eux les pavillons qui flottent sur leurs dômes.

» Général TROCHU. »

« Paris, 11 janvier 1871. »

Le capitaine d'Hérisson, porteur de cette déclaration, se présenta au pont de Sèvres, à midi, avec le drapeau parlementaire. Après les sonneries d'usage, le drapeau blanc fut également arboré par l'ennemi ; mais aucun officier prussien ne s'avança, et la batterie prussienne de Breteuil ne cessa de tirer dans la direction du Point-du-Jour. Au bout d'une demi-heure, l'ennemi amena son drapeau blanc. Le capitaine d'Hérisson fit plusieurs fois répéter par son clairon la sonnerie pour cesser le feu ; on ne lui répondit plus.

Les factionnaires ennemis se mirent à tirer sur lui et sur le commandant Mutel, des mobiles de l'Aube, et il se vit obligé de se retirer sans avoir pu remplir sa mission.

Encore une fois, le Gouvernement a toujours attribué à des méprises les nombreux accidents de ce genre, et il ne veut pas les mettre à la charge de l'armée prussienne, même en présence de faits comme celui que révèle la lettre suivante du général Pélissier au gouverneur de Paris :

« Paris, le 11 janvier 1871.

» Monsieur le gouverneur,

» J'ai l'honneur de porter à votre connaissance un fait qui démontre une fois de plus le peu de cas que l'ennemi fait des lois de la guerre. Le 10 janvier, un parlementaire prussien s'étant présenté au pont de Sèvres, l'ordre fut donné au 6e secteur de cesser le feu. Il resta suspendu de une heure à deux heures et demie. Mais l'ennemi profita de cette interruption pour redoubler l'activité de son tir sur cette partie de l'enceinte.

» Le même fait s'est déjà produit une fois depuis le commencement du bombardement. Il mérite d'autant plus d'être signalé que nous sommes parfaitement résolus à rester fidèles aux lois de la guerre et à l'honneur militaire. Mais il importe que le pays en soit instruit.

» Veuillez agréer, Monsieur le gouverneur, l'expression de mon profond respect et de mon dévouement.

» Le général de division, commandant supérieur de l'artillerie de la rive droite.

» Pélissier. »

Il résulte de l'ensemble de ces faits que, si les relations par parlementaires entre l'armée française et l'armée prussienne rencontrent des difficultés ou même des impossibilités, comme il est arrivé au capitaine d'Hérisson, elles ne sauraient être imputées à l'armée française. Le Gouvernement ne récrimine pas, il expose de bonne foi les principes conciliants qui président à sa manière d'envisager les accidents de part et d'autre signalés.

Il demande à l'armée prussienne d'adopter ces principes, et il demeure convaincu que les relations par parlementaires, dont la nécessité doit être reconnue de part et d'autre, reprendront un cours régulier.

N° 12.

1ᵉʳ janvier 1871.

Discours de Gambetta, à Bordeaux.

Arrivé par pigeon, le 8 janvier 1871.

Aujourd'hui, 1ᵉʳ janvier, a eu lieu à Bordeaux une imposante manifestation. La population avait voulu prouver son dévouement au Gouvernement de la République. Plus de cinquante mille personnes s'étaient réunies autour de la préfecture où est descendu M. le ministre de l'intérieur et de la guerre. Deux adresses ont été présentées aux membres de la délégation du Gouvernement. M. Gambetta a prononcé, du balcon de la préfecture, une allocution dont on a recueilli les passages suivants : « Mes chers concitoyens, à la vue de ce magnifique spectacle, en face de tous ces citoyens assemblés pour saluer l'aurore d'une année nouvelle, qui n'aurait confiance dans le succès dû à la persévérance et à la ténacité de nos efforts, succès mérité pour deux raisons : la première, parce que la France n'a pas douté d'elle-même; la seconde, parce que, seule dans l'univers entier, la France représente aujourd'hui la justice et le droit? (Acclamations prolongées.) Oui, qu'elle soit à jamais close, qu'elle soit à jamais effacée de notre mémoire, si faire se peut, cette terrible année 1870 qui, si elle nous a fait assister à la chute du plus imposteur et du plus corrupteur des pouvoirs, nous a livrés à l'insolente fortune de l'étranger! Il ne faut pas l'oublier, citoyens, cette fortune contre laquelle nous nous débattons aujourd'hui, elle est l'œuvre même des intrigues de Bonaparte au dehors. A chacun sa responsabilité devant l'histoire. C'est dans cette ville, c'est ici même que l'homme de Décembre et l'homme de Sedan, l'homme qui a tenté de gangrener la France, prononça cette mémorable imposture : L'empire, c'est la paix! Et tout ce régime subi (il faut le reconnaître pour notre propre expiation), nous sommes coupables de l'avoir si longtemps toléré, et rien dans l'histoire n'arrive de juste ou d'injuste qui ne porte ses fruits. — Ce règne de vingt ans, c'est parce que nous l'avons subi, qu'il nous faut aujourd'hui subir l'invasion étrangère jusque sous les murs de notre glorieuse capitale. Et c'est parce qu'on avait altéré systématiquement, dans ce pays, toutes les sources de la force et de la grandeur, c'est parce que nous avons perdu le ressort sans lequel rien ne peut durer ni triompher dans ce monde, l'idée du devoir et de la vertu, qu'on a pu croire un moment que la France allait disparaître. (Applaudissements prolongés.)

» C'est à ce moment que la République, apparaissant pour la troisième fois dans notre histoire, a assumé le devoir, l'honneur et le péril de sauver la France. (Cris enthousiastes de *Vive la République!*) Ce jour-là, c'était le 4 septembre, l'ennemi s'avançait à grandes journées sur Paris; nos arsenaux étaient vides; notre armée à moitié prisonnière; nos ressources de tous côtés disséminées, éparpillées; deux pouvoirs, un pouvoir captif, un pouvoir fuyard; une Chambre que sa servilité passée rendait incapable de saisir le gouvernail. Oh! ce jour-là, nul ne contestait la légitimité de la République; ce fut plus plus tard, lorsque la République eut mis Paris dans cet état d'inviolabilité sacré (Bravos.), lorsqu'il fut établi que la République avait tenu sa promesse du 4 septembre, sauvé l'honneur du pays, organisé la défense et maintenu l'ordre, lorsqu'il fut démontré, grâce à la République, que la France ne saurait périr, qu'elle doit triompher, que, par elle, le droit doit finir par primer la force, ce fut alors que ses adversaires, dont elle assure aujourd'hui la quiétude et la sécurité, commencèrent à contester sa légitimité et à discuter ses origines.

(Acclamations prolongées : *Vive la République !*) La République, liée, associée comme elle l'est à la défense et au salut de la patrie, la République est hors de question, elle est immortelle. Ne confondez pas d'ailleurs la République avec les hommes de son gouvernement, que le hasard des événements a portés passagèrement au pouvoir. Ces hommes, lorsqu'ils auront rempli leur tâche, qui est d'expulser l'étranger, ils descendront du pouvoir et ils se soumettront au jugement de leurs concitoyens. Cette tâche, cette mission qu'il faut conduire jusqu'au bout, qu'il faut accomplir à tout prix jusqu'à l'entière immolation de soi-même; ce succès, qu'il faut atteindre sous peine de périr déshonoré, implique deux conditions essentielles : la première, la garantie et le respect de la liberté de tous, la liberté complète, la liberté jusqu'au dénigrement, jusqu'à l'injure; la seconde, le respect pour tous, amis et dissidents, du droit et de la puissance gouvernementale. Le langage doit être libre comme la pensée, respecté dans tous les écarts jusqu'à cette limite fatale où il deviendrait une résolution et engendrerait des actes. Si on franchissait cette borne, et j'exprime ici l'opinion de tous les membres du Gouvernement, vous pouvez compter sur une énergique répression. (Applaudissements prolongés.) Je ne veux pas terminer sans vous dire que le Gouvernement ayant pour unique base l'opinion, nous n'exprimons, nous ne servons et n'entendons servir que l'opinion, à l'encontre des gouvernements despotiques qui nous ont précédés et n'ont servi que leur convoitise dynastique. Je remercie la patriotique population de Bordeaux, ainsi que la population des villes et campagnes voisines, du secours éclatant qu'elles apportent au Gouvernement républicain dans l'imposante manifestation de ce premier jour de l'année 1871. Je les remercie surtout au nom de nos chers assiégés, au nom de notre héroïque Paris, dont l'exemple nous soutient, nous guide et nous enflamme. Ah! que ne sont-ils témoins, nos chers assiégés, de toutes les sympathies, de tous les dévouements que suscite leur vaillance! Leur foi dans le succès s'en accroitrait encore si toutefois elle peut s'accroître. Nous lui transmettrons nos vœux, citoyens; puissions-nous bientôt, nous frayant un passage à travers les lignes ennemies, les leur porter de vive voix, avec l'expression de l'admiration du monde et de la profonde et impérissable gratitude de la France. » (*Vive la France! Vive la République!* Une émotion indescriptible s'empare de tout cet immense auditoire. Acclamations prolongées; les cris redoublent : *Vive la France! Vive Paris! Vive Gambetta! Vive la République!*)

N° 13.

10 janvier 1871.

Bombardement de Paris; protestation du Gouvernement de la défense nationale.

Nous dénonçons aux cabinets européens, à l'opinion publique du monde le traitement que l'armée prussienne ne craint pas d'infliger à la ville de Paris.

Voici quatre mois bientôt qu'elle investit cette grande capitale et tient captifs ses deux millions quatre cent mille habitants.

Elle s'était flattée de les réduire en quelques jours. Elle comptait sur la sédition et la défaillance.

Ces auxiliaires faisant défaut, elle a appelé la famine à son aide.

Ayant surpris l'assiégé privé d'armée de secours et même de gardes nationales organisées, elle a pu l'entourer à son aise de travaux formidables, hérissés de batteries qui lancent la mort à huit kilomètres.

Retranchée derrière ce rempart, l'armée prussienne a repoussé les offensives de la garnison.

Puis elle a commencé à bombarder quelques-uns des forts.

Paris est resté ferme.

Alors, sans avertissement préalable, l'armée prussienne a dirigé contre la ville les projectiles énormes dont ses redoutables engins lui permettent de l'accabler à deux lieues de distance.

Depuis quatre jours, cette violence est en cours d'exécution.

La nuit dernière, plus de deux mille bombes ont accablé les

quartiers de Montrouge, de Grenelle, d'Auteuil, de Passy, de Saint-Jacques et de Saint-Germain.

Il semble qu'elles aient été dirigées à plaisir sur les hôpitaux, les ambulances, les prisons, les écoles et les églises.

Des enfants et des femmes ont été broyés dans leur lit.

Au Val-de-Grâce, un malade a été tué sur le coup; plusieurs autres ont été blessés.

Ces victimes inoffensives sont nombreuses; et nul moyen ne leur a été donné de se garantir contre cette agression inattendue.

Les lois de la morale les condamnent hautement. Elles qualifient justement de crime la mort donnée hors des nécessités cruelles de la guerre.

Or, ces nécessités n'ont jamais excusé le bombardement des édifices privés, le massacre des citoyens paisibles, la destruction des retraites hospitalières.

La souffrance et la faiblesse ont toujours trouvé grâce devant la force, et quand elles ne l'ont pas désarmée, elles l'ont déshonorée.

Les règles militaires sont conformes à ces grands principes d'humanité :

« Il est d'usage, dit l'auteur le plus accrédité en pareille
» matière, que l'assiégeant annonce, lorsque cela lui est pos-
» sible, son intention de bombarder la place, afin que les non-
» combattants et spécialement les femmes et les enfants puis-
» sent s'éloigner et pourvoir à leur sûreté. Il peut cependant
» être nécessaire de surprendre l'ennemi afin d'enlever rapi-
» dement la position, et dans ce cas la non-dénonciation du
» bombardement ne constituera pas une violation des lois de
» la guerre. »

Le commentateur ajoute :

« Cet usage se rattache aux lois de la guerre, qui est une
» lutte entre deux États et non entre des particuliers. User
» d'autant de ménagements que possible envers ces derniers,

» tel est le caractère distinctif de la guerre civilisée. Aussi, pour
» protéger les grands centres de population contre les dan-
» gers de la guerre, on les déclare le plus souvent villes ou-
» vertes. Même s'il s'agit de places fortes, l'humanité exige
» que les habitants soient prévenus du moment de l'ouverture
» du feu toutes les fois que les opérations militaires le per-
» mettent. »

Ici le doute n'est pas possible : le bombardement infligé à Paris n'est pas le préliminaire d'une action militaire. Il est une dévastation froidement méditée, systématiquement accomplie et n'ayant d'autre but que de jeter l'épouvante dans la population civile au moyen de l'incendie et du meurtre.

C'est à la Prusse qu'était réservée cette inqualifiable entreprise sur la capitale qui lui a tant de fois ouvert ses murs hospitaliers.

Le Gouvernement de la défense nationale proteste hautement en face du monde civilisé contre cet acte d'inutile barbarie, et s'associe de cœur aux sentiments de la population indignée qui, loin de se laisser abattre par cette violence, y puise une nouvelle force pour combattre et repousser la honte de l'invasion étrangère.

(*Suivent les signatures des membres du Gouvernement.*)

N° 14.

13 janvier 1871.

Protestation des membres du corps diplomatique contre le bombardement de Paris.

—

A SON EXCELLENCE M. LE COMTE DE BISMARCK-SCHOENHAUSEN, CHANCELIER DE LA CONFÉDÉRATION DE L'ALLEMAGNE DU NORD, ETC., A VERSAILLES.

Monsieur le comte,

Depuis plusieurs jours, des obus, en grand nombre, partant des localités occupées par les troupes assiégeantes, ont pénétré jusque dans l'intérieur de la ville de Paris. Des femmes, des enfants, des malades ont été frappés. Parmi les victimes, plusieurs appartiennent aux États neutres. La vie et la propriété des personnes de toute nationalité établies à Paris se trouvent continuellement mises en péril.

Ces faits sont survenus sans que les soussignés, dont la plupart n'ont en ce moment d'autre mission à Paris que de veiller à la sécurité et aux intérêts de leurs nationaux, aient été, par une dénonciation préalable, mis en mesure de prémunir ceux-ci contre les dangers dont ils sont menacés, et auxquels des motifs de force majeure, notamment les difficultés opposées à leur départ par les belligérants, les ont empêchés de se soustraire.

En présence d'événements d'un caractère aussi grave, les

membres du corps diplomatique présents à Paris, auxquels se sont joints, en l'absence de leurs ambassades et légations respectives, les membres soussignés du corps consulaire, ont jugé nécessaire, dans le sentiment de leur responsabilité envers leurs gouvernements, et pénétrés des devoirs qui leur incombent envers leurs nationaux, de se concerter sur les résolutions à prendre.

Ces délibérations ont amené les soussignés à la résolution unanime de demander que, conformément aux principes et aux usages reconnus du droit des gens, des mesures soient prises pour permettre à leurs nationaux de se mettre à l'abri, eux et leurs propriétés.

En exprimant avec confiance l'espoir que Votre Excellence voudra bien intervenir auprès des autorités militaires dans le sens de leur demande, les soussignés saisissent cette occasion pour vous prier d'agréer, Monsieur le comte, les assurances de leur très-haute considération.

KERN, ministre de la Confédération suisse; baron ADELSWAERD, ministre de Suède et Norwége; comte de MOLTKE-HVILFELDT, ministre de Danemark; baron de REGENS, ministre de Belgique; baron de ZUYLEN DE NYVELT, ministre des Pays-Bas; WASHBURNE, ministre des États-Unis; BALLIVIAN Y ROXAS, ministre de la Bolivie; duc d'Acquaviva, chargé d'affaires de Saint-Marin et Monaco; HENRIQUE LUIZ RATTON, chargé d'affaires de Sa Majesté l'Empereur du Brésil; JULIO THIRION, chargé d'affaires par *interim* de la République Dominicaine; HUSNY, attaché militaire et chargé des affaires de Turquie; LOPEZ DE AROSEMENA, chargé d'affaires de Honduras et du Salvador; C. BONIFAZ, chargé d'affaires du Pérou; baron

G. DE ROTHSCHILD, consul général d'Autriche-Hongrie; baron TH. DE VOELKERSAHM, consul général de Russie; JOSÉ M. CALVO Y FERNEL, consul d'Espagne; L. CERRUTI, consul général d'Italie; JOAQUIN PRONEZA VIEIRA, consul général du Portugal; GEORGES A. VUZOS, vice-consul gérant de Grèce.

Paris, le 13 janvier 1871.

N° 15.

13 janvier 1871.

Protestation contre le bombardement de Paris, des médecins et chirurgiens de l'hospice Necker.

Paris, le 13 janvier 1871.

Nous, soussignés, médecins et chirurgiens de l'hôpital Necker, ne pouvons contenir les sentiments d'indignation que nous inspirent les procédés infâmes d'un bombardement qui s'attaque avec une préméditation de plus en plus évidente à tous les grands établissements hospitaliers de la capitale. Cette nuit, des obus sont venus éclater sur la chapelle de l'hôpital Necker, remplie momentanément de malades; c'est le point central le plus élevé de ce grand hôpital, qui sert ainsi de point de mire aux projectiles de l'ennemi. Ce n'est plus là de la guerre : ce sont les destructions d'une barbarie raffinée qui ne respecte rien de ce que les nations ont appris à vénérer. Nous protestons au nom et pour l'honneur de la civilisation moderne et chrétienne.

DESORMEAUX, GUYON, POTAIN, DELPECH, LABOULBÈNE, CHAUFFARD.

Protestation des directeurs de l'institution des Jeunes Aveugles.

Paris, le 13 janvier 1871.

L'institution nationale des Jeunes Aveugles, sise boulevard des Invalides, est un vaste bâtiment isolé, parfaitement visible à l'œil nu des hauteurs de Châtillon et de Meudon. Ce bâtiment, hospitalisant deux cents blessés et malades militaires, et surmonté du drapeau de la convention de Genève, a été hier, 12 janvier, vers trois heures de l'après-midi, par un temps clair, visé et atteint par les canons prussiens. Plusieurs projectiles ont d'abord sifflé sur l'édifice et dans le voisinage; puis, le tir ayant été rectifié, deux obus ont, coup sur coup, effondré l'aile gauche du bâtiment en blessant trois malades et deux infirmiers. Des malheureux atteints de fluxion de poitrine et de fièvre typhoïde ont dû être transportés dans les caves.

Le personnel médical de l'Institution proteste au nom de l'humanité contre ces actes de barbarie, accomplis systématiquement par un ennemi qui ose invoquer Dieu dans tous ses manifestes.

> D$^\text{r}$ Romand, inspecteur général des établissements de bienfaisance, directeur de l'Institution; Lombard, médecin en chef de l'Institution; Desormeaux, chirurgien en chef; Mène, médecin traitant; Hardy, médecin traitant; Claisse, médecin traitant et médecin adjoint de l'Institution; Bachelet, aide-major.

N° 16.

14 janvier 1871.

Lettre de M. Richard Wallace proposant d'ouvrir une souscription au profit des habitants atteints par le feu de l'ennemi. — Réponse du ministre des affaires étrangères.

Paris, le 14 janvier 1871.

Monsieur le ministre,

La conduite admirable de la population des quartiers de Paris si brutalement bombardés me suggère une pensée que je vous demande la permission de vous soumettre, et qui, je l'espère, sera bien accueillie et bien comprise par les habitants de la capitale.

Je désirerais qu'il fût ouvert sans retard dans Paris une souscription patriotique en faveur des malheureuses familles obligées de fuir leurs logis sous le feu de l'ennemi, afin de leur faire distribuer immédiatement les secours de toute nature dont elles ont un si pressant besoin.

Au cas où ma proposition recevrait l'approbation du Gouvernement de la défense nationale, je vous prierai de vouloir bien m'inscrire sur cette liste pour la somme de cent mille francs, que je ferai verser sur-le-champ au trésor public, afin que la distribution des secours dont je parle puisse commencer dès maintenant.

J'ai l'honneur d'être, avec un profond respect, Monsieur le ministre,

de Votre Excellence,

le très-humble et très-obéissant serviteur,

RICHARD WALLACE.

Réponse du ministre des affaires étrangères.

Monsieur,

J'accepte avec reconnaissance votre offre généreuse et vous prie, au nom du Gouvernement, au nom de la ville de Paris, dont je me fais l'interprète, de recevoir l'expression de nos sentiments de gratitude. Déjà vous avez puissamment contribué à soulager les souffrances que le ciel nous impose. Votre présence au milieu de nous, vos abondantes libéralités feront bénir votre nom par la population parisienne. La conscience du grand devoir qu'elle accomplit la fait rester calme devant les violences de l'ennemi ; elle puisera une nouvelle force dans la certitude d'un secours efficace auquel tous les hommes de cœur s'associeront et dont ils vous remercieront, Monsieur, d'avoir pris l'initiative.

Veuillez, Monsieur, agréer l'assurance des sentiments de haute considération avec lesquels j'ai l'honneur d'être,

Votre très-humble et très-obéissant serviteur,

JULES FAVRE.

Paris, ce 15 janvier 1871.

N° 17.

19 janvier 1871.

Discours de M. Gambetta, à Lille.

Bordeaux, le 22 janvier 1871, arrivé le 2 février.

Pendant le séjour de M. Gambetta à Lille, un grand nombre de citoyens ont voulu exprimer au ministre de l'intérieur et de la guerre leur admiration et leur reconnaissance pour les infatigables efforts qu'il a tentés et accomplis dans l'intérêt de la défense du pays. M. Verguein s'est fait l'organe de ses concitoyens. Ses paroles et la réponse de M. Gambetta ont été reproduites par le *Progrès du Nord* aussi exactement qu'on pouvait le faire en l'absence de sténographes. Nous les publions. Même dans cette analyse forcément insuffisante, le discours du ministre garde une élévation de pensée et une chaleur de patriotisme qui répondent dignement aux sentiments les plus généreux de la nation.

» Je suis chargé, a dit M. Verguein en s'adressant à l'énergique organisateur de la défense, de vous présenter l'hommage de notre reconnaissance et le témoignage sympathique de notre chère population lilloise. Lorsque, il y a trois ans, vous veniez défendre notre ami Masure contre le marquis d'Avrincourt, nous avons tous compris le brillant avenir réservé à l'éloquent avocat dont nous admirions l'immense talent, mais nous ne nous attendions pas à vous voir mériter sitôt tant de gloire et vous signaler par tant de services rendus au pays. Lorsque le 4 septembre, en présence du peuple ému et frémissant de la capitale, vous avez proclamé la République, vous nous avez débarrassés, sans qu'une goutte de sang fût répandue, d'un gouvernement qui avait débuté par le crime et qui finissait par la honte. A ce service immense, auquel la France devra sa régénération, vous avez ajouté l'organisation de la défense, à laquelle vous avez apporté l'énergie de votre âme et l'ardeur de votre patriotisme. C'est à vous, à votre résolution, à vos efforts infatigables, que nous devons la possibilité de vaincre l'ennemi dont nous subissons l'envahissement. Nous attendons de vous quelques bonnes paroles qui nous fortifient et nous encouragent; nous en avons besoin en présence des récents échecs qui affligent nos contrées sans les décourager. Avec vous, nous avons confiance que la France ne peut périr; vous avez su rassurer les timides, encourager les faibles, donner le courage aux indécis, souffler partout l'amour de la patrie, rendre la force et la volonté à tous; avec vous, nous vaincrons et nous sauverons le pays. »

M. Gambetta a répondu :

« Mes chers concitoyens,

» Je puis vous appeler ainsi, car venant au milieu de vous, je me suis toujours considéré comme un compatriote ayant droit de bourgeoisie chez vous, qui me faites ici par votre accueil une seconde patrie. Les souvenirs que je trouve en entrant dans vos murs me rappellent combien votre cité a compté de généreux défenseurs de la liberté. Aussi n'y suis-je pas entré sans émotion, émotion d'autant plus poignante que je savais que plusieurs enfants de Lille avaient cruellement souffert en faisant bravement leur devoir. Mais cette émotion qui nous étreint du spectacle de la guerre, des maux qu'elle entraîne, ne doit pas passer du domaine du cœur et du sentiment dans celui de la volonté. La guerre est horrible et tous doivent la maudire; mais elle est dans la nécessité de la situation. Nos adversaires sentent bien que si la République, qui a recueilli le funeste héritage délaissé par l'Empire, parvient à triompher des difficultés qu'elle a dû subir, elle défiera toutes leurs calomnies et toutes leurs machinations. Ils ont compris qu'il fallait l'attaquer par la base et l'énerver dans ses efforts. Et ils ont imaginé cet argument facile autant que menteur, de présenter le Gouvernement comme poussant à la guerre pour se perpétuer au pouvoir, nous qui regardons la guerre comme fatale aux peuples et à la liberté, pour laquelle nous avons toujours combattu! Non, nous ne sommes pas insensibles aux malheurs de la patrie; autant que nos accusateurs, nous sentons ce qu'il y a d'effroyable à voir des générations destinées par la nature au travail et au progrès, vouées à la destruction et à la barbarie. Qui donc a plus que nous protesté contre la guerre et ses conséquences? Cette guerre que nous subissons, nous l'avons flétrie et stigmatisée comme une honte pour le pays et pour l'humanité. Nous avons fait vainement appel à cette Assemblée qui voulait la paix et qui votait la guerre, et nous n'avons pu l'arrêter. Cette guerre à jamais maudite qu'il nous faut subir jusqu'à la mort, elle nous est imposée, elle n'a pas été voulue par nous, et pourtant nous ne pouvons l'éviter. Nous faisons la guerre à ces barbares qui ont pénétré sur notre territoire, l'imposture à la bouche, ce qui ne peut nous étonner, puisque l'imposture tombait d'une bouche royale. Nous faisons la guerre à ceux qui nous ont dit qu'ils ne venaient pas combattre la France, mais l'Empereur, et qui, la victoire obtenue, ont continué de ravager notre territoire. N'était-ce donc pas à la France et non pas seulement à Bonaparte qu'ils avaient déclaré la guerre? Et s'il pouvait y avoir un doute, ne sont-ils pas démasqués, ces éternels ennemis de la liberté et du droit, lorsque cet homme, qui est l'honneur de la France et du parti républicain, lorsque Jules Favre est allé à Ferrières porter, avec l'affirmation de la République française, des paroles de conciliation et de paix? Qu'a-t-on répondu à cette démarche aussi noble que loyale? S'est-on rappelé les pro-

messes faites autrement que pour les nier effrontément?
Qu'a-t-on proposé à l'éminent patriote, sinon l'extermination
de la patrie? Et pouvions-nous répondre, pour l'honneur de
notre pays, autrement que par l'explosion d'une sainte colère,
et en affirmant au nom de la France que nous péririons plutôt
que de nous démentir? Et maintenant, dites-le, qui donc a
voulu la guerre? On nous a reproché et on nous reproche
de solidariser la cause de la République avec celle de la patrie ;
mais n'est-ce pas la République que nous nous exposons à
sacrifier afin de sauver la France? Pour le pays tout entier,
de quoi s'agit-il? D'être ou de ne pas être : voilà la raison de
la guerre. La paix, ne l'oubliez pas, c'est la cession et la mutilation de la patrie. Avons-nous le droit de sacrifier trois millions de Français à cette avide Allemagne? N'aurions-nous pas
honte de sacrifier ces milliers d'Alsaciens, s'échappant de leur
patrie pour protester contre cet abominable attentat d'une
annexion repoussée par le vœu national, et venant se serrer
autour de l'étendard de la nation française, au mépris des
proscriptions et sans souci des persécutions et des fusillades du
roi Guillaume? Il n'appartient à personne, minorité, majorité,
unanimité même, de céder la France; celui-là viole le droit
de tous et de chacun, qui croirait pouvoir céder une partie de
notre pays, comme le maître cède une partie de son trou-
peau. La France est le bien commun de tous les Français, et
chaque motte de terre que la France couvre de son drapeau,
m'appartient comme elle vous appartient, comme elle appartient à tous. Le sentiment de solidarité et de nationalité nous
impose donc notre politique : c'est celle de la résistance à outrance. Mais cette politique, il faut la juger. Si elle était folle
et téméraire, si tout était perdu, même l'espérance la plus
lointaine, faudrait-il donc sacrifier l'humanité à un sentiment
de fierté nationale nécessairement stérile? Comment! pendant
vingt ans Bonaparte a préparé ses moyens d'agression, organisé ses armées, dépensé vingt milliards. La France a consenti à tout, elle a tout donné, hommes et argent : quinze

jours ont suffi, et tout a disparu. Et nous qui n'avions rien
trouvé, qui n'avions eu pour moyen que les ressources improvisées par l'initiative du pays, nous résistons depuis quatre
mois devant un ennemi qui multiplie ses forces, mais qui sent
bien que si la résistance continue à embraser l'âme de la
France, c'en est fait de l'invasion. C'est qu'en effet les provinces allemandes sont vides : tout ce qui pense, agit, tra-
vaille, les hommes mariés, les adolescents même, tout se
trouve sous les armes en Allemagne; le commerce est suspendu
partout. En est-il de même en France? la vie sociale est-elle
éteinte? Elle est entravée, mais non suspendue ni morte.
Soyez-en certains, si dans trois mois les Allemands sont encore sur le sol français, ils sont perdus. Il faut donc maintenir la résistance, car nous avons devant nous la certitude
d'un avenir vengeur et réparateur de nos désastres. Malgré
nos revers passagers, ce qui grandit, c'est le sentiment de la
dignité française, c'est l'horreur de l'asservissement étranger.
Si chacun avait comme moi cette conviction, cette passion
profonde, ce n'est pas des semaines et des mois qu'il faudrait
compter pour l'anéantissement des armées allemandes; la
ruine de la Prusse serait immédiate; car, que pourraient huit
cent mille hommes, quelle que soit la puissance de leur organisation, contre trente-huit millions de Français résolus et
ayant juré de vaincre ou de périr? Pas de faiblesse, ô mes
chers concitoyens! Si nous ne nous désespérons pas, nous sauverons la France. Faisons-nous un cœur et un front d'airain,
le pays sera sauvé par lui-même et la République libératrice
sera fondée. Quand cet heureux jour viendra, quand vos
efforts unis aux nôtres auront affranchi la France entière, on
verra si nous sommes des hommes de guerre, si nous sommes
des destructeurs, si nous dilapidons les finances, si nous ne
cherchons pas au contraire à favoriser les arts, qui ennoblissent
l'humanité, l'industrie et le commerce qui assurent ses relations et enrichissent les peuples; si nous ne tendons pas de
tous nos efforts vers les effets d'une paix légale et féconde.

» On verra alors si nous sommes des dictateurs et si notre plus grande passion ne sera pas de rentrer dans la foule dont nous sommes sortis; de cette foule, réservoir inépuisable de toutes les grandes et de toutes les nobles pensées, où chacun de nous doit se retremper. On verra enfin que si je suis possédé de la passion démocratique qui ne souffre pas l'invasion étrangère, je suis profondément animé de la foi républicaine qui a horreur de la dictature. »

N° 18.

28 janvier 1871.

Convention d'armistice.

Entre M. le comte de Bismarck, chancelier de la Confédération germanique, stipulant au nom de S. M. l'Empereur d'Allemagne, Roi de Prusse, et M. Jules Favre, ministre des affaires étrangères du Gouvernement de la défense nationale, munis de pouvoirs réguliers,
Ont été arrêtées les conventions suivantes :

ART. 1er.

Un armistice général, sur toute la ligne des opérations militaires en cours d'exécution entre les armées allemandes et les armées françaises, commencera pour Paris aujourd'hui même, pour les départements dans un délai de trois jours; la durée de l'armistice sera de vingt et un jours, à dater d'aujourd'hui, de manière que, sauf le cas où il serait renouvelé, l'armistice se terminera partout le 19 février, à midi.

Les armées belligérantes conserveront leurs positions respectives, qui seront séparées par une ligne de démarcation. Cette ligne partira de Pont-l'Évêque, sur les côtes du département du Calvados, se dirigera sur Lignières, dans le nord-est du département de la Mayenne, en passant entre Briouze et Fromentet; en touchant au département de la Mayenne, à Lignières, elle suivra la limite qui sépare ce département de celui de l'Orne et de la Sarthe, jusqu'au nord de Morannes, et sera constituée de manière à laisser à l'occupation allemande les départements de la Sarthe, Indre-et-Loire, Loir-et-Cher, du Loiret, de l'Yonne, jusqu'au point où, à l'est de Quarré-les-Tombes, se touchent les départements de la Côte-d'Or, de la Nièvre et de l'Yonne.

A partir de ce point, le tracé de la ligne sera réservé à une entente qui aura lieu aussitôt que les parties contractantes seront renseignées sur la situation actuelle des opérations militaires en exécution dans les départements de la Côte-d'Or, du Doubs et du Jura.

Dans tous les cas, elle traversera le territoire composé de ces trois départements, en laissant à l'occupation allemande les départements situés au nord, à l'armée française ceux situés au midi de ce territoire.

Les départements du Nord et du Pas-de-Calais, les forteresses de Givet et de Langres, avec le terrain qui les entoure à une distance de dix kilomètres, et la péninsule du Havre, jusqu'à une ligne à tirer d'Étretat, dans la direction de Saint-Romain, resteront en dehors de l'occupation allemande.

Les deux armées belligérantes et leurs avant-postes, de part et d'autre, se tiendront à une distance de dix kilomètres au moins des lignes tracées pour séparer leurs positions.

Chacune des deux armées se réserve le droit de maintenir son autorité dans le territoire qu'elle occupe, et d'employer les moyens que ses commandants jugeront nécessaires pour arriver à ce but.

L'armistice s'applique également aux forces navales des deux pays, en adoptant le méridien de Dunkerque comme ligne de démarcation, à l'ouest de laquelle se tiendra la flotte française, et à l'est de laquelle se retireront, aussitôt qu'ils pourront être avertis, les bâtiments de guerre allemands qui se trouvent dans les eaux occidentales. Les captures qui seraient faites après la conclusion et avant la notification de l'armistice seront restituées, de même que les prisonniers qui pourraient être faits, de part et d'autre, dans des engagements qui auraient lieu dans l'intervalle indiqué.

Les opérations militaires sur le terrain des départements du Doubs, du Jura et de la Côte-d'Or, ainsi que le siége de Belfort, se continueront indépendamment de l'armistice, jusqu'au moment où on se sera mis d'accord sur la ligne de démarcation dont le tracé à travers les trois départements mentionnés a été réservé à une entente ultérieure.

Art. 2.

L'armistice ainsi convenu a pour but de permettre au Gouvernement de la défense nationale de convoquer une Assemblée librement élue, qui se prononcera sur la question de savoir si la guerre doit être continuée, ou à quelles conditions la paix doit être faite.

L'Assemblée se réunira dans la ville de Bordeaux.

Toutes les facilités seront données par les commandants des armées allemandes pour l'élection des députés qui la composeront.

Art. 3.

Il sera fait immédiatement remise à l'armée allemande, par l'autorité militaire française, de tous les forts formant le périmètre de la défense extérieure de Paris, ainsi que de leur matériel de guerre. Les communes et les maisons situées en dehors de ce périmètre ou entre les forts pourront être occupés par les troupes allemandes, jusqu'à une ligne à tracer par des commissaires militaires. Le terrain restant entre cette ligne et l'enceinte fortifiée de la ville de Paris sera interdit aux forces armées des deux parties. La manière de rendre les forts et le tracé de la ligne mentionnée formeront l'objet d'un protocole à annexer à la présente convention.

Art. 4.

Pendant la durée de l'armistice, l'armée allemande n'entrera pas dans la ville de Paris.

Art. 5.

L'enceinte sera désarmée de ses canons, dont les affûts seront transportés dans les forts à désigner par un commissaire de l'armée allemande [1].

Art. 6.

Les garnisons (armée de ligne, garde mobile et marins) des forts et de Paris seront prisonnières de guerre, sauf une division de douze mille hommes, que l'autorité militaire dans Paris conservera pour le service intérieur.

Les troupes prisonnières de guerre déposeront leurs armes, qui seront réunies dans des lieux désignés et livrées suivant règlement par commissaires, suivant l'usage; ces troupes resteront dans l'intérieur de la ville, dont elles ne pourront pas franchir l'enceinte pendant l'armistice.

Les autorités françaises s'engagent à veiller à ce que tout individu appartenant à l'armée et à la garde mobile reste consigné dans l'intérieur de la ville.

Les officiers des troupes prisonnières seront désignés par une liste à remettre aux autorités allemandes.

A l'expiration de l'armistice, tous les militaires appartenant à l'armée consignée dans Paris auront à se constituer prisonniers de guerre de l'armée allemande, si la paix n'est pas conclue jusque-là.

Les officiers prisonniers conserveront leurs armes.

Art. 7.

La garde nationale conservera ses armes; elle sera chargée de la garde de Paris et du maintien de l'ordre. Il en sera de

---

[1] Dans le protocole, cette condition du transport des affûts dans les forts a été abandonnée par les commissaires allemands, sur la demande des commissaires français.

même de la gendarmerie et des troupes assimilées, employées dans le service municipal, telles que garde républicaine, douaniers et pompiers; la totalité de cette catégorie n'excédera pas trois mille cinq cents hommes.

Tous les corps de francs-tireurs seront dissous par une ordonnance du gouvernement français.

Art. 8.

Aussitôt après la signature des présentes et avant la prise de possession des forts, le commandant en chef des armées allemandes donnera toutes facilités aux commissaires que le gouvernement français enverra, tant dans les départements qu'à l'étranger, pour préparer le ravitaillement et faire approcher de la ville les marchandises qui y sont destinées.

Art. 9.

Après la remise des forts et après le désarmement de l'enceinte et de la garnison stipulés dans les articles 5 et 6, le ravitaillement de Paris s'opérera librement par la circulation sur les voies ferrées et fluviales. Les provisions destinées à ce ravitaillement ne pourront être puisées dans le terrain occupé par les troupes allemandes, et le gouvernement français s'engage à en faire l'acquisition en dehors de la ligne de démarcation qui entoure les positions de l'armée allemande, à moins d'autorisation contraire donnée par les commandants de ces dernières.

Art. 10.

Toute personne qui voudra quitter la ville de Paris devra être munie de permis réguliers délivrés par l'autorité militaire française, et soumis au visa des avant-postes allemands. Ces permis et ces visas seront accordés de droit aux candidats à la députation en province et aux députés à l'Assemblée.

La circulation des personnes qui auront obtenu l'autorisation indiquée ne sera admise qu'entre six heures du matin et six heures du soir.

Art. 11.

La ville de Paris payera une contribution municipale de guerre de la somme de deux cents millions de francs. Ce payement devra être effectué avant le quinzième jour de l'armistice. Le mode de payement sera déterminé par une commission mixte allemande et française.

Art. 12.

Pendant la durée de l'armistice, il ne sera rien distrait des valeurs publiques pouvant servir de gages au recouvrement des contributions de guerre.

Art. 13.

L'importation dans Paris d'armes, de munitions ou de matières servant à leur fabrication, sera interdite pendant la durée de l'armistice.

Art. 14.

Il sera procédé immédiatement à l'échange de tous les prisonniers de guerre qui ont été faits par l'armée française depuis le commencement de la guerre. Dans ce but, les autorités françaises remettront, dans le plus bref délai, des listes nominatives des prisonniers de guerre allemands aux autorités militaires allemandes à Amiens, au Mans, à Orléans et à Vesoul. La mise en liberté des prisonniers de guerre allemands s'effectuera sur les points les plus rapprochés de la frontière. Les autorités allemandes remettront en échange, sur les mêmes points, et dans le plus bref délai possible, un nombre pareil de prisonniers français, de grades correspondants, aux autorités militaires françaises.

PIÈCES JUSTIFICATIVES.

L'échange s'étendra aux prisonniers de condition bourgeoise, tels que les capitaines de navires de la marine marchande allemande, et les prisonniers français civils qui ont été internés en Allemagne.

Art. 15.

Un service postal pour des lettres non cachetées sera organisé, entre Paris et les départements, par l'intermédiaire du quartier général de Versailles.

En foi de quoi les soussignés ont revêtu de leurs signatures et de leur sceau les présentes conventions.

Fait à Versailles, le vingt-huit janvier mil huit cent soixante et onze.

Signé : Jules Favre.   Bismarck.

N° 19.

31 janvier 1871.

*Note de l'*Officiel *sur l'armistice.*

Un journal reproche avec amertume au Gouvernement d'avoir sacrifié les intérêts de l'armée de ligne, de la garde mobile et des marins, en laissant M. Jules Favre, ministre des affaires étrangères, décider seul de leur sort, dans la convention qu'il a signée, le 28 janvier, avec le comte de Bismarck. C'est là une appréciation absolument inexacte. M. Jules Favre, muni des instructions du Gouvernement, a été accompagné à Versailles et assisté pendant le cours de la négociation, conformément à la règle, par M. le général de Valdan, chef d'état-major général du commandant en chef de l'armée de Paris. Cet officier général a discuté point par point, dans un excellent esprit, les conditions de la convention militaire, et il a donné son entier assentiment à leur acceptation par M. Jules Favre, qui avait reçu de pleins pouvoirs pour conclure et pour signer. Il n'est pas plus exact ni plus juste de reprocher au général Trochu de s'être abstenu d'appeler le conseil de défense à délibérer sur la situation extrême où Paris se trouvait réduit. A la date où ces délibérations ont eu lieu, le général Trochu avait cessé d'exercer le commandement et d'être gouverneur de Paris. Ces délibérations ne pouvaient d'ailleurs avoir d'autre objet que de constater, en face de l'épuisement des approvisionnements de la ville, l'immédiate et absolue nécessité de négocier. Le général Vinoy, commandant en chef, y assistait, et c'est toujours d'accord avec lui que les résolutions du Gouvernement ont été prises. Le Gouvernement aurait averti plus tôt la population, s'il avait reçu à temps l'avis de la douloureuse situation de nos trois armées de province, et notamment de l'impossibilité où était le général Bourbaki de continuer l'effort sur lequel reposait l'espoir de Paris.

N° 20.

4 février 1871.

Deux proclamations du Gouvernement de la défense nationale.

Français,

Paris a déposé les armes à la veille de mourir de faim.

On lui avait dit : Tenez quelques semaines, et nous vous délivrerons. Il a résisté cinq mois, et, malgré d'héroïques efforts, les départements n'ont pu le secourir.

Il s'est résigné aux privations les plus cruelles. Il a accepté la ruine, la maladie, l'épuisement. Pendant un mois, les bombes l'ont accablé, tuant les femmes, les enfants. Depuis plus de six semaines, les quelques grammes de mauvais pain qu'on distribue à chaque habitant suffisent à peine à l'empêcher de mourir.

Et quand, ainsi vaincue par la plus inexorable nécessité, la grande cité s'arrête pour ne pas condamner deux millions de citoyens à la plus horrible catastrophe; quand, profitant de son reste de force, elle traite avec l'ennemi au lieu de subir une reddition à merci, au dehors, on accuse le Gouvernement de la défense nationale de coupable légèreté, on le dénonce, on le rejette.

Que la France nous juge, nous et ceux qui nous comblaient hier de témoignages d'amitié et de respect, et qui aujourd'hui nous insultent.

Nous ne relèverions pas leurs attaques si le devoir ne nous commandait de tenir jusqu'à la dernière heure, d'une main ferme, le gouvernail que le peuple de Paris nous a confié au milieu de la tempête. Ce devoir, nous l'accomplirons.

Lorsqu'à la fin de janvier nous nous sommes résignés à essayer de traiter, il était bien tard. Nous n'avions plus de farine que pour dix jours, et nous savions que la dévastation du pays rendait le ravitaillement tout à fait incertain. Ceux qui se lèvent aujourd'hui contre nous ne connaîtront jamais les angoisses qui nous agitaient.

Il fallait cependant les cacher, aborder l'ennemi avec résolution, paraître encore prêts à combattre, et munis de vivres.

Ce que nous voulions, le voici :

Avant tout, n'usurper aucun droit. A la France seule appartient celui de disposer d'elle-même. Nous avons voulu le lui réserver. Il a fallu de longues luttes pour obtenir la reconnaissance de sa souveraineté. Elle est le point le plus important de notre traité.

Nous avons conservé à la garde nationale sa liberté et ses armes.

Si, malgré nos efforts, nous n'avons pu soustraire l'armée et la garde mobile aux lois rigoureuses de la guerre, au moins les avons-nous sauvées de la captivité en Allemagne et de l'internement dans un camp retranché, sous les fusils prussiens.

On nous reproche de n'avoir pas consulté la délégation de Bordeaux! On oublie que nous étions enfermés dans un cercle de fer que nous ne pouvions briser.

On oublie, d'ailleurs, que chaque jour rendait plus probable la terrible catastrophe de la famine, et, cependant, nous avons disputé le terrain pied à pied pendant six jours, alors que la population de Paris ignorait et devait ignorer sa situation véritable, et qu'entraînée par une généreuse ardeur, elle demandait à combattre.

Nous avons donc cédé à une nécessité fatale.

Nous avons, pour la convocation de l'Assemblée, stipulé un

armistice, alors que les armées qui pouvaient nous venir en aide étaient refoulées loin de nous.

Une seule tenait encore, nous le croyions du moins. La Prusse a exigé la reddition de Belfort. Nous l'avons refusée, et par là même, pour protéger la place, nous avons pour quelques jours réservé la liberté d'action de son armée de secours. Mais, ce que nous ignorions, il était trop tard. Coupé en deux par les armées allemandes, Bourbaki, malgré son héroïsme, ne pouvait plus résister, et, après l'acte de généreux désespoir auquel il s'abandonnait, sa troupe était forcée de passer la frontière.

La convention du 28 janvier n'a donc compromis aucun intérêt, et Paris seul a été sacrifié.

Il ne murmure pas. Il rend hommage à la vaillance de ceux qui ont combattu loin de lui pour le secourir. Il n'accuse pas même celui qui est aujourd'hui si injuste et si téméraire, M. le ministre de la guerre, qui a arrêté le général Chanzy, voulant marcher au secours de Paris, et lui a donné l'ordre de se retirer derrière la Mayenne.

Non! tout était inutile, et nous devions succomber. Mais notre honneur est debout, et nous ne souffrirons pas qu'on y touche.

Nous avons appelé la France à élire librement une Assemblée qui, dans cette crise suprême, fera connaître sa volonté.

Nous ne reconnaissons à personne le droit de lui en imposer une, ni pour la paix, ni pour la guerre.

Une nation attaquée par un ennemi puissant lutte jusqu'à la dernière extrémité; mais elle est toujours juge de l'heure à laquelle la résistance cesse d'être possible.

C'est ce que dira le pays, consulté sur son sort.

Pour que son vœu s'impose à tous comme une loi respectée, il faut qu'il soit l'expression souveraine du libre suffrage de tous. Or, nous n'admettons pas qu'on puisse imposer à ce suffrage des restrictions arbitraires.

Nous avons combattu l'Empire et ses pratiques; nous n'entendons pas les recommencer en instituant des candidatures officielles par voie d'élimination.

Que de grandes fautes aient été commises, que de lourdes responsabilités en dérivent, rien n'est plus vrai; mais le malheur de la patrie efface tout sous son niveau; et, d'ailleurs, en nous rabaissant au rôle d'hommes de parti pour proscrire nos anciens adversaires, nous aurions la douleur et la honte de frapper ceux qui combattent et versent leur sang à nos côtés.

Se souvenir des discussions passées, quand l'ennemi foule notre sol ensanglanté, c'est rapetisser par ses rancunes la grande œuvre de la délivrance de la patrie. Nous mettons les principes au-dessus de ces expédients.

Nous ne voulons pas que le premier décret de convocation de l'Assemblée républicaine en 1871 soit un acte de défiance contre les électeurs.

A eux appartient la souveraineté; qu'ils l'exercent sans faiblesse, et la patrie pourra être sauvée.

Le Gouvernement de la défense nationale repousse donc et annule au besoin le décret illégalement rendu par la délégation de Bordeaux, et il appelle tous les Français à voter, sans catégories, pour les représentants qui leur paraîtront les plus dignes de défendre la France!

Vive la République! Vive la France!

Paris, le 4 février 1871.

Les membres du gouvernement,

Général TROCHU, JULES FAVRE, EMMANUEL ARAGO, JULES FERRY, GARNIER-PAGÈS, EUGÈNE PELLETAN, ERNEST PICARD, JULES SIMON.

Les ministres,

DORIAN, général LE FLÔ, J. MAGNIN, F. HÉROLD.

Citoyens,

Nous venons dire à la France dans quelle situation et après quels efforts Paris a succombé. L'investissement a duré depuis le 16 septembre jusqu'au 26 janvier. Pendant ce temps, sauf quelques dépêches, nous avons vécu isolés du reste du monde. La population virile tout entière a pris les armes, les jours à l'exercice et les nuits aux remparts et aux avant-postes. Le gaz nous a manqué le premier, et la ville a été plongée le soir dans l'obscurité; puis est venue la disette de bois et de charbon. Il a fallu, dès le mois d'octobre, suppléer à la viande de boucherie en mangeant des chevaux; à partir du 15 décembre, nous n'avons pas eu d'autre ressource.

Pendant six semaines, les Parisiens n'ont mangé par jour que 30 grammes de viande de cheval; depuis le 18 janvier, le pain, dans lequel le froment n'entre plus que pour un tiers, est tarifé à 300 grammes par jour; ce qui fait en tout, pour un homme valide, 330 grammes de nourriture. La mortalité, qui était de 1,500, a dépassé 5,000, sous l'influence de la variole persistante et de privations de toutes sortes. Toutes les fortunes ont été atteintes, toutes les familles ont eu leur deuil.

Le bombardement a duré un mois, et a foudroyé la ville de Saint-Denis et presque toute la partie de Paris située sur la rive gauche de la Seine.

Au moment où la résistance a cessé, nous savions que nos armées étaient refoulées sur les frontières et hors d'état d'arriver à notre secours. L'armée de Paris, secondée par la garde nationale, qui s'est courageusement battue et a perdu un grand nombre d'hommes, a tenté, le 19 janvier, une entreprise que tout le monde qualifiait d'acte de désespoir. Cette tentative, qui avait pour but de percer les lignes de l'ennemi, a échoué, comme aurait échoué toute tentative de l'ennemi pour percer les nôtres.

Malgré l'ardeur de nos gardes nationaux, qui, ne consultant que leur courage, se déclaraient prêts à retourner au combat, il ne nous restait aucune chance de débloquer Paris, ou de l'abandonner en jetant l'armée au dehors et la transformant en armée de secours.

Tous les généraux déclaraient que cette entreprise ne pouvait être essayée sans folie; que les ouvrages des Allemands, leur nombre, leur artillerie, rendaient leurs lignes infranchissables; que nous ne trouverions au delà, si par impossible nous leur passions sur le corps, qu'un désert de trente lieues; que nous y péririons de faim, car il ne fallait pas penser à emporter des vivres, puisque déjà nous étions à bout de ressources.

Les divisionnaires furent consultés après les chefs d'armée, et répondirent comme eux. On appela, en présence des ministres et des maires de Paris, les colonels et les chefs de bataillon réputés les plus braves. Même réponse. On pouvait se faire tuer, mais on ne pouvait plus vaincre.

A ce moment, quand on avait perdu tout espoir de secours et toute chance de succès, il nous restait du pain assuré pour huit jours et de la viande de cheval pour quinze jours, en abattant tous les chevaux. Avec les chemins de fer détruits, les routes effondrées, la Seine obstruée, ce n'était pas, tant s'en faut, la certitude d'aller jusqu'à l'heure du ravitaillement. Aujourd'hui même nous tremblons de voir cesser le pain et les autres provisions avant l'arrivée des premiers convois.

Nous avons donc tenu au delà du possible, nous avons affronté la chance, qui nous menace encore, de soumettre aux horribles éventualités de la famine une population de deux millions d'âmes.

Nous disons hautement que Paris a fait absolument et sans réserve tout ce qu'une ville assiégée pouvait faire. Nous rendons à la population, que l'armistice vient de sauver, ce témoignage qu'elle a été jusqu'à la fin d'un courage et d'une constance héroïques. La France, qui retrouve Paris après cinq mois, peut être fière de sa capitale.

Nous avons cessé la résistance, rendu les forts, désarmé l'enceinte; notre garnison est prisonnière de guerre; nous payons une contribution de deux cents millions.

Mais l'ennemi n'entre pas dans Paris; il reconnaît le principe de la souveraineté populaire; il laisse à notre garde nationale ses armes et son organisation; il laisse intacte une division de l'armée de Paris.

Nos régiments gardent leurs drapeaux, nos officiers gardent leurs épées. Personne n'est emmené prisonnier hors de l'enceinte. Jamais place assiégée ne s'est rendue dans des conditions aussi honorables, et ces conditions sont obtenues quand le secours est impossible et le pain épuisé.

Enfin, l'armistice qui vient d'être conclu a pour effet immédiat la convocation, par le gouvernement de la République, d'une Assemblée qui décidera souverainement de la paix ou de la guerre.

L'Empire, sous ses diverses formes, offrait à l'ennemi de commencer des négociations. L'Assemblée arrivera à temps pour mettre à néant ces intrigues et pour sauvegarder le principe de la souveraineté nationale. La France seule décidera des destinées de la France. Il a fallu se hâter; le retard, dans l'état où nous sommes, était le plus grand péril. En huit jours, la France aura choisi ses mandataires. Qu'elle préfère les plus dévoués, les plus désintéressés, les plus intègres.

Le grand intérêt pour nous, c'est de revivre et de panser les plaies saignantes de la patrie. Nous sommes convaincus que cette terre ensanglantée et ravagée produira des moissons et des hommes, et que la prospérité nous reviendra après tant d'épreuves, pourvu que nous sachions mettre à profit, sans aucun délai, le peu de jours que nous avons pour nous reconstituer et nous consulter.

Le jour même de la réunion de l'Assemblée, le Gouvernement déposera le pouvoir entre ses mains. Ce jour-là, la France, en se regardant, se retrouvera profondément malheureuse; mais, si elle se trouve aussi retrempée par le malheur et en pleine possession de son énergie et de sa souveraineté, elle sentira renaître sa foi dans la grandeur de son avenir.

Général TROCHU, JULES FAVRE, EMMANUEL ARAGO, GARNIER-PAGÈS, JULES FERRY, JULES SIMON, EUGÈNE PELLETAN, ERNEST PICARD.

N° 21.

4 février 1871.

*Note de l'*Officiel*, sur les dernières nouvelles reçues des départements.*

Le Gouvernement a reçu, par un pigeon arrivé hier au soir, des dépêches portant la date des 22 et 27 janvier, et renfermant des informations dont l'intérêt s'efface devant l'étendue de nos malheurs actuels. Elles nous font connaître la défaite du général Faidherbe, à Saint-Quentin, le 19 janvier; défaite que nous ignorions avant qu'elle nous eût été révélée par les Prussiens, il y a quelques jours seulement; celle du général Bourbaki, sur laquelle on ne donne que des renseignements fort incomplets, mais dont il nous est impossible de nous dissimuler aujourd'hui le caractère irrémédiable. Les dépêches transmises au quartier général de Versailles faisaient pressentir que, pris entre deux corps d'armée, commandés, l'un par le général de Werder, l'autre par le général Manteuffel, le général Bourbaki avait été forcé de se jeter dans la montagne, sur la route de Pontarlier. Des télégrammes postérieurs, venus de la légation allemande à Berne, parlaient comme d'un bruit de son suicide. Démentie le lendemain, cette sinistre nouvelle n'est point officiellement confirmée, bien qu'une dépêche du 1er février la considère comme très-probable. Suivant cette dépêche, quatre-vingt mille hommes de l'armée française se seraient réfugiés en Suisse.

Le malheur nous accable donc partout, et c'est avec raison que, le 16 janvier, M. de Chaudordy nous écrivait de Bordeaux:
« Nous ne pouvons plus nous faire d'illusion, et l'effrayante né-

cessité de la capitulation de Paris est inévitable ; nous ne pouvons plus aller à temps à votre secours. Nos armées, quoique pleines de résolution et d'une bravoure qui étonne d'autant plus qu'elles viennent à peine d'être formées, ont été repoussées sur tous les points. Certainement, celles de Chanzy et de Faidherbe se refont et pourront bientôt aller de nouveau en avant. Celle de Bourbaki existe et lutte encore, mais elle doit battre en retraite. Paris ne peut plus être sauvé par nous. Voilà la situation cruelle où nous nous trouvons, vous directement et nous en partageant vos douleurs, sans pouvoir partager vos souffrances, comme nous le désirerions. »

Au moment où ces lignes étaient écrites, attaqué et coupé de sa retraite, le général Bourbaki luttait héroïquement, sans espoir de succès, et Paris, livré à lui-même, placé en face de la famine, était contraint de déposer les armes.

Nous ne pouvons ici, par des raisons que chacun appréciera, rendre compte des négociations qui ont précédé le traité; ce que nous pouvons dire, c'est que, du lundi 23 janvier au soir jusqu'au samedi 28, à huit heures du soir, nous avons disputé pied à pied le terrain, et que le peu que nous avons obtenu ne l'a été qu'au prix de grands efforts et d'amères douleurs. Nous aurions voulu beaucoup plus, mais nous étions condamnés à subir tout ce que nous ne pouvions devoir à la persuasion. C'est ainsi que nous avons été obligés de consentir à une réserve pour la continuation du siége de Belfort, et à un ajournement pour la démarcation de la ligne séparative des armées dans le Doubs, le Jura et la Côte-d'Or. A ce moment même, l'armée de Bourbaki, dont la position était ignorée, touchait à la frontière que le lendemain elle franchissait.

On peut, par ces détails, mesurer l'étendue de nos désastres. Nous sommes trop navrés pour y insister davantage. Le sentiment seul du devoir nous soutient. Nous n'avons cédé que lorsqu'il eût été à la fois inutile et criminel de tenir encore.

Dans ce naufrage, où s'engloutissent tant de nobles espérances, tant de généreuses illusions, nous avons cherché une ancre de salut. Nous avons cru la trouver dans le respect de la souveraineté nationale. Obtenir sa consécration nous a paru un avantage. Si nous savons tirer de nos malheurs la leçon qu'ils renferment, rien ne sera complétement perdu. Le cœur déchiré, l'esprit au spectacle de notre chère patrie envahie, mutilée, saccagée, ruinée, nous portons tous le deuil d'êtres aimés qui n'ont pu la racheter en mourant pour elle, et cependant nous nous sentons soutenus par la pensée d'avoir fait notre devoir. Quelle que soit l'inertie des cabinets européens, le monde nous en saura gré, et les peuples ne nous refuseront pas leur sympathie.

Nous le devinons déjà, malgré l'imperfection des communications qui nous permettent de jeter un regard au delà de cette zone de fer derrière laquelle nous étouffons depuis cinq mois. Nous savons qu'une émotion profonde agite l'Angleterre. De grands meetings ont eu lieu à Londres. Les ouvriers ont organisé une souscription qui, en quelques jours, a produit plus de deux cent cinquante mille francs et qui dépassera, nous assure-t-on, deux millions. Un comité s'est immédiatement formé pour acheter des vivres de toute sorte que la population de Londres envoie à la population de Paris. Touchant élan du cœur qui doit nous consoler au milieu de nos misères! Nous l'accueillons avec gratitude, comme une preuve de la doctrine de la solidarité fraternelle qui doit unir les nations, et leur faire détester cette horrible folie qu'on appelle la guerre, et ceux qui poussent les peuples à s'y ruer.

Le cabinet anglais s'est associé à ce mouvement impétueux de l'opinion; un délégué est venu faire cette communication au ministre des affaires étrangères, et s'entendre avec lui et son collègue du commerce, pour le plus prompt arrivage de ces subsistances. Le ministre s'est hâté de remercier officiellement lord Granville, et de le prier d'offrir à la population de Londres l'expression de la reconnaissance de la population de Paris. Au moins ces braves travailleurs, ces marchands, ces artistes, tous ces bourgeois qui peuplent cette puissante cité, n'ont pas, comme d'autres, oublié l'hospitalité que nous avons été si heureux de leur offrir dans des jours meilleurs. Ils ont voulu nous témoigner leurs bons sentiments à l'heure où nous sommes si durement frappés. Nous sommes heureux de les en remercier publiquement et de chercher dans leur généreux empressement un gage d'amitié solide que l'intelligence de nos intérêts réciproques ne fera que fortifier.

N° 22.

5 février 1871.

Le Gouvernement annule le décret de Bordeaux sur les incompatibilités.

Les journaux de Bordeaux nous ont apporté ce matin la nouvelle de faits graves qui ont déterminé le Gouvernement de la défense nationale à prendre immédiatement une décision. La délégation de Bordeaux, à laquelle, dès le 28 janvier au soir, avait été annoncée par voie télégraphique la convention d'armistice, ainsi que la convocation des électeurs pour le 8 février, de l'Assemblée pour le 12, avait répondu en demandant des instructions. C'est pour les lui porter complètes que M. Jules Simon a quitté Paris mardi matin par le premier train qui a pu se mettre en marche. Sa surprise a été grande, en arrivant à Bordeaux, d'y trouver affiché, comme ayant force exécutoire, un décret qui frappe d'inégibilité :

« 1° Les individus qui, depuis le 1er décembre 1851 jusqu'au 4 septembre 1870, ont accepté les fonctions de ministre, de sénateur, de conseiller d'État et de préfet ; 2° les individus qui, aux Assemblées législatives qui ont eu lieu depuis le 2 décembre 1851 jusqu'au 4 septembre 1870, ont accepté la candidature officielle, et dont les noms ont figuré au *Moniteur officiel,* avec les mentions de candidats du gouvernement, candidats de l'administration, candidats officiels. »

Il était impossible que M. Jules Simon donnât son adhésion à une pareille mesure, restrictive du droit des électeurs et créant une véritable candidature officielle par exclusion ; il a demandé que le décret fût rapporté. Nous ne savons point encore quelle a été la décision de la délégation; mais en apprenant ces faits, le Gouvernement a rendu le décret ci-dessus qui maintient dans son intégrité la liberté du suffrage des électeurs. En agissant ainsi, il fait respecter le principe même sur lequel repose le régime républicain, qui serait vicié dans son essence si le choix des citoyens était mutilé par des catégories d'inéligibilité purement politiques. Sans doute, il est à désirer que les serviteurs dociles du système funeste qui a attiré sur la France de si cruels malheurs ne reparaissent plus sur la scène publique. Mais, pour en faire justice, c'est au patriotisme, au bon sens de leurs concitoyens qu'il faut se fier. Il serait indigne du législateur de les proscrire par un texte. Et d'ailleurs les catégories créées par le décret de la délégation ne peuvent-elles pas s'appliquer à des hommes qui ont noblement payé leur dette dans la guerre actuelle? L'on s'expliquerait peu, qu'en récompense de leur dévouement, la loi les frappât d'ostracisme. Le plus sûr, c'est le respect des principes et le régime de la liberté. C'est en se plaçant sous cette égide qu'on est certain de rallier tous les citoyens à la cause de la République. Le Gouvernement a la ferme conviction que la délégation de Bordeaux se rangera à cet avis, et qu'elle ne donnera pas l'exemple d'une scission que désavouerait la France tout entière, avide d'unité et de concorde, pour résister à l'ennemi. Aussi ne veut-il pas reproduire ici la proclamation de M. le ministre de la guerre à Bordeaux, à laquelle répond suffisamment le document que nous publions à la partie officielle. Le Gouvernement a le droit et le devoir de faire respecter sa volonté, et par là d'étouffer tout germe de discorde. C'est pour remplir ses intentions que trois de ses membres, MM. Garnier-Pagès, Pelletan et Arago quittent Paris ce soir, et se rendent à Bordeaux, où, nous en sommes sûrs, ils feront triompher l'esprit de conciliation et de fermeté qui doit animer, à cette heure suprême, ceux qui ont l'honneur de préparer la manifestation solennelle des volontés du pays.

N° 23.

5 février 1871.

*Note de l'*Officiel *sur M. Bourbaki.*

La nouvelle du suicide du général Bourbaki, que nous annoncions hier comme un bruit, s'est malheureusement confirmée. Une dépêche du ministre de la guerre de la délégation de Bordeaux, en date du 27 janvier, ne peut nous laisser aucun doute sur ce cruel événement. Cette dépêche nous rend d'abord compte d'une victoire de Garibaldi, sans en indiquer la date; elle se reporte nécessairement au 24 ou au 25 janvier.

« Garibaldi a remporté une véritable victoire en avant de Dijon. Dans une bataille qui a duré trois jours, un drapeau ennemi, pour la première fois, est resté entre nos mains. Malheureusement l'armée de l'Est est dans une situation critique. A la suite d'une marche glorieuse, marquée par cinq journées et cinq succès à Villersexel, Bourbaki est venu échouer devant Héricourt. Accablé par le nombre, il a été forcé à la retraite. Le mouvement de recul avait profondément troublé son esprit, sa tête s'est égarée; en se voyant presque cerné, il s'est tiré un coup de pistolet mortel. Un jour avant ce douloureux événement, il avait demandé à être remplacé, désignant pour son successeur le général Clinchamp. Ce général vient de prendre le commandement de cette armée. »

On sait maintenant quel a été le sort de nos soldats. En l'absence de tout détail, nous ne pouvons attribuer leur désastre qu'à la supériorité des forces qui leur étaient opposées et au trouble qu'à dû jeter dans leur âme la fin tragique de leur général. La patrie tout entière sera profondément émue en apprenant cette nouvelle. Le général Bourbaki était un des plus brillants officiers de l'armée. Sa bravoure, son caractère chevaleresque lui avaient mérité un légitime renom. Il a dignement couronné sa glorieuse carrière en mettant son épée au service de la France.

Puisqu'il voulait mourir, il eût été désirable pour lui de trouver la mort devant l'ennemi. Il a plié sous le poids d'une patriotique douleur. Il emporte dans la tombe la reconnaissance et les respects de tous.

N° 24.

13 février 1871.

Séance de l'Assemblée nationale à Bordeaux. Le Gouvernement de la défense nationale remet ses pouvoirs.

M. JULES FAVRE, de sa place. Je remplis un devoir qui m'est particulièrement doux en déposant les pouvoirs du Gouvernement de la défense nationale entre les mains des représentants du pays. (Mouvement.)

Depuis que les membres du Gouvernement de la défense nationale ont été chargés du fardeau qu'ils ont accepté, ils n'ont pas eu d'autre préoccupation ni d'autre désir que de pouvoir arriver au jour où il leur serait possible de se trouver en face des mandataires du peuple. (Très-bien!)

Ils y sont dans les circonstances les plus douloureuses et les plus cruelles; mais, grâce à votre patriotisme, Messieurs, grâce à l'union de tous, à laquelle, j'en suis convaincu, nous ne faisons pas un stérile appel... (Bravo! bravo!), et qui, au besoin, nous serait conseillée à la fois par le malheur, par le bon sens, par le souci des intérêts de notre chère patrie... (Nouvelle approbation.), nous arriverons à bander ses plaies et à reconstituer son avenir. (Vif mouvement d'adhésion et applaudissements.)

C'est à vous, Messieurs, qu'appartient cette grande œuvre. Quant à nous, nous ne sommes plus rien, si ce n'est vos justiciables, prêts à répondre de tous nos actes, convaincus que nous ne rencontrerons dans leur examen que la loyauté qui inspirera chacune de vos délibérations, comme vous pouvez être certains que jamais une autre pensée ne nous guidera dans les explications que nous aurons à vous présenter. (Marques unanimes d'assentiment.)

En attendant, Messieurs, qu'un pouvoir nouveau soit constitué, — qui sera le vrai pouvoir légitime, décidant des destinées de la France, — j'ai l'honneur de déposer sur le bureau de l'Assemblée la déclaration suivante :

« Les membres du Gouvernement de la défense nationale, soussignés, tant en leur nom qu'au nom de leurs collègues qui ratifieront les présentes, ont l'honneur de déposer leurs pouvoirs entre les mains du président de l'Assemblée nationale. Ils resteront à leur poste pour le maintien de l'ordre et l'exécution des lois, jusqu'à ce qu'ils en aient été régulièrement relevés. » (Très-bien ! très-bien !)

Le mien, Messieurs, était de paraître au milieu de vous aussitôt que cela m'était possible. Dans des circonstances bien pénibles, que j'aurai l'occasion de vous faire connaître plus tard avec détails, j'ai fixé au 8 février l'élection des députés de la France, et au 12 leur réunion. C'était presque une impossibilité; mais je comptais sur le patriotisme de la France, et je savais qu'en sollicitant d'elle ce suprême et presque miraculeux effort, nous serions entendus. (Mouvement. —Très-bien !)

La meilleure preuve que je ne me suis pas trompé, c'est que vous êtes ici.

Je tenais, permettez-moi de le dire, pour le Gouvernement que j'ai l'honneur de représenter, pour vous, pour l'ennemi, comme pour l'Europe, que nous fussions exacts à cette échéance.

C'est pour cela que je suis venu de Paris à Bordeaux. Je vous demande la permission de retourner quelques jours à mon poste, où j'ai des devoirs difficiles et délicats à remplir. Je ne puis pas m'expliquer autrement en face de toutes les difficultés qui nous entourent; mais vous comprenez fort bien qu'ayant commencé cette œuvre sous notre responsabilité, nous ne l'abandonnerons qu'en acceptant vis-à-vis de vous le jugement que, dans votre équité, vous porterez sur notre conduite. Mon premier soin, comme mon premier devoir, —

c'est par cette observation que je termine, et je n'ai pas besoin de vous consulter pour être sûr que je rencontrerai dans cette Chambre une complète unanimité, — ce sera de reporter à ceux avec lesquels nous négocions, cette affirmation que la France est prête, quoi qu'il arrive, à faire courageusement son devoir. (Vive approbation et applaudissements.)

L'Assemblée décidera en pleine liberté, comme il appartient à des représentants du pays, qui ne prennent conseil que du salut de la France et n'ont d'autre souci que son honneur. (Bravo ! bravo ! — Nouveaux applaudissements.)

Voilà ce que l'ennemi doit savoir.

En même temps, il est essentiel de lui dire que ce n'est plus seulement au nom de quelques citoyens qui, après avoir recueilli le pouvoir en vacance et avoir été plus tard élus par toute une capitale, attendaient avec empressement l'heure où il leur serait permis de consulter la France, mais que c'est au nom du pays tout entier, au nom d'une Assemblée qui le représente légitimement, que nous venons lui demander le temps nécessaire pour achever l'œuvre commencée.

Vous le savez, un temps avait été fixé à l'avance, mais la convention portait que l'armistice pourrait être renouvelé. A mon avis, ce renouvellement doit être le plus court possible. Nous ne devons pas perdre une minute ; nous ne devons pas oublier nos malheureuses populations foulées par l'ennemi, sans qu'il soit possible, malgré tous nos efforts, d'adoucir leur situation comme nous l'aurions voulu. Soyez sûrs que leurs larmes, leurs sacrifices pèsent lourdement, je ne dirai pas sur ma conscience, car devant Dieu j'en suis innocent, mais sur ma responsabilité, et que je n'ai d'autre hâte que d'arriver au terme de ces misères. (Mouvement.)

Vous nous y aiderez, j'en suis convaincu, et je puis à l'avance, je le sais, compter sur votre concours. Je dirai à ceux avec qui je traite que c'est le vœu de l'Assemblée de France qu'un délai nous soit accordé, court, mais suffisant, pour qu'avec maturité et en pleine connaissance de cause vous puissiez décider des destinées du pays. (Vifs applaudissements.)

17 février 1871.

Décret de l'Assemblée nommant M. Thiers chef du pouvoir exécutif de la République française.

« L'Assemblée nationale, dépositaire de l'autorité souveraine de la nation, en attendant qu'il soit statué sur les institutions de la France, considérant qu'il importe de pourvoir au gouvernement actuel du pays et à la conduite des affaires, décrète :

« M. Thiers est nommé chef du pouvoir exécutif de la République française. Il exercera ses fonctions sous le contrôle et l'autorité de l'Assemblée nationale, et avec le concours des ministres qu'il aura choisis et qu'il présidera. » (Très-bien! très-bien!)

PIÈCES JUSTIFICATIVES.

N° 25.

26 février 1871.

Traité de préliminaires de paix ratifié le 1er mai 1871.

Entre le chef du pouvoir exécutif de la République française, M. Thiers, et

Le ministre des affaires étrangères, M. Jules Favre, représentant de la France, d'un côté ;

Et de l'autre :

Le chancelier de l'Empire germanique, M. le comte Otto de Bismarck Schœnhausen, muni des pleins pouvoirs de S. M. l'Empereur d'Allemagne, roi de Prusse ;

Le ministre d'État et des affaires étrangères de S. M. le Roi de Bavière, M. le comte Otto de Bray-Steinburg ;

Le ministre des affaires étrangères de S. M. le Roi de Wurtemberg, le baron Auguste de Wæchter ;

Le ministre d'État, président du conseil des ministres de S. A. Mgr le grand-duc de Bade, M. Jules Jolly, représentant de l'Empire germanique.

Les pleins pouvoirs des parties contractantes ayant été trouvés en bonnes et dues formes, il a été convenu ce qui suit, pour servir de base préliminaire à la paix définitive à conclure ultérieurement.

Art. 1er. La France renonce, en faveur de l'Empire allemand, à tous ses droits et titres sur les territoires situés à l'est de la frontière ci-après désignée :

La ligne de démarcation commence à la frontière nord-ouest du canton de Cattenom, vers le grand-duché de Luxembourg, suit, vers le sud, les frontières occidentales des cantons de Cattenom et Thionville, passe par le canton de Briey en longeant les frontières occidentales des communes de Montois-la-Montaigne et Roncourt, ainsi que les frontières orientales des communes de Marie-aux-Chênes, Saint-Ail, atteint la frontière du canton de Gorze, qu'elle traverse le long des frontières communales de Vionville, Chambley et Onville, suit la frontière sud-ouest resp. sud de l'arrondissement de Metz, la frontière occidentale de l'arrondissement de Château-Salins jusqu'à la commune de Pettoncourt, dont elle embrasse les frontières occidentale et méridionale, pour suivre la crête des montagnes entre la Seille et Moncel, jusqu'à la frontière de l'arrondissement de Strasbourg au sud de Garde.

La démarcation coïncide ensuite avec la frontière de cet arrondissement jusqu'à la commune de Tanconville, dont elle atteint la frontière au Nord; de là elle suit la crête des montagnes entre les sources de la Sarre blanche et de la Vezouse jusqu'à la frontière du canton de Schirmeck, longe la frontière occidentale de ce canton, embrasse les communes de Saales, Bourg-Bruche, Colroy, la Roche, Plaine, Ranrupt, Saulxures et Saint-Blaise-la-Roche du canton de Saales, et coïncide avec la frontière occidentale des départements du Bas-Rhin et du Haut-Rhin jusqu'au canton de Belfort, dont elle quitte la frontière méridionale non loin de Vourvenans pour traverser le canton de Delle, aux limites méridionales des communes de Bourgone et Froide-Fontaine, et atteindre la frontière suisse, en longeant les frontières orientales des communes de Jonchéry et Delle.

La frontière, telle qu'elle vient d'être décrite, se trouve marquée en vert sur deux exemplaires conformes de la carte du territoire formant le gouvernement général d'Alsace, publiée à Berlin en septembre 1870 par la division géographique et statistique de l'état-major général, et dont un exemplaire sera joint à chacune des deux expéditions du présent traité.

Toutefois, le traité indiqué a subi les modifications suivantes de l'œuvre des deux parties contractantes : dans l'ancien département de la Moselle, les villages de Marie-aux-Chênes près de Saint-Privat-la-Montagne et de Vionville, à l'ouest de Rezonville, seront cédés à l'Allemagne. Par contre, la ville et et les fortifications de Belfort resteront à la France avec un rayon qui sera déterminé ultérieurement.

Art. 2. La France payera à S. M. l'Empereur d'Allemagne la somme de cinq milliards de francs.

Le payement d'au moins un milliard de francs aura lieu dans le courant de l'année 1871, et celui de tout le reste de la dette dans un espace de trois années, à partir de la ratification du présent article.

Art. 3. L'évacuation des territoires français occupés par les troupes allemandes commencera après la ratification du présent traité par l'Assemblée nationale siégeant à Bordeaux.

Immédiatement après cette ratification, les troupes allemandes quitteront l'intérieur de la ville de Paris ainsi que les forts situés à la rive gauche de la Seine; et dans le plus bref délai possible, fixé par une entente entre les autorités militaires des deux pays, elles évacueront entièrement les départements du Calvados, de l'Orne, de la Sarthe, d'Eure-et-Loir, du Loiret, de Loir-et-Cher, d'Indre-et-Loire, de l'Yonne, et, de plus, les départements de la Seine-Inférieure, de l'Eure, de Seine-et-Oise, de Seine-et-Marne, de l'Aube et de la Côte-d'Or, jusqu'à la rive gauche de la Seine.

Les troupes françaises se retireront en même temps derrière la Loire, qu'elles ne pourront dépasser avant la signature du traité de paix définitif. Sont exceptées de cette disposition la garnison de Paris, dont le nombre ne pourra dépasser quarante mille hommes, et les garnisons indispensables à la sûreté des places fortes.

L'évacuation des départements situés entre la rive droite de la Seine et les frontières de l'Est, par les troupes allemandes, s'opérera graduellement après la ratification du traité définitif et le payement du premier demi-milliard de la contribution stipulée par l'article 2, en commençant par les départements les plus rapprochés de Paris, et se continuera au fur et à mesure que les versements de la contribution seront effectués. Après le premier versement d'un demi-milliard, cette évacuation aura lieu dans les départements suivants : Somme, Oise et les parties des départements de la Seine-Inférieure, Seine-et-Oise, Seine-et-Marne, situées sur la rive droite de la Seine, ainsi que la partie du département de la Seine et les forts situés sur la rive droite.

Après le payement de deux milliards, l'occupation allemande ne comprendra plus que les départements de la Marne, des Ardennes, de la Haute-Marne, de la Meuse, des Vosges, de la Meurthe, ainsi que la forteresse de Belfort avec son territoire, qui serviront de gage pour les trois milliards restants, et où le nombre des troupes allemandes ne dépassera pas cinquante mille hommes.

S. M. l'Empereur sera disposé à substituer à la garantie territoriale, consistant en l'occupation partielle du territoire français, une garantie financière, si elle est offerte par le Gouvernement français dans des conditions reconnues suffisantes par S. M. l'Empereur et Roi pour les intérêts de l'Allemagne. Les trois milliards dont l'acquittement aura été différé, porteront intérêt à cinq pour cent, à partir de la ratification de la présente convention.

Art. 4. Les troupes allemandes s'abstiendront de faire des réquisitions, soit en argent, soit en nature, dans les départements occupés. Par contre, l'alimentation des troupes allemandes qui restent en France aura lieu aux frais du Gouvernement français dans la mesure convenue avec l'intendance militaire allemande.

Art. 5. Les habitants des territoires cédés par la France, en tout ce qui concerne leur commerce et leurs droits civils, seront réglés aussi favorablement que possible lorsque seront arrêtées les conditions de la paix définitive.

Il sera fixé, à cet effet, un espace de temps pendant lequel ils jouiront de facilités particulières pour la circulation de leurs produits. Le Gouvernement allemand n'opposera aucun obstacle à la libre émigration des habitants des territoires cédés, et ne pourra prendre contre eux aucune mesure atteignant leurs personnes ou leurs propriétés.

Art. 6. Les prisonniers de guerre qui n'auront pas déjà été mis en liberté par voie d'échange, seront rendus immédiatement après la ratification des présents préliminaires. Afin d'accélérer le transport des prisonniers français, le Gouvernement français mettra à la disposition des autorités allemandes, à l'intérieur du territoire allemand, une partie du matériel roulant de ses chemins de fer, dans une mesure qui sera déterminée par des arrangements spéciaux et aux prix payés en France par le Gouvernement français pour les transports militaires.

Art. 7. L'ouverture des négociations pour le traité de paix définitif à conclure sur la base des présents préliminaires, aura lieu à Bruxelles immédiatement après la ratification de ces derniers par l'Assemblée nationale et par S. M. l'Empereur d'Allemagne.

Art. 8. Après la conclusion et la ratification du traité de paix définitif, l'administration des départements devant encore rester occupés par les troupes allemandes sera remise aux autorités françaises; mais ces dernières seront tenues de se conformer aux ordres que le commandant des troupes allemandes croirait devoir donner dans l'intérêt de la sûreté, de l'entretien et de la distribution des troupes.

Dans les départements occupés, la perception des impôts, après la ratification du présent traité, s'opérera pour le compte du Gouvernement français et par le moyen de ses employés.

Art. 9. Il est bien entendu que les présentes ne peuvent donner à l'autorité militaire allemande aucun droit sur les parties du territoire qu'elles n'occupent point actuellement.

Art. 10. Les présentes seront immédiatement soumises à la ratification de l'Assemblée nationale française siégeant à Bordeaux et de S. M. l'Empereur d'Allemagne.

En foi de quoi les soussignés ont revêtu le présent traité préliminaire de leurs signatures et de leurs sceaux.

Fait à Versailles le 26 février 1871.

A. Thiers.

V. Bismarck.

Jules Favre.

Les royaumes de Bavière et de Wurtemberg et le grand-duché de Bade ayant pris part à la guerre actuelle comme alliés de la Prusse et faisant partie maintenant de l'Empire germanique, les soussignés adhèrent à la présente convention au nom de leurs souverains respectifs.

Comte de Bray-Steinburg.
Baron de Wæchter.
Mittnach.
Jolly.

Incident Conti. Déchéance de l'Empereur prononcée par l'Assemblée nationale.

M. Bamberger, député de la Moselle. — Un seul homme aurait dû signer un pareil traité, Napoléon III, dont le nom sera éternellement cloué au pilori de l'histoire. (Bravos prolongés dans toutes les parties de l'Assemblée.)

Une profonde agitation règne dans l'Assemblée. Un député proteste seulement : on dit M. Conti; il s'élance à la tribune. L'agitation est extrême. De vives interpellations se croisent. Des représentants veulent que le précédent orateur reprenne la parole. Quelques-uns veulent au contraire que M. Conti soit autorisé à s'expliquer.

Une voix. — Laissez la parole à l'accusé. (Bruit considérable. — Le président agite sa sonnette.)

M. le Président invite l'Assemblée au calme dans des circonstances aussi douloureuses.

M. Bamberger cède la parole à M. Conti, sous réserve de ses droits.

M. Conti essaye de parler. — (Nombre de voix : Plus haut! plus haut!)

M. Conti élève la voix. — Les paroles que je dirai, s'écrie-t-il, ne seront pas du goût de tout le monde, mais je les prononcerai hardiment, et elles retentiront dans le monde. Dans un débat si douloureux, si poignant, ajoute-t-il, je ne m'attendais pas à ce qu'il y eût place à des diversions passionnées, à des allusions blessantes pour un passé auquel se rattachent un certain nombre d'entre vous qui, comme moi, ont prêté serment à l'Empire. (Vive et longue interruption.)

M. Grévy maintient la parole à l'orateur s'il se renferme dans le débat.

L'agitation est au comble; M. Conti reste à la tribune.

Plusieurs voix. — La déchéance! la déchéance de Napoléon III.

M. Bethmont. — Je propose de clore l'incident en votant formellement la déchéance de Napoléon III. (Bravos.)

M. Conti finit par descendre de la tribune. De vives paroles lui sont adressées par quelques-uns de ses collègues.

M. Targé, après un quart d'heure de suspension, a la parole pour une motion d'ordre.

Il donne lecture de la proposition suivante :

« L'Assemblée nationale clôt l'incident, et dans les circonstances douloureuses que traverse la patrie et en face de protestations et de réserves inattendues, confirme la déchéance de Napoléon III et de sa dynastie, déjà prononcée par le suffrage universel, et le déclare responsable de la ruine, de l'invasion et du démembrement de la France. » (Acclamations unanimes. — Applaudissements prolongés.)

M. Gavini s'élance à la tribune.

De toutes parts. — Aux voix! aux voix!

M. Gavini prononce des paroles qui se perdent dans le bruit. (Les protestations redoublent.)

M. Gavini descend de la tribune. M. Thiers l'y remplace. (Applaudissements.)

Messieurs, dit-il, j'ai proposé une politique de conciliation et de paix. Tout le monde comprend la réserve que nous nous imposons devant le passé; mais le jour où le passé se dresse devant le pays qui devrait l'oublier, nous devons protester énergiquement. Les princes de l'Europe disent, je les ai entendus, que la France a voulu la guerre; ce n'est pas vrai. C'est vous qui l'avez voulue. (Applaudissements unanimes, énergiques et prolongés.) La vérité se dresse devant vous. C'est votre châtiment d'être ici pour constater l'humiliation et l'épreuve à laquelle vos fautes.....

Plusieurs voix. — Dites : *Vos crimes*.....

M. Thiers. — Nous ont condamnés. Si l'Assemblée voulait suivre mon conseil, elle vous laisserait la parole. Vous voulez parler des services rendus par l'Empire à la France; je supplie l'Assemblée de vous entendre. Messieurs, rappelons-nous que nous ne sommes pas constituants, mais que nous sommes souverains. C'est la première fois, depuis vingt ans, que les élections se sont faites librement en France. Si vous voulez la clôture, vous êtes libres de décider; sinon, écoutez patiemment ceux qui veulent se justifier, et nous leur répondrons. (Nouveaux applaudissements unanimes et prolongés.)

M. Louis Blanc demande la parole.

Plusieurs voix. — La clôture!...

Le président dit qu'il lui a été remis une demande de scrutin de division sur la déchéance de l'Empire. Il demande si les auteurs de cette proposition persistent.

De toutes parts. — Non! non! le vote par acclamation !

Le président met la proposition Targé aux voix.

Tous les députés se lèvent par un élan unanime et spontané. (Des applaudissements éclatent de toutes parts.)

A la contre-épreuve, quatre ou cinq députés seulement se lèvent. (Nouveaux applaudissements unanimes.)

FIN DES PIÈCES JUSTIFICATIVES.

TABLE DES MATIÈRES.

                                                                                   Pages.

CHAPITRE Iᵉʳ. Suites de la journée du 31 octobre. — Élections de Paris. — Rupture des propositions d'armistice. . 1

— II. Événements du mois de novembre. — Bataille de Champigny. 88

— III. Événements du mois de décembre. — Bataille du Bourget. Ses conséquences. — Paris bombardé. . 144

— IV. Négociations relatives à la conférence de Londres. . 239

— V. Événements du mois de janvier. — Bataille de Buzenval. — Insurrection du 22. 313

— VI. L'armistice. 362

PIÈCES JUSTIFICATIVES.

Nº 1. Lettre de M. Jules Ferry sur la journée du 31 octobre. . . 421

Nº 2. Le Gouvernement de la défense nationale à la population de Paris 425

Nº 3. Ordre du jour du général Trochu aux gardes nationales de la Seine. 429

Nº 4. Proclamation du Gouvernement. 431

Nº 5. Proclamation du ministre de l'intérieur. 433

Nº 6. Lettre du général Tamisier, commandant supérieur de la garde nationale. 434

Nº 7. Circulaire du ministre des affaires étrangères sur la rupture de l'armistice. 435

Nº 8. Circulaire du prince Gortschakoff sur le traité de paix de 1856, insérée dans le *Moniteur* de Tours du 22 novembre. 440

TABLE DES MATIÈRES.

N° 9. Circulaire de M. de Chaudordy aux agents diplomatiques.. 445
N° 10. Circulaire de M. de Bismarck en réponse à celle de M. de Chaudordy. 452
N° 11. Incident relatif aux parlementaires. 463
N° 12. Discours de Gambetta à Bordeaux. 473
N° 13. Bombardement de Paris; protestation du Gouvernement de la défense nationale. 477
N° 14. Protestation des membres du corps diplomatique contre le bombardement de Paris. 480
N° 15. Protestation contre le bombardement de Paris, des médecins et chirurgiens de l'hospice Necker. 483
Protestation des directeurs de l'institution des Jeunes Aveugles. 484
N° 16. Lettre de M. Richard Wallace proposant d'ouvrir une souscription au profit des habitants atteints par le feu de l'ennemi. 485
Réponse du ministre des affaires étrangères. 486
N° 17. Discours de M. Gambetta à Lille. 487
N° 18. Convention d'armistice. 493
N° 19. Note de l'*Officiel* sur l'armistice. 500
N° 20. Deux proclamations du Gouvernement de la défense nationale. 501
N° 21. Note de l'*Officiel* sur les dernières nouvelles reçues des départements. 50
N° 22. Le Gouvernement annule le décret de Bordeaux sur les incompatibilités. 513
N° 23. Note de l'*Officiel* sur M. Bourbaki. 515
N° 24. Séance de l'Assemblée nationale à Bordeaux. Le Gouvernement de la défense nationale remet ses pouvoirs. 517
Décret de l'Assemblée nommant M. Thiers chef du pouvoir exécutif de la République française. 520
N° 25. Traité de préliminaires de paix ratifié le 1er mai 1871. 521
Incident Conti. Déchéance de l'Empereur prononcée par l'Assemblée nationale. 526

ERRATA.

Page 165, ligne 15, au lieu de : colonel Vignerol, *lisez* colonel Vigneral.
Page 377, ligne 31, au lieu de : le soir du 23, *lisez* le soir du 22.
Page 378, ligne 5, au lieu de : le lendemain 24, *lisez* le lendemain 23.
Page 409, ligne 6, au lieu de : 15 janvier, *lisez* 28 janvier.

www.ingramcontent.com/pod-product-compliance
Lightning Source LLC
Chambersburg PA
CBHW051359230426
43669CB00011B/1700